封面设计　周小玮
责任印制　张道奇
责任编辑　杨新改

图书在版编目（CIP）数据

赵都邯郸城研究／段宏振著．—北京：文物出版社，2009.1
ISBN 978-7-5010-2618-0

Ⅰ．赵…　Ⅱ．段…　Ⅲ．邯郸市—地方史—研究　Ⅳ. K292. 23

中国版本图书馆 CIP 数据核字（2008）第 163665 号

赵 都 邯 郸 城 研 究

段宏振　著

*

文 物 出 版 社 出 版 发 行

（北京市东直门内北小街 2 号楼）

邮 政 编 码：100007

http://www.wenwu.com

E-mail：web@ wenwu.com

北京美通印刷有限公司印刷

新 华 书 店 经 销

787×1092　1/16　印张:19.75　插页:2

2009 年 1 月第 1 版　2009 年 1 月第 1 次印刷

ISBN 978-7-5010-2618-0　定价：148. 00 元

赵都邯郸城研究

段宏振　著

文物出版社

北京·2009 年

Research on the Zhao State Capital City Handan

Duan Hongzhen

Cultural Relics Press

Beijing · 2009

序

严文明

在东周列国中，赵国的历史是较短的。邯郸是赵国后期的都城，从公元前386年到公元前228年，只有158年，但在历史上的知名度却不在其他国都之下。这不仅是因为邯郸城市本身颇为独特，更是因为在这里或以这里为中心曾经发生过若干重大历史事件，演绎了许多脍炙人口的故事。

赵国历史上最为人传颂的当为武灵王胡服骑射，以此国力大振，屡征中山、楼烦、林胡等所谓胡人的国家，拓地千里，使赵国一下子成为不可小觑的强国，成为秦始皇统一六国进程中最大的障碍，可惜长平一战被秦军坑杀了四十多万将士，从此元气大伤。诸如廉颇、蔺相如的故事也是千古传颂。这些引起人们对赵都邯郸城的极大兴趣。

赵都邯郸城的遗迹中保存得比较好的是赵王城。记得我50多年前在邯郸考古实习时，曾经不时到赵王城的龙台上眺望，体验赵国都城的雄伟气派。登上丛台想体验一下赵武灵王检阅骑士的威风。还几次到插箭岭、梳妆楼和照眉池一带徜徉，发思古之幽情。以为插箭岭是当日胡服骑射的打靶场，梳妆楼和照眉池是宫女们梳妆打扮的地方，不管那些遗迹是否真实可靠，更不知道它们的年代是否合得上拍，可见那时了解的古都邯郸实在是太少了。现在通过多年的考古和不懈的研究，特别是对大北城和周围相关城镇的发现与研究，以及赵王陵的考古研究等，使得对赵都邯郸的了解有了飞跃的进展。段宏振的《赵都邯郸城研究》就是最好的说明。

本书全面总结了历年考古工作的成果，包括最近发掘勘探与航空测量的成果，并尽可能在现有认识的基础上给予必要的解读。赵邯郸故城除了王城的东城和西城外，绝大部分都已被现代城市所覆盖。考古工作只能随机地跟着街道或工厂的建设工程零敲碎打地去做。如何把这些发现有机地联系起来，是非常困难又必须努力去做的。如果没有全局的观点，就难以正确阐明那些零星发现的遗迹遗物的性质与作用。本书用了很大篇幅把大北城的真实面貌大致显现了出来，并且把大北城与王城等有机地联系起来。认为"大北城在建都之前完全代表着邯郸城，建都之后以王城所不可替代的重要方面继续代表着邯郸城，废都之后大北城又继续全面代表邯郸城"。一个几乎完全被历史的尘埃所湮灭的大北城,第一次被提到了应有的地位。由此一个真实的邯郸城的全貌才基本上显现出来。

作者本来是研究新石器时代考古的,他发表的有关新石器时代考古的论文受到学术界的关注与好评。前不久出版的《北福地——易水流域史前遗址》便是一部具有相当水平的发掘报告,并且通过对相关遗存的深入研究与全局性考虑,提出了所谓文化走廊的概念,说明作者具有相当的理论概括能力。由于作者长期担任河北省文物考古研究所的业务领导,自然不能局限于新石器时代考古,而必须有全局的把握。对以邯郸为中心的赵国的考古工作也是他关注的重点之一,并且主持过邯郸城址和赵王陵的部分发掘、调查与航空摄影等工作。正是因为他对新石器时代考古有较深的研究,很自然地把其中的某些理论和方法也运用到邯郸考古研究中来。例如作者运用聚落考古的理论,系统地考察了邯郸如何从一个普通聚落逐步演变为地方性中心城镇。这里有着便利的交通,发达的采矿冶铁业和商业,还有丰富而颇具特色的文化娱乐生活,并且成为晋国赵家悉心经营的政治据点,三家分晋后遂成为赵国的都城,在秦汉时期统一王朝下邯郸角色有所变换的情况下,又如何作为一个地方都城发挥着重要的作用。为了把问题说清楚,作者全面考察了邯郸初起时沁河流域的自然环境,以及发展为都城时期的更大范围的环境,包括地形、地质、水文、交通、动植物资源和矿业资源等诸多方面。同时又用更多的篇幅考察赵国政治、经济、文化、军事等方面的发展对聚落形态的影响,或者反过来从聚落形态演变的情况来考察不同时期政治、经济、文化和社会等各方面的发展。在这方面,作者就不限于考古资料而大量引用文献资料,并且把二者有机地结合起来。这样做的好处是既有历史的真实感(考古发现的实物都是古人所做所用的实物的遗留),又有比较浓郁的人文生活气息,这两种资料天然的缺陷与不足也能在一定程度上得到弥补。

作者特别注意到作为都城的邯郸的凝聚作用和辐射作用,这也是聚落考古的应有之意。因此本书的研究就不限于邯郸城本身,还分几个层次详细考察了周围广大地区的几个聚落集群的情况,特别是这些聚落集群与邯郸城的关系。如果把邯郸城本身的核心区作为第一个层次,那么近郊的聚落就是第二个层次。这些聚落主要分布在西郊和西南郊,其生活应该与邯郸城密不可分,自然也就成为邯郸贵族墓地的主要分布区。赵王陵则分布在西北郊区较远的地带。第三个层次是远郊的城镇,主要有西边的固镇—午汲集群区和北边的阳城集群区。其中固镇—午汲集群区发现有 10 座城镇遗址和近 40 座普通聚落遗址。由于附近有丰富的铁矿,邯郸又以冶铁业著称,邯郸城内也发现多处冶铁遗址。史载“邯郸郭纵以铁冶成业,富埒王侯”。所以这个集群区应该是一个采矿和炼铁的中心,又是通往西方的门户。其中有些城址位居洺河上游,附近没有普通聚落,可能是扼守交通要道的军事性城堡。在阳城集群区中,阳城本身有较大规模，又处于南北交通的要道，作者推测可能是赵国的副都或陪都。更远一些的第四个层次有柏人、邢台和北界城—讲武城集群区。柏人是赵国北方的重镇和门户。邢台遗址面积极大，作者认为也可能是一个副都或陪都。讲武城滨临漳河，遗址规模甚大，是邯郸的南大门，有人推测可能是赵国早期的都城中牟。这样以邯郸为核心形成了一个层次分明的超大型聚落群体。这种情况既是赵国政治经济发展的产物，也是赵国之所以强盛的物质基础。

关于邯郸都城的特点及其历史地位，应该放在当时的社会历史背景下来考察。作者注意到邯郸都城的布局甚为特别，但并非一次形成，而是有一个发展演变的过程。其实东周的大部分都城也有一个发展演变的过程，并不是一次性规划的产物。为此他把东周列国的都城一一做了考察和比较，将其区分为单城制、双城制、组团式多城制和多层次的多城制四种类型。后二者各仅有一例，即晋国的新田和赵国的邯郸，实际上无所谓类型。几个双城制都城的具体情况也各不一样。从而打破了那种认为东周时期流行宫城与郭城的所谓两城制的传统看法，是很有说服力的。作者进一步探讨造成这种情况的原因，与东周时期的社会历史背景大有关系。因为东周是由青铜时代向铁器时代转变的时期，铁器的广泛应用大大促进了地方经济的发展，也促进了兵器的改进。各地诸侯凭借自己的实力称霸一方，互争雄长，先后推行各种改革，打破以宗法制为基础的传统制度。商人和士人的兴起大大改变了城市生活的内容，思想的大解放造成文化的多元发展与繁荣，反映在都城设计思想上也就出现了不拘一格、多元发展的繁荣景象。

在古代文明研究中，城市考古占有特别重要的地位。我国的城市考古虽然有多年的历史，也有不少成果问世，但对都城全方位的个案研究还很缺乏。本书关于邯郸都城的研究不但视野开阔，方法新颖，而且多有创见，可以看做是铺路之作，为古代都城的研究做出了重要的贡献。

目 录

Contents

插图目录

第一章　绪　言

——复原研究东周至汉代邯郸城的可行性与局限性

一　城市概念

邯郸城作为战国时代赵国之都，是公元前 4～前 3 世纪中国最繁荣重要的城市之一，代表着东方古典时代成熟的城市文化和鲜明独特的城市模式，与大致同时代的西方名城罗马、雅典等遥相呼应。单从现代中国考古学意义上观察，赵邯郸故城遗址应是同时代古城址中保存最完整和最好的：王城（新城即宫城）差不多完全保存下来，城垣及城中的宫殿基址至今高高耸立，与北面不远处的现代邯郸城互相映衬。大北城（旧城）虽基本已湮没于今邯郸城下，但于地下亦得到较好的埋藏。所有这些均为全面研究邯郸故城提供了很好的物质实证资料基础。邯郸故城的考古研究，有助于探索东周城市建设模式、城市经济、城市社会生活等诸多方面内容，更重要的是其成果将建立起东方古典时代都市的一种典型模式。

开始邯郸城研究之前，首先需要明确和把握"城市"这个概念。有关城市的概念众说纷纭，本书认为对城市的定义不宜太过狭窄，因为细枝末节化的概念会将"城市"一词的使用范围过分缩小。例如，按照马克斯·韦伯对于城市内涵的研究，认为所谓古代中国的城市，主要是行政官府的所在地，似乎并不具有真正典型意义上的城市属性①。很明显，这种观点会将多样化城市中的一种类型排除在外。因此，"城市"的概念最好能将各种类型的城市涵盖在内，这种概念的广泛性实质上就是城市的本质属性与意义。从本质上讲，城市就是一种人居的聚落形态而已。斯皮罗·科斯托夫认为："城市是建筑和人的聚集体。"② 刘易斯·芒福德指出："城市是权力与集体文化的最高聚集点。""城市的主要功能是容器功能和磁体功能。"③ 这都是指城市的本质属性而

---

① 〔德〕马克斯·韦伯：《城市》（The City）纽约，1958 年；马克斯·韦伯：《中国的宗教》（The Religion of China）纽约，1951 年；韦伯著，康乐、简惠美译：《非正当性的支配——城市的类型学》（韦伯作品集Ⅵ），广西师范大学出版社，2005 年。

② 斯皮罗·科斯托夫：《城市的形成》，中国建筑工业出版社，2005 年。

③ 刘易斯·芒福德：《城市发展史》，中国建筑工业出版社，2005 年。

言。我们曾经把城市本质属性的通用一般法则概括为两个要点：

一是非农业人口为主集聚的大型聚落；二是周围地域各种活动的中心①。

这两个要点当然不是对"城市"所作的完整定义，但有助于在研究城市过程中理解和把握城市的本质意义。另外还需要分辨的概念是"城"、"市"、"城市"。大约在汉代以前，"城"一般即是城邑或城郭的泛称，而"市"主要是指"城"内的市场。后来将"城"与"市"联起来，作为城郭的泛称。正如对城市本质属性的把握一样，本书使用广泛的"城市"概念，将"城"与"市"包含在内。

中国古代真正的城市时代开始于西周，亦即周代这个古典文明的形成时期。周王朝的分封制在分配权力的同时，也遍地播下了城市发生的种子。这些种子随着诸侯政治军事实力的膨胀，到东周时期开始由幼苗长成苗壮的大树——列国都市，由此进入成熟的城市时代②。邯郸城即乃此茂盛丛林中的一棵参天大树。

周王朝前期的分封和后期的衰落，都对城市的发展起着重要的推动作用。周代，才是广泛的真正意义的城市时代。不仅仅是城市的数量，更重要的是城市的功能已逐渐摆脱了过去比较单一的政治性、军事性和祭祀性，而开始向工商业繁荣之城方面发展。

周代的后期东周，尤其是东周的后期战国时期，是古代中国城市演进历史中的一个特定时代。从某种程度上讲，战国是一个在物质与精神等方面，均尽力挣脱约束的解放时代。相对于之前比较稳定的宗法与分封体系，以及之后严格的中央集权专制的皇权制度统治，战国时代更具有开放性和自主性，独立和个性得到一定程度的张扬。与思想文化上百家共存的繁荣景象相应，在物质生活方面，比如城市的规划与建设，也呈现出突出的变异与个性色彩，其主要表现形式有二：一是突破与改变前代延续下来的城市模式之制，二是各地的城市发展独具个性。赵都邯郸城即是众多个性城市中的一个突出典型，对此城市个案的解剖研究，对于了解战国城市的本质及面貌无疑具有重要的作用。

二　邯郸城研究历程的回顾

在以田野考古为基础的近代考古学开始以前，邯郸故城的研究零碎而未成系统，并且主要依据文献考证，具有很大的局限性。现代科学意义上的研究邯郸城的活动，开始于20世纪中叶，其标志就是1940年日本人对赵王城的勘察发掘和

---

① 段宏振：《中国古代早期城市化进程与最初的文明》，《华夏考古》2004 年 1 期。
② 同上。

1954 年《邯郸：战国时代赵都城址的发掘》的出版①。此可视作赵邯郸故城研究的起步。

1979 年，侯仁之在《邯郸城址的演变和城市兴衰的地理背景》一文中，运用考古新发现的资料，第一次对邯郸城进行了全面的阐述，是综合研究邯郸城的开山之作②。

1984 年，赵邯郸城址考古的主持者孙德海、陈光唐，将 1957 年以来历次对赵邯郸城址的考古勘察与发掘资料，在《考古学集刊（4）》发表，即《赵都邯郸故城调查报告》③。此报告是继三十年前《邯郸：战国时代赵都城址的发掘》之后的重要考古成果，是研究邯郸城的主要考古文献。另外，1991 年，陈光唐又编写出版了《邯郸历史与考古》一书，系统研究了邯郸城自远古到近代的演变史，并发表了许多有关赵邯郸城的考古资料，可作为《赵都邯郸故城调查报告》的重要补充④。

1990 年，孙继民、杨倩描、郝良真合著的《邯郸简史》出版，这是第一部全面阐述邯郸城市历史的专著，探讨了邯郸从远古时代到 20 世纪 40 年代，长达数千年间的城市发生、发展和衰落的历史⑤。之后，孙继民、郝良真二人合作研究邯郸历史的成果结集出版，即：2003 年的《先秦两汉赵文化研究》⑥，2004 年的《邯郸历史文化论丛》⑦。这些著作对赵邯郸城的历史都作了多方面深入的探索，将赵邯郸城研究推向一个新阶段。

2000 年，沈长云等撰写的《赵国史稿》出版⑧，此为赵国系统历史研究的第一部专著，对研究邯郸城亦具有重要的意义。

2005 年，乔登云、乐庆森发表《赵都邯郸故城考古发现与研究》一文⑨。这是继 1984 年《赵都邯郸故城调查报告》之后的又一重要的考古文献，披露了许多最新的考

① 驹井和爱：《邯郸：战国时代赵都城址的发掘》，东亚考古学会，1954 年。

② 侯仁之：《邯郸城址的演变和城市兴衰的地理背景》，《历史地理学的理论与实践》，上海人民出版社，1979 年。

③ 河北省文物管理处、邯郸市文物保管所：《赵都邯郸故城调查报告》，《考古学集刊（4）》，中国社会科学出版社，1984 年。

④ 陈光唐：《邯郸历史与考古》，文津出版社，1991 年。

⑤ 孙继民、杨倩描、郝良真：《邯郸简史》，中国城市经济社会出版社，1990 年。

⑥ 孙继民、郝良真：《先秦两汉赵文化研究》，方志出版社，2003 年。

⑦ 郝良真、孙继民：《邯郸历史文化论丛》，中国文史出版社，2004 年。

⑧ 沈长云等：《赵国史稿》，中华书局，2000 年。

⑨ 乔登云、乐庆森：《赵都邯郸故城考古发现与研究》，《邯郸学院学报》2005 年 1 期。

古发现，为研究邯郸城提供了最新的资料。

在许多研究先秦考古或历史的著作中，几乎均有对邯郸城研究的专门章节或部分内容①。这些对邯郸城宏观探讨和把握的研究成果，对邯郸城研究的深化具有很好的指导意义。

以上诸多学者卓有成效的工作对邯郸城考古资料的积累，以及对邯郸城建设历史的种种富有成果的探索，为本书提供了丰富的资料基础和研究经验。但是也应当看到，上述所有的研究内容中，还没有一项是把东周至汉代赵都邯郸城，作为专门的课题方向来探索研究。例如《邯郸简史》和《邯郸历史与考古》，可以说是邯郸城数千年的简明通史，东周和汉代邯郸城的内容只是其中的一个组成部分。此乃在纵向上的宏观领域研究赵都邯郸城。而众多的先秦考古和历史著作，以及先秦城市方面的研究专著等，是将赵都邯郸城放置于整个中国古代城市体系中讨论。此不仅是在横向上，也是在更大的纵向上的宏观领域，研究探索赵都邯郸城。上述这两种研究当然是非常必要和重要的，但为了继续深入推动这些纵横宏观领域的研究，需要将邯郸城本身的微观研究深化和细化。具体来讲，就是要重视东周至汉代赵都邯郸城的个案研究，将邯郸城东周和汉代时期的城市内涵最大限度地一一搞清。这种个案研究的深入，必将对纵横宏观领域里的邯郸城研究，提供更加丰富和科学的基础资料。

三　本书研究的目标与途径

基于上述的认识和思想，本书试图将东周至汉代邯郸城作为一个城市个案来探讨研究。其主体研究的时空框架大致是：东周至汉代为主要区间，适当追溯东周以前的遥远根脉；以邯郸城核心区域为主，并兼及与邯郸城有机联系的邻近地区，或言是一种大邯郸城的都市概念。本书研究的目标无意全部包含邯郸城的政治、经济、军事和社会生活等等有关一座城市全景历史的所有方面，而主要是试图关注邯郸在战国至汉代作为都城的城市建设史，重心是城市建设与建筑布局、城市元素结构与功能、城市

---

① 这方面著作很多，不再全部一一列举。例如：

　　李学勤：《东周与秦代文明》，文物出版社，1984 年。

　　贺业钜：《中国古代城市规划史论丛》，中国建筑工业出版社，1986 年。

　　曲英杰：《先秦都城复原研究》，黑龙江人民出版社，1991 年。

　　许宏：《先秦城市考古学研究》，北京燕山出版社，2000 年。

　　杨宽：《中国古代都城制度史》，上海人民出版社，2006 年。

　　杜正胜：《周秦城市的发展与特质》，《中央研究院历史语言研究所集刊》，第五十一本，第四分。

风貌与城市日常生活之某种程度的复原与解剖探索。这种复原研究的主要基础，无疑需要建立在丰富的考古资料之上，但因资料的局限，而又难于形成一部完整全面的城市建设史，只能是一本邯郸城的局部复原史。其明显的局限性主要在以下两个方面：

一是平面方面的局限，主要是城市基本大略框架，力图能涉及一些城市生活局部与细部的具体图景。

二是纵深方面的局限，主要是城市建设各个层面的大致演进脉络，力图能探索出一些城市构成元素较详细的发展轨迹。

如此说来，本书所能达到的阶段有可能只是局部的、某一层次的。但是，邯郸不仅仅是战国名都和汉代名城，更是当时一座复杂的城市。现在我们这种有局限的复原，很可能对于当时真实的邯郸来说，不仅是不全面的，而还有可能在某些方面是谬误的。但若因为如此就放弃或裹足不前对邯郸城的复原探索，将更无助于对邯郸故城的理解。因此，本书的种种探索将有着存在的必要性和可能性。

在研究方法方面，本书尝试通过古代文献记载与考古发现的实物资料有机相结合的途径，来复原研究东周至汉代邯郸城的原貌。这种复原研究是探索古代城市面貌的重要手段，较之单纯从古代文献研究古代城市有着不可替代的先进性，但在资料的准备与使用方面仍然存在相当多的局限性：

其一，古代文献浩繁，其中虽不缺乏邯郸之名记载，但其内容主要是相关的政治和军事方面，于邯郸城方面多为片言只语不成系统，更罕见对城市建设本身的描述。因此，对文献的全面梳理排比，可视见邯郸城的生存社会环境及历史大背景，但难于窥视到邯郸城的原本城市形象风貌。

也有对邯郸城直接描述的文献，即三国时魏邯郸人刘劭著《赵都赋》：

"清漳发源，浊滏汩越。汤泉涫沸，洪波漂厉。尔乃都城万雉，百里周回。九衢交错，三门旁开，层楼竦阁，连栋结阶。峙华爵以表甍，若翔凤之将飞。正殿俨其造天，朱棍赫以舒光。盘虬螭之蜿蜒，承雄虹之飞梁。结云阁于南宇，立从台于少阳。……尔乃进夫中山名倡，襄国妖女，狄鞮妙音，邯郸才舞。六八骈罗，递奏迭举。体凌浮云，声哀激楚。姿绝伦之逸态，实倬然而寡偶。其珍玩服物，则昆山美玉，玄珠曲环，轻绡紫缯，织纩绨纳。"

从这篇堆砌华丽辞藻的赋文中，能看到邯郸城什么样的具体元素呢？如果撇去纷繁的枝蔓，邯郸城的某些元素隐约可见：

"都城万雉……九衢交错……层楼竦阁……立丛台于少阳……中山名倡，襄国妖女……邯郸才舞。"

但前三个句子似乎可以用来描绘任何一座城市，而后四个句子的意义大概才是邯郸城的独有色彩。专门记述邯郸城的文献尚且如此，至于那些政治历史文献对邯郸城的记载就更加可想而知了。单纯依靠古代文献去复原一座城市是难于想象的，甚至于只是复原某些城市元素也是困难的。

其二，考古发现所见的物质性实物和实迹，大大弥补了文献不足与不清之缺憾。但考古发现也存在其自身的局限性：绝大多数的考古发现相对于一个遗址的整体来说，也是局部的甚至是微不足道的，全面彻底揭露发掘一个遗址是相当少见的和难于具体实施的——通常也是不必要的；另外，遗迹与遗物虽是客观存在的，但解释它们是需要理论体系的，而理论不免要染上主观的色彩。因此，无论是所依据的考古发现，还是对这些发现所做的理论解释，都存在一定的局限性。尽管如此，通过考古发现的物质性资料去复原古代城市的方法，仍旧是眼下最可靠和最具可操作性的途径。如果在这种复原过程中，存在可融入的恰当的文献史料补充，那将会是一种接近完美意义上的复原研究。另外，还需要特别指出的是，邯郸城的考古和资料虽然已经有比较丰富的积累，但遗憾的是截至目前正式公布发表的非常有限，这无疑给复原研究带来了困难和局限。本书将努力克服这些局限性，尽力搜集考古资料，以求最大限度地利用这些考古资料。

综合上述诸多方面的认识，本书拟从五个方面探索赵邯郸城：古代文献记载中的赵邯郸城、考古探索发现所见的赵邯郸故城、邯郸城的城市构成元素、邯郸城市模式、邯郸城与东周城市时代。

古代文献的记载尽管多集中于政治风云与战争事件，但这些内容是邯郸城生存的广阔环境与背景。考古探索发现是邯郸城的物质存在直观再现，更是复原研究城市格局与内涵的主要途径。物质和人群及精神作为城市的构成元素，共同聚合构建了邯郸城。邯郸城的独特城市性格，构成了邯郸城的独特城市模式。而邯郸城市模式在东周城市时代中，有着凸现醒目的位置，代表了东周城市时代的一种典型城市类型。

城市是一种超大型的聚落类型，其内涵结构要比普通聚落更具有复杂的层次构成与更广泛的地域范围。邯郸城的兴起与存在有着广泛的政治历史背景和自然社会环境，邯郸城的繁盛与复杂性交织共存。因此，复原古邯郸城的活动必须将其全面彻底置于当时的全部背景之中，换言之，复原研究邯郸城，不仅要复原其本身，也须探索其历史演进轨迹及周围各方面各层次的广阔环境与背景。因此，邯郸城的纵向演进历史，可追溯到史前时代，而邯郸城聚落的宏观平面结构，由内到外大致可分为四个层次：

第一层次：城市核心区域，即核心城区，包括新城宫城和旧城（赵王城与大北城）；

第二层次：城市近郊，主要在沁河流域，包括郊区村落群、贵族及平民墓地、赵王陵园，与核心城区共同构成一个邯郸城镇集群区；

第三层次：城市远郊，主要是洺河流域地区，包括城镇集群、普通聚落群组成的城镇集群区，总计构成两个城镇集群区：南洺河流域的午汲—固镇集群区、洺河中游流域的阳城集群区。

第四层次：城市的邻近地区，位于上述中心地域的三个城镇集群区以外，大致是今洺河到漳河之间的广大地域，包括城镇集群、普通聚落群组成的城镇集群区，总计构成三个城镇集群区：北面的柏人城集群区、邢台集群区，南面的讲武城集群区等。

四个层次共同构成了以邯郸城核心城区为中心和重心的一个宏大聚落体系，可称之为邯郸城镇集群区群团，或简称之为邯郸城镇群团。

四个层次的组合把邯郸城凸现为一座大邯郸城的宏观概念，政治、军事、冶铁业、南北向交通、商业等因素，将四个层次有机联系起来，使邯郸成为一个超大聚落结构。当然，距离核心城区愈近的层次，其在这个聚落结构体系中的作用与地位亦就愈凸现。

对于邯郸城的宏观聚落结构，我们曾尝试进行过初步的探讨。2006 年，在《赵都邯郸城镇集群区的考古学观察》一文中，我们放宽对邯郸城市区域的视角，提出广阔的邯郸城镇集群区的聚落概念，应是对这一理念的初步试验[①]。本书将继续保持这一尝试探索，力图将邯郸城复原影像的清晰度最大可能性地增高增细。

---

① 段宏振：《赵都邯郸城镇集群区的考古学观察》，《赵文化论丛》，河北人民出版社，2006 年。

第二章　古代文献记载中的赵邯郸城

古代文献典籍中虽不乏关于邯郸之记载，但多局限于政治风云和战争事件等，极少涉及邯郸城市建设与建筑风貌，更不用说邯郸城中居民的日常生活内容了。只有很少的关于邯郸城市风貌的片言只语，隐现在古代浩繁的文献海洋里。

但是，那些与邯郸有关的军事战事及政治争斗方面的内容，也反映着邯郸城市的生存环境和广阔背景，从中或可隐隐约约窥探出邯郸城市建设与城市生活的某些侧面，因此有必要将这些文献记载的史料作一排比和梳理。

关于邯郸名称的来历，《汉书·地理志》"邯郸"条下张晏曰："邯郸山在东城下。单，尽也。城郭从邑，故加邑云。"《水经注》卷十："其水（牛首水，今沁河）又东历邯郸阜"，注曰："张晏所谓邯山在东城下者也。"侯仁之也认为"邯郸山"即城东部之"邯郸阜"，为一土丘小山。但孙继民、郝良真等人的最新考证认为，邯郸山或许是指紫山或其别峰明山①。无论何种解释，邯郸山应系邯郸城附近一山名。

第一节　建都前的发展

一　东周以前

赵敬侯元年（公元前386年），赵都由中牟迁至邯郸，邯郸从此进入都城时期。但邯郸并非因建都才立城，其在成为赵都以前，已经过了长期的城市发展。但邯郸城究竟起始于何时？目前的资料还不能作一确切的结论。

邯郸一带位于太行山东麓山前平原的南部，西依太行，东临古黄河，为南北交通之通道，自然地理环境优越，自远古以来即是人类生存繁衍聚居之地，古代遗址发现的数量众多而密集。在新石器时代，繁荣着以沁河流域的涧沟、龟台为代表的遗址群。夏代时期，分布着密集的下七垣文化遗址群，被考古界研究认为属于先商文化系统，是商建国前的文化。因此，邯郸一带的太行山东麓南部地区，被视为商人故地。

---

① 孙继民、郝良真：《"邯郸"形义小议》，《邯郸历史文化论丛》，中国文史出版社，2004年。

商代前期，商文化继续繁盛。《史记·殷本纪》："祖乙迁于邢。"根据多年的考古资料积累，现在多数学者认为商代之"邢"即今天的邢台。若如此，则距离邢台不远的邯郸一带，在商代前期某一时期曾为近王都的王畿之地。商代后期迁都殷后，邯郸地近安阳，更属于王畿之地。《史记·殷本纪·正义》："括地志云：沙丘台在邢州平乡东北二十里。竹书纪年自盘庚徙殷至纣之灭二百五十三年，更不徙都，纣时稍大其邑，南距朝歌、北据邯郸及沙丘，皆为离宫别馆。"这是《古本竹书纪年》里提到的商代的"邯郸"，指出殷纣王时，在邯郸建离宫别馆，从此成为商王朝的一处政治活动之地，因此当属王畿重地。

但《古本竹书纪年》里的"邯郸"是战国时代的地名之语，而商代时期，是否已存在"邯郸"地名，还是个未解的问题。殷墟出土甲骨文中的"甘"字，郑杰祥等考证认为即"邯郸"，若果真如此，则邯郸一名至迟在商代就已经出现了[①]。另外还有一个问题：如果邯郸之名在商末已经出现，那么，这一时期的邯郸究竟属于何种级别性质的聚落？换言之，是否已经成为一座独立的城市？郑杰祥认为，"甘"地是商王来往和驻足之地。郝良真、孙继民认为，商末已经出现最早的邯郸城，邯郸兴起于商代后期[②]。但上述文献之记载似并未直接说明邯郸已是一座城市，揣其文意似乎只是商都远郊之别墅一类的离宫别馆，更重要的是至今的考古发现，尚没有足够证据表明邯郸一带在商代时期已出现类似城邑等级的大型聚落。因此，在史料无明确之记载，考古尚无确切之发现的情况下，邯郸城究竟始建于何时的问题，目前似还不宜遽下定论。但可以肯定的是，邯郸一带在商代后期已经是一处重要的地域。

周武王灭商后，把商王畿地区划分为邶、鄘、卫三个封国，以监管殷遗民，故称"三监"。邶的地境在殷都以北，卫的区域在殷都以南。若依此论，则周初之邯郸一带应属邶国所属。后来三监作乱，周公相成王平乱之后，又封康叔于故殷墟之地，即卫国[③]。而大约与此同时，在商王畿故地的北部地区封设邢国（即今邢台）。如此，邯郸一带则大概位于卫之北部，北与邢为邻；但也或许局部属邢，南与卫为邻。

二　春秋前期：属卫时期

比较明确的是，邯郸一带春秋时属卫，后来归晋，晋设邯郸县。《元和郡县图志》：

---

①　郑杰祥：《商代地理概论》，中州古籍出版社，1994 年。

②　郝良真、孙继民：《论早期邯郸城的兴起》，《邯郸历史文化论丛》，中国文史出版社，2004年。

③　刘起釪：《周初的"三监"与邶鄘卫三国及卫康叔封地问题》，《历史地理》第二辑，上海人民出版社，1982 年。

"邯郸县，本卫地也，后属晋，七国时为赵都。"但对于春秋时期的邯郸城本身建设的详细情况，文献记载缺乏，所见的内容大多是与邯郸相关的战事和争斗。

春秋时期，中原以北的北方民族或称狄或称戎，其中狄又有白狄与赤狄之分，而各自内部又存在诸多分支，如赤狄有：潞氏、甲氏、留吁、铎辰等等。狄不断南侵中原，晋、邢、卫、齐等国首当其冲受其侵扰。其中的晋更是首当其冲，因晋地处汾水流域，本为戎狄游牧区，华夏族与戎狄族杂居之地。《左传·昭公十五年》：（公元前527年）"晋居深山，戎狄之与邻，而远于王室，王灵不及，拜戎不暇。"春秋初年，晋曲沃庄伯二年（晋孝侯十年，公元前730年），"翟人伐翼，至于晋郊。"狄人曾进逼至晋都城外。

狄对邢、卫的侵扰将直接影响到邯郸一带。公元前662～前658年，狄对邢、卫的入侵是毁灭性的，两国都城被迫迁移，国土大部沦为狄占区，幸得齐桓公救邢存卫，才使两国得以苟存。邢卫败退后，此时的邯郸一带应曾一度归属于狄人所占据。这一段历史，文献有详细之记载：

《春秋经·庄公三十二年》：（公元前662年）"狄伐邢。"

《左传·闵公元年》：（公元前661年）"狄人伐邢……齐人救邢。"

《左传·闵公二年》：（公元前660年）"冬十二月，狄人伐卫。……狄入卫，遂从之，又败诸河。"

《左传·闵公二年》：（公元前660年）"僖之元年（公元前659年），齐桓公迁邢于夷仪。二年，封卫于楚丘。"

狄的南侵是连续性和经常性的，文献对此有大量记录，依年代顺序择要列举如下：

《左传·僖公八年》：（公元前652年）"夏，狄伐晋。"

《春秋经·僖公十年》：（公元前650年）"狄灭温。""夏，齐侯、许男伐北戎。"

《左传·僖公十一年》：（公元前649年）"夏，扬、拒、泉、皋、伊、洛之戎同伐京师，入王城。……秦、晋伐戎以救周。秋，晋侯平戎于王。"

《春秋经·僖公十四年》：（公元前646年）"狄侵郑。"

《左传·僖公十六年》：（公元前644年）"秋，狄侵晋。"

《左传·僖公二十年》：（公元前640年）"秋，齐、狄盟于邢，为邢谋卫难也。"

《春秋经·僖公二十一年》：（公元前639年）"狄侵卫。"

《春秋经·僖公二十四年》：（公元前636年）"狄伐郑。"

中原虽北临狄人侵扰作乱，但华夏族集团内部也并不安宁，卫国进攻邢国，并灭之。

《左传·僖公十九年》：（公元前641年）"秋，卫人伐邢。"

《左传·僖公二十五年》：（公元前635年）"卫侯燬灭邢。"

邯郸一带正处于卫与邢之间，卫灭邢之后，邯郸一带应完全归属于卫之统辖，或者说，自春秋前期后段开始，邯郸一带完全由卫控制。

齐桓公救邢存卫攘夷富有成绩，而晋文公的霸业成就更加辉煌。晋立足中原，北击狄南败楚，稳定了中原华夏族团的局势，确立千秋霸业。晋的扩张与壮大，晋、卫与狄三方力量在太行山东麓南部地域的此消彼长，对邯郸一带产生了重大影响。

《左传·僖公二十七年》：（公元前 633 年）"冬，楚子及诸侯围宋。宋公孙固如晋告急。"

《左传·僖公二十八年》：（公元前 632 年）"晋侯将伐曹，假道于卫。卫人弗许。还，自南河济，侵曹、伐卫。"《春秋经》："晋侯伐卫。……楚人救卫。……战于城濮，楚师败绩。……卫侯出奔楚。"

晋楚城濮大战，成就了晋国于中原之霸业，并且使南方安定。战后晋国转而平定北方，是抗狄灭狄的主要力量。而相对于晋对狄的强势，卫面临狄的侵扰则显得力不从心，甚至被迫迁都。

《左传·僖公三十一年》：（公元前 629 年）"冬，狄围卫，卫迁于帝丘。"

《左传·僖公三十二年》：（公元前 628 年）"夏，狄有乱，卫人侵狄，狄请平焉。秋，卫人及狄盟。"

公元前 627 ~ 前 588 年，面对狄的侵扰，晋与之进行了连续的抗击：

《春秋经·僖公三十三年》：（公元前 627 年）"狄侵齐。……晋人败狄于箕。"

《春秋经·文公十三年》：（公元前 614 年）"狄侵卫。"

《左传·宣公六年》：（公元前 603 年）"秋，赤狄伐晋。"

《左传·宣公七年》：（公元前 602 年）"赤狄侵晋。"

《左传·宣公八年》：（公元前 601 年）"八年春，白狄及晋平。夏，会晋伐秦。"

《春秋经·宣公十一年》：（公元前 598 年）"秋，晋侯会狄于欑函"。《左传》："晋郤成子求成于众狄，众狄疾赤狄之役，遂服于晋。秋，会于欑函，众狄服也。"

《春秋经·宣公十五年》：（公元前 594 年）"晋师灭赤狄潞氏。"《左传》："晋荀林父败赤狄于曲梁，灭潞。"

《左传·宣公十六年》：（公元前 593 年）"晋士会帅师灭赤狄甲氏及留吁、铎辰。"

《左传·成公三年》：（公元前 588 年）"晋郤克、卫孙良夫伐廧咎如，讨赤狄之余焉。"

此时晋国灭狄之残余，赤狄全亡。狄所侵占的今之冀南一带可能归晋所据，邯郸此时理应也归晋之范围。另外，文献中尚有另外一条线索，表明至少在公元前 615 年时，邯郸有可能已经属于晋之赵氏了：

《左传·文公十二年》：（公元前 615 年）"赵有侧室，曰穿。"孔疏："穿别为邯郸氏，赵旃、赵胜、邯郸午是其后也。"杜注："穿，赵夙庶孙。"

大约可以肯定的是，邯郸一带在公元前 6 世纪开端前后归属于晋。自此，邯郸进入一个崭新的发展时期。总之，春秋前期的邯郸在文献中极少直接出现，是否已经出现真正的城市并无确凿之线索，并且常处于狄、卫等交错控制之下，此与邯郸正位于太行山东麓南北方向交通大道之区域位置，有着很大的关系。可能正是由于此种重要的战略地理位置，引起霸业正盛的晋国的关注，开始在邯郸一带发展势力。

三　春秋后期：属晋时期

《左传·文公十二年》：（公元前 615 年）"赵有侧室，曰穿。"孔疏："穿别为邯郸氏，赵旃、赵胜、邯郸午是其后也。"杜注："穿，赵夙庶孙。"

《左传·定公十三年》：（公元前 497 年）"晋赵鞅谓邯郸午曰：归我卫贡五百家。"孔疏："计衰至鞅、夙至午皆六代，今俗所谓五从兄弟，是同族也。别封邯郸，世不绝祀。"

邯郸何时归晋并属赵胜一族的确切年代目前尚不清楚，如果从上述《左传·文公十二年》孔疏所言，至少自公元前 615 年时的赵穿起，就已经开始经营邯郸了。至赵胜时，已是第三代了。与赵穿相比，赵胜据有邯郸的证据在文献记载中则更为明确：

《左传·襄公二十三年》：（公元前 550 年）"齐侯遂伐晋，取朝歌……赵胜帅东阳之师以追之。"

《国语·鲁语下》："我先君襄公不敢宁处……与邯郸胜击齐之左。"

邯郸赵胜，晋大夫，赵穿之孙，赵旃之子，赵午（邯郸午）之父，食邑于邯郸。此表明在公元前 550 年时，邯郸已经确为晋赵氏所据有。赵胜据有邯郸，并有东阳之师可以助晋攻齐军，说明其在邯郸已经有相当程度的经营，邯郸城市可能在此时也已有相当规模。

对于晋国来说，邯郸具有相当的重要性，晋平公（公元前 557～前 532 年之间在位）对邯郸曾有很高的评价：

《韩非子·外储说左》："中牟无令，晋平公问赵武曰：'中牟，吾国之股肱，邯郸之肩髀。'"

邯郸不仅于高层统治者来说具有很高的战略地位，于一般贵族及平民来说也具有较强的吸引力，或者说此城谋生与享用均宜，属于一座魅力之城。

《春秋·谷梁传》：襄公二十七年（公元前 546 年）"卫侯之弟专出奔晋……故出奔晋，织绚邯郸，终身不言卫。"

此表明在公元前 546 年的春秋后期之初，邯郸城内的工商业已颇具规模。

邯郸城大规模的发展和建设得力于晋国赵氏的经营。

赵氏家族在晋国的兴盛开始于赵衰，其辅助晋文公成就了霸业，自己也因此成为权势极大的晋卿。此后，历经赵盾、赵朔、赵武等代的继续经营，赵氏家族在晋国的地位一直得到保持与发展。《史记·赵世家》："赵景叔卒，生赵鞅，是为简子。"到赵鞅赵简子时期，晋国六卿专权当政，各自发展自己的势力，赵氏家族的势力也进入一个新的发展阶段。

赵简子在经营晋国的同时，对太行山东麓地区以及邯郸非常关注。但占据邯郸的赵氏毕竟属于赵氏系统的支系，而与简子的宗主系统存在一定的距离。如果从地域方面观察，则是简子晋阳系统与邯郸系统的分别。后来赵氏集团内部在邯郸问题上，终于产生了严重的分裂与对峙，经过争斗，赵氏宗主完全占据邯郸。这场斗争的大致经过是：

《左传·定公九年》：（公元前501年）"秋，齐侯伐晋夷仪。"杜注：为卫讨也。《春秋经》："秋，齐侯、卫侯次于五氏。"夷仪，在今邢台西。五氏，在今邯郸西。对于齐、卫的联合行动，赵鞅很快进行了反击。

《左传·定公十年》：（公元前500年）"晋赵鞅围卫，报夷仪也。初，卫侯伐邯郸午于寒氏。"寒氏即五氏。

晋定公十二年（公元前500年），赵简子围卫，卫人恐惧，故贡献五百家。简子置之邯郸（《史记·赵世家》）。

晋定公十五年（公元前497年），简子欲将邯郸的五百家更徙于晋阳，于是要求邯郸大夫午，归还其五百家。未果后，赵简子捕午，囚之晋阳，后杀午（《史记·赵世家》）。午子赵稷于是发动叛乱。孔子对此事有过评价，《史记·赵世家》曰："孔子闻赵简子不请晋君而执邯郸午，保晋阳，故书春秋曰'赵鞅以晋阳畔'"。

《左传·定公十三年》（公元前497年）对此事则如此记载：

"晋赵鞅谓邯郸午曰：归我卫贡五百家，吾舍诸晋阳。……召午，而囚诸晋阳。……遂杀午。赵稷、涉宾以邯郸叛。"

上述史实表明，赵简子向太行山东麓的扩张，首先引起卫的反对，于是卫与齐联合抗击晋的东扩。赵简子团结邯郸午在打击卫之后，为何将卫所献的五百家存置于（而非赏赐）邯郸？文献并无详细说明。这里不妨大胆推测简子的真实用意：将自己所得的五百家存置于邯郸，一方面显示对邯郸赵氏支族的某种有保留的支持，更意味着对邯郸城的特别关注，卫与邯郸均是太行山东麓地区的战略重地，是将来发展的趋向之地。——甚至可以更进一步揣测，简子此举或许正是为后来攻占邯郸，提前埋下的伏笔和借口。但是，同样的理论基础，邯郸城对于赵午来说，何尝不也是重要的战略立足之地，因此在遇到简子的压力之后，便被迫采取了抗击行动。分析至此，双方所谓为争夺五百家之战，只不过是个表面的借口，真正的目的是为争夺邯郸城的控制权，乃至对太行山东麓地区的控制权。因此，赵简子于是对邯郸进行了坚决的围攻与平叛：

《左传·定公十四年》：（公元前 496 年）"晋人围朝歌。……冬十二月，晋人败范、中行氏之师于潞。"

《春秋经·哀公元年》：（公元前 494 年）"秋，齐侯、卫侯伐晋。"《左传》："夏四月，齐侯、卫侯救邯郸。……冬十一月，晋赵鞅伐朝歌。（杜注：讨范、中行氏）"

《左传·哀公三年》：（公元前 492 年）"冬十月，晋赵鞅围朝歌。"

《左传·哀公四年》：（公元前 491 年）"九月，赵鞅围邯郸。冬十一月，邯郸降。荀寅奔鲜虞，赵稷奔临。"（临，今临城）

《史记·赵世家》："晋定公二十一年（公元前 491 年），简子拔邯郸。……赵竟有邯郸、柏人。……赵名晋卿，实专晋权，奉邑侔于诸侯。"

晋定公二十一年（公元前 491 年），简子拔邯郸，从此邯郸纳入晋赵氏宗族正宗系统。邯郸之战使赵氏的领地与势力大增，实际已与诸侯无异。邯郸直接归简子统治后，进入一个新的发展阶段。

关于晋赵氏集团内部的这次争斗，考古出土的新发现文献也有记载。1965 年，在侯马晋都新田城遗址的南郊发现盟誓遗址，出土了大量盟书①。对于盟书的内容，学术界有着多种的释读②。比较流行的是两种意见：其一，主盟者是赵鞅，被诛讨的对象赵尼即邯郸午之子赵稷，所反映的历史事件是赵鞅与邯郸赵氏、范氏和中行氏之间持续数年的战争。其二，主盟者是赵桓子，被诛讨的对象赵尼即献子赵浣，反映的历史事件是公元前 424 年赵桓子逐赵献子而立的事。但多数学者包括盟书的发掘整理者都认为，前一种说法可能比较接近史实。另外，盟书的 T8②：23 标本发现有"永不盟于邯郸……"的盟辞，可视为支持第一种说法的证据之一。

晋赵氏集团内部争夺邯郸控制权的斗争，如果从另一个角度观察，表明邯郸在春秋后期得到了较大程度的发展。简子能将卫之五百家置于邯郸，反映了邯郸当时决非一普通小型聚落，至少应是一座中型城镇。这是邯郸赵氏经营发展邯郸的结果。简子与赵午之间对邯郸控制权的争夺，恰恰说明邯郸的重要性和双方同样的重视性，这正是邯郸得以发展兴盛的有利基础。

赵简子对邯郸的执著就远不仅仅是一种简单的争土夺利，而是由局限的黄土高原腹地向四通八达东方平原地带扩张的宏大志愿，是三家分晋前夕赵对自己新生国家的地理范围尤其重心地带的新定位。新生的赵虽然仍依托于太行山以西的黄土高

---

① 山西省文物工作委员会：《侯马盟书》，文物出版社，1976 年。

② 张颔：《侯马盟书丛考续》，《古文字研究》第一辑，中华书局，1979 年；唐兰：《侯马出土晋国赵嘉之盟载书新释》，《文物》1972 年 8 期。

原腹地，但其目光已经伸向北联燕山，南通中原的太行山东部地区了，这是赵新的生长点，也是区别于原来晋的分水岭，赵是立足于华夏中原的北部，面向戎狄林立的辽阔北方。

正是基于此种思想，在占据邯郸后，晋赵氏便接着开始向东南方扩张。

《左传·哀公五年》：（公元前490年）"夏，赵鞅伐卫，范氏之故地也，遂围中牟。"

《左传·哀公九年》：（公元前486年）"晋赵鞅卜救郑。"

《左传·哀公十年》：（公元前485年）"夏，赵鞅帅师伐齐。"

《春秋经·哀公十四年》：（公元前481年）"晋赵鞅帅师伐卫。"次年，继续伐卫。

《左传·哀公十七年》：（公元前478年）"夏六月，赵鞅围卫。……冬十月，晋复伐卫。"

赵简子密切关注与致力经营邯郸，受到了邯郸居民的拥护。

《列子·说符》："邯郸之民，以正月之旦献鸠于简子，简子大悦，厚赏之。"

综上文献确凿表明，春秋后期，邯郸城市在邯郸赵氏经营下，已经发展到相当规模。归属于简子赵氏的正宗系统后，得到更进一步的发展。从文献记载之分析，可以比较准确地说，邯郸城大约至迟在春秋后期（公元前6世纪初）已经颇具规模，并且开始兴盛发达（图一）。

四　战国初期：赵襄子—赵敬侯迁都邯郸以前

晋定公三十七年（公元前475年），赵简子死，其子赵襄子继立。沈长云《赵国史稿》认为，赵襄子立为赵国实际建立的标志。但实质上此时的赵并非合法名正的建国。赵襄子时期，邯郸继续得到发展。《国语·晋语九》记载邯郸说：

"邯郸之仓库实。"

此为公元前455～前453年，晋阳之围时，从者与赵襄子的对话。赵襄子后来与韩、魏合谋，三国灭知氏，共分其地。晋出公二十二年（公元前453年），韩赵魏"三家分晋"，标志着赵氏实际作为诸侯而立，并且赵在三家中实力最强。

《史记·赵世家》："于是赵北有代，南并知氏，强于韩、魏。"

《汉书·地理志下》："赵分晋，得赵国。北有信都、真定、常山、中山，又得涿郡之高阳、鄚、州乡；东有广平、巨鹿、清河、河间，又得渤海郡之东平舒、中邑、文安、束州、成平、章武，河以北也；南至浮水、繁阳、内黄、斥丘；西有太原、定襄、云中、五原、上党。上党，本韩之别郡也，远韩近赵，后卒降赵，皆赵分也。"

赵氏虽然自简子甚至更早的时期，即开始经营太行山以东地区，但大规模经营开端的标志应该是迁都中牟。在迁都中牟前，襄子即先期对中牟进行了经营发展。沈长云《赵国史稿》对襄子收复中牟之史实，进行了详细考证，认为襄子即位后的首件之

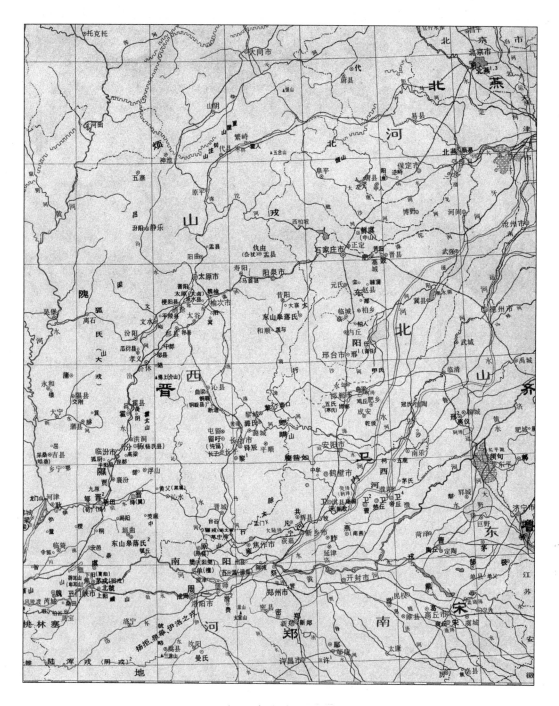

图一　春秋晋国疆域图

（引自谭其骧主编《中国历史地图集》第一册，中国地图出版社，1982 年）

功就是收复中牟，使赵获得向中原发展的前沿阵地。

中牟于晋国的地位十分重要，春秋时晋平公（公元前 557～前 532 年之间在位）曾对其有过高度评价。《韩非子·外储说左》："中牟无令，晋平公问赵武曰：'中牟，吾国之股肱，邯郸之肩髀。'"

《史记·赵世家》："襄子立三十三年卒，浣立，是为献侯。献侯少即位，治中牟。襄子弟桓子逐献侯，自立于代，一年卒。国人曰桓子立非襄子意，乃共杀其子而复迎立献侯。"

《汉书·地理志》中牟条下："赵献侯自耿徙此。"

献侯第一次继立，即治中牟。不久桓子驱逐献侯自立，之后献侯又得复辟。献侯第二次复立的时间，应在公元前 423 年。上文所述关于侯马盟书内容的一种意见即便认为，主盟者是赵桓子，被诛讨的对象赵尼即献子赵浣，反映的历史事件是公元前 424 年赵桓子逐赵献子而立的事。

关于中牟的地望，学界还存在不小的分歧。比较流行的意见是今鹤壁说。《史记·赵世家·正义》云："荡阴县西五十八里，有牟山，盖中牟邑在此山侧也。"今鹤壁鹿楼一带发现古城遗址，推测即为中牟城址[①]。《赵国史稿》亦同此说。但否定鹤壁鹿楼说的人，则认为磁县讲武城遗址乃中牟城址[②]。还有人考证认为，中牟城当在邯郸城东南方向至黄河之间的地带，具体地点尚待进一步探寻[③]。

至于献侯首次治中牟之前所在的耿，孙继民认为即今天之邢台，并考证赵都的迁移顺序是：晋阳—耿（邢）—中牟—邯郸，赵襄子后期曾一度迁耿[④]。

耿是否一度为赵都，可继续考证研究。但其已经作为赵之重要地域，献侯也曾一度居此，当无问题。无论是耿，还是中牟，均位于太行山东麓山前平原的南北向大道附近，与邯郸一北一南为近邻。自赵简子为邯郸而战，赵襄子收复中牟，以及曾经居耿，到献侯都中牟，赵氏对此三地乃至太行山东麓地域的高度重视，乃是一贯之大策方针。迁都中牟，反映了赵国的政治中心由黄土高原腹地向中原地区的转移。而邯郸地近中牟，更加有利于其城市的发展。

献侯立足中牟后，开始巩固周边防御。

《古本竹书纪年》："晋烈公元年（赵献侯九年，公元前 415 年），赵献子城泫氏（今山西高平）。"

---

① 张新斌：《河南鹤壁鹿楼古城为赵都中牟说》，《文物春秋》1993 年 4 期。

② 胡进驻：《赵都中牟新考》，《文物春秋》2004 年 3 期。

③ 孙继民、郝良真：《战国赵都中牟琐见》，《河北学刊》1987 年 5 期。

④ 孙继民：《战国赵都迁耿管见》，《先秦两汉赵文化研究》，方志出版社，2003 年。

《史记·赵世家》："（献侯）十三年，城平邑。"

《水经注》卷五引《竹书纪年》：

"晋烈公四年（赵献侯十二年，公元前412年），赵城平邑。五年，田公子居思伐邯郸，围平邑。十年，齐田汾及邯郸韩举战于平邑，邯郸之师败逋，获韩举，取平邑、新城。"

平邑，今南乐县。平邑不仅屏障中牟，而且也拱护邯郸，为邯郸之稳定发展提供有利条件。献侯死后，其子烈侯继立。公元前403年，赵正式成为诸侯，赵之建国得到合法承认。《史记·赵世家》："（烈侯）六年，魏韩赵皆相立为诸侯。"

赵在中牟为都37年之后，于赵敬侯元年（公元前386年），赵都由中牟又迁至邯郸，从此邯郸进入都城时期，赵国历史也揭开崭新的一页。

《史记·赵世家》："敬侯元年，武公子朝作乱，不克，出奔魏。赵始都邯郸。"

关于敬侯迁都邯郸的原因，许多学者作了分析。孙继民等《邯郸简史》和沈长云等《赵国史稿》均认为：迁都邯郸是赵国向逐鹿中原战略方针转变的需要；邯郸具备为都的物质基础；邯郸所在的位置具有重要的军事地位等等①。另外，武公子朝作乱，也可能是迁都的直接原因。

上述迁都邯郸之原因分析无疑都是正确的。另外还有一个方面：邯郸的区域位置较之中牟优越，有着很早的发展历史基础，而且邯郸是晋赵氏集团在太行山东麓地区经营的最早和最重要的据点，特别是自简子以来更是对邯郸倾注了很大的力量，至烈侯时赵正式位列诸侯，新的赵国在中原立足需要一个新的起点和格局，因此敬侯迁都邯郸已成顺理成章之势了。总之，在战国初期之末阶段，邯郸由一座普通城市跻身于列国之都，是为邯郸城市发展历史上的关键点。

第二节　建都后的繁荣

赵敬侯元年（公元前386年），赵都由中牟迁至邯郸，邯郸从此进入都城时期，一直至公元前228年被秦攻克，邯郸为都历时长达159年。赵建都邯郸后，依据邯郸城，南征北战，开拓巩固疆土，开通太行山东麓的南北交通。赵之重心逐渐由黄土高原腹地之国走向平原之国，积极逐鹿中原（图二）。

---

① 孙继民、杨倩描、郝良真：《邯郸简史》，中国城市经济社会出版社，1990年；沈长云等：《赵国史稿》，中华书局，2000年。

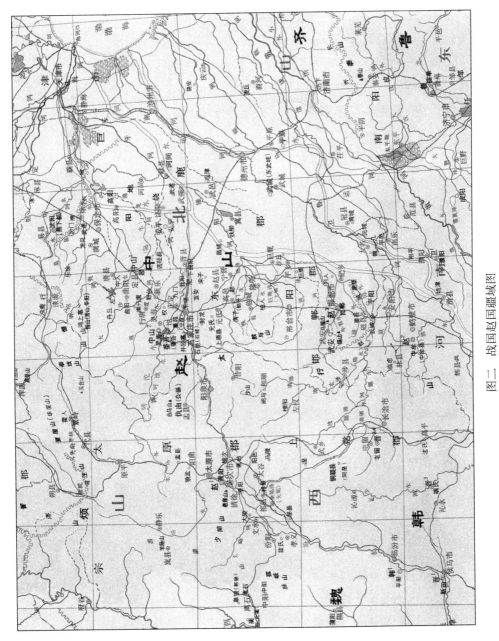

图二　战国赵国疆域图

（引自谭其骧主编《中国历史地图集》第一册，中国地图出版社，1982年）

一　邯郸为都后的主要历史史实

在邯郸为都的 159 年间，共历 8 位君主：

敬侯—成侯—肃侯—武灵王—惠文王—孝成王—悼襄王—幽缪王

此 8 位君主在位的史实，文献记载尤其《史记·赵世家》较为详细，其内容虽多局限于政治军事方面，但对研究邯郸城仍具有很重要的意义。况且，各位君主所完成的军政事迹均是在邯郸城谋划或实施的。以下将文献所载各王的主要事迹，择要列举：

（1）赵敬侯

元年，公元前 386 年，迁都邯郸。

二年，公元前 385 年，败齐于灵丘。

三年，公元前 384 年，大败齐人。

六年，公元前 381 年，伐魏。

七年，公元前 380 年，伐齐，至桑丘。

八年，公元前 379 年，袭卫；拔魏黄城。

九年，公元前 378 年，伐齐，至灵丘。

十年，公元前 377 年，战中山于房子。

十一年，公元前 376 年，与魏韩共灭晋，分其地；伐中山。

敬侯初立都邯郸，兴旺之势正盛，积极向外扩张，主要是向东南和南方的邻居齐、卫进攻。这是赵国将政治中心移居到太行山东麓以后，势必与原地中原系统的诸侯争夺生存空间。与此同时，敬侯也把目光转向北方，开始与中山作战，并最终把晋完结。

（2）赵成侯

三年，公元前 372 年，伐卫。

四年，公元前 371 年，战秦。

五年，公元前 370 年，伐齐，攻郑。

六年，公元前 369 年，伐魏。

七年，公元前 368 年，侵齐攻周。

九年，公元前 366 年，战齐。

十年，公元前 365 年，攻卫。

十一年，公元前 364 年，救魏。

十四年，公元前 361 年，攻秦。

十五年，公元前 360 年，攻齐。

二十年，公元前 355 年，魏献荣椽，因以为檀台。

二十一年，公元前 354 年，魏围邯郸。

二十二年，公元前 353 年，魏拔邯郸，齐败魏于桂陵。

二十四年，公元前 351 年，魏归邯郸，与魏盟漳水上。

成侯基本上继承敬侯之策略，继续积极向周边中原地区扩张。但在与魏的战争中失败，造成邯郸之难。这是邯郸城市史上黑暗之页，但文献并无记载邯郸城陷落之后的详情，因此魏侵入邯郸后是如何对待这座城市的，只能是一种揣测了。邯郸之难前夕赵所建设的檀台地望，《史记》之《集解》认为在襄国（今邢台），而《正义》引《括地志》云在洺州临洺县（今永年）北。《大清一统志》延承此说，亦云在永年县西，故临洺县北。孙继民也认为，信宫、檀台和赵信都均在临洺[①]。然而沈长云等《赵国史稿》则考证说，檀台即信宫，为一大型宫殿，在今邢台，邯郸失守后，赵国君臣即迁移至此。总之，檀台位于邯郸之北当无问题。此表明，邯郸城之北不远处建有王宫别院之类的建筑群，或者是陪都副都一类的城镇，它们宏观上应属于邯郸城的一个组成部分。

（3）赵肃侯

六年，公元前 344 年，攻齐。

七年，公元前 343 年，攻魏。

九年，公元前 341 年，攻魏。

十一年，公元前 339 年，伐魏。

十五年，公元前 335 年，起寿陵。

十七年，公元前 333 年，围魏黄，不克。筑长城。

十八年，公元前 332 年，齐魏伐赵，赵决河水灌之。

二十二年，公元前 328 年，战秦失败。

肃侯继续扩张，但势头有所减弱。修建陵墓和长城应是肃侯在位时完成的两件大事。"起寿陵"，是古代文献中将王墓称之为"陵"的最早记载。寿陵的具体地点在何处？《史记·正义》引徐广说，在常山。但不少学者对此说持疑。不论寿陵在何地，肃侯创建巨大陵墓应无问题，并且死后还举办了隆重之葬礼。《吕氏春秋·孝行览》"邯郸以寿陵困于万民"，应是反映陵墓的工程量浩大，因此而困扰人民。王陵的创建对后来邯郸城外规模宏大的赵王陵园的建设，无疑产生了巨大影响，因而也影响到邯郸城的建设格局和风貌。

嘉靖《广平府志》对邯郸县西北的赵王陵园曾详细记载，其卷八云："赵惠文王陵，与孝成悼襄二王墓俱在邯郸县西北，俗号三陵。西一陵在三陵村西北，紫山东南，去县二十里许，墓有三顶。中一陵在西陵东北三里许，向东有甬道土阶，长约半里，

---

①　孙继民：《战国赵信都地望考》，《先秦两汉赵文化研究》，方志出版社，2003 年。

墓有二顶。东一陵去中陵又十余里许。"此所记述内容，与陵园现存形制基本相符。

（4）赵武灵王

元年，公元前 325 年，武灵王即位，韩宣王与太子仓来朝信宫。

二年（或三年），公元前 324 或 323 年，城鄗。

九年，公元前 317 年，败于秦、齐。

十年，公元前 316 年，秦侵赵。

十三年，公元前 313 年，秦侵赵。

十四年，公元前 312 年，攻魏。

十七年，公元前 309 年，王出九门，为野台，以望齐中山之境。

十九年，公元前 307 年，"大朝信宫。召肥义与议天下，五日而毕。王北略中山之地，至于房子，遂之代，北至无穷，西至河，登黄华之上。召楼缓谋曰：我先王因世之变，以长南藩之地，属阻漳、滏之险，立长城，又取蔺、郭狼，败林人于荏，而功未遂。今中山在我腹心，北有燕，东有胡，西有林胡、楼烦、秦、韩之边，而无彊兵之救，是亡社稷，奈何？夫有高世之名，必有遗俗之累。吾欲胡服。"（《史记·赵世家》）

"先时中山负齐之强，兵侵掠吾地，系累吾民，引水围鄗，非社稷之神灵，即鄗几不守。"（《战国策·赵策二》）

二十年，公元前 306 年，王略中山地。西略胡地。

二十一年，公元前 305 年，"攻中山。……王军取鄗、石邑、封龙、东垣。中山献四邑和，王许之，罢兵。"（《史记·赵世家》）

鄗地处赵与中山邻境地带，为赵之北方重镇，此前可能一度入中山版图，此时当又被赵夺回。

二十三年，公元前 303 年，攻中山。

二十五年，公元前 301 年，攻中山。

二十六年，公元前 300 年，复攻中山，攘地北至燕、代，西至云中、九原。

二十七年，公元前 299 年，"大朝于东宫，传国，立王子何以为王。王庙见礼毕，出临朝。"（《史记·赵世家》）

武灵王时，西方受秦的侵扰，北方有中山、燕和诸胡等之威胁，因此进行了著名的胡服骑射改革。武灵王的功绩主要在于向北方的成功扩张，改革后最大的成果是大规模进攻中山，虽然最后完成灭掉中山的是惠文王，但在武灵王时已将中山几近灭亡。此确为武灵王之功。

胡服骑射改革在邯郸城文化的形成和发展中亦具有重要的意义。北方游牧文化的精华必然影响邯郸城的文化风貌，而多元文化的融入对一座城市的发展来说，无疑注入了许多新鲜的活力。

武灵王元年和十九年，文献均提到信宫。《史记·正义》曰，信宫，在洺州临洺县。《大清一统志》延承此说，亦云在永年县西北。孙继民也主此说①。而《赵国史稿》则认为，信宫即陪都信都，在今邢台。

武灵王二十七年，文献提及东宫之名。东宫是何地？宫殿名称，还是东面之宫殿，或者是太子之宫殿？有人认为东宫是大北城内的宫城，因位于王城之东，故称东宫②。但大概可以肯定的是，应为宫城内之宫殿。从文献记载的上下文分析，信宫似为日常议政之所，而东宫似为举行大典之所，此是否意味着宫城内各个宫殿在功能方面的某些区别？王子何被立为王之后，在庙见礼，此庙大概应是宗庙，而且其距离东宫大概不会太远。若果真如此，则赵国宗庙可能即在宫城之内，并且距离中心宫殿不远。此又说明，宗庙与中心宫殿在位置与功能方面可能均是区别分开的。另一个证据是，王子何在宗庙礼毕后，出临朝。此朝可能还是东宫之朝堂，也可能是其他议政的宫殿。总之，宫城内的宫殿群功能区分明确，宗庙虽然仍占据重要位置，但与君王的中心宫殿相比，可能略有逊色。而且更重要的是宗庙不再与议政、大典的宫殿合二为一使用。此可能反映着宗庙在宫城中地位的下降。

武灵王最后死于沙丘宫。沙丘之地，当无多少异议，在今平乡县附近。以上信宫、东宫、沙丘宫等，应是赵王日常朝政或休养之所，其中有的当在邯郸城内，或者距离邯郸城不远，属于邯郸城的附属建筑群。可以说，在武灵王时期，邯郸城外围周边地区的宫殿建筑群也得到大规模的发展。

（5）赵惠文王

三年，公元前 296 年，灭中山。

四年，公元前 295 年，"主父及王游沙丘，异宫。……三月余而饿死沙丘宫。"

八年，公元前 291 年，城南行唐（在常山）。

九年，公元前 290 年，攻韩。

十二年到二十八年，公元前 287～前 271 年间，屡次攻齐。

十八年，公元前 281 年，王再之卫东阳，决河水，伐魏氏。大潦，漳水出（《括地志》云，东阳故城在贝州历亭县界）。

二十一年，公元前 278 年，赵徙漳水武平西（《括地志》云，在瀛州文安县北七十二里）。

二十七年，公元前 272 年，徙漳水武平南。……河水出，大潦。

二十九年，公元前 270 年，击秦败秦。

①　孙继民：《战国赵信都地望考》，《先秦两汉赵文化研究》，方志出版社，2003 年。

②　曲英杰：《先秦都城复原研究》441 页，黑龙江人民出版社，1991 年。

惠文王最后完成灭亡中山、屡屡与齐作战并击败秦军，是其主要事迹，赵国此时发展到顶峰阶段。邯郸城也应处于兴盛之期。

（6）赵孝成王

元年，公元前265年，秦伐赵。

六年，公元前260年，秦坑赵卒四十余万，是为长平之祸。

长平之战秦赵对峙三年（公元前262～前260年），双方均损耗严重。最后赵中秦反间计，使用赵括代替廉颇而用人不当遭致失败。

七年，公元前259年，秦攻邯郸。

九年，公元前257年，秦围邯郸。魏楚联军救赵解邯郸围。

十二年，公元前254年，"邯郸廥烧。"（《史记·赵世家》）

十五年，公元前251年，燕攻赵，赵大败燕。

十六年，公元前250年，围燕。

十九年，公元前247年，与燕易土。

二十年，公元前246年，秦王政立，秦拔晋阳。

赵国渐趋衰落，秦成为首要之敌。长平之战后，赵更是元气大伤。邯郸之围使国家衰落，邯郸城亦遭受重大损失。《史记·平原君虞卿列传》："李同曰：'邯郸之民，炊骨易子而食，可谓急矣，而君之后宫以百数，婢妾被绮縠，馀粱肉，而民褐衣不完，糟糠不厌。民困兵尽，或剡木为矛矢，而君器物锺磬自若。使秦破赵，君安得有此？使赵得全，君何患无有？今君诚能令夫人以下编于士卒之间，分功而作，家之所有尽散以飨士，士方其危苦之时，易德耳。'于是平原君从之，得敢死之士三千人。李同遂与三千人赴秦军，秦军为之却三十里。"邯郸被围困，城中居民面临食荒，但平原君仍能维持绮縠粱肉器物锺磬自若之生活，可见平日里其生活内容的丰富与奢华，此也正是邯郸城繁荣昌盛之生动写照。

孝成王十二年，邯郸城中的廥被火烧毁。《史记·集解》：廥，厩之名。《史记·索隐》：廥，积刍稾之处。刍，今作刍，系喂牲畜的草。《说文》：稾，秆也。因此，廥乃堆放秣草的房舍。《说文》：廥，刍稾之藏也。另，《广雅》：廥，仓也。廥聚、廥储，乃指库藏的粮草。因此，廥有时又泛指库藏的粮食或秣草。此条文献记载，反映邯郸城中存在专门的马厩和粮草仓库，推测当为城内驻军或王室所专用。这是邯郸城的重要构成元素之一。

（7）赵悼襄王

二年，公元前243年，攻燕。

三年，公元前242年，攻燕。

四年，公元前241年，攻秦不克，攻齐。

九年，公元前 236 年，攻燕。秦拔邺。

悼襄王已成败国之君，大势已去难以回转。赵一方面遭受大敌秦的侵袭，一方面还仍旧继续对燕用兵。

（8）赵幽缪王

元年，公元前 235 年，城柏人。

二年，公元前 234 年，秦攻赵。

三年，公元前 233 年，秦攻赵。

四年，公元前 232 年，秦攻赵。

七年，公元前 229 年，秦攻赵。

八年，公元前 228 年，秦攻破邯郸，邯郸为秦，秦设邯郸郡。

幽缪王终为亡国之君。邯郸为赵都的历史至此寿终，邯郸城于历史上最繁荣的阶段也因此完结。

代王嘉六年，公元前 222 年，秦破嘉灭赵以为郡，赵终亡。

二　邯郸城市风貌

古代文献中虽极少正面涉及邯郸城市本身之风貌，但其中还是存在一些少量的侧面记述，从中或可窥见邯郸城市的一些侧影风采。

1. 城市自然环境

《水经注》卷十："拘涧水又东，又有牛首水入焉。水出邯郸县西堵山，东流分为二水，洪湍双逝，澄映两川。"

《古本竹书纪年》："（魏）惠成王十六年（公元前 354 年），邯郸四曀，室坏多死。"（《开元占经》卷一零一引）《说文解字》："曀，天阴沈也。"段注："各本作阴而风也。"《尔雅》、《毛传》皆云："阴而风曰曀。"

关于牛首水在邯郸城内分流为二水的态势，侯仁之先生曾制图示意。此二水水量丰沛，应是滋润邯郸城的重要水源，因此邯郸城亦为水滨之城也。但此水也可为患城市，西汉景帝时栾布曾引此水灌淹邯郸城，但不详其以何种方式聚水引水实施此举。

曀乃阴风，能够毁坏屋舍致使人死伤的阴风，不知为何种风灾？或许是威力极大的暴风雨。但这一年正是魏国围攻邯郸城之战，因此该条文献记载也有可能是作为邯郸之难的天气异象附会。

2. 城市建筑与交通

《史记·货殖列传》："然邯郸亦漳、河之间一都会也。北通燕、涿，南有郑、卫。"

《战国策·燕策三》："赵，四达之国也，其民皆习于兵，不可与战。"

《史记·燕召公世家》："赵四战之国，其民习兵，不可伐。"《正义》："赵东邻燕，西接秦境，南错韩、魏，北连胡、貉，故言四战。"

无论四达还是四战，均是处于中央之位置，四达邻国之地。

《战国策·赵策三》赵奢描述当下城邑之况时说：

"今千丈之城，万家之邑相望也。"

《史记·廉颇蔺相如列传》："已而相如出，望见廉颇，相如引车避匿。"

《史记·平原君虞卿列传》："平原君家楼临民家。民家有躄者，槃散行汲。平原君美人居楼上，临见，大笑之。"

可知邯郸城建设规模宏大，为一大都市，且处南北方交通要道。城内贵族官员出行大概多乘用马车为交通工具，其用道路也应通畅和顺达。平原君家宅的描述，反映出邯郸城内的建筑形式有楼房，并且贵族官员之家宅与民宅混杂或连成一片。此或许是在大北城内的情况，如果真如此，则平原君至少有一处住宅位于邯郸大北城内。

3. 城市工商业

《史记·货殖列传》：

"邯郸郭纵以铁冶成业，与王者埒富。"

"蜀卓氏之先，赵人也，用铁冶富。秦破赵，迁卓氏。……致之临邛，大喜，即铁山鼓铸，运筹策，倾滇蜀之民，富至僮千人。田池射猎之乐，拟于人君。"

《史记·吕不韦列传》："吕不韦者，阳翟大贾人也。往来贩贱卖贵，家累千金……吕不韦贾邯郸。"

《史记·魏公子列传》："公子闻赵有处士毛公藏于博徒，薛公藏于卖浆家。"

《庄子·胠箧》："鲁酒薄而邯郸围。"

郭纵似应为战国时期人也。上述文献反映出邯郸冶铁工业的发达，这也是邯郸城繁荣的最重要物质支柱之一。大贾人吕不韦择邯郸城为贾，可证邯郸商业之繁盛。邯郸的酿酒业可能亦较发达。

4. 城市娱乐

《史记·货殖列传》："赵女郑姬，设形容，揳鸣琴，揄长袂，蹑利屣，目挑心招，出不远千里，不择老少者，奔富厚也。"

《史记·吕不韦列传》："吕不韦取邯郸诸姬绝好善舞者与居。"

《史记·扁鹊仓公列传》："扁鹊名闻天下。过邯郸，闻贵妇人。"

《战国策·中山》："臣闻赵，天下善为音，佳丽人之所出也。"

《史记·赵世家》："赵王迁，其母倡也。"《集解》曰："列女传曰邯郸之倡。"

《淮南子·修务训》："邯郸师有出新曲者，讬之李奇，诸人皆争学之。"

《淮南子·泰族训》："赵王迁流于房陵，思故乡，作《山水》之讴，闻者莫不殒涕。"

《史记·魏公子列传》："公子闻赵有处士毛公藏于博徒。"

《史记·刺客列传》："荆轲游于邯郸，鲁句践与荆轲博。"

《盐铁论·通有》："（赵、中山）男女矜饰，家无斗筲，鸣琴在室。"

《太平御览》卷161引《赵记》："（赵）女子盛饰冶容，习丝竹长袖，倾绝诸侯。"

《庄子·秋水》："且子独不闻夫寿陵余子之学行于邯郸与？未得国能，又失其故行矣，直匍匐而归耳。"

邯郸赵女和邯郸倡能歌善舞，远近著名。因此，赵悼襄王之后为邯郸倡；大贾人吕不韦择邯郸姬享乐；贵妇人、佳丽人、博徒云集邯郸城；邯郸学行等等。所有这些均证明邯郸城歌舞娱乐业的发达，此与邯郸工商业繁盛是相应的，是可称之为一娱乐享受之都。

5. 城市民俗民风

《战国策·秦策》："赵氏，中央之国也，杂民之所居也。其民轻而难用。"

《史记·货殖列传》："中山地薄人众，犹有沙丘纣淫地余民，民俗懁急，仰机利而食。丈夫相聚游戏，悲歌忼慨，起则相随椎剽，休则掘冢作巧奸冶，多美物，为倡优。女子则鼓鸣瑟，跕屣，游媚贵富，入后宫，遍诸侯。"

此段文字虽名为记述中山，但中山地近邯郸，后来又被赵所灭，并且所谓"沙丘纣淫地余民"，更是于邯郸附近之地也。因此，在《汉书·地理志下》中，将赵与中山之俗合并为一来记述：

"赵、中山地薄人众，犹有沙丘纣淫乱余民。丈夫相聚游戏，悲歌忼慨，起则椎剽掘冢，作奸巧，多弄物，为倡优。女子弹弦跕屣，游媚富贵，遍诸侯之后宫。邯郸北通燕、涿，南有郑、卫，漳、河之间一都会也。其土广俗杂，大率精急，高气势，轻为奸。"

《列子·说符》："牛缺者，上地之大儒也，下之邯郸，遇盗于耦沙之中。"说明邯郸不仅是工商大贾倡优汇聚之地，同时也吸引了文化儒者。

赵国杂民所居，兼收四方多样民族文化，尤其是北方文化因素，互相融合而得到新的发展。人口的流动和文化的融合，造就了邯郸赵俗的主要特点是重工商技艺，机巧善营，亦即被传统思想不认同的所谓"民轻"，但此恰恰是邯郸城兴旺发达的基础，与传统农业乡村社会的重农抑商思想形成鲜明对照。

第三节　秦汉时期的发展与衰落

一　秦　代

秦灭赵后，设邯郸郡，为天下三十六郡治所之一。邯郸城失去诸侯国都之政治地位，降为地方行政中心。秦始皇与邯郸有着密切的关系，他出生于此，并在此度过了可能并不太美好的童年生活，因此在秦攻破邯郸之后亲自出马完成了复仇行动。

《史记·秦始皇本纪》：

"以秦昭王四十八年正月生于邯郸。"

"（秦始皇十九年）秦王之邯郸，诸尝与王生赵时母家有仇怨，皆阬之。"

秦始皇与邯郸的恩怨仇情，应是邯郸城的人文构成元素之一，在邯郸城历史上有着鲜明的一页。至于秦占邯郸后，是否对邯郸城有所损坏，文献并无直接记述，但有秦始皇毁坏诸侯之城的笼统之载。《史记·秦始皇本纪》："皇帝奋威，德并诸侯，初一泰平。堕坏城郭。"《正义》云：堕，毁也。坏，坼也。言始皇毁坼关东诸侯旧城郭也。《史记·平津侯主父列传》："及至秦王，蚕食天下，并吞战国，称号曰皇帝，主海内之政，坏诸侯之城。"

《邯郸简史》据此认为，邯郸城应在秦攻占邯郸时，即遭平毁，而非直到秦末章邯时才有毁城之举。邯郸城是否在秦攻占时即遭毁坏，可继续探索研究。比较肯定的是，秦时邯郸城的昔日繁荣大概已不复存在，或者难以与赵都时相提并论，此中原因除了邯郸城已失政治优势之外，人口的流失也是重要的因素。

《史记·秦始皇本纪》记载秦一并天下后：

"徙天下豪富于咸阳十二万户。"

《史记·货殖列传》更是具体记载了邯郸富商卓氏被迁的事实：

"蜀卓氏之先，赵人也，用铁冶富。秦破赵，迁卓氏。……致之临邛。"

人口尤其富商大贾的流失，对于城市经济的生存与发展是巨大的损失。秦之邯郸不仅在政治上失势，经济上也遭损毁，城市面貌必定大不如前。

秦末，公元前209年，陈涉起义军中的一位头领武臣占据邯郸后，称赵王。尽管短暂如昙花一现，但也可以算得上邯郸在秦代为都的一次史实。《史记·张耳陈馀列传》："武臣乃听之，遂立为赵王。以陈馀为大将军，张耳为右丞相。"不久后，起义军内部发生混乱，武臣被杀，又新立赵歇为赵王，并以邯郸之北的信都作为都城，邯郸为都亦烟消云散。

公元前208年，章邯攻破邯郸。《史记·张耳陈馀列传》："章邯引兵至邯郸，皆徙其民河内，夷其城郭。"章邯之祸使邯郸城遭到巨大破坏，城中建筑遭损毁，居民被迁徙，城市元素之根本或损或减。此为文献明确之记载邯郸城所遭受的大破坏。总之，秦代邯郸城已经日趋衰落，秦末时又经战乱严重破坏，至此，春秋以来的历经三百多年发展繁荣的名城邯郸，至盛极而衰。

二 西汉时期

西汉建立后，邯郸重为新的赵国之都。但是，汉之赵都邯郸，无论政治经济地位，还是城市建设风貌，均已不能与战国之邯郸城同日而语。

《汉书·张耳陈馀传》："（汉高祖）四年夏（公元前203年），立耳为赵王。"

后来，九年（公元前198年），又封子如意为赵王。

《汉书·地理志下》："赵国，故秦邯郸郡，高帝四年为赵国，景帝三年复为邯郸郡，五年复故。莽曰桓亭。属冀州。户八万四千二百二，口三十四万九千九百五十二。县四：邯郸，易阳，柏人，襄国。"

西汉邯郸与战国邯郸城最大的区别，可能是王宫建筑方面。汉赵王的政治地位当然无法与战国赵王比拟，其宫殿建筑也大为逊色。首先是王宫位置的变迁，战国的宫城即赵王城自秦灭赵后，可能即不再使用。汉赵王宫的位置位于大北城内，其规模已经大为降低。

《汉书·高后纪》载吕后元年（公元前187年）："夏五月丙申，赵王宫丛台灾。"

《后汉书·耿弇列传》："时，光武居邯郸宫，昼卧温明殿。"

《水经注》卷十：

"拘涧水（今渚河）又东，又有牛首水（今沁河）入焉。水出邯郸县西堵山，东流分为二水，洪湍双逝，澄映两川。汉景帝时，七国悖逆，命曲周侯郦寄攻赵，围邯郸，相捍七月，引牛首、拘水灌城，城坏，王自杀。其水（牛首水）东入邯郸城，迳温明殿南。汉世祖擒王郎，幸邯郸，昼卧处也。其水又东，迳丛台南，六国时赵王之台也。《郡国志》曰：邯郸有丛台。故刘劭《赵都赋》曰：结云阁于南宇，立丛台于少阳者也。今遗基旧墟尚在。其水又东历邯郸阜。……其水又东流出城，又合成一川也。又东澄而为渚。渚水东南流，注拘涧水，又东入白渠。"

《大清一统志》："邯郸宫，在邯郸县西北里许。"

丛台、温明殿一带可能在战国时期，即为宫殿建筑群区域，但那时赵王宫的主体部分还应在规模宏大建筑雄伟的王城内。而到了西汉时，王宫建筑可能只有大北城内这一处在继续使用了。

但西汉之邯郸，随着汉王朝的经济恢复与大发展，在某种程度和某些方面也得到了复兴和发展，成为汉代著名的五都之一。西汉在太行山东麓地区设有多处铁官，其中邯郸附近的铁官即为魏郡的武安。邯郸继承战国以来的传统，民风机巧善营，城市工商业持续得到发展。

《汉书·食货志下》："遂于长安及五都立五均官，更名长安东、西市令及洛阳、邯郸、临甾、宛、成都市长皆为五均司市师。"

《汉书·张汤传》："赵国以冶铸为业，（赵）王数讼铁官事。"

《盐铁论·通有》：

"大夫曰：燕之涿、蓟，赵之邯郸，魏之温轵，韩之荥阳，齐之临淄，楚之宛、陈，郑之阳翟，三川之二周，富冠海内，皆为天下名都，非有助之耕其野而田其地者也，居五诸之冲，跨街衢之路也。故物丰者民衍，宅近市者家富。富在术数，不在劳身；利在势居，不在力耕也。"

"文学曰：……赵、中山带大河，纂四通神衢，当天下之蹊，商贾错于路，诸侯交于道；然民淫好末，侈靡而不务本，田畴不修，男女矜饰，家无斗筲，鸣琴在室。"

邯郸城在西汉时期又曾遭受到人为水患的破坏。

《汉书·高五王传》："孝景时晁错以过削赵常山郡，诸侯怨，吴、楚反，遂与合谋起兵。……汉使曲周侯郦寄击之，赵王城守邯郸，相距七月。吴、楚败，匈奴闻之，亦不肯入边。栾布自破齐还，并兵引水灌赵城。城坏，王遂自杀，国除。"

《水经注》卷十："汉景帝时，七国悖逆，命曲周侯郦寄攻赵，围邯郸，相捍七月，引牛首拘水灌城，城坏，王自杀。"

汉邯郸城的民俗民风上承战国邯郸遗风，并有所发展。

《汉书·地理志下》："赵、中山地薄人众，犹有沙丘纣淫乱余民。丈夫相聚游戏，悲歌忼慨，起则椎剽掘冢，作奸巧，多弄物，为倡优。女子弹弦跕躧，游媚富贵，遍诸侯之后宫。邯郸北通燕、涿，南有郑、卫，漳、河之间一都会也。其土广俗杂，大率精急，高气势，轻为奸。"

三　东汉时期

西汉末年，邯郸城因战乱再次遭到破坏。与秦末战乱时一样，其间邯郸城也曾有过昙花一现式的短暂辉煌：即王郎在邯郸称帝建都。

《后汉书·光武帝纪》：

"（更始元年，公元23年）林于是乃诈以卜者王郎为成帝子子舆，十二月，立郎为天子，都邯郸，遂遣使者降下郡国。"

"（更始二年，公元24年）四月，（刘秀）进围邯郸，连战破之。五月甲辰，拔其城，诛王郎。"

《后汉书·王刘张李彭卢列传》：

"更始元年十二月，林等遂率车骑数百，晨入邯郸城，止于王宫，立郎为天子。"

"（更始二年）光武善其计，乃留将军邓满守巨鹿，而进军邯郸，屯其郭北门。郎数出战不利，乃使其谏议大夫杜威持节请降。……威曰：'邯郸虽鄙，并力固守，尚旷日月，终不君臣相率但全身而已。'"

王郎虽然建都邯郸，但邯郸城早已远非昔日之邯郸了。杜威之言"邯郸虽鄙"虽是自谦之词，但也显示邯郸城各方面均已大不如前也。刘秀与王郎战于邯郸，此战乱后邯郸更加衰落。

《后汉书·任李万邳刘耿列传》："更始二年（公元24年）……因攻城邑，遂屠邯郸。"

邯郸自此人口大减，城区更趋减小。东汉建立后，虽然于邯郸继续设置赵国，邯郸仍为赵都，但其地位及重要性均已不可与西汉同日而语，邯郸城日渐衰落。

另外，邯郸还遭受自然灾害。《汉书·王莽传》："（天凤二年，公元15年）邯郸以北大雨雾，水出，深者数丈，流杀数千人。"

东汉末年，废赵国，设邯郸县，属魏郡。邯郸城降为普通县城，一代名城名都的历史至此结束。

汉以后各代，邯郸一直为县城建置，只是在诸朝所属郡州有所不同。

因此，邯郸城的兴盛时期，主要在其为都的战国和西汉时期。其间的秦代至西汉初，历经一段衰落期。自东汉起，再次渐趋衰落。东汉以后，则降为普通的无名小城了。

第三章　考古探索发现所见的赵邯郸故城

考古探索发现证实，赵邯郸故城核心城区遗址位于今邯郸市区和西南郊区，而在核心城区周围的城郊地区、远郊地区乃至邻近地区，还分布着众多的城邑和普通聚落遗址群及墓葬群。所有这些遗址群与核心城区遗址，有机地共同构成了邯郸故城这一超大型聚落的结构和内容。因此，从聚落遗址宏观结构层次的角度观察，赵邯郸故城聚落体系的整体结构大致应包括四个层次：核心城区、近郊地区、远郊地区、邻近地区。核心城区即宫殿、官署、民居和工商业区等所在的主城区；近郊地区主要是郊区的普通聚落、墓地和王陵区等；远郊地区是较远的郊区，分布着城邑和普通聚落集群；邻近地区指远郊以外的更远一些的地区，亦分布着城邑和普通聚落集群。四个层次有机联系成为一个超级聚落结构体系，即邯郸城镇群团。

第一节　赵邯郸故城考古简史

本节内容所涉及的范围，主要是邯郸故城的核心城区和近郊地区。

在以田野考古为基础的近代考古学开始以前，关于邯郸故城的研究主要依据文献考证。然而古代文献浩繁，其中虽并不缺乏邯郸之名记载，但其内容主要是相关的政治和军事方面，于邯郸城的内涵方面多为片言只语不成系统，更罕见对城市建设本身的描述。甚至关于邯郸故城的具体位置，文献记载与考证也不尽一致。例如，邯郸的地方志书对邯郸故城的地望多有记述，其内容多历代相继沿用，可以年代较近的清光绪二十年《广平府志》为例，其卷三十七云："邯郸故城在今县西南。春秋时卫邑，后属晋，战国属赵，敬侯元年自晋阳徙都于此……故城在今县西南十里，俗呼为赵王城，秦汉时赵俱理此，雉堞犹存，中有一台，疑即殿廷之所。"在此书"邯郸县图"中，于县城西南标注"赵王城"之地。

此说为历代文献对邯郸故城地望考证结果的主要代表。但也存在有不同的意见，明嘉靖《广平府志》卷八云：

"（邯郸）故城在邯郸县西南八里，昔赵王所筑，呼为赵王城。今城故址犹存。周回三十余里，中一大台约三十余亩，高五丈许，旁一台高广次之，俱平圹若旧宫殿基。

中间虽有耕种，然无人居过者。有淡烟衰草之慨焉。"

此段记载明嘉靖年间赵王城址的情景甚为细致，大台应即西城内 1 号夯土台基址，亦即今俗称之"龙台"。但紧接下来，撰修此志书的陈棐根据自己的实地考察，提出了有别于上文的不同看法和考证：

"予循城而西，稍北里许，有台嵬然，为温明殿基。又西里许，有洼方百步，为宫人照眉池。池之右高陵，南走连接颓堤断垣，宛然旧城之址。予固拟此即赵都城之西壁，而温明照眉旧在城内者也。……今之邯郸城即古之赵都所在无疑。但古之城大，后者缩而小之，故温明照眉皆古城内之物，而今遗之城外也。"

陈氏的考证于当时确有见地，他以实地考察为考证之基础，与今天的考古调查实乃同功之效。另外，清光绪二十年《广平府志》亦有类似议论云："案，邯郸县志云赵都城当以今城之有丛台者为是，若世所传赵有二都城矣。"

总之，文献记载对邯郸故城的地望即有不同之看法。科学解决此问题的唯一方法，就是通过田野考古学勘查发掘来证实。因此，田野考古成为研究赵都邯郸故城的重要途径。

邯郸城周围自远郊到周边广大地区，还分布着一批密集的中小城镇与一般村落聚落群，其与首都中心城市形成一个城镇集聚群聚落区。所有这些聚落遗址群与邯郸故城址一样，都是邯郸故城考古研究的对象和领域。邯郸故城考古工作起始于 20 世纪 40 年代，大约可分为四个阶段。

一　1950 年以前的考古工作

现代科学意义上的研究邯郸城的活动，开始于 20 世纪中叶，其标志就是 1940 年日本人对赵王城的勘查发掘。此可视作赵邯郸故城考古研究的起步。

1940 年 8 月 26 日~9 月 26 日，日本人原田淑人、驹井和爱等对邯郸故城遗址进行了考古调查和发掘。1954 年出版了此次考古工作的报告：《邯郸：战国时代赵都城址的发掘》[1]。他们在邯郸的工作主要有两项内容：一是对赵王城遗址进行了全面调查与测绘；二是重点对赵王城内的龙台北侧土台（即 2 号夯土台建筑基址）、赵王城外王郎村北面的梳妆楼和插箭岭两座土台等地点进行了发掘，发现了柱础石、卵石回廊（散水？）等遗迹，出土建筑用陶板瓦、瓦当及日用陶器等遗物。本次田野考古发掘的缺点是比较粗糙。

1946 年 9 月，尹达主持于王郎村附近发掘清理一座汉墓，出土文物有玉衣片、鎏金铜饰、嵌琉璃铜饰、陶舞俑等[2]。

---

①　驹井和爱：《邯郸：战国时代赵都城址的发掘》，东亚考古学会，1954 年。

②　黎晖：《玉衣片》，《文物参考资料》1958 年 11 期。

本阶段考古调查与发掘，是邯郸故城考古的第一步。考古成果的代表文献是《邯郸：战国时代赵都城址的发掘》一书。该书依据考古发现认为，赵王城即战国赵都邯郸城，汉代赵都邯郸的宫殿北移至今县城的西北地带，并由此进一步推论，古代邯郸繁荣的中心由南向北转移。另外，还结合齐城（临淄故城）等东周城址的资料，对邯郸城的郭城问题进行了讨论。该书认为，赵王城之西城应属"主郭"即"本城"，而东城和北城可能是"外郭"。这些推论与后来的考古发现存在着不少的局限性和差距，但其从当时考古发现的证据，首次从考古资料考证认为赵王城是战国赵都邯郸城。该书是邯郸故城考古研究的首批重要成果。

二　20世纪50~70年代的考古工作

此一阶段的考古工作，主要由河北省文物工作队主持进行，并与邯郸市文物部门联合组成考古队开展各项工作。

1957~1959年，河北省文化局文物工作队，开始对邯郸故城城址进行初步的调查与勘探。

1957年，河北省文化局文物工作队与北京大学考古专业联合组成的考古队，在邯郸开展考古工作，其工作内容主要有以下四项[①]：

涧沟遗址的发掘：发现龙山、先商、商代、东周、汉代等五个时期的文化遗存。

龟台遗址的发掘：发现龙山、先商、商代、西周等四个时期的文化遗存。

百家村、齐村战国墓葬的发掘：发掘32座战国墓、1座东汉墓。另外，河北省文物工作队还在百家村清理战国墓葬8座。

发现百家村新石器时代遗址：遗址位于百家村西南沁河北岸的台地上，发现大量彩陶。

1958年，河北省文化局邯郸发掘组在王郎村西清理汉墓52座[②]。

1959年，河北省文化局文物工作队在百家村发掘战国墓41座、汉墓10座[③]。

1961年，赵邯郸故城遗址被国务院公布为第一批全国重点文物保护单位。

1962年，邯郸市赵王城文物保管所成立。

1965~1966年，省市文物部门联合全面复查勘探邯郸故城城址。

1970年，邯郸城区地表以下5~9米深处发现战国及汉代遗存[④]。

1970~1972年，在张庄桥村北发掘2座东汉砖室多室墓。

---

① 邯郸考古发掘队：《1957年邯郸发掘简报》，《考古》1959年10期。

② 唐云明、江达煌：《邯郸王郎村清理了五十二座汉墓》，《文物》1959年7期。

③ 河北省文化局文物工作队：《河北邯郸百家村战国墓》，《考古》1962年12期。

④ 邯郸市文物保管所：《河北邯郸市区古遗址调查简报》，《考古》1980年2期。

1972 年 9 月开始，从赵王城北城向东向北延伸考古钻探，发现地下城垣总长约 8700 米，证明王城东北存在另一座城址，称之为"大北城"。

1972 以来，邯郸市文物部门在百家村、彭家寨附近清理发掘一批战国墓葬。

1973 年，解剖发掘王郎城一带的地面城墙，发现王莽时期的小型墓葬 8 座①。

1974 年，在百家村西清理战国墓葬 2 座②。

1975 年，发掘车骑关村附近的 2 座西汉大墓，其中 1 号墓的墓室系石室结构，椁室为黄肠题凑结构③。

1976 年，在百家村西清理战国墓葬 1 座。

1978 年，省市文物部门发掘赵王陵三号陵园内的三座陪葬墓④。

70 年代，对大北城和王城的局部地区进行了考古清理。其中，1978～1983 年，清理排水槽道 2 处、铺瓦遗迹 3 处。由于大北城城址埋藏于现代城区之下，给考古勘查和发掘工作带来困难。考古人员采取密切注意跟踪市政建设工程，对工程建设动土地点进行有限但又非常有效的考古勘查和发掘。在大北城内约 400 万平方米的范围，纵横调查了 8 条线路，勘查了 138 个工程动土地点，取得了重要的考古收获。

1979～1982 年，在武安洺河流域开展考古调查，发现古代遗址 158 处。

本阶段考古工作的重要成果主要有四个方面：

其一，涧沟—龟台遗址群的发现与发掘，阐释着邯郸城兴起之前数千年来沁河流域聚落群的发展轨迹，此乃邯郸城的基础根系。

其二，百家村战国墓地的发掘，是研究赵国葬制、赵都社会经济及生活等方面的重要资料。

其三，赵王陵园的勘查与发掘，搞清了陵园的建筑形制、结构及性质。

其四，邯郸故城的全面发现与认识。在今邯郸城区地下，发现了丰富的战国全汉代文化遗存，经分析判断属于战国至汉代城址遗存，即新发现了一座比赵王城规模更大的城址，被称为"大北城"。

这些考古发现极大地促进了邯郸故城的综合研究。特别是大北城的发现，是邯郸

---

① 邯郸市文物保管所：《河北邯郸市区古遗址调查简报》，《考古》1980 年 2 期。

② 乔登云：《邯郸市文物保护研究所文物考古工作四十五年》；王永军：《邯郸基建工程文物考古成果综述》，均载于《追溯与探索——纪念邯郸市文物保护研究所成立四十五周年学术研讨会文集》3～25 页、26～36 页，科学出版社，2007 年。以下有关邯郸市区的考古发现除注明者外，余皆出于此两篇文章，不再一一注明。

③ 陈光唐：《邯郸历史与考古》，文津出版社，1991 年。

④ 河北省文管处等：《河北邯郸赵王陵》，《考古》1982 年 6 期。

故城考古研究的重大成果。对此发现及时做出研究探索的是侯仁之先生，他在 1974 年即写出了《邯郸城址的演变和城市兴衰的地理背景》一文①，根据最新的考古发现资料，第一次对邯郸故城进行了全面的阐述讨论，是综合研究邯郸城的开山之作。他认为赵王城只是战国赵建都邯郸后的宫城部分，而新发现的大北城则是自春秋以来一直发展的邯郸城。这个论点修正了《邯郸：战国时代赵都城址的发掘》一书在此问题上的某些差误，将邯郸故城考古研究推向一个新的阶段。

1984 年，赵邯郸城址考古的主持者孙德海、陈光唐，在《考古学集刊（4）》发表了《赵都邯郸故城调查报告》。该报告将 1957 年以来历次对赵邯郸城址的考古勘查与发掘资料作了详细公布，此报告是继三十年前《邯郸：战国时代赵都城址的发掘》之后的最新重要成果，是本阶段考古成果的代表性考古文献②。

另外，1991 年，陈光唐又编写出版了《邯郸历史与考古》一书，系统研究了邯郸城自远古到近代的演变史，并发表了许多有关赵邯郸城的考古资料，可作为《赵都邯郸故城调查报告》的重要补充③。

三　20 世纪 80～90 年代的考古工作

本阶段的考古工作主要由邯郸市文物部门负责进行，其主要实施方式是对在市政工程建设中发现的古文化遗存，及时做考古清理并做适当的小面积发掘。这种考古方式与有计划的考古发掘相比，尽管存在着很大的被动性和局限性，但在今天的人口稠密建筑林立的城市市区里，通过此途径开展考古发掘工作，几乎是唯一可行且有效的方法。考古工作的区域主要是在大北城所在的城区，以发掘清理工作为主，结合调查和钻探。

1983 年，铸箭炉南面台地附近发现战国时期冶炼炉遗址④。在中华北大街西侧市宾馆附近，发掘战国时期遗址⑤。

1984 年，在百家村附近发掘战国至汉代墓葬 26 座。

1985 年，发掘西南郊区的西店子和康河两处新石器时代遗址。

---

① 侯仁之：《邯郸城址的演变和城市兴衰的地理背景》，《历史地理学的理论与实践》，上海人民出版社，1979 年。

② 河北省文物管理处：《赵都邯郸故城调查报告》，《考古学集刊（4）》，中国社会科学出版社，1984 年。本书有关邯郸故城遗址的考古资料，大多来自此书，以下不再一一注明。

③ 陈光唐：《邯郸历史与考古》，文津出版社，1991 年。

④ 邯郸市文物管理处：《邯郸市台地遗址发现铸炉址》，《文物春秋》1992 年 2 期。

⑤ 邯郸市文物管理处：《邯郸市宾馆地下古遗址的调查》，《文物春秋》1990 年 4 期。

1987 年，在人民路附近发现一批西汉半两钱石范①。

1988 年，在彭家寨村东一带，发掘战国墓 9 座、汉墓 14 座。

1989 年，在建设大街北段西侧附近、彭家寨村东南发现战国墓葬②。

1990 年，在王郎村北的大北城西城垣附近发现战国至汉代遗存③。

1991 年，在陵西大街与和平路交叉口附近的日月商城建设工地，贸易街中段市二医院门前建设工地，均发现战国至汉代遗存。

1992 年，在东门里路附近发现灰坑、水井、陶窑、墓葬等战国至汉代文化遗存④，在彭家寨村附近发掘战国至汉代墓葬 20 座。

1993 年，在裴庄遗址发现战国至汉代遗存⑤。

1995 年，在和平路以北曙光街南北一线，勘探发现大北城东城垣遗迹。在彭家寨村南一带邯钢第三轧钢厂建设工地，发现战国至汉代墓葬近 2000 座，其中发掘366座⑥。

1996 年，在复兴区发掘战国至汉代墓葬 20 座；在铁西水厂建设工地，发掘战国至汉代墓葬 85 座。

1997 年，赵王城西城西垣外侧勘探发现城壕遗迹。人民路与中华大街交叉口新世纪商业广场建设工地，发现道路、陶窑、水井、灰坑等战国至汉代遗存⑦。在复兴区发掘战国至汉代墓葬 68 座。在邯钢化肥厂，发掘一批战国至汉代墓葬。另外，10 月，赵王陵 2 号陵被盗，后追回的出土文物有 3 匹青铜马和玉片等。

1998 年，陵西大街与和平路交叉口康德商场建设工地，发现战国至汉代遗存。

1998～1999 年，位于建设大街沿线的岭南路南北两侧，发掘战国墓 4 座、汉墓 34 座⑧。南环路渚河桥建设工地，清理汉墓 8 座⑨。

本阶段考古的重要成果，是大北城内的众多遗迹遗物的发现及两座城址的认定。根据考古发现线索分析判断，汉代邯郸城以战国邯郸的大北城为基础，西汉时期不断维修加固并利用，东汉时期开始废弃；大约自西汉后期开始建筑新城，范围缩小。这一发现和论证，是大北城考古的新发现和新探索，对全面认识赵都邯郸城的布局和演

①　邯郸市文物管理处：《邯郸古城区出土汉半两钱范》，《文物春秋》1997 年 2 期。

②　李海祥：《邯郸市西郊发现一座战国墓》，《文物春秋》1995 年 3 期。

③　邯郸市文物管理处：《王郎村古遗址试掘简报》，《文物春秋》1992 年 1 期。

④　邯郸市文物管理处：《邯郸市东门里遗址试掘简报》，《文物春秋》1996 年 2 期。

⑤　邯郸市文物管理处：《裴庄遗址清理报告》，《文物春秋》1996 年 4 期。

⑥　郝良真、赵建朝：《邯钢出土青铜器及赵国贵族墓葬区域》，《文物春秋》2003 年 4 期。

⑦　邯郸市文物研究所：《邯郸市东庄遗址试掘简报》，《文物春秋》2006 年 6 期。

⑧　邯郸市文物研究所：《邯郸市建设大街战汉墓葬发掘报告》，《文物春秋》2004 年 6 期。

⑨　邯郸市文物研究所：《邯郸渚河桥汉墓发掘报告》，《文物春秋》2004 年 6 期。

变历史，具有重要的意义。反映本阶段考古成果的主要文献是：乔登云、乐庆森的《赵都邯郸故城考古发现与研究》①。这是继 1984 年《赵都邯郸故城调查报告》之后的又一重要的考古文献，披露了许多最新的考古发现，为研究邯郸城提供了最新的资料。另外，该文还对赵都邯郸城的墓葬分区与等级、墓葬数量与人口分析等问题，作了深入而积极的探索。

多年考古资料的丰富积累，促进了邯郸故城考古与历史的全面综合研究。1990 年，孙继民、杨倩描、郝良真合著《邯郸简史》出版，阐述了邯郸城数千年的发展历史②。之后，孙继民、郝良真二人有关邯郸历史的合作研究成果陆续结集出版，即：2003 年的《先秦两汉赵文化研究》③，2004 年的《邯郸历史文化论丛》④。这些著作对赵邯郸城的历史都作了多方面深入的探索，从而将赵邯郸城的研究推向了一个新阶段。

四　21 世纪以来的考古工作

进入 21 世纪以来，赵王城和赵王陵的考古工作主要由河北省文物研究所主持进行。同时，邯郸市文物部门继续在大北城地区，对市政工程建设中发现的古文化遗存，进行及时的考古工作。

2000 年，省市文物部门组成联合考古队，开始在赵王陵 2 号陵园开展考古工作。市区建设工地的考古发现主要有：西环路齐村段建设工地，发掘 3 座战国车马坑，其中 3 号坑殉马 24 匹、狗 1 只、车 8 乘；下庄、酒务楼、四季清新村等建设工地，发掘一批战国至汉代墓葬；市博物馆后楼建设工地，发现战国至汉代陶圈水井、灰坑、墓葬、铸铜遗迹等。

2001 年，赵王陵考古队于 8 月对赵王城、赵王陵进行了航空摄影；9 ~ 12 月，发掘赵王陵 2 号陵园 1 号陪葬坑，出土明器车具等遗物。市区建设工地的考古发现主要有：通达集装箱中心建设工地，发掘汉代墓葬 29 座；丛台路南侧春厂农贸市场附近，发现汉代卵石路面、陶制排水管道等建筑遗迹；铁西钢材中心建设工地、光华街与岭南路交叉口华冶建设工地，发掘一批汉代墓葬；王郎村、岭南路、百花小区一带，清理一批战国至汉代墓葬；贸易路西端建设工地，发现西汉时期遗存。

2002 年，赵王陵考古队发掘赵王陵 2 号陵园 5 号陪葬坑，发现实物车马，并对西北部建筑基址进行了清理。市区建设工地的考古发现主要有：大北城西垣插箭岭附近

①　乔登云、乐庆森：《赵都邯郸故城考古发现与研究》，《邯郸学院学报》2005 年 1 期。

②　孙继民、杨倩描、郝良真：《邯郸简史》，中国城市经济社会出版社，1990 年。

③　孙继民、郝良真：《先秦两汉赵文化研究》，方志出版社，2003 年。

④　郝良真、孙继民：《邯郸历史文化论丛》，中国文史出版社，2004 年。

发现大北城西城垣遗迹；王郎城附近发现战国至汉初的建筑基址、陶圈水井和小型墓葬等。在大北城区域内，陵园路与陵东街交叉口附近的市中心医院建设工地，发现战国至汉代冶铁遗址。和平路与陵西大街交叉口附近距地表 7.5 米深处，发现战国灰坑。百花小学建设工地，发现战国陶圈水井、建筑基址及战国和汉代墓葬数座。人民路南侧信华大厦建设工地，发掘汉代道路、灰坑、水井及幼儿墓葬 14 座。人民路变电站建设工地，发现战国至汉代的灰坑、水井、东西向古道路路面及附属排水沟、瓮棺葬等。发现大量战国至汉代墓葬的地点很多，主要集中在建设大街两侧附近，即：岭南路污水管线建设工地、龙城小区建设工地、锦华小区建设工地、三建公司建设工地、安庄新村建设工地等。另外，人民路与土山街交叉口建设工地，发掘汉代瓮棺葬 5 座。

2003 年，赵王陵考古工作暂停。市区建设工地的考古发现主要有：人民路南侧郝庄村北附近，发现南北向古道路、水井等遗迹；曙光街与朝阳路交叉口附近，发现大北城东城垣遗迹；复兴区建设大街附近，发掘一批战国至汉代墓葬；邯钢冷轧薄板厂建设工地，发掘战国至汉代墓葬 404 座。

2004 年，赵王城考古队开始进驻赵王城开展考古工作。10～12 月，发掘东城的地下城垣基础，城垣内侧发现陶制排水槽等遗迹。市区建设工地的考古发现主要有：金丰小区建设工地，发掘战国至汉代墓葬 60 余座；百岭小区建设工地，发掘汉代墓葬 83 座；鹏利达公司建设工地，发掘汉代墓葬 22 座。

2005 年，赵王城考古队发掘解剖西城南城垣，发现城壕、城垣内侧铺瓦等遗迹。南水北调中线工程考古工作开始，在西小屯一带发掘一批战国墓。另外，邯郸市考古部门在北郊一带进行了三项考古发掘：发掘高峒战国时期遗址，在中三陵村西北发掘战国墓葬 9 座，在寺西窑村附近发掘汉墓数座。市区建设工地的考古发现，主要是在建设大街附近的墓葬清理：第十中学建设工地，发掘战国至汉代墓葬 249 座；华冶建设工地，发掘汉代墓葬 42 座；后郝村一带，发掘战国至汉代墓葬 10 座。

2006 年，市区建设工地的考古发现主要有：人民路中段招贤大厦建设工地，发现战国至汉代遗存；百家村附近，发掘战国至汉代墓葬 70 余座；世贸广场建设工地，发现战国至汉代房址 1 座、水井 3 座、沟渠 2 条、灰坑 47 座。

2007 年，南水北调中线工程考古工作，在赵王城以南 1000 米处的郑家岗遗址，发现战国时期的防御壕沟系统。市区范围内的邯钢新区建设工地，发掘数十座战国至汉代墓葬。

邯郸市城区建设工地的考古发现主要是战国至汉代的墓葬，其中以汉代墓葬最多。据统计，1995～2003 年间，在邯郸故城区共计发掘战国墓葬 245 座、西汉墓葬 529 座、新莽墓葬 91 座、东汉墓葬 93 座[①]。

---

① 乔登云、乐庆森：《赵都邯郸故城考古发现与研究》，《邯郸学院学报》2005 年 1 期。

　　除大北城地区的大批墓葬发现之外，本阶段的其他考古成果主要有：赵王陵2号陵园大型车马坑、赵王城东城排水槽道和西城城壕、铺瓦等遗迹。这是赵王城考古发掘中断多年后的新阶段开始，特别是城壕的发现发掘，解决了长期以来赵王城有无城壕问题的悬案，对邯郸城的综合研究也有新的进展。2006年，在《赵都邯郸城镇集群区的考古学观察》一文中，我们放宽对邯郸城市区域的视角，提出广阔的邯郸城镇集群区的聚落概念①。

　　随着邯郸故城考古发现资料的日益积累，关于邯郸城的综合研究也有了很大进展。在许多研究先秦考古或历史的著作中，几乎均有对邯郸城研究的专门章节或部分内容②。所有这些成果都极大地促进了邯郸城研究的深入。

第二节　史前时期的沁河流域

　　以目前的考古发现和文献资料分析，邯郸作为大型城镇的崛起是自春秋以来的事情。但丰富的考古资料证实，东周以前的邯郸一带存在着兴盛发达的聚落遗址群。

　　城市是一种超大规模的聚落。绝大多数城市的诞生发展之路是漫长的，是聚落经过长期积累发展的结果。研究一座城市的建设史，追溯其在成为城市之前的聚落发展轨迹，是非常必要和重要的。对于赵都邯郸城来说，在其成为赵都以前已经历了长期的积淀与发展，这一段历史是孕育后来邯郸城的基础。因此，有必要作一回顾和追溯。

　　从较大地域范围的宏观上观察，邯郸一带处于太行山东麓南北狭长的山前地带南部。史前至夏商西周时期的太行山东麓地区，一直是一个相对独立的文化小区，分布着稠密的遗址群。邯郸一带的文化遗存更为丰富，遗址众多，分布集中，是太行山东麓地区的古文化中心区域之一。这一地域著名的大型遗址有磁山、石北口、涧沟、龟台、百家村、下七垣、赵窑、下潘汪等，其中涧沟、龟台、赵窑、下潘汪等遗址包含了自新石器时代到商周时期多个时代的文化堆积，反映了聚落发展的连续性③。

---

①　段宏振：《赵都邯郸城镇集群区的考古学观察》，《赵文化论丛》，河北人民出版社，2006年。

②　这方面著作很多，不再全部一一列举。例如：

　　李学勤：《东周与秦代文明》，文物出版社，1984年。

　　贺业钜：《中国古代城市规划史论丛》，中国建筑工业出版社，1986年。

　　曲英杰：《先秦都城复原研究》，黑龙江人民出版社，1991年。

　　许宏：《先秦城市考古学研究》，北京燕山出版社，2000年。

　　杨宽：《中国古代都城制度史》，上海人民出版社，2006年。

③　段宏振：《太行山东麓走廊地区的史前文化》，《河北省考古文集（二）》，北京燕山出版社，2001年。

但对于东周邯郸城市聚落本身的形成而言，邯郸城近郊地区东周以前聚落群的发生与发展应更具有直接的意义。换言之，邯郸城出现以前当地早期聚落群的演变情形，是研究邯郸城诞生轨迹的主要依据。

邯郸城近郊地区或称邯郸地域的范围，即沁河流域，包括沁河主干流域，以及南面紧邻的渚河、北面紧邻的输元河两条小河的流域。沁河自牛叫河村以上属上游，有三条小支流：北支流、西支流和西南支流，所处地貌属丘陵地带。牛叫河村至涧沟村之间属中游，为丘陵向平原过渡地区。涧沟以下为下游，属山前平原地区。总流域面积（现在）约近300平方公里（图三）。

与中原地区大多数聚落群形成的规律与模式一样，邯郸一带早期聚落的发生与发

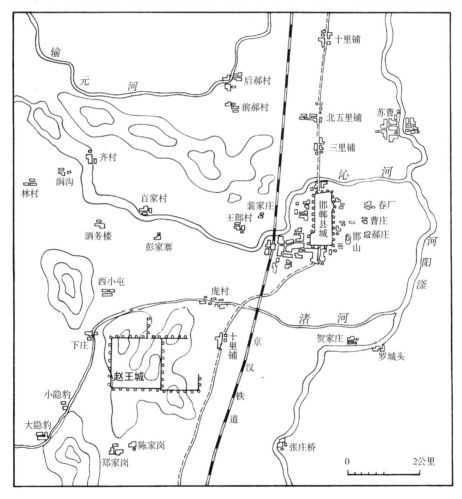

图三　1940年邯郸城附近地理形势图

（引自《河北省邯郸县志》）

展也与一条河流有着密不可分的关系，这条河即是沁河。现在的沁河源于属太行山脉的鼓山东麓，东流注入滏阳河。东周邯郸城正位于沁河东出太行山余脉低矮丘陵的冲积扇上，由此溯河而上的两岸台地上，分布着稠密的新石器时代至东周遗址群，此乃东周邯郸城出现以前的沁河两岸聚落群①。沁河就像一根蜿蜒的链条，左右串挂着大小不一的聚落珠宝，而在其下游——链条的末端，则悬挂着一颗最大的大型聚落宝石——东周邯郸城（表一）。

表一　邯郸沁河流域战国以前聚落遗址统计表　　（资料截至2000年）

遗址	仰韶	龙山	先商	商代	西周	春秋	战国	面积（平方米）
彭家寨				▲				40000
前百家							▲	40000
后百家西	▲	▲					▲	90000
后百家北						▲	▲	20000
涧沟		▲	▲	▲		▲	▲	100000
户村		▲		▲				5000
龟台		▲	▲	▲	▲			4000
宿庄			▲	▲				10000
西小屯						▲	▲	50000
康河	▲							30000
薛庄西			▲				▲	30000
薛庄东				▲				30000
南高峒北				▲			▲	20000
南高峒西							▲	15000
霍北							▲	10000
蔺家河			▲	▲	▲	▲	▲	20000
北羊井				▲	▲	▲	▲	15000
大隐豹			▲	▲			▲	30000
乔沟				▲	▲	▲	▲	20000
张庄南		▲						10000

① 关于沁河流域及邯郸邻近地区聚落遗址群的考古资料，除注明者外，其余均来自《邯郸地区文物普查资料汇编》，邯郸地区文化局，1978年。下文不再一一注明。

遗址	仰韶	龙山	先商	商代	西周	春秋	战国	面积（平方米）
张庄东							▲	5000
葛岩嶅				▲			▲	40000
牛叫河			▲	▲				5000
北李庄				▲	▲	▲	▲	60000
北牛叫	▲							20000
大河坡			▲	▲			▲	20000
东陶庄			▲	▲				5000
西陶庄				▲				2000
西店子	▲	▲						10000
姜三陵				▲				15000
合计	4	6	9	18	5	7	17	

以现今的考古资料观察，在沁河这根链条上，东周邯郸城出现以前的最大聚落，是自龙山时代以来形成的龟台—涧沟聚落群，也就是说，邯郸城这颗大型宝石是到东周才开始出现并逐渐膨胀壮大的（图四）。

一　仰韶时代遗址群

目前沁河流域已发现最早的史前遗址属仰韶时代，年代约在公元前 5000～前 3000 年之间。目前只发现 4 处遗址，即后百家西、康河、北牛叫和西店子，遗址多偏居上游地域，而且布局分散，还没有出现中心聚落。

1. 西店子遗址

位于康庄乡西店子村北，沁河上游西南支流北岸的台地上，海拔 175 米左右，北依丘陵。面积约 1 万平方米。文化层厚 1 米。遗迹有灰坑。出土遗物有石斧和陶器残片。陶器以夹砂和泥质红陶为主，器表多为素面和磨光，纹饰有弦纹，器形有红顶钵、盆、罐、瓶等①。属后岗一期文化系统。这是迄今为止沁河流域最早的考古文化遗存。

2. 北牛叫遗址

位于康庄乡北牛叫村东南 200 米，沁河西支流北岸的台地上，海拔 140 米左右。面

---

① 邯郸市文物管理处：《邯郸县两处新石器时代遗址的调查和试掘》，《文物春秋》1990 年 2 期。

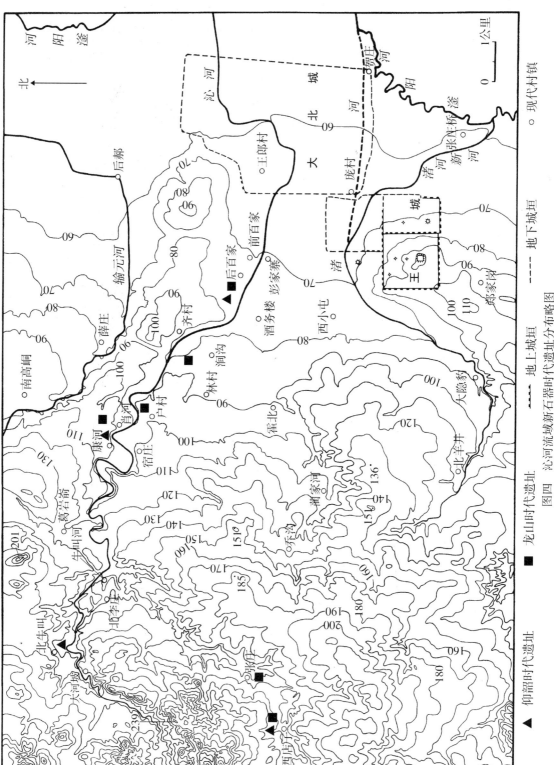

图四　沁河流域新石器时代遗址分布略图

▲　仰韶时代遗址　　　■　龙山时代遗址　　　━━　地上城垣　　　----　地下城垣　　　○　现代村镇

积约2万平方米。文化层厚0.8米。遗迹有灰坑。出土遗物有石镰、石斧、石环和陶器残片。陶器以夹砂和泥质红陶为主，器表除素面和磨光外，纹饰有篮纹。存在少量彩陶，以红彩为主，图案有弧形三角、平行曲线等。可辨器形有钵、盆、罐、碗等。文化面貌同百家村遗址，属大司空类型系统。

3. 康河遗址

位于户村乡康河村东，沁河北岸的台地上。面积约3万平方米。文化层厚1米。遗迹有灰坑，出土遗物有石器和陶器残片。石器有斧、刀、凿及石坯。陶器以夹砂红褐陶为主，次为泥质红陶。器表多为素面和磨光，纹饰有划纹、线纹、附加堆纹等。有少量彩陶，彩色有红色和黑色两种，图案有条带纹等。主要器形有罐、盆、钵、瓶等，另有大量陶环和鸡冠耳[①]。

4. 百家村遗址

又称后百家西遗址，位于彭家寨乡后百家村西1000米，沁河北岸的台地上。面积约9万平方米。文化层厚1米。遗迹有灰坑。出土遗物有石铲、石斧、石刀、石环和陶器残片。陶器以泥质红陶为主，次为夹砂红陶和灰陶。器表除素面外，纹饰有篮纹和附加堆纹，含有一定数量的彩陶。彩陶的彩色分黑、红两种，图案有弧形三角、蝶须、网格、同心圆等。主要器形有钵、盆、罐等[②]。属大司空文化类型系统。

以上4处遗址均位于沁河岸边的河流阶地上。西店子和北牛叫两处遗址均位于沁河上游的丘陵河谷地带，海拔较高，依山临河，地理环境适于中小型聚落生存，面积较小。康河遗址位于沁河中游，处于丘陵和平原过渡地带，面积较大。百家村遗址地处沁河下游近邻丘陵前缘的山前平原地带，面积最大。

百家村等遗址所含的彩陶具有一定的典型性，曾一度被命名为仰韶文化"百家村类型"，代表着河北南部一带仰韶时代遗存的一种地方性[③]。此类文化遗存，现今一般被称之为大司空类型或大司空文化，主要分布在太行山东麓南部地区，邯郸一带是其中心地域。

二　龙山时代遗址群

约公元前3000～前2000年的龙山时代，沁河流域逐渐形成了龟台—涧沟聚落群，

① 邯郸市文物管理处：《邯郸县两处新石器时代遗址的调查和试掘》，《文物春秋》1990年2期。

② 罗平：《河北邯郸百家村新石器时代遗址》，《考古》1965年4期。

③ 郑绍宗：《有关河北长城区域原始文化类型的讨论》，《考古》1962年12期；唐云明：《试谈有关河北仰韶文化中的一些问题》，《考古》1964年9期。

以龟台和涧沟遗址为中心，包括户村、百家村、张庄、西店子等6处遗址，其中涧沟遗址面积最大，约10万平方米，可视为该聚落群的核心遗址。与仰韶时代相比，聚落规模与等级分化的情况有了长足的发展。

1. 西店子遗址

位于康庄乡西店子村北，沁河上游西南支流北岸的台地上。面积约1万平方米。文化层厚1米。遗迹有灰坑。出土遗物有石斧，夹砂和泥质灰陶绳纹罐、瓮等残片①。

2. 张庄南遗址

位于康庄乡张庄村南，沁河上游西南支流西岸的台地上。面积约1万平方米。文化层厚0.8米。遗迹有灰坑。出土遗物有石铲和陶器残片。陶器以夹砂和泥质灰陶为主，次为泥质黑陶。器表除素面和磨光外，纹饰有篮纹和绳纹。可辨器形有罐、瓮、盆等。

3. 龟台遗址

位于户村乡肖河村北50米，沁河北岸的台地上。面积约4000平方米。文化层堆积厚1～2米。遗迹有灰坑，遗物有石器、骨器和陶器残片。陶器以夹砂和泥质灰陶为主，其次有泥质黑陶。器表除素面磨光外，纹饰有篮纹、绳纹和方格纹。主要器形有罐、瓮、鬲、甗、盆、豆、圈足盘等②。

4. 户村遗址

位于户村乡户村东北100米，沁河南岸的台地上，海拔100米左右。面积约5000平方米。文化层厚0.8米。遗迹有灰坑。出土遗物为陶器残片。陶器以夹砂和泥质灰陶为主，器表除素面磨光外，纹饰有绳纹和篮纹，可辨器形有瓮、罐、盆等。

5. 涧沟遗址

位于户村乡涧沟村北，沁河南岸的台地上，海拔85米左右。面积约10万平方米。文化层堆积厚1～2米，文化遗存非常丰富，以龙山时代遗存为主③。

龙山遗存的分布广泛而丰富，遗迹众多，包括灰坑、房址、陶窑、水井、丛葬坑等。灰坑多为不规则的锅底形，形制较大。房址为圆形半地穴式，门道台阶状，室内地面设灶坑。房址地基内发现有砍痕和剥头皮痕的人头骨，或是奠基祭祀之用，或是

① 邯郸市文物管理处：《邯郸县两处新石器时代遗址的调查和试掘》，《文物春秋》1990年2期。

② 北京大学、河北省文化局邯郸考古发掘队：《1957年邯郸发掘简报》，《考古》1959年10期。

③ 北京大学、河北省文化局邯郸考古发掘队：《1957年邯郸发掘简报》，《考古》1959年10期；河北省文化局文物工作队：《河北邯郸涧沟村古遗址发掘简报》，《考古》1961年4期。

猎头风俗,亦有认为是头盖杯风俗的作品①。陶窑窑室平面呈椭圆形,火孔长槽形。陶窑旁边设水井供烧窑使用,以 H6 为例:圆形竖穴状,距地表 1.5 米,口径 2.1、底径 1.6 米,深 7.7 米。水井底部的淤泥中发现半完整可复原的陶壶、瓶、罐等 50 余件,其余残片若一一粘对将至近百件,应是汲水时沉落井底的水器。

丛葬坑内的死者显然属非正常死亡,可分两种类型:一是圆形坑内分 3 层葬 10 具人骨,性别年龄包括男女老幼,互相枕压,头近坑壁,头骨上有砍痕和火烧痕;另一种是在废弃的水井内葬有 5 层人骨,性别年龄亦包括男女老幼,或身首异处,或扭曲挣扎。

出土遗物有石器、骨器和陶器残片。陶器以夹砂和泥质灰陶为主,器表除素面磨光外,纹饰有篮纹和绳纹,可辨器形有罐、瓮、鬲、甗、盆和豆等。

涧沟遗址龙山遗存的丰富与复杂性,显示着聚落等级与性质的特殊性。无论从面积规模,还是从内涵本身,涧沟都应当是龙山时代沁河两岸的大型中心聚落。这个中心聚落与龟台、户村、张庄、西店子等 5 处中小型聚落一起,共同构成了龙山时代龟台—涧沟聚落群。

6. 后百家西

位于彭家寨乡后百家村西 1000 米,沁河北岸的台地上。面积约 9 万平方米。文化层厚 1 米。遗迹有灰坑。出土陶器以夹砂和泥质灰陶、泥质黑陶为主,器表多饰绳纹和篮纹,主要器形有罐、瓮、盆等。

以上 6 处遗址均位于沁河岸边的河流阶地上。西店子、张庄南两处遗址均位于沁河上游的丘陵河谷地带,海拔较高,依山临河,面积较小。龟台、户村两遗址位于沁河中游,处于丘陵和平原过渡地带。涧沟、百家村遗址地处沁河下游的丘陵山麓地带,其中涧沟遗址面积最大,成为沁河流域一个大型聚落核心。

以涧沟遗址为代表的龙山时代遗存,典型陶器以平底器罐、瓮类为主。此与黄土高原龙山遗存的典型器三足鬲、斝,山东地区龙山遗存的典型器三足鼎、鬶,形成了鲜明的区别,反映出太行山东麓南部地区的地域性,邹衡先生据此称之为河北龙山文化涧沟型②。

史前时期邯郸一带的沁河岸边已经形成了一定规模的聚落群,特别是在龙山时代出现了规模较大的涧沟核心聚落,标志着聚落层次的发展已经上升到某种高度。这是以后邯郸城诞生的遥远聚落因素根脉。而从仰韶到龙山时代,包括邯郸一带在内的太

---

① 严文明:《涧沟的头盖杯和剥头皮风俗》,《考古与文物》1982 年 2 期。

② 邹衡:《关于夏商时期北方地区诸邻境文化的初步探讨》,《夏商周考古学论文集》,文物出版社,1980 年。

行山东麓南部地区，自始至终显现着独特的考古学文化地域个性。此又是以后邯郸城诞生的遥远文化因素根脉。

第三节　夏商时代的沁河流域

龙山时代之后的夏代至商代时期，沁水流域的涧沟—龟台聚落群继续存在。虽然此时涧沟、龟台两个中心遗址的规模可能略有缩小，但是沁河两岸的聚落数量大大超过前期，并且仍以涧沟、龟台等遗址为中心，经历了先商文化、商代文化两个较为繁盛的时期。

一　先商文化遗址群

冀南邯郸一带是夏代时期先商文化分布的核心地区，据考古调查，今邯郸地区境内的先商文化遗址数量达 90 余处，其中流域面积广阔的洺河流域，遗址分布最为集中，可达 66 处[1]。而流域面积相对小得多的沁河流域，是先商文化遗址分布的又一集中地域，遗址数量可达 9 处[2]。若以遗址数量与流域面积之比衡量，沁河流域的先商文化遗址分布密度与洺河相当（图五）。

1. 东陶庄遗址

位于工程乡东陶庄村北，沁河上游北支流东岸的台地上。面积约 5000 平方米。文化层厚 0.5 米。遗迹有灰坑。出土遗物有石铲、石斧和陶器残片。陶器以夹砂和泥质灰陶为主，其次有泥质黑陶。器表除素面磨光外，纹饰有绳纹和弦纹。可辨器形有细绳纹鬲、盆、罐、鼎等。

2. 大河坡遗址

位于康庄乡大河坡村北 30 米，沁河西支流南岸的台地上，南依丘陵。面积约 2 万平方米。文化层厚 1 米。遗迹有灰坑。出土遗物有石镰、石铲、石刀和陶器残片。陶器以夹砂和泥质灰陶为主，其次有泥质黑陶。器表除素面磨光外，纹饰有绳纹和弦纹。可辨器形有鬲、盆、罐等。

3. 牛叫河遗址

位于户村乡牛叫河村东北 700 米，沁河北岸的台地上。面积约 5000 平方米。文化层厚 1 米。遗迹有灰坑。出土遗物有石铲、石镰和陶器残片。陶器以夹砂和泥质灰陶

---

① 乔登云、张沅：《邯郸境内的先商文化及其相关问题》，《三代文明研究（一）》，科学出版社，1999 年。

② 邯郸市文物管理处：《邯郸县商周遗址的调查》，《文物春秋》1992 年 2 期。

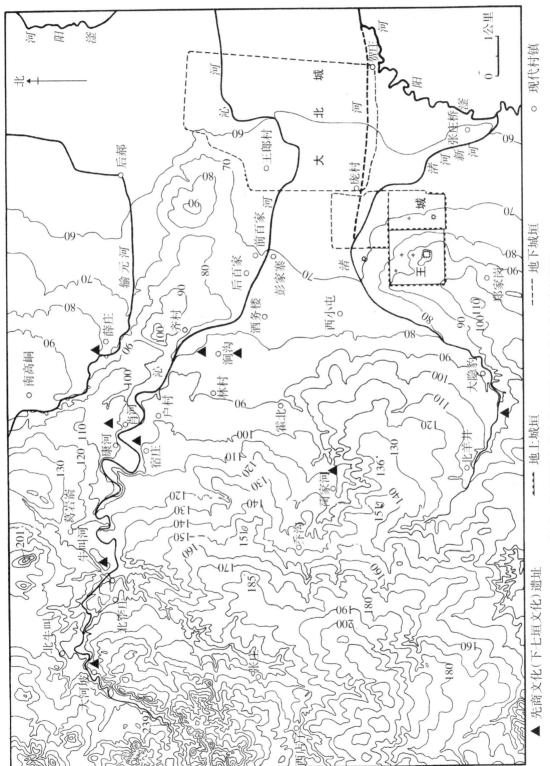

图五　沁河流域先商文化（下七垣文化）遗址分布略图

▲ 先商文化（下七垣文化）遗址　　　━━━ 地上城垣　　　┅┅┅ 地下城垣　　　○ 现代村镇

为主，器表多饰绳纹，可辨器形有鬲、盆、罐等。

4. 宿庄遗址

位于户村乡宿庄村北，沁河南岸的台地上。面积约 1 万平方米。文化层厚 1 米。遗迹有灰坑。出土遗物有石铲、石镰和陶器残片。陶器以夹砂和泥质灰陶为主，其次是泥质黑陶。器表除素面磨光外，纹饰有绳纹和弦纹等。典型陶器有薄胎细绳纹鬲、泥质灰陶磨光弦纹盆等。

5. 龟台遗址

位于户村乡肖河村北 50 米，沁河北岸的台地上。面积约 4000 平方米。文化层厚 1~2 米。遗迹有灰坑和墓葬。出土遗物有石器和陶器残片。石器中以长条形石铲、有肩石铲和石镰最具特色。陶器以夹砂和泥质灰陶为主，器表多饰绳纹，可辨器形有鬲、甗、盆、罐、豆等。

6. 涧沟遗址

位于户村乡涧沟村北及村南，沁河南岸的台地上。面积约 10 万平方米。文化层厚 1~2 米。遗迹有灰坑。出土遗物有石器、骨器和陶器残片。陶器以夹砂和泥质灰陶为主，其次是泥质黑陶。器表除素面磨光外，多饰绳纹。可辨器形有鬲、甗、盆、罐、豆等。

7. 蔺家河遗址

位于蔺家河乡蔺家河村东 800 米，渚河上游支流两岸的台地上，海拔 107 米。面积约 2 万平方米。文化层厚 1 米。遗迹有灰坑。出土遗物有石铲、石斧和陶器残片。陶器以夹砂和泥质灰陶为主，器表多饰绳纹，可辨器形有细绳纹鬲、盆、罐、鼎等。

8. 大隐豹遗址

位于大隐豹乡大隐豹村西南 1000 米，渚河上游南岸的台地上。面积约 3 万平方米。文化层厚 1 米。遗迹有灰坑。出土遗物有石铲、石斧、石镰和陶器残片。陶器以夹砂和泥质灰陶为主，器表多饰绳纹，可辨器形有鬲、盆、罐等。

9. 薛庄西遗址

位于丛中乡薛庄村西 500 米，输元河北岸的台地上。面积约 3 万平方米。文化层厚 1 米。遗迹有灰坑。出土遗物有石斧和陶器残片。陶器以夹砂和泥质灰陶为主，器表饰细绳纹、压印纹和弦纹等，可辨器形有鬲、盆、罐、瓮等。

东陶庄、大河坡、牛叫河等三处遗址位于沁河上游的丘陵河谷地带。宿庄、龟台两遗址位于沁河中游，处于丘陵和平原过渡地带。涧沟遗址地处沁河下游的丘陵山麓地带。蔺家河遗址位于渚河上游的丘陵地带，大隐豹遗址位于渚河中游的丘陵与平原过渡地带。薛庄西遗址位于输元河中游的丘陵与平原过渡地带。

先商文化遗存后来也被称之为下七垣文化遗存①。冀南邯郸一带不仅是先商文化分布的重要核心区域，显示着鲜明的地域性，同时还代表着这种文化发展进程中的重要环节，因此被称之为"漳河型"②。这是自史前时期以来，太行山东麓南部地区考古学文化独特地域性的延续发展。

二　商代遗址群

如果单纯从遗址数量上观察，商代是沁河流域聚落群的最盛期，遗址数量达 18 处之多③。此可能与地近商朝王畿地区有关。《史记·殷本纪》："祖乙迁于邢。"根据多年的考古资料积累，现在多数学者认为商代之邢即今天的邢台。如果真如此，则距离邢台不远的邯郸一带，在商代前期某一时期曾为近王都的王畿之地。商代后期迁都殷后，邯郸地近安阳，更属于王畿之地。《史记·殷本纪·正义》曰："括地志云：沙丘台在邢州平乡东北二十里。竹书纪年自盘庚徙殷至纣之灭二百五十三年，更不徙都，纣时稍大其邑，南距朝歌，北据邯郸及沙丘，皆为离宫别馆"（图六）。

1. 西陶庄遗址

位于工程乡西陶庄村东北，沁河北支流西岸的台地上。面积约 2000 平方米。文化层厚 1 米。遗迹有灰坑。出土遗物有石斧、石镰和陶器残片。陶器以夹砂和泥质灰陶为主，器表多饰绳纹，可辨器形有鬲、盆、罐等。

2. 东陶庄遗址

位于工程乡东陶庄村北，沁河上游北支流东岸的台地上。面积约 5000 平方米。文化层厚 0.5 米。遗迹有灰坑。出土遗物有石铲、石斧和陶器残片。陶器以夹砂和泥质灰陶为主，其次有泥质黑陶。器表纹饰有绳纹，可辨器形有鬲、盆、罐等。

3. 大河坡遗址

位于康庄乡大河坡村北 30 米，沁河西支流南岸的台地上。面积约 2 万平方米。文化层厚 1 米。遗迹有灰坑。出土遗物有石镰、石铲和陶器残片。陶器以夹砂和泥质灰陶为主，纹饰有绳纹，可辨器形有鬲、盆、罐等。

4. 北李庄遗址

位于康庄乡北李庄村东南 400 米，沁河西支流南岸的台地上，海拔 131 米。面积约 6 万平方米。文化层厚 0.6 米。遗迹有灰坑。出土遗物有石斧和陶器残片。陶器以夹砂和泥质灰陶为主，器表多饰绳纹，可辨器形有鬲、盆、罐等。

① 李伯谦：《先商文化探索》，《庆祝苏秉琦考古五十五年论文集》，文物出版社，1989 年。
② 邹衡：《试论夏文化》，《夏商周考古学论文集》，文物出版社，1980 年。
③ 邯郸市文物管理处：《邯郸县商周遗址的调查》，《文物春秋》1992 年 2 期。

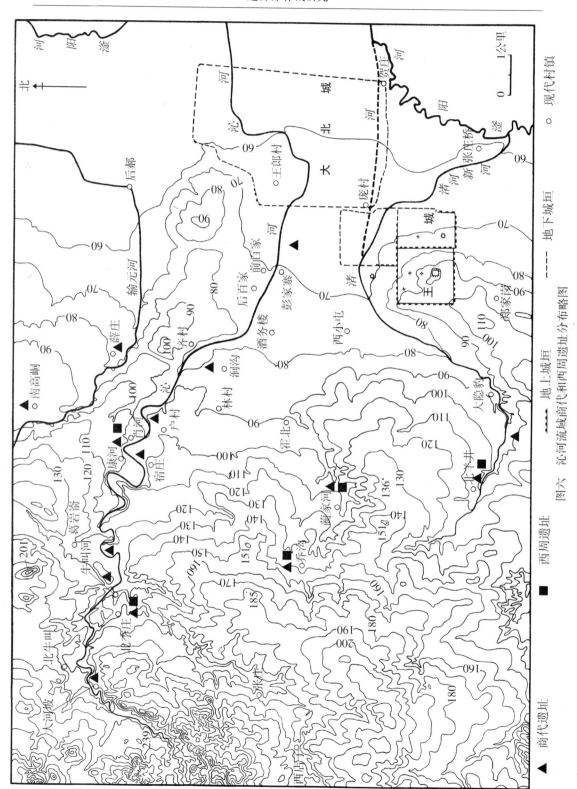

图六　沁河流域商代和西周遗址分布略图

▲　商代遗址　　■　西周遗址　　——　地上城垣　　————　地下城垣　　○　现代村镇

5. 牛叫河遗址

位于户村乡牛叫河村东北 700 米，沁河北岸的台地上。面积约 5000 平方米。文化层厚 1 米。遗迹有灰坑。出土遗物有石铲、石斧和陶器残片。陶器以夹砂和泥质灰陶为主，器表多饰绳纹，可辨器形有鬲、盆、罐等。

6. 葛岩崵遗址

位于户村乡葛岩崵村南 1000 米，沁河南岸的台地上。面积 4 万平方米。文化层厚 1 米。遗迹有灰坑。出土遗物有商代的石刀及灰陶绳纹鬲、罐等陶器残片。

7. 宿庄遗址

位于户村乡宿庄村北，沁河南岸的台地上。面积约 1 万平方米。文化层厚 1 米。遗迹有灰坑。出土遗物有石铲、石镰和陶器残片。陶器以夹砂和泥质灰陶为主，纹饰有绳纹等，可辨器形有鬲、盆、罐等。

8. 龟台遗址

位于户村乡肖河村北 50 米，沁河北岸的台地上。面积约 4000 平方米。文化层厚 1～2 米。商代文化遗存的遗迹发现有灰坑和墓葬，出土遗物主要是石器和陶器。陶器以夹砂和泥质灰陶为主，器表多饰绳纹，可辨器形有鬲、盆、罐、豆等。

9. 户村遗址

位于户村乡户村东北 100 米，沁河南岸的台地上。面积约 5000 平方米。文化层厚 0.8 米。遗迹有灰坑。采集商代陶器以夹砂和泥质灰陶为主，器表多饰绳纹，可辨器形有鬲、盆、罐等。

10. 涧沟遗址

位于户村乡涧沟村北，沁河南岸的台地上。面积约 10 万平方米。文化层厚 1～2 米。商代文化遗存的遗迹发现有灰坑和陶窑，出土遗物主要是石器、骨器和陶器。陶器以夹砂和泥质灰陶为主，器表多饰绳纹，可辨器形有鬲、盆、罐、豆等。

11. 彭家寨遗址

位于彭家寨乡彭家寨村东 600 米，沁河南岸的台地上。面积约 4 万平方米。文化层厚 1 米，遗迹有灰坑。出土遗物有石斧、石镰和陶器残片。陶器以夹砂和泥质灰陶为主，器表多饰绳纹，可辨器形有鬲、盆、罐等。

12. 南高峒北遗址

位于丛中乡南高峒村北 100 米，输元河东岸的台地上。面积约 2 万平方米。文化层厚 1 米。遗迹有灰坑。出土遗物有石斧、石刀和陶器残片。陶器以夹砂和泥质灰陶为主，器表多饰绳纹，可辨器形有鬲、盆、罐等。

13. 薛庄东遗址

位于丛中乡薛庄东南 50 米，输元河北岸的台地上。面积约 3 万平方米。文化层厚

1米。遗迹有灰坑。出土遗物有石镰和陶器残片。陶器以夹砂和泥质灰陶为主，器表多饰绳纹，可辨器形有鬲、盆、罐、豆等。

14. 乔沟遗址

位于蔺家河乡乔沟村北100米，渚河上游支流南岸的台地上。面积约2万平方米。文化层厚0.5米。遗迹有灰坑。出土遗物有石斧和陶器残片。陶器以夹砂和泥质灰陶为主，器表多饰绳纹，可辨器形有鬲、盆、罐等。

15. 蔺家河遗址

位于蔺家河乡蔺家河村东800米，渚河上游支流两岸的台地上。面积约2万平方米。文化层厚1米。遗迹有灰坑。出土遗物有石铲、石斧和陶器残片。陶器以夹砂和泥质灰陶为主，器表多饰绳纹，可辨器形有鬲、盆、罐等。

16. 北羊井遗址

位于大隐豹乡北羊井村东南100米，渚河北岸的台地上。面积约1.5万平方米。文化层厚0.8米。遗迹有灰坑。出土遗物有石铲、石镰和陶器残片。陶器以夹砂和泥质灰陶为主，器表多饰绳纹，可辨器形有鬲、盆、罐、豆等。

17. 大隐豹遗址

位于大隐豹乡大隐豹村西1000米，渚河上游南岸的台地上。面积约3万平方米。文化层厚1米。遗迹有灰坑。采集商代遗物有石铲、石斧、石镰和陶器残片。陶器以夹砂和泥质灰陶为主，器表多饰绳纹，可辨器形有鬲、盆、罐、簋等。

18. 姜三陵遗址

位于三陵乡姜三陵村东。面积约1.5万平方米。出土遗物有石镰和陶器残片。陶器以夹砂和泥质灰陶为主，器表多饰绳纹，可辨器形有鬲、盆、罐等。

西陶庄、东陶庄、大河坡、北李庄、牛叫河、葛岩崤等六处遗址，位于沁河上游的丘陵河谷地带。宿庄、龟台、户村等三处遗址位于沁河中游，处于丘陵和平原过渡地带。涧沟、彭家寨二遗址地处沁河下游的丘陵山麓平原地带。南高岬、薛庄东二遗址，位于输元河流域的丘陵与平原过渡地带。乔沟、蔺家河、北羊井三遗址位于渚河上游的丘陵地带，大隐豹遗址位于渚河中游的丘陵与平原过渡地带。姜三陵遗址位于丘陵地带。

冀南邢台邯郸一带的商代文化遗存具有一定的地域个性，如陶器群中除鬲外，流行平底器盆和瓮，缺乏圜底器。此依旧是自史前以来，太行山东麓南部地区考古学文化独特地域性的延续发展。

整个夏商时期，沁河流域的聚落群继续保持繁荣，聚落数量大幅度增加，涧沟—龟台核心聚落继续凸显，成为商人重要的聚居地和活动地区。特别是在商代地近商王畿地区，更促进了聚落群内涵层次的发展提升，为以后成为赵都作了最早的都市文化因素积淀。

　　这里有一个需要讨论的问题是，商代的邯郸一带究竟属于何种级别性质的聚落？换言之，是否已经成为一座独立的城市？郝良真、孙继民认为，至少在商末邯郸城已经兴起①。但是，不仅文献记载并没有直接说明邯郸一带已确有城邑，而且迄今为止的考古发现，尚没有足够证据表明邯郸一带在商代已经出现类似城市等级的超大型聚落。因此，商代邯郸一带聚落等级发展的详细情况，还有待于今后考古工作的发现。

第四节　西周时期的沁河流域

　　西周初，沁河两岸聚落遗址数量大幅度减少，目前仅发现5处：龟台、北羊井、乔沟、北李庄、蔺家河②。沁河聚落群的发展至此似乎进入一个低潮时期。

　　1. 北李庄遗址

　　位于康庄乡北李庄村东南400米，沁河西支流南岸的台地上。面积约6万平方米。文化层厚0.6米。遗迹有灰坑。出土遗物有石斧和陶器残片。陶器以夹砂和泥质灰陶为主，器表多饰绳纹，可辨器形有鬲、盆、罐等。

　　2. 龟台遗址

　　位于户村乡肖河村北50米，沁河北岸的台地上。面积约4000平方米。文化层厚1~2米。遗迹有灰坑，其中以袋状坑最具特色。出土遗物主要是陶器残片，以夹砂和泥质灰陶为主，器表多饰绳纹，可辨器形有鬲、盆、罐、豆等。

　　3. 乔沟遗址

　　位于蔺家河乡乔沟村北100米，渚河上游支流南岸的台地上。面积约2万平方米。文化层厚0.5米。遗迹有灰坑。出土遗物有石斧和陶器残片。陶器以夹砂和泥质灰陶为主，器表多饰绳纹，可辨器形有鬲、盆、罐、簋等。

　　4. 蔺家河遗址

　　位于蔺家河乡蔺家河村东800米，渚河上游支流两岸的台地上。面积约2万平方米。文化层厚1米。遗迹有灰坑。出土遗物有石铲、石斧和陶器残片。陶器以夹砂和泥质灰陶为主，器表多饰绳纹，可辨器形有鬲、盆、罐等。

　　5. 北羊井遗址

　　位于大隐豹乡北羊井村东南100米，渚河北岸的台地上。面积约1.5万平方米。文

---

①　郝良真、孙继民：《论早期邯郸城的兴起》，《邯郸历史文化论丛》，中国文史出版社，2004年。

②　邯郸市文物管理处：《邯郸县商周遗址的调查》，《文物春秋》1992年2期。

化层厚0.8米。遗迹有灰坑。出土遗物有石铲、石镰和陶器残片。陶器以夹砂和泥质灰陶为主，器表多饰绳纹，可辨器形有鬲、盆、罐、簋等。

北李庄遗址位于沁河上游的丘陵河谷地带，龟台遗址位于沁河中游的丘陵和平原过渡地带。乔沟、蔺家河、北羊井三遗址位于洺河上游的丘陵地带。

太行山东麓南部地区的西周文化遗存，包含着浓厚的殷墟文化因素，尤其在西周早期更为明显。此依旧是自史前以来，太行山东麓南部地区考古学文化独特地域性的延续发展。

西周时期，沁河聚落群规模大幅度衰落，遗址数量锐减，洺沟—龟台聚落中心大概已经不复存在，从此进入一个暂时的西周低潮阶段。此可能与商王朝的灭亡，而沁河一带又地近商王畿地区的商人故地有关，西周初期的统治者对这一地区采取了监视和控制措施，或许影响到聚落的发展。

第五节　沁河流域东周至汉代考古学文化发展编年

沁河流域龙山时代以来直到西周初期，一直繁衍着以洺沟—龟台为中心的聚落群，此乃是东周邯郸城兴起发展的历史基础。进入东周后，沁河流域聚落群飞跃发展，首先成为地域重要城邑，继而成为赵之都城，并一直延续到东汉末年。因此，沁河流域东周至汉代考古学文化遗存的发展脉络框架的建立，是研究邯郸城演进轨迹的物质资料基础。换言之，邯郸城的诞生与演进历史被物化在沁河流域考古学文化发展的编年年轮系统里。但遗憾的是，截至目前，沁河流域尚未集中有规模地发掘一处东周至汉代的遗址，而墓葬虽有不少的发掘，然而资料却没有系统全面的公布。因此，这里只能仅就有限零碎的资料，主要通过遗址和墓葬出土陶器群的演变规律，大致勾画出东周至汉代沁河流域考古学文化发展的断断续续的脉络线索。

一　典型遗址出土的陶器群

因为迄今尚缺乏经过大面积揭露发掘的遗址，因此对建立东周至汉代考古学文化发展详细的编年，存在一定的资料困难。在邯郸故城大北城遗址的范围内，虽然清理发掘了较多的地点，但均属于在建设工程中进行的小面积发掘，所获资料有限，而且至今大多没有正式公布发表。尤其春秋时期的遗存，目前尚无较多的考古发掘与发现，此乃今后考古工作的重要方向之一。

战国至汉代遗存虽发现的较多，但几乎均为小面积揭露和调查所得。目前已经发表的资料，主要是大北城区内5处遗址，实际上是大北城遗址内5个地点的发掘简报。这些有限的资料，为认识战国至汉代考古学文化的面貌与演进轨迹，提供了重要的依据。这 5 个地点是：邯郸宾馆、王郎村、东门里、裴庄、东庄等。每一处地点均发现了较复杂的地层关系，所出土的陶器群是研究战国至汉代考古学文化编年的基础。

关于陶器群的总体构成情况，裴庄地点发表了战国时期陶器群的器类统计数量，但缺乏汉代陶器群的统计内容。裴庄地点发现了 7 座战国灰坑，地层关系清楚，出土遗物丰富，是研究邯郸城战国时期陶器内涵结构的重要资料。7 座灰坑出土陶器残片的数量总计为 2419 片（件），包括建筑材料和日常生活用器，其构成情况如下：

板瓦，1835 片；筒瓦，265 片；瓦当，9 件；

以上三项建筑材料类陶器合计 2109 件，占陶片总数的 87%。其余为生活用器，仅占陶器总数的 13%。

日常生活用器类陶器主要是陶容器，根据数量多少依次为：釜、豆、盆、罐、钵、碗、瓮等。原报告将釜类器物和盆统归之为盆类，总计数量 140 件，为数量最多的日用陶器。实际上釜与盆为两种器形，原报告的 II 式盆，大口，折腹，圜底，实际上是一种折腹釜，总计有 51 件。I 式盆 83 件，但其中还包括相当部分的折腹釜，因此推测，折腹釜的数量总计 70 余件。余下盆的数量约 60 件，盆又可分为弧腹和直腹两类。直腹盆，腹壁斜直，大平底。弧腹盆，深弧腹，圜底，其功能可能亦作为釜之用。如此则釜的比例即更加突出了，其中折腹釜数量最多，并且和豆的数量大致接近，是最主要的两种陶器类型。

折腹釜、深腹釜、盆等，共计 140 件。

豆，72 件，其中豆盘 43、豆座 29 件。

罐，45 件，高领，弧肩，鼓腹。

钵，27 件，小平底。

碗，17 件，矮假圈足。

瓮，6 件，形制类似罐，但形体较大。

量，2 件，筒状，直壁，平底。

缸，1 件。

以上生活用器合计 310 件，占陶器总数的 13%。

裴庄地点的战国陶器群，代表了战国时期邯郸城居民使用陶器的基本情况。建筑材料用陶非常普遍，其中主要是板瓦和筒瓦。日常生活用器主要是陶容器，绝大多数为泥质灰陶，器表除素面外，纹饰主要有绳纹和弦纹两种。器形主要有釜、豆、碗、盆、罐、瓮等 6 类，其中釜和豆最为常见。6 种主要陶器的具体形体特征和类型分析如下。

釜　分为三型。

A 型　浅腹折腹釜。泥质灰陶。形体一般较大。宽卷沿，大敞口，腹较浅。弧腹壁内收或略内收，折腹，腹底之间折棱明显，大圜底。腹部饰轮制形成的多道平行旋纹，底部饰交叉斜绳纹。

B 型　深腹盆形釜。泥质灰陶。形体较大。折沿，大口微敛，深弧腹，圜底。沿下饰数道轮制形成的平行旋纹，其下饰横绳纹。

C 型　深腹筒形釜。仅见于汉代。夹砂或夹云母红陶，短束颈，筒状深腹，圜底。沿下有轮制形成的凸弦纹痕，腹部素面。

豆　泥质灰陶。素面为主。依腹部形制，分三型。

A 型　盘形豆，高柄。

B 型　碗形豆，弧腹壁。

C 型　有盖豆，子口，深弧腹。

碗　泥质灰陶。矮假圈足。依腹部形制，分二型。

A 型　多方唇，直口，折腹，腹上部斜直，腹下部内收，中间折棱明显，

B 型　多圆唇，斜弧腹。

盆　泥质灰陶。依腹部形制，分二型。

A 型　深弧腹。

B 型　斜直腹，大平底。

罐　泥质灰陶。直领，弧肩，鼓腹。腹饰绳纹。

瓮　泥质灰陶。大口，直领，宽弧肩，鼓腹。腹饰绳纹。

1. 邯郸宾馆地点

位于大北城区东北部，今中华大街西侧。发现的一组地层关系为：第 5 层→J1→第 6 层→H2、H3、H4、H7→第 7 层→H1、H5、H6→生土（→表示向下叠压或打破，汉代以后的地层关系从略。以下同）。根据此地层关系，简报已将该地点的遗存分为三个阶段，并推断其年代总跨度为战国至西汉初。

（1）第一段，以 H1 和第 7 层为代表。

H1 出土陶器：

C 型豆　H1：2，口腹交接处折棱明显，腹内有折痕。腹上部饰有网状暗纹一周。口径 17、腹深 8.2 厘米。

豆座　H1：1，底部有较宽的边缘，缘底面弧形上凹。底径 10 厘米。

A 型盆　H1：14，口沿残片。宽沿外折，沿面斜平。沿下素面。

鬲　H1：6，夹砂灰陶。折肩鬲口沿。厚叠唇略内凹弧，敛口，沿下饰绳纹。口径约 26 厘米。

第 7 层出土陶器：

A 型豆　⑦：8，豆盘残片。盘外壁折棱明显。盘内饰有同心圆暗纹两周，圆外侧又饰一周锯齿状暗纹。盘直径 15、深 3.3 厘米。

A 型盆　⑦：9，敛口，宽沿，腹部饰有横绳纹。口径 33 厘米。

鬲　⑦：7，夹砂灰陶。足尖平，饰绳纹。

B 型碗　⑦：1，矮圈足。口径 24、底径 11.6、高 8.6 厘米。

（2）第二段，以 H2、H3、H4 为代表。

H2 出土陶器：

A 型豆　H2：2，盘较浅，圈足径较小。盘口径 10.8、圈足径 6、高 13.4 厘米。

B 型豆　H2：8，盘腹内有螺旋状暗纹。盘口径 15.2、腹深 3.6 厘米。

C 型豆　H2：7，口腹交接处折棱趋于缓和，腹内折痕消失。盘口径 18.4、腹深 7 厘米。

A 型釜　H2：3，唇部下垂内卷。口径约 45.6 厘米。

A 型盆　H2：6，敛口，沿面下凹并饰有数周轮制旋纹，腹部饰横绳纹。口径 36 厘米。H2：11，口沿残片。宽沿外折，口径较大，约近 1 米，沿下有轮制旋纹。疑此器或为 A 型或 B 型釜。

H3 出土陶器：

C 型豆　H3：3，腹变浅，腹部饰有凹弦纹两周。口径 16、腹深 6.4 厘米。

H4 出土陶器：

A 型豆　H4：2，盘腹较深，腹底交角明显。圈足的宽底边消失。盘口径 16.8、圈足径 10.8、高 20.4 厘米。

A 型釜　H4：3，圆唇略下垂。口径约 38 厘米。

瓦钉稳　即瓦钉帽。H4：1，圆塔形，斜面呈五层台阶状。底径 9.2、孔径 2、通高 4.4 厘米。

（3）第三段，以第 6 层和 J1 为代表。

J1 出土陶器：

A 型盆　J1：16，宽折沿，沿面弧凸，唇部下垂内卷。腹部有多周轮制形成的平行旋纹。疑此器或为 A 型或 B 型釜。

瓮　J1：15，厚方唇外凸并略下垂，大口，矮直领。唇厚 3、口径 100 厘米。

A 型碗　J1：8，腹上部折腹并略内弧曲，腹间折棱较缓，素面。内壁饰有数周螺旋状圆圈纹和卷云纹暗纹，底部戳印"邯亭"。口径 23.6、底径 11.8、高 10 厘米。

J1 还出土有空心砖残块，依纹饰分两类：一种表饰绳纹；另一种表饰正方形米字格纹。

第 6 层出土陶器主要有薄砖残块,厚 4~4.5 厘米。依表面纹饰情况分三种类型:第一种,一面饰绳纹,一面素面;第二种,一面饰菱形回纹,一面素面;第三种,两面均素面。

根据地层关系和出土陶器群特征,我们将邯郸宾馆地点的陶器群调整分为 4 组,并对各组的年代也进行了新的估计:

第 1 组,以 H1 为代表,年代约为春秋晚期。

第 2 组,以第 7 层和 H4 为代表,年代约为春秋末期到战国早期,其中部分遗物的年代当属春秋晚期。

第 3 组,以 H2、H3 为代表,年代约为战国中晚期。

第 4 组,以第 6 层和 J1 为代表,年代约为战国末期至西汉早期。

2. 王郎村地点

位于大北城区西北隅,西距西垣 300 米,北侧即西垣向东北方向的拐折处,即今王郎村北。发现一组地层关系:T1 第 2 层→H1、H2、H3→生土。另外还发现两座灰坑 H4 和 H5。

H1 出土陶器:

钵　H1:3,泥质灰陶。折腹,小平底。素面。口径 15.8、底径 7、高 6.7 厘米。

A 型碗　H1:2,腹上部饰有数道凸弦纹,内壁有螺旋状暗纹。口径 20 厘米。

罐　H1:6,斜直领。腹饰竖绳纹。

A 型盆　H1:5,宽折沿。口径 54 厘米。

B 型盆　H1:1,双唇,表面素面。口径 28、底径 24、高 10.8 厘米。

H4 出土陶器:

出土陶器较多,分建筑材料和生活用器两大类。

建筑材料有瓦当、板瓦、筒瓦、空心砖、方砖,还有石柱础等。

石柱础　H4:11,残块。直径 40、厚 6 厘米。

空心砖　只发现残块。泥质灰陶,质地细腻。表面平整,表面饰米字格纹为主。H4:16,表面所饰米字格纹的具体内容为:边长 4.5 厘米的大方格为一个纹饰单元,每个单元内又划分为十六个正方形的小方格,每个小方格内再交叉连接对角线。

方砖　只发现残块。泥质灰陶,质地细腻。扁体形。H4:11,扁形正方体。边长 44.5、厚 4 厘米。

板瓦　只发现残片,数量很多。泥质灰陶。凸面饰有绳纹,凹面以素面为主,少量印饰有条纹、网格纹、席纹、凸点纹等纹饰。H4:31,凸面饰斜绳纹,前端 8 厘米宽的绳纹被抹断成六道弦纹,凹面局部有不规则的网状印纹。残长 20、宽 30.5、厚 1

厘米。

筒瓦　残片数量仅次于板瓦。泥质灰陶。凸面饰绳纹，少量为素面，凹面以素面为主。H4:2，带有圆形素面瓦当。直径13.5厘米。凸面近子唇的前端素面并饰有四道弦纹，距端头6厘米处有一直径1.2厘米的瓦钉孔，后部饰竖绳纹，凹面素面。瓦通长40.5、子唇长2厘米。

瓦当　均圆形。当面除素面外，纹饰有变形云纹。H4:1，素面。直径12.5厘米。所连的筒瓦内外皆素面。H4:32，变形云纹。

建筑模型　发现残块2件。H4:17、18，屋顶为板瓦与筒瓦相配铺设而成，筒瓦与板瓦的宽度比约为1:4。

生活用器有豆、盆、瓮等。

豆座　H4:6，底径6.4厘米。

A型盆（B型釜?）　H4:10，宽折沿，沿下饰轮制平行旋纹，腹饰横绳纹。

瓮　H4:7，高直领，领部饰有两道凸弦纹，腹饰斜粗绳纹。

H4的年代约为战国晚期（此坑或为战国末期到西汉初期），坑内出土的建筑材料当为战国晚期的代表性建筑用陶。

第2层出土陶器有A型豆、壶、圆形素面瓦当等，瓦当直径12～15厘米。

3. 东门里地点

位于大北城区中部偏东，人民路北侧。发现的地层叠压关系为：四座汉代陶瓮棺墓葬（M1～M4）→第6层→J1、Y1、H10及10座土坑小墓→第7层→生土。Y1、H10未发表出土遗物，土坑小墓无随葬品，第6层与J1出土战国遗物丰富，尤其J1可作为战国典型遗迹单位。J1出土陶器有板瓦、筒瓦、瓦钉稳、折腹釜、豆、碗、钵、罐、瓮等。

T1第7层出土陶器：

钵　泥质灰陶。弧腹或直折腹，腹下部内收，小平底。T1⑦:2，直口，弧腹。素面。口径15.6、底径6、高7.6厘米。T1⑦:1，折腹。素面。口径14.5、底径6、高6.6厘米。

J1出土陶器：

筒瓦　J1:26，凸面饰竖绳纹，凹面素面。子唇长3厘米。

瓦钉稳　J1:15，泥质灰陶。圆塔状，斜面呈三层台阶状。底径8.4、钉孔直径2.7、深3、高4.5厘米。

A型釜　J1:22，圆唇略下垂，卷沿，折腹内弧曲，内壁有暗弦纹。口径51.5厘米。J1:24，腹略深。口径45厘米。

A型豆　J1:30，盘较浅，外壁微内弧曲，腹底交角折棱明显，内壁饰暗弦纹数道。

盘口径 11.6、腹深 2.3 厘米。

B 型豆　J1：12，内壁有数道暗弦纹。盘口径 14、腹深 4.4 厘米。J1：31，盘口径 15.2、腹深 4.3 厘米。

C 型豆　J1：18，器表有暗弦纹，腹下部有一周凹弦纹。口径 16 厘米。

豆座　J1：29，高柄，喇叭口形座。

A 型碗　J1：2，折棱凸现。素面。口径 16、底径 6.8、高 6.6 厘米。J1：4，腹上部饰数道凸弦纹。口径 24、底径 8.4、高 8.4 厘米。

B 型碗　J1：1，敛口，鼓腹。素面。内壁有燃油痕迹，可能为油灯。口径 14、底径 7.4、高 6.4 厘米。

罐　J1：27，方唇下垂，平沿，肩部饰数道轮制旋纹。口径 14 厘米。

纺轮　J1：19，圆饼形，周边缓圆，中间圆形穿孔。直径 4.4、厚 2.2 厘米。

T1 第 6 层出土陶器：

瓦钉稳　T1⑥：6，泥质灰陶。圆塔状，斜面呈五层台阶状。底径 8.9、钉孔直径 0.8、通高 4.2 厘米。

B 型釜　T1⑥：15，方唇，宽折沿，沿面略鼓。口径 48 厘米。T1⑥：18，方唇下垂，宽折沿。口径 45 厘米。

A 型豆　T1⑥：10，浅盘，腹底交角明显，喇叭口座。盘口径 10、腹深 1.4、高 16.8 厘米。

A 型碗　T1⑥：5，腹上部饰数道凸弦纹。口径 14.8、底径 7.2、高 6.6 厘米。

钵　泥质灰陶。弧腹或直折腹，腹下部内收，小平底。T1⑥：2，折腹，腹上部饰多道弦纹。口径 14、底径 8.2、高 7.2 厘米。

罐　T1⑥：25，方唇下垂。腹饰竖绳纹。口径 14 厘米。T1⑥：30，腹饰竖绳纹。口径 25 厘米。

瓮　T1⑥：21，领部饰两道凸弦纹，腹饰竖绳纹。口径 31 厘米。此器类似西城西垣下的 M1 瓮棺，均为战国晚期之末，或早至西汉初期。

量　T1⑥：29，泥质灰陶。敛口，方唇，直壁，筒状深腹，平底。素面。口径 18.6、底径 18、高 9 厘米。

鬲　T1⑥：12，鬲足。泥质灰陶。实足尖，饰竖绳纹。

M1 出土陶器：

C 型釜　M1：1，汉代瓮棺。夹砂红陶。方唇，短束颈，筒状深腹，圜底。颈下饰多道凸弦纹，腹部素面。口径 31、高 33 厘米。

4. 裴庄地点

位于大北城区中部偏西，今裴庄村南的复兴路与铁西大街交叉口东北侧。在发掘的两座探方里发现 7 座战国灰坑，具体地层关系如下：

第 3 层→第 4 层→H1、H2、H3、H4、H5、H6、H7→生土。

第 3 层以上为表土和淤土，总厚达 4.3 米。第 3 层为黄褐土，厚 0.25 米，出土少量板瓦、筒瓦等陶片，属汉代堆积层。第 4 层，灰褐土，厚 1.6 米，出土的遗物丰富，包含大量陶片。该层下发现灰坑 7 座，编号为 H1～H7。第 4 层以下为黄沙土，无文化遗物。

7 座战国灰坑出土陶器包括建筑材料和日用陶器两大类，其中建筑材料以板瓦为主，均为泥质灰陶，凸面饰斜绳纹。日常生活用器类陶器，根据数量多少依次为：釜、豆、盆、罐、钵、碗、瓮等。

H1 出土陶器：

筒瓦　泥质灰陶。H1:16，凸面饰竖绳纹，近子唇端饰五道弦纹，凹面素面。残长 24、宽 14.2、厚 1、子唇长 2 厘米。

瓦当　泥质灰陶。圆形。当面有素面、绳纹、卷云纹三种形式。H1:2，当面素面。直径 12.3 厘米。筒瓦部分凸面饰竖绳纹，凹面素面。H1:1，当面饰绳纹。直径 12 厘米。筒瓦部分凸凹面均素面。

B 型豆　H1:8，弧腹，圜底。口径 13.5、盘腹深 4 厘米。

豆座　H1:7，喇叭口式。底径 9.6 厘米。

A 型碗　H1:5，腹上部饰数道凸弦纹，内壁有暗弦纹。口径 22、底径 9.6、高 8.6 厘米。

B 型碗　H1:6，圆唇，器表素面，内壁有数道暗弦纹。口径 18、底径 10、高 8.6 厘米。

量　H1:12，泥质灰陶。方唇微敛，筒状，直壁深腹，平底。口径 20.4、高 18.9 厘米。

瓮　H1:15，泥质灰陶。方唇下垂，侈口，高直领，宽弧肩，鼓腹。肩部有数道暗旋纹。口径 24 厘米。

钵　H1:4，泥质灰陶。弧腹，平底。器表素面。口径 15.2、底径 6.4、高 7 厘米。

B 型盆　H1:3，器表饰斜绳纹。口径 42、底径 31.2、高 14 厘米。

H2 出土陶器：

瓦当　H2:2，当面饰卷云纹。直径 13 厘米。筒瓦部分凸面饰竖绳纹，凹面饰横绳纹。

A 型釜　H2:1，圆唇，卷沿。口沿面饰暗弦纹，内底饰三组数道同心圆划纹。口径 57、高 17.5 厘米。

A 型豆　H2:8，浅盘。口径 10.6、盘腹深 1.6 厘米。H2:11，折腹，深腹。口径

22.2 厘米。H2∶6，折腹，折棱明显，盘腹较深，内壁有暗弦纹。口径 15.9、盘腹深 5.5 厘米。

H3 出土陶器：

瓦当　H3∶1，圆形。饰卷云纹（似汉代卷云纹）。直径 12.3 厘米。

A 型釜　H3∶6，圆唇，宽折沿。口径 43.2 厘米。

盆　H3∶8，宽折沿，斜深腹，沿下数道轮制旋纹，以下为绳纹。口径 50 厘米，底部残。推测此类盆可能为圜底，其功能亦作为釜之用（或为 B 型釜），如此则釜的比例即更加突出了。

B 型豆　H3∶2，形制基本同 H1∶8，内壁有暗弦纹。口径 15、盘腹深 4 厘米。

罐　H3∶5，泥质灰陶。方唇，高领，弧肩，鼓腹。表饰竖绳纹。口径 15 厘米。

H4 出土陶器：

瓦当　H4∶2，圆形。饰卷云纹。直径 12.6 厘米。

瓮　H4∶4，泥质灰陶。方唇，高直领，宽弧肩，鼓腹。肩以下饰绳纹。口径 21 厘米。

B 型盆　H4∶1，腹壁较直，大平底。内壁布满轮制形成的旋纹。口径 24.9、底径 21、高 12 厘米。

H7 出土陶器：

钵　H7∶1，泥质灰陶。弧腹，平底。素面。口径 16、底径 6.1、高 7 厘米。

盆　H7∶3，泥质灰陶。方唇，宽折沿，深腹，底残。沿下饰有数道轮制旋纹。口径 51 厘米（或为 B 型釜）。

T1 第 4 层出土陶器：

筒瓦　T1④∶12，形制基本同 H1∶16，唯子唇端素面，以下饰绳纹。残长 22.7、宽 12.2、子唇长 2.6 厘米。

A 型碗　T1④∶2，方唇。腹上部饰数道凸弦纹。口径 15.2、底径 7.6、高 7 厘米。

B 型碗　T1④∶1，圆唇。素面。口径 15.8、底径 8、高 7 厘米。

钵　T1④∶10，泥质灰陶。圆唇，缓折腹，小平底。素面。口径 14、底径 5、高 6.6 厘米。

T1 第 3 层出土陶器：

C 型釜　T1③∶1，夹云母红陶。束颈，筒状深腹，腹上部有轮制形成的凸弦纹痕，腹下部素面并有烟熏痕迹。口径 33 厘米。

5. 东庄地点

位于大北城区的东部，东距东垣约 400 余米。发现一组三座水井遗迹的叠压关系：J3→J2→J1。三座水井依次互相小部分叠压，说明该地点水井设置的固定性和必要性，反映出这一带人们居住的长期性和连续性，大概自战国晚期到西汉时期一直延续，未经较长时间的间断。因此，三座水井的出土陶器应反映了战国晚期到西汉时期陶器群的若干演变特征，其中 J3 的陶器可视作西汉早期陶器的代表，但其中含有一些战国晚期的器形。"邯亭"印记碗的流行年代应为西汉时期，其最早出现年代或可早到战国晚期。"邯郸亭"陶量的年代可能为战国晚期。

J1 出土陶器：

未发表出土遗物线图。在文中介绍说，出土一片"邯亭"印记的碗残片，还出土有 A 型浅盘豆。该水井的使用年代当更早于 J2，大概为战国晚期。

J2 出土陶器：

出土有"邯亭"圆形印记的碗，也出土有 A 型浅盘豆。此井的使用年代当早于 J3，约在战国末期至西汉早期。

B 型豆　J2：7，细柄，喇叭口座。口径 14、底径 8、高 13.6 厘米。

C 型豆　J2：32，口径 17、高 7 厘米。

A 型碗　J2：1，腹上部饰有数道平行轮制旋纹。口径 20、底径 10、高 9 厘米。J2：2，腹上部饰有数道平行轮制旋纹。口径 16、底径 7.5、高 7.4 厘米。

B 型碗　J2：4，素面。口径 14、底径 8.2、高 5.8 厘米。

罐　J2：10，高直领，小平底。肩部饰有三组凹弦纹，每组二至四道不等。通体饰有绳纹，腹上部为竖绳纹，腹下部为横绳纹。口径 14.6、腹径 22.5、高 22.5 厘米。

J3 出土陶器：

有西汉半两钱、"邯郸亭"长方形印记的陶量、"邯亭"圆形印记的碗和罐，同时还出土有 A 型浅盘豆，由此推测水井使用的年代应在西汉时期。

A 型碗　J3：8，折腹棱较缓，表面素面，内壁有螺旋状暗纹。口径 19.5、底径 10、高 7.5 厘米。

B 型碗　J3：9，浅腹，内壁有螺旋状暗纹，底部有圆形"邯亭"戳印。口径 16、底径 8.5、高 5 厘米。

量　J3：18，泥质灰陶。筒形直腹，平底。素面。口沿沿面及内壁底部戳印有长方形"邯郸亭"印记。口径 19.8、底径 18、高 8.6 厘米。J3：29，口沿上有长方形"邯郸亭"戳印。口径 20.5、底径 20、高 8.4 厘米。

罐　J3：34，泥质灰陶。侈口，卷沿下垂，高领。腹饰绳纹。口径 15、颈高 5.5 厘米。J3：33，侈口，高领。腹饰弦纹。口径 14.5、颈高 5.5 厘米。

夹砂罐　J3：2，窄沿斜折，腹上部饰轮制旋纹，并有一圆形"邯亭"戳印，腹下部饰绳纹。胎薄而均匀，厚 0.2 厘米。口径 14、残高 9.5 厘米。可能为炊器。

椭圆形盆　J3:1，平面呈椭圆形，直壁，平底。素面。口长径41.5、短径26厘米，高10.5厘米。

6. 陶器群的分组及演进特征

根据地层关系和各遗迹单位出土陶器群的特征，以上5个地点诸多遗迹单位的陶器群，可分为4组：

A组：典型单位有邯郸宾馆H1。年代约为春秋晚期。

主要器形有鬲、豆、盆、罐等。夹砂灰陶绳纹鬲是本组的标志性器形，矮束颈、折肩，深腹，弧裆或弧裆近平，柱状实足尖，腹饰绳纹，裆及足部饰粗绳纹。A型豆，豆盘外壁折棱明显，盘腹较深。C型豆口腹交接处折棱明显，腹内有折痕，腹上部饰有网状暗纹一周。豆座，底部有较宽的边缘，缘底面弧形上凹，底径较大（图七）。

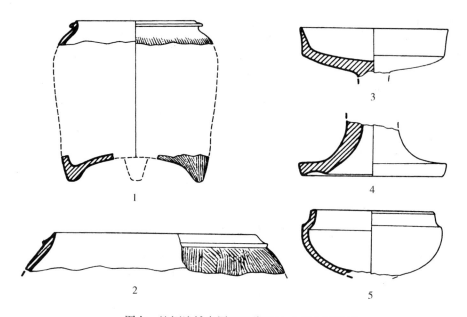

图七　沁河流域东周至汉代遗址A组主要陶器

1. 鬲（北羊井采）　2. 鬲（邯郸宾馆H1:6）　3. A型豆（邯郸宾馆⑦:8）　4. 豆座（邯郸宾馆H1:1）　5. C型豆（邯郸宾馆H1:2）

B组：典型单位有邯郸宾馆第7层和H4。年代约为春秋末期到战国早期。

主要器形有盆、豆、碗等。A型豆，豆盘外壁折棱仍较明显，盘腹较深。豆座变小，底面的一周凹沟基本消失。A型盆，敛口，宽沿，腹部饰有横绳纹。B型碗，斜弧腹，矮圈足，素面。还存在少量的夹砂灰陶绳纹鬲（图八）。

C组：典型单位有邯郸宾馆H2、H3，王郎村H1和H4，东门里T1第6层和J1，东庄J1和J2，裴庄H1～H7等。其中东庄J2的年代可能最晚。年代约为战国中晚期

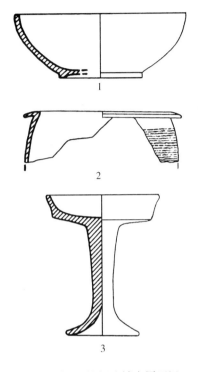

图八 沁河流域东周至汉
代遗址 B 组主要陶器
1. B 型碗（邯郸宾馆⑦:1）
2. A 型盆（邯郸宾馆⑦:9）
3. A 型豆（邯郸宾馆 H4:2）

（图九）。

主要器形有釜、豆、盆、碗、罐、瓮等，建筑材料有砖、板瓦、筒瓦、瓦当等。

空心砖 泥质灰陶，质地细腻。表面平整。表面饰米字格纹为主，具体内容为：边长 4.5 厘米的大方格为一个纹饰单元，每个单元内又划分为十六个正方形的小方格，每个小方格内再交叉连接对角线。

方砖 泥质灰陶，质地细腻。扁体长方形或方形。表饰绳纹。

板瓦 泥质灰陶。凸面饰有竖绳纹或斜绳纹，前端的绳纹常被抹断成数道弦纹；凹面以素面为主，少量印饰有条纹、网格纹、席纹、凸点纹等纹饰。

筒瓦 泥质灰陶。凸面饰竖绳纹，少量为素面，近子唇的前端常常为素面并饰有数道弦纹，后部饰竖绳纹。凹面以素面为主。

瓦当 圆形，当面除素面外，纹饰有绳纹、云纹、变形云纹等。

A 型豆 盘腹趋向变浅，腹底交角折棱明显。圈足径变小，圈足的宽底边消失。内壁饰暗弦纹数道。

B 型豆 盘腹趋向变浅，腹内有螺旋状暗纹或暗弦纹。细柄，喇叭口座。

C 型豆 口腹交接处折棱趋于缓和，腹内折痕消失。盘腹趋向变浅。

A 型釜 唇部下垂或略下垂内卷。卷沿，折腹内弧曲，内壁有暗弦纹。口沿面饰暗弦纹，内底饰三组数道同心圆划纹。

B 型釜 方唇，宽折沿。沿下饰多道轮制平行旋纹或弦纹，腹饰横绳纹。

A 型盆 宽折沿，有的沿下加饰轮制平行旋纹或弦纹，腹饰横绳纹。

B 型盆 器表素面或饰斜绳纹。

钵 折腹或弧腹，小平底，腹上部饰多道弦纹或素面。

A 型碗 折腹，折棱较明显。腹上部饰有数道凸弦纹，内壁有螺旋状暗纹或暗弦纹。

B 型碗 圆唇。器表素面，内壁常见数道暗弦纹。

瓮 高直领，宽弧肩，鼓腹。腹饰斜粗绳纹。

罐　方唇下垂，高领，弧肩，鼓腹，小平底。鼓腹，腹饰绳纹。

D 组：典型单位有邯郸宾馆 J1，东门里 M1，东庄 J3，裴庄 T1③等。年代约为战国末期到西汉早期（图一〇）。

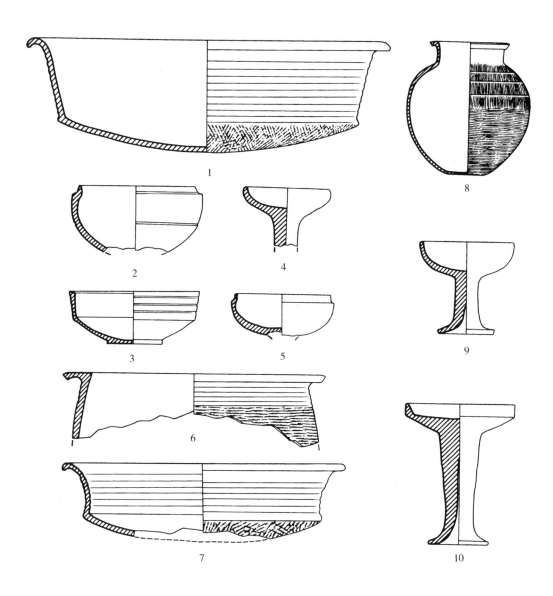

图九　沁河流域东周至汉代遗址 C 组主要陶器

1. A 型釜（裴庄 H2：1）　2. C 型豆（东门里 J1：18）　3. A 型碗（裴庄 H1：5）　4. B 型豆（裴庄 H1：8）　5. C 型豆（邯郸宾馆 H2：7）　6. B 型釜（东门里 T1⑥：15）　7. A 型釜（东门里 J1：22）　8. 罐（东庄 J2：10）　9. B 型豆（东庄 J2：7）　10. A 型豆（邯郸宾馆 H2：2）

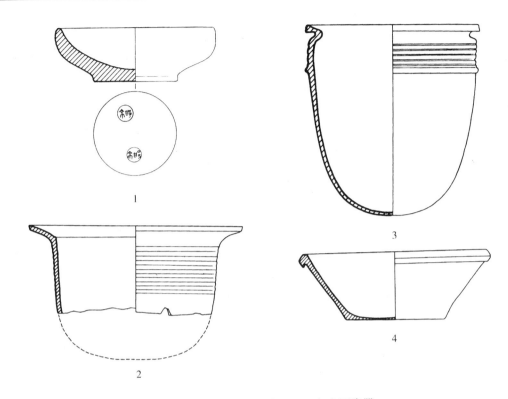

图一〇　沁河流域东周至汉代遗址 D 组主要陶器

1. B 型碗（东庄 J3：9）　2. B 型釜（郑家岗 G1：1）　3. C 型釜（东门里 M1：1）　4. 平底盆（大北城出土）

A 型釜　宽折沿，沿面弧凸，唇部下垂内卷。腹部有多周轮制形成的平行旋纹。

B 型釜　宽斜折沿，沿下饰多道轮制平行旋纹，腹部绳纹被抹去或消失为素面。

C 型釜　夹砂红陶。方唇，短束颈，筒状深腹，圜底。颈下饰多道凸弦纹，腹部素面，少量饰竖绳纹。

A 型碗　折腹棱较缓。表面素面，内壁有螺旋状暗纹。

B 型碗　浅腹。内壁有螺旋状暗纹，底部有圆形"邯亭"戳印。

罐　泥质灰陶，侈口，卷沿下垂，高领，腹饰绳纹或弦纹。

椭圆形盆　平面呈椭圆形，直壁，平底。素面。

平底盆　厚唇，斜直腹，大平底。素面。

瓮　厚方唇外凸并略下垂，大口，矮直领。

春秋时期遗存的考古发现目前还很有限，在北羊井、西小屯等遗址均发现有春秋时期的大型折肩绳纹鬲，大北城遗址区域内也能见到这种鬲的残片。西汉和东汉的遗存在大北城区内，均有大量的发现，但目前缺乏具体遗迹单位出土遗物的详细考古资料发表。综合起来，沁河流域东周至汉代遗存大致可分为以下 8 组：

　　第1组：春秋早中期，目前资料暂缺。

　　第2组，春秋晚期，以A组单位为代表。

　　第3组，春秋末期到战国早期，以B组单位为代表。

　　第4组，战国中晚期，以C组单位为代表。

　　第5组，战国末期到西汉早期，以D组单位为代表。

　　第6组：西汉中晚期，代表遗存为大北城遗址。

　　第7组：西汉末期至东汉早期，代表遗存为大北城遗址。

　　第8组：东汉中晚期，代表遗存为大北城遗址。

二　典型墓葬出土的陶器群

　　邯郸城周围的墓葬发掘数量很大，但资料正式而全面公布的很有限。与春秋遗址的考古发现情况有点类似，春秋早中期的墓葬目前还未确切的发现，春秋晚期的小型墓葬在西小屯墓地有少量的发现[①]。西小屯春秋小型墓为土坑竖穴形制，单棺，随葬品主要是陶鬲和罐组合，另外还有石圭，反映了与晋墓的密切联系。另外，邯郸附近的午汲城址发现有一批春秋小型墓葬可供参考，随葬器物以陶器为主，另外常见有石圭和铜带钩。例如，春秋早期墓M16，出土陶折肩鬲、铜带钩和石圭等；春秋中期墓如M22，出土陶鼎、豆、罐等；春秋晚期的墓如M14，出土陶鬲；春秋战国之际的墓如M19，出土有陶鼎、豆、壶、盘、匜等[②]。邯郸城周围战国墓葬目前发表资料较多的墓地有两处：百家村、复兴区建设大街两侧的若干地点。汉代墓葬发掘虽多，但资料系统发表的很少。本文根据现有资料，将战国至汉代墓葬出土陶器群的变化规律，作一大致框架的初步分析。

（一）战国墓葬陶器群

　　1957～1959年发掘的百家村49座战国墓葬，比较集中全面地反映了邯郸城战国墓葬陶器群的基本情况。墓葬出土遗物以陶器和铜器的数量最多，其次有玉器、石器、骨器和铁器等。陶器主要是生活用器类的容器，其中绝大部分为仿生活用器的明器。陶器主要是泥质灰陶，器表多为素面磨光，装饰纹饰可分为三类：轮制弦纹、暗纹和彩绘。轮制弦纹包括凸弦纹和凹弦纹两种，多见于鼎、壶的腹部与器盖上。暗纹常见于鼎、豆、壶等器形上，多由几何形图案组成，常见的有波浪、锯齿、方

---

① 张春长：《河北林村墓群考古发掘取得重大收获》，《中国文物报》2007年1月31日。

② 河北省文物管理委员会：《河北武安县午汲古城的周汉墓葬发掘简报》，《考古》1959年7期；张辛：《中原地区东周陶器墓葬研究》，科学出版社，2002年。

格、S 形、圆圈、旋涡等。彩绘多见于鼎、壶等器形，常用红、白、黑三种色彩，绘出兽形、云纹、叶纹、几何形纹等图案单元，并由这些图案单元再组合成一组或几组图案。主要器形有：鼎、豆、壶、碗、盘、匜、鉴、盂、鸭尊、鸟柱盘等，若按照数量多少依次为：壶、豆、鼎、盘、匜等 5 种，这 5 种陶器的具体形体特征和类型分析如下。

壶　侈口，长颈，弧鼓腹，矮圈足、假圈足或平底，多有盖。

豆　均喇叭口座。与遗址出土陶豆的形制类似，但多一种类型，依盘腹形制，可分为四型：

A 型　盘形腹，高细柄。

B 型　碗形腹。

C 型　碗形深腹，子口，有盖。

D 型　小口，有颈，壶形鼓腹，多有盖。

鼎　整体似扁球形，盖有三纽或一纽，双立耳，蹄形三短足。

盘　大口，浅腹，平底或圜底。

匜　桃形或椭圆形，尖流或方流，圈足或假圈足。

1. 百家村墓地

M3：

鼎　M3∶1，耳外侈，敛口，鼓腹下垂几近触地，器盖附三纽，矮蹄形足。口径 27.5、腹径 41、通高 35 厘米。

C 型豆　M3∶4，柄较短粗，盖纽圆形。口径 26、通高 30 厘米。

D 型豆　M3∶10，口稍大，颈短粗，无盖。口径 7、腹径 12、高 16 厘米。

壶　M3∶9，盖上附连瓣纽三个，矮圈足，腹部饰五周凸弦纹。口径 10.5、腹径 27.5、通高 42 厘米。

该墓还出土有 A 型豆、盘、匜、兽头形流盆、鸟柱盘等。

M40：

A 型豆　M40∶4，盘腹浅平。口径 19.6、高 25.5 厘米。

D 型豆　M40∶3，圆盖。口径 4、腹径 10、通高 19 厘米。

壶　M40∶1，盖上附圆形小纽，矮假圈足，素面。口径 11.5、腹径 20、高 29.5 厘米。

该墓还出土有鼎、匜等。

2. 建设大街墓地

十八中学 M5：

鼎　M5∶1，耳有长方形穿，深腹。盖上附三个方形小纽，并饰一周锯齿状暗纹和两周凹弦纹。腹饰竖行锯齿状暗纹带，近底部饰一周凹弦纹。口径17.6、腹径21.6、通高22.7厘米。

A型豆　M5:5，口径12.3、高14.7厘米。

C型豆　M5:3，盖纽圆形，顶部内凹，并有红色彩绘。盖及腹部均饰有多道凹弦纹。口径17.4、腹径19.2、通高24.8厘米。

匜　M5:11，平面桃形，尖流。口径9.9、高3.9厘米。

该墓还出土有壶、盘等。

农机公司M8:

鼎　M8:4，敛口，耳无穿，腹较浅。盖无纽，顶部饰凹弦纹两周。口沿下及腹部各饰凹弦纹一周。口径15.3、腹径18、通高16.5厘米。

C型豆　M8:5，盖纽蘑菇状。通体素面。口径12.9、腹径15.9、通高20.8厘米。

壶　M8:3，盖呈尖顶伞状，颈部较粗短，平底。腹饰凹弦纹两周。腹径21.9、通高约30.3厘米。

龙城小区M12:

罐　M12:1，微侈口，高领，圆鼓腹，圈底内凹。腹上部饰有数道凹弦纹和竖细绳纹，腹下部至底部饰有横粗绳纹。肩部有"平□"长方形戳印。口径11.2、腹径20.8、底径7、高24厘米。

3. 陶器群的分组及演进特征

根据地层关系和出土陶器群特征，以上两个墓地的典型墓葬可分为4组：

A组：百家M3、M40，年代约为战国早期（图一一）。

B组：十八中学M5、农机公司M8，年代约为战国中期（图一二）。

C组：目前暂缺发表的资料，附近地区的永年何庄M5可作参考①。年代约为战国晚期。

D组：龙城小区M12，年代约为战国末期至西汉早期（图一三）。

《1957年邯郸发掘简报》将百家村战国墓分为三期，并总结了陶器群的演变规律：

第一期，年代约为公元前5世纪中叶。

壶，最大径在腹下部，盖带莲瓣，通体有兽形、云纹等红色彩绘图案；

鼎、C型豆，盖较矮，表饰红色彩绘云纹；

盘，较扁，高度在口径的五分之一内；

匜，圈底，簸箕形流，或略似桃形。

中小型墓的陶器一般没有彩绘，壶盖也无莲瓣装饰。

---

① 邯郸地区文物保管所：《河北省永年县何庄遗址发掘报告》，《华夏考古》1992年4期。

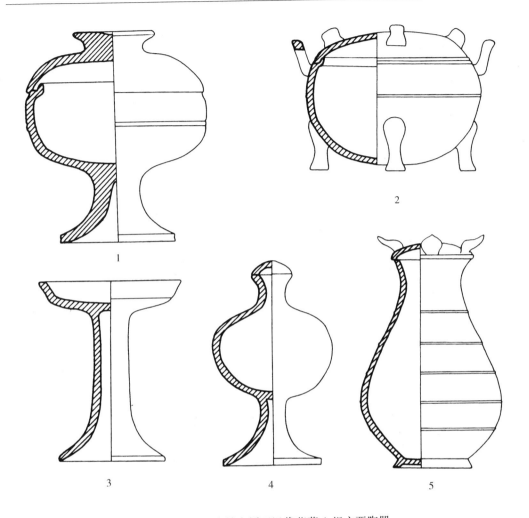

图一一　沁河流域东周至汉代墓葬 A 组主要陶器

1. C 型豆（M3∶4）　2. 鼎（M3∶1）　3. A 型豆（M40∶4）　4. D 型豆（M40∶3）　5. 壶（M3∶9）（均为百家村墓地出土）

第二期，年代约为公元前 5 世纪后半叶至前 4 世纪上叶。

壶，最大径上移至腹中部；

盘，高度增加，为口径的四分之一左右；

匜，均呈桃形。

暗纹发达。

第三期，年代约在公元前 3 世纪上半叶。

壶，最大径上移至腹上部；

鼎、C 型豆，盖变高；

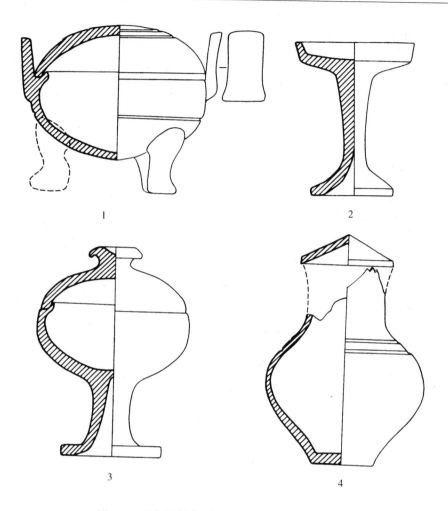

图一二　沁河流域东周至汉代墓葬 B 组主要陶器

1. 鼎（农机公司 M8∶4）　2. A 型豆（十八中学 M5∶5）　3. C 型豆（农机公司 M8∶5）

4. 壶（农机公司 M8∶3）

盘，高度再增，为口径的三分之一左右；

匜，类似碗。

暗纹潦草，有的看不出来。

以上三期大致分别与 A、B、C 三组相当。

其中 C 组陶器群，以何庄 M5 可作为比照参考：

鼎　M5∶1，整体较扁，腹部较浅，腹饰凹弦纹。盖无纽，饰有同心圆、曲线等组成的暗纹。口径 16、通高 16.5 厘米。

C 型豆　M5∶3，豆身泥质红陶。盖为泥质灰陶，饰曲线、带状暗纹。盖纽圆形，

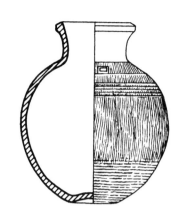

图一三　沁河流域东周至汉代墓葬
D 组主要陶器
罐（龙城小区 M12：1）

顶部下凹。口径 14.3、通高 13 厘米。

壶　M5：6，盖顶较尖。侈口，长颈内束，鼓腹，平底。盖及壶体均饰有平行带状暗纹。口径 12.5、通高 30.4 厘米。

D 组的资料目前还很少，总体情况还不明朗，暂以龙城小区 M12 为代表。

（二）汉代墓葬陶器群

陶器群以泥质灰陶为主，其次有少量泥质红陶，西汉晚期以后出现釉陶。器表以素面为主，饰有纹饰的器形也多为局部纹饰，通体饰满纹饰的少见。主要纹饰有绳纹、弦纹等。陶器群器类生活气息浓厚，与战国时期以祭器礼器类为主的情况形成鲜明的对照。主要器形随时间而有明显的变化：西汉早期以罐、壶二器最常见；西汉中期以后出现模型陶器灶、井、仓等；东汉时期又出现猪圈、鸡、狗等。

罐　多为泥质灰陶。依形制可分为三型。

A 型　唇内侧微下凹，高领，圆鼓腹，小平底内凹。腹上部多为素面，腹下部常饰横绳纹。

B 型　侈口，领较矮，圆鼓腹，小平底。腹部多为素面，或饰有弦纹。

C 型　矮领，弧鼓腹，圜底或小平底。

壶　泥质灰陶为主，少量泥质红陶和釉陶。依形制可分为二型。

A 型　敞口或盘口，长颈，深圆或弧鼓腹，平底、平底似假圈足或圈足。腹部常饰有弦纹。

B 型　长颈，斜肩，缓折腹外鼓，小平底。器表多为素面。

西汉早期的墓葬，目前发表资料暂缺。但附近地区磁县讲武城墓地出土的陶器群可作参考，随葬陶器以罐、瓮等为主，壶、鼎等数量较少①。如 M19，长方形竖穴土坑墓。出土陶器有泥质灰陶罐 2 件、盆 1 件、瓮 1 件。

M27，长方形竖穴砖椁墓，木板棚顶。出土陶器有彩绘灰陶鼎 2 件、壶 2 件、盆 2 件、瓮 1 件、罐 1 件。

1. 建设大街墓地

农机公司 M1：

———————————

① 河北省文物管理委员会：《河北磁县讲武城古墓清理简报》，《考古》1959 年 1 期。

A 型罐　M1：2，方唇，腹上部素面，腹下部饰有横绳纹。口径 13.5、腹径 23.6、底径 7.5、高 26.2 厘米。

C 型罐　M1：3，圆唇，圜底。肩部及腹上部饰有两周纹饰带，以凹弦纹为边线，内戳印填充斜向坑点纹；腹下部近底处饰有交错绳纹。口径 13.8、腹径 24.6、底径 9、高 18.2 厘米。

农机公司 M10：

B 型罐　M10：2，圆唇，侈口，颈稍长，小平底。素面。口径 9、腹径 15、底径 5.8、高 15.2 厘米。

农机公司 M5：

A 型壶　M5：4，细长颈，平底。腹上部饰有凹弦纹两周。口径 10.6、腹径 16.4、底径 10.6、高 24 厘米。M5：14，细长颈，宽斜肩，深弧鼓腹，平底似假圈足。口沿外侧及颈部各饰有一周水波纹饰带，腹上部饰有凹弦纹三组。口径 13.8、腹径 28、底径 14.4、高 39.3 厘米。

B 型壶　M5：3，厚方唇，唇内侧下凹，斜宽肩，小平底。素面。口径 9.8、腹径 10.4、底径 5、高 15 厘米。

博山炉　M5：9，由豆形炉盘和山形炉盖组合而成。盘径 19.5、通高 20.6 厘米。

仓　M5：16，小口，斜平肩下折，直壁筒状深腹，平底，三足残。腹饰有凸弦纹两组，每组两周。腹径 18、残高 16.5 厘米。

灶　M5：13，由灶体和釜甑组合构成。灶表面饰有草叶纹图案。长 24.8、宽 16.4、高 13.2 厘米。

农机公司 M15：

A 型壶　M15：12，细长颈，平底似假圈足。腹部两侧装饰有兽面铺首衔环，腹上部饰有凸弦纹四周。口径 12.6、腹径 22.8、底径 14.2、高 30.6 厘米。M15：21，细长颈，平底。口沿外侧及颈部各装饰有一周水波纹饰带，腹部两侧装饰有变形兽面铺首衔环器耳，腹上部饰有凸弦纹两组。口径 12.6、腹径 22.8、底径 14.2、高 30.6 厘米。

B 型壶　M15：18，厚方唇。唇面有凹弦纹一周，唇内侧微下凹。素面。口径 10.1、腹径 10.6、底径 5、高 16.4 厘米。

釉陶壶　M15：17，酱黄釉。盘口，长颈较粗，鼓腹下垂，平底。腹部饰有凹弦纹四周。口径 10.8、腹径 14.7、底径 11.1、高 19.2 厘米。

博山炉　M15：8，由豆形炉盘和山形炉盖组合而成。通高 19.3 厘米。

灶　M15：24，由灶体和釜甑组合构成。灶表面饰有草叶纹图案。长 22.4、宽 16.8、高 16 厘米。

五七铁厂 M13：

A 型罐 M13:1，斜方唇，侈口。肩部饰有数道暗弦纹，近底处的腹部戳印圆形"邯亭"印记两个。口径 11.2、腹径 21.6、底径 9.6、高 23 厘米。

五七铁厂 M1：

博山炉 M1:5，泥质红陶。由豆形炉盘和山形炉盖组合而成。盘径 15、通高 17.1 厘米。

釉陶壶 M1:1，黄釉。盘口，颈部较细，圆鼓腹，平底似假圈足。腹部饰凸弦纹两组四周，腹部两侧装饰兽面铺首衔环。口径 12.4、腹径 20.8、底径 11.8、高 28.4 厘米。M1:2，绿釉。盘口，颈部较细，颈腹间饰有凹弦纹两周，矮圈足。口径 9.9、腹径 17、底径 10.4、高 21 厘米。

龙城小区 M6：

A 型壶 M6:4，颈较短粗，圆鼓腹，平底似假圈足。颈肩部饰有凸弦纹，腹部饰凹弦纹。口径 11.2、腹径 20、底径 12、高 28 厘米。M6:5，盘口，长颈，圆鼓腹，平底。颈下近肩部饰水波纹。口径 11.2、腹径 20、底径 10.8、高 30.6 厘米。该墓出土"大泉五十"钱币 6 枚。

2. 渚河桥墓地

M3：

A 型罐 M3:1，侈口。肩下一周弦纹，腹下部及底部饰有横条纹。口径 15.8、高 33 厘米。

3. 王郎村墓地

1958 年发掘的 52 座东汉墓葬，没有发表具体墓葬的资料，简报对出土陶器群只作了笼统的概括：陶器以泥质灰陶为主，釉陶只有 4 件。器形主要有壶、罐、俑等。少量壶的两侧装饰有铺首衔环，有 9 件壶绘有彩绘。彩绘为在白色地上，用黑、红、黄、蓝等四色绘出图案花纹。常见的随葬品为陶壶 2 件或陶罐 2 件，有的配以陶尊。

4. 陶器群的分组及演进特征

E 组：农机公司 M1、M10，五七铁厂 M13，渚河桥 M3。年代约为西汉中晚期。

器形以罐、瓮等为主，少见或不见壶。战国时期流行的鼎、豆、壶、盘、匜等祭器礼器类的器形已基本不见（图一四）。

A 型罐 方唇，侈口。腹上部素面，有的肩部饰有数道弦纹，腹下部饰有横绳纹。

B 型罐 圆唇，侈口，颈稍长，小平底。素面。

C 型罐 肩部及腹上部饰有纹饰带，内戳印填充斜向坑点纹；腹下部近底处饰有交错绳纹。

F 组：农机公司 M5、M15，五七铁厂 M1，龙城小区 M6。西汉末期至东汉早期，其中包括王莽时期。

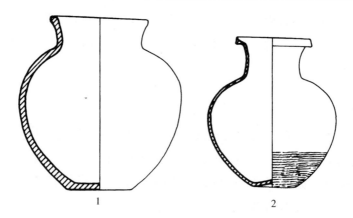

图一四　沁河流域东周至汉代墓葬 E 组主要陶器

1. B 型罐（农机公司 M10:2）　2. A 型罐（农机公司 M1:2）

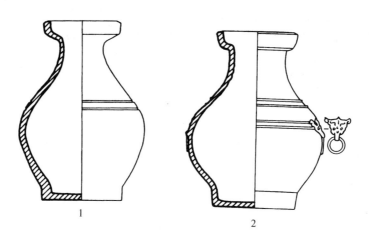

图一五　沁河流域东周至汉代墓葬 F 组主要陶器

1、2. A 型壶（农机公司 M5:4、M5:12）

　　罐、瓮类数量减少至次要地位，壶成为主要的器类。开始出现仓、灶、井等生活模型类器物。釉陶开始出现流行（图一五）。

　　A 型壶　敞口或盘口，细长颈或短粗颈，宽斜弧肩，深弧鼓腹，平底或平底似假圈足。腹上部饰有凹弦纹或凸弦纹，腹部两侧有的装饰有兽面铺首衔环。

　　B 型壶　厚方唇，唇内侧下凹，斜宽肩，小平底。素面。

　　博山炉　由豆形炉盘和山形炉盖组合而成。

　　仓　小口，斜平肩下折，直壁筒状深腹，平底，三足残。腹部饰有凸弦纹两组。

　　灶　由灶体和釜甑组合构成。灶表面饰有草叶纹图案。

　　釉陶壶　酱黄釉、黄釉或绿釉。盘口，长颈较粗，圆鼓腹下垂，平底或平底似假圈足，或矮圈足。腹部饰有凹弦纹或凸弦纹，腹部两侧有的装饰兽面铺首衔环。

G 组：目前暂缺发表的具体墓葬资料，以王郎村西墓葬为代表。东汉中晚期。

器形主要有壶、罐、俑等。少量壶的两侧装饰有铺首衔环，有的壶绘有彩绘。彩绘为在白色地上，用黑、红、黄、蓝等四色绘出图案花纹。

（三）东周至汉代墓葬陶器群的分组

总结以上战国至汉代几个墓地典型墓葬出土的陶器群，沁河流域东周至汉代墓葬遗存的分组与遗址的分组基本相对应，大致也可分为 8 组：

第 1 组：春秋早中期，目前资料暂缺。

第 2 组，春秋晚期，西小屯墓地的春秋墓。

第 3 组，战国早期，以 A 组墓葬为代表。

第 4 组，战国中晚期，以 B、C 组墓葬为代表。

第 5 组，战国末期到西汉早期，以 D 组墓葬为代表。

第 6 组：西汉中晚期，以 E 组墓葬为代表。

第 7 组：西汉末期至东汉早期，以 F 组墓葬为代表。

第 8 组：东汉中晚期，以 G 组墓葬为代表。

三　东周至汉代考古学文化编年

综合以上诸多遗址和墓葬出土陶器群的分组特征，沁河流域东周至汉代考古学文化以陶器群为主体框架的编年系统，已基本得到建立。遗址和墓葬的各自 8 组陶器群的年代基本一一相对应，因此可以合并为统一的 8 个阶段，或称之为 8 期。

第一期：春秋早中期。考古发现资料暂缺。

第二期：春秋晚期。代表性遗存有：邯郸宾馆 H1，西小屯春秋墓。

第三期：春秋末期至战国早期。代表性遗存有：邯郸宾馆第 7 层和 H4，百家村墓葬 M3、M40 等。

第四期：战国中晚期。代表性遗存有：邯郸宾馆 H2、H3，王郎村 H1、H4，东门里 T1 第 6 层、J1，东庄 J1、J2，裴庄 H1 ~ H7，十八中学 M5，农机公司 M8 等。

第五期：战国末期到西汉早期。代表性遗存有：邯郸宾馆 J1，东门里 M1，东庄 J3，裴庄 T1③，龙城小区 M12 等。

第六期：西汉中晚期。代表性遗存有：大北城遗址，农机公司 M1、M10，五七铁厂 M13，渚河桥 M3 等。

第七期：西汉末期至东汉早期，其中包括王莽时期。代表性遗存有：大北城遗址，农机公司 M5、M15，五七铁厂 M1，龙城小区 M6 等。

第八期：东汉中晚期。代表性遗存有：大北城遗址，王郎村西墓地等。

上述 8 个阶段的编年系统，是建立在目前比较有限的陶器群资料基础上的，因而比较粗糙甚至存在谬误，还有待于以后更多新资料的完善、补充和纠正。8 个阶段总计经历时间约千年，不仅仅是沁河流域东周至汉代考古学文化发展的脉络，更是邯郸城从发生、发展、兴盛，到最后衰落的城市演进轨迹年表。但目前的这个年表还只是一个大体的框架，因为其所依据的陶器群目前编年系统无疑还很粗糙，有些地方可能甚至存在谬误。特别是对于几种典型陶器（包括建筑用陶的板瓦、筒瓦和瓦当）的演变轨迹，目前还缺乏更加细致的把握。相信这种因资料欠缺所带来的种种不足，在以后丰富资料的基础上会得到不断的完善和解决。

四　东周至汉代邯郸城考古学文化的地域特色

陶器群是反映一个考古学文化本身特征的最重要载体。沁河流域东周至汉代考古学文化的地区特色，同样也反映在 8 个阶段的陶器群演变进程中。这种区域特色实际上也是邯郸城的物质文化地方特色。

春秋阶段的资料目前还很薄弱，但从春秋晚期的绳纹折肩鬲、绳纹折腹盆等器形来看，似乎与晋地核心地区的文化共性更多一些。换言之，这一时期本地特色的文化个性还未彰显。以常见的陶鬲为例，其形制特点是：斜肩微折，平裆粗锥状足，沿下及腹部饰有中细绳纹，足部饰粗绳纹。比较举例：天马—曲村遗址出土的鬲K9J5:35，口径 26、高 36 厘米[①]；紧邻邯郸城的武安念头遗址出土的鬲 H63:1，口径 25.2、高约 36 厘米（图一六）。

战国中晚期，在继续保持与周边文化发展的同步性和共性之外，沁河流域考古学文化的独特性开始凸现，主要表现是：

建筑材料陶制排水槽。邯郸城独特的防雨排水系统所使用的专门建筑用材，在其他地区尚未发现。例如，赵王城东城东垣出土的排水槽 ZD04P:2，泥质灰陶，局部饰不太清晰的绳纹。通长 44.5、后端宽 59、前端宽 52.5、厚 2.5 厘米（图一七）。

炊具折腹釜，即 A 型釜。此器可称之为战国时期沁河流域的标志性陶器，其他地区极少见或根本不见此类器形。例如，大北城遗址裴庄地点出土的 A 型釜 H2:1，圆唇，卷沿，口沿面饰暗弦纹，内底饰三组数道同心圆划纹。口径 57、高 17.5 厘米（图一八）。

墓葬随葬陶器群中的鸟柱盘、鸭尊、盂等，这几种器形主要发现于邯郸城邻近地区，目前的考古发现集中出土于邯郸百家村和邢台东董村两处墓地，周边其他地区则

---

① 北京大学考古系商周组、山西省考古研究所：《天马—曲村（1980～1989）》，科学出版社，2000 年。

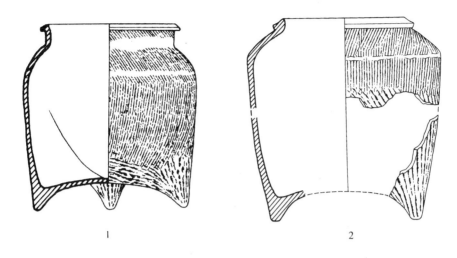

图一六　春秋陶鬲比较

1. 天马—曲村 K9J5∶35　2. 武安念头 H63∶1

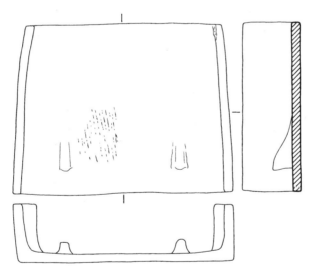

图一七　赵王城遗址出土的陶制排水槽

（东城东垣 ZD04P∶2，约 1/10）

较少见。例如，东董村战国墓地出土的鸟柱盘 M9∶37，鸟的两翼、羽毛、眼和嘴均用红白二色彩绘装饰；鸭尊 M11∶16，通体施有彩绘；盂 M9∶40，通体施红白二色彩绘[①]（图一九）。

---

① 河北省文化局文物工作队：《邢台战国墓发掘报告》，1959 年编印。

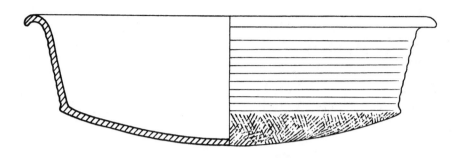

图一八　大北城遗址裴庄地点出土的 A 型陶釜

（H2∶1）

图一九　邢台东董村战国墓出土的彩绘陶器

1. 盉（M9∶40）　　2. 鸟柱盘（M9∶37）　　3. 鸭尊（M11∶16）

随葬陶器中的鼎、A 和 C 二型豆等，虽也常见于其他许多地域，但在邯郸城一带的墓葬中似更突出，所占比例与数量远多于其他地区。而莲瓣纽盖壶、兽头盆、石圭等，反映着与晋地文化的密切传统联系。

总之，战国时期邯郸城及邻近地区的陶器群具有独特的地域特点，亦即赵国文化特色。如果将邯郸城的典型陶器釜与周边其他列国的陶釜相比较，可以发现它们之间的独特性和相似性同时并存。

（1）A 型折腹釜

主要流行于赵国邯郸城的邻近地区，为邯郸城的典型陶器。另在燕国也有少量的发现，但在器形细部与赵国的相比有较大差别（图二〇）。

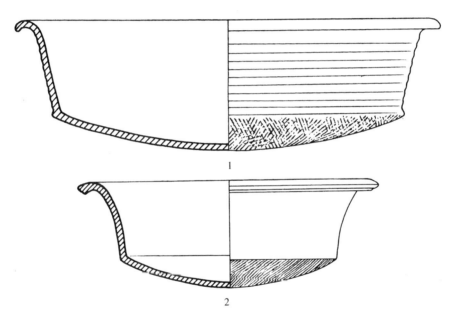

图二〇 A 型陶釜比较

1. 裴庄 H2∶1 2. 燕下都 LJ10T54J23∶5（1. 赵国，2. 燕国）

赵国：邯郸大北城裴庄 H2∶1，圆唇，卷沿。口沿面饰暗弦纹，内底饰三组数道同心圆划纹。口径 57、高 17.5 厘米。

燕国：燕下都 LJ10T54J23∶5，夹砂灰陶。卷沿，敞口，折腹，圜底。腹部素面，底部饰斜绳纹。口径 39.6、高 15.6 厘米[1]。

---

[1] 河北省文物研究所：《燕下都》，文物出版社，1996 年。下文有关燕下都遗址的陶器资料皆出于此书，不再注明。

（2）B 型盆形釜

流行范围较广，不仅多见于赵国，也广泛见于燕国、中山国、齐国、韩国等地，但各地的器形在细部存在或多或少的差异，反映了地域特色（图二一）。

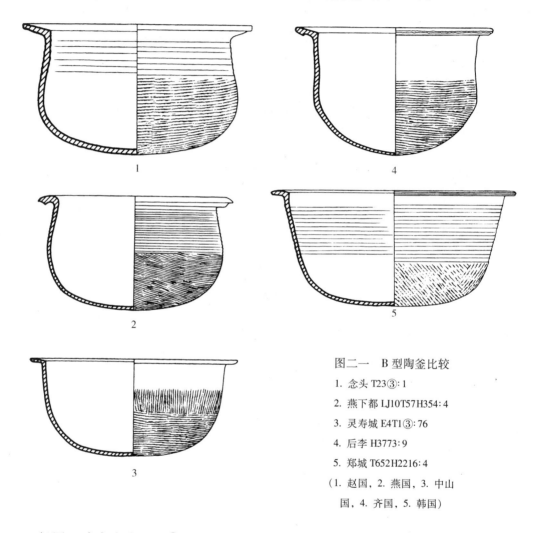

1

4

2

5

3

图二一　B 型陶釜比较

1. 念头 T23③∶1

2. 燕下都 LJ10T57H354∶4

3. 灵寿城 E4T1③∶76

4. 后李 H3773∶9

5. 郑城 T652H2216∶4

（1. 赵国，2. 燕国，3. 中山国，4. 齐国，5. 韩国）

赵国：武安念头 T23③∶1，泥质灰陶。斜折沿，腹上部斜直，腹下部弧鼓，圜底。沿下肩部饰多道凹弦纹，以下及底部饰横绳纹。口径 34、高 19 厘米①。

燕国：燕下都 LJ10T57H354∶4，泥质灰陶。卷沿，鼓腹，圜底。沿下腹上部饰多道平行凹弦纹，腹下部及底部饰斜绳纹。口径 36、高 24.8 厘米。

中山国：中山灵寿城 E4T1③∶76，夹砂灰陶。折沿，弧腹，圜底。腹下部及底部饰

①　河北省文物研究所：《武安念头遗址发掘简报》，待刊。

斜绳纹和横绳纹。口径 48、高 22.5 厘米①。

齐国：临淄后李 H3773:9，泥质灰陶。折沿，弧腹，圜底。腹中部以下及底部饰横细绳纹。口径 50、高 32.3 厘米②。

韩国：韩都郑城 T652H2216:4，泥质灰陶。折沿，斜直腹，圜底。沿下腹上部饰多道凹弦纹，以下饰粗斜绳纹。口径 59.4、通高 27.3 厘米③。

（3）C 型筒形釜

使用范围较窄，战国时期只流行于燕国，西汉时期也广泛使用于赵国（图二二，2）。

燕国：燕下都 LJ10T11③:1，夹砂红陶。折沿，沿面内弧凹形成一周凹槽，筒状深腹，圜底。通体饰竖直绳纹。口径 28、高 32 厘米。

（4）D 型罐形釜

春秋时期即流行于晋国，战国时期在中山、赵、齐地也有发现（图二二，1、3~5）。

春秋晋国：晋都新田铸铜遗址 T665H144:1，夹砂红褐陶。短束颈，弧肩，深圆鼓腹，圜底。通体饰粗浅竖直绳纹。内口径 22、高 34.5 厘米④。

赵国：邢台南小汪 M4:5，腹上部泥质灰陶，腹下部夹砂灰陶。斜折沿，鼓腹，圜底。腹上部饰中绳纹，腹下部即底部饰粗绳纹。口径 27.8、残高 31.1 厘米。

中山国：中山灵寿城 E6T30③:3，夹砂灰陶。束颈，弧肩，鼓腹，圜底。肩部饰横绳纹，以下饰粗竖直绳纹。口径 27.5、高 43.5 厘米。属于灵寿城初期，中后期很少见到。

齐国：临淄后李 H3773:5，夹砂灰褐陶。短束颈，鼓腹，圜底。通体饰粗绳纹。口径 16、高 16 厘米。

东周列国物质文化的地域特色，集中反映在陶釜这种物质器形上。陶釜成为反映文化特质的典型载体。

汉代，统一帝国的中央集权制度使各地文化的共性得到加强，但沁河流域仍有一些地方特色：

夹云母红褐陶筒形釜，大概是受北方燕文化影响的产物，西汉时期很流行。

泥质灰陶高领罐，腹下部饰横绳纹或篮纹。

泥质灰陶瓮，肩腹部常装饰有凸起的宽条纹饰带，上面戳印方格和坑点纹，腹下部近底部饰有横绳纹或篮纹。

① 河北省文物研究所：《战国中山国灵寿城》，文物出版社，2005 年。下文有关中山国的陶器资料皆出于此书，不再注明。

② 济青公路文物工作队：《山东临淄后李遗址第三、四次发掘简报》，《考古》1994 年 2 期。

③ 河南省文物考古研究所：《新郑郑国祭祀遗址》，大象出版社，2006 年。

④ 山西省考古研究所：《侯马铸铜遗址》，文物出版社，1993 年。

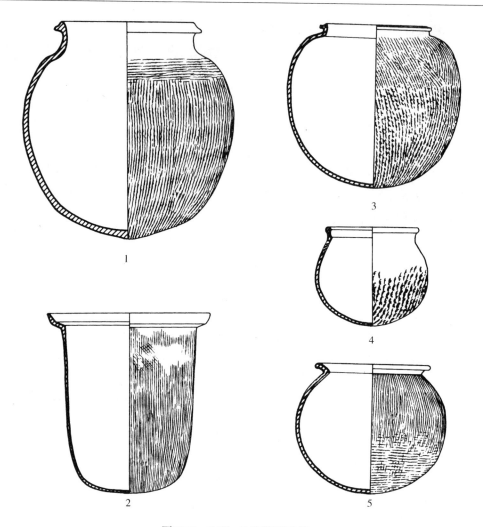

图二二　C 型、D 型陶釜比较

1. D 型（中山灵寿城 E6T30③：3）　2. C 型（燕下都 LJ10T11③：1）　3 ~ 5. D 型（侯马铸铜遗址

T665H144：1、后李 H3773：5、南小汪 M4：5）　　（1. 中山国、2. 燕国、3. 晋国、4. 齐国、5. 赵国）

西汉墓葬随葬陶器中，鼎似乎很少见。

第六节　东周至汉代邯郸故城遗址总貌

一　考古发现

赵邯郸故城遗址位于今天的邯郸市市区及西南郊区，全城分赵王城和大北城两大部分，总占地面积约 1719 万平方米。赵王城与大北城相距虽近，但并未相连，是一种真正意义上的双城布局形式（图二三、二四）。

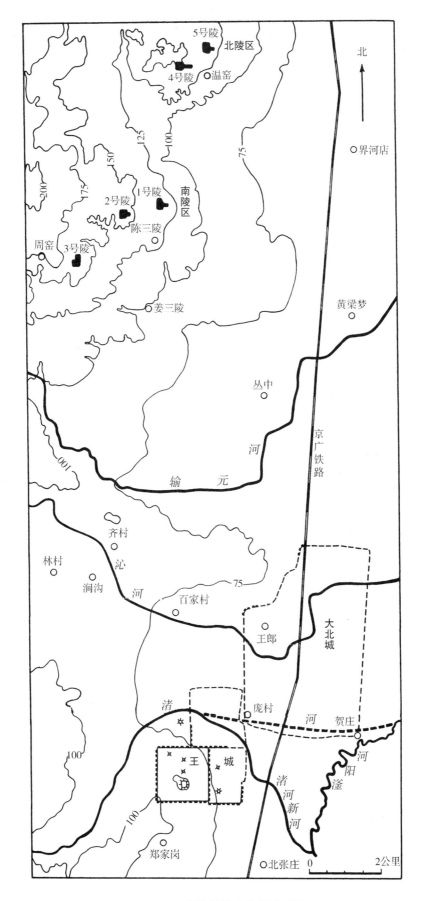

北

5号陵 北陵区
4号陵 ○温窑

○界河店

125 100

150

200 175

2号陵 1号陵
陈三陵 南陵区

周窑 3号陵

○姜三陵

○黄梁梦

丛中

输 元 河

京广铁路

001

齐村

林村 沁

涧沟 河 75

百家村

王郎 大北城

渚 庞村 河 贺庄

王 城

河阳滏

渚河新河

100

郑家岗

○北张庄 0 2公里

图二三　赵邯郸故城遗址总平面图

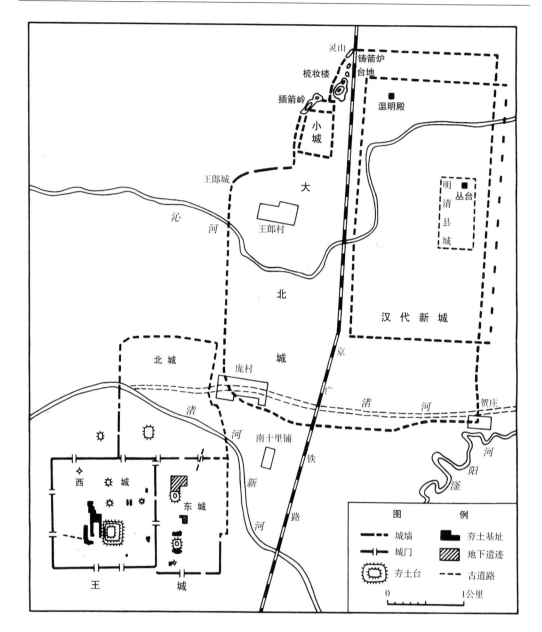

图二四　赵邯郸故城核心城区布局平面图

（汉代新城的范围根据乔登云等的《赵邯郸故城考古发现与研究》一文绘制）

　　赵王城在故城遗址西南部，学界一般称之为"宫城"，其具体位置在今邯郸市区西南部，邯郸钢厂以南、京广铁路以西、南环路以北、西环路以东。

　　赵王城由西城、东城和北城三座相连的小城组成，平面呈"品"字形。北城绝大部分已经被邯郸钢厂所占据，西城和东城保存基本完好，现为农田和果园。总占地面积约 540 万平方米。

西城平面呈方形，基本为正方向。占地面积约 197 万平方米。西垣保存较好，地面存夯土墙址，长 1426 米，基宽 20～30 米，局部达 40 米，存高 3～7 米。存 4 号和 9 号两座城门遗址。北垣保存较好，地面存夯土墙址，长 1394 米，基宽 20～30 米，局部达 50 米，存高 3～8 米。存 2 号和 3 号两座城门遗址。东垣保存较好，地面存夯土墙址，长 1422 米，基宽 18～36 米，存高 2～8 米。可能存有两座城门遗址。南垣保存较好，地面存夯土墙址，长 1372 米，基宽 30 米，存高 3～7 米。存 5 号和 10 号两座城门遗址。城内存 5 座地面夯土台基址（1～5 号）及多处地下建筑基址等遗迹。

东城平面近长方形，南北长、东西窄。占地面积约 131 万平方米。西垣即西城的东垣，两城共用一垣。但东城之西垣向南有一段延伸，长 48 米，因此西垣总长 1470 米，换言之东城南部整体较西城向南位移 48 米。南垣保存较好，地面存夯土墙址，长 834 米，基宽 35～50 米，存高 3～6 米。存 7 号一座城门遗址。东垣非直线形，在距离南垣 515 米处向东平折 100 米后再向北。保存情况较差，地面城垣仅存留南部一小段，长 460 米，基宽 30 米，存高 3～4 米。其北为地下基址，长 1114 米。东垣总长 1574 米（含折角处长度）。北垣保存亦较差，地面城垣仅存西段，长 593 米，基宽 23～40 米，存高 2～6 米。北垣总长 950 米，存 1 号和 8 号两座城门遗址。东城内存 3 座地面夯土台基址（6～8 号）及多处地下建筑基址等遗迹。

北城平面呈不规则长方形，南北较长，东西略窄。占地面积约 212 万平方米。城垣除南垣西段和西垣南段保存有地面城垣基址外，其余均埋藏于地下。北城南垣即是西城北垣东段和东城北垣，三城共用一垣，长 1440 米。西垣南段存地面城垣基址，长 800 米，基宽 20～30 米，存高 2～7 米，其北为地下城垣基址。西垣总长 1544 米。北垣地下基址长约 1272 米，宽 30 米。东垣地下基址长约 1592 米，宽 30 米。

赵王城的城垣建造均系夯土筑成，城垣上除发现门阙遗迹 11 处外，还发现排水槽道和铺瓦等防雨排水遗迹。城内分布有 20 多处夯土台建筑基址和地下夯土建筑基址，还有多处一般地下遗址。地表散布大量的板瓦、筒瓦、瓦当等建筑材料及瓮、罐、盆、豆等残片，有的基址还发现有柱础石。

赵王城城南还发现有壕沟系统。壕沟北距王城南垣 1000 米，与南垣基本平行，呈正东西向，其中西段部分主要由 3 条壕沟并列组成，间距 10 米。目前钻探探明的壕沟总长度 2700 余米，其性质应属于赵王城南面近郊的防御系统，它们与南垣附近的城壕一起，共同构成王城乃至整个邯郸城南郊的完整防御系统[1]。

---

① 段宏振：《邯郸赵王城遗址勘察和发掘取得新收获》，《中国文物报》2008 年 10 月 22 日第二版。

大北城在故城遗址东北部，位于赵王城的东北方向，两城相距 60 余米。大北城一般被学界称之为"郭城"（郭城的概念需要严密界定，下文详论），其具体位置在今邯郸市区中心，其范围的四至大体是：联纺路以南，光明大街以西，建设大街以东，学院北路北面的庞村—贺庄连线以北。遗址区除西北隅局部地段外，现全被现代城市建筑覆盖。总占地面积约 1178 万平方米。

大北城平面呈不规则长方形，除西北角一带西垣局部尚存地面基址外，其余均为地下基址。西垣走向不规则，南段部分基本呈直线，北段部分呈曲折斜线，总长 5604 米，其中地面城垣存有 1697 米，宽 20～30 米。南垣大致呈直线，总长 3090 米，宽 20 米左右。东垣基本呈直线，总长约 4800 米，宽 20～40 米。北垣长 1820 米。

城垣均系夯土筑成。城内西北隅紧靠西城垣一带，有一组与城垣相连的俗称"插箭岭"、"梳妆楼"、"铸箭炉"、"皇姑庙（台地）"等夯土台建筑基址群。城内北部有丛台和温明殿等夯土台建筑基址。城内还发现多处手工业作坊遗址，种类有冶铸、制陶、制骨等。

大北城以西约 1500 米百家村一带为赵都贵族墓葬区，以战国墓葬为主，地面尚存有封土的墓葬 16 座，无封土的墓葬分布稠密，难计其数。郭城以南的北张庄—陈家岗一带为汉代贵族墓葬区，地面尚存有封土的大墓 20 余座。另外，郭城的西部和西南部郊区，还分布着众多的战国至汉代聚落遗址群。在故城的北、西、南 60×60 公里的范围内，亦即洺河至漳河之间广大地域，还分布着十几座战国时期的大小城镇以及众多的中小型聚落遗址群，它们以邯郸城为核心而形成一个城镇聚落大群团。

城址西北 15 公里处的三陵村以及更北部的温窑一带为赵国王陵区，分布着南北 2 座陵区，共计有 5 座赵王陵园，总占地面积约 28 平方公里。

二 总体格局的认识

对邯郸故城遗址总体布局的发现与性质的认识，经历了一个长期的过程。首先需要明确的是，邯郸故城遗址的格局与邯郸城建设规划的布局是两个不同的概念。遗址现存的格局是规划与建设格局的最终形成形式，理论上即一座城市在终止建设和使用前的最后状态布局。而大多数城市的规划布局是动态的和发展的，理论上即一座城市在每一时期的演进形态。

邯郸城遗址总体布局的认识和判断，随着考古发现的进展而不断深化和全面。20 世纪 40～50 年代，大北城遗址发现以前，一般认为赵王城的西城是宫城，而东城和北城属于郭城[①]。70 年代大北城发现以后，才全面地认识到赵邯郸城遗址包

---

① 驹井和爱：《邯郸：战国时代赵都城址的发掘》，东亚考古学会，1954 年。

括两个主要城区，一般认为赵王城的"品"字形三城均属于宫城，而大北城才是郭城①。

关于邯郸城两个城区的规划与建设格局的形成和演进，学术界存在一些不同的看法。代表性的观点认为：大北城的建设年代早于赵王城，在春秋时期已经具有一定的城市规模，敬侯迁都邯郸后又加以扩建，同时又在西南面另建宫城即赵王城②。与此观点略有不同的另一种认识是：大北城始建于春秋，年代早于赵王城，但赵王城的始建年代不是在敬侯迁都邯郸以后，而是在迁都前后，具体来说就是赵王城的西城始建年代应在迁都邯郸以前③。

与上述看法区别较大的另一种观点则认为：大北城西北隅一带为春秋时的邯郸县城，分内外二城，小城即内城，内城之东的南北向城垣为外城东垣，外城南垣与内城南垣相连，因此春秋邯郸县城的规模大致是东西宽约 700、南北长约 1000 米；而大北城系敬侯迁邯郸后扩建所成，并在城内西北部建造宫城；赵王城可能为武灵王所营建，主要用于军事活动，而非宫城④。

上述两种主要观点存在一个共同的认识，即均认为大北城的年代较早，其性质是春秋以来的邯郸城所在。分歧的焦点有二：一是大北城的主要格局是在敬侯之前还是之后形成的；二是赵王城建于敬侯时期还是武灵王时期。

近来又有另外一种不同的看法，认为春秋时期的邯郸城可能并不在一般所认为的大北城区域，而有可能在此之外的其他地域⑤，并进一步指出午汲古城乃春秋时期邯郸午的封邑城，或许可能与春秋邯郸城有联系⑥。此观点拓展了春秋邯郸城位置研究的新思路。

根据迄今为止的考古发掘地层及出土遗物分析，赵王城的建造和主要使用年代当

① 侯仁之：《邯郸城址的演变和城市兴衰的地理背景》，《历史地理学的理论与实践》，上海人民出版社，1979 年；河北省文物管理处：《赵都邯郸故城调查报告》，《考古学集刊 (4)》，中国社会科学出版社，1984 年。

② 侯仁之：《邯郸城址的演变和城市兴衰的地理背景》，《历史地理学的理论与实践》314～316 页，上海人民出版社，1979 年。

③ 河北省文物管理处：《赵都邯郸故城调查报告》，《考古学集刊 (4)》194 页，中国社会科学出版社，1984 年；陈光唐：《邯郸历史与考古》80 页，文津出版社，1991 年。

④ 曲英杰：《赵都邯郸城研究》，《河北学刊》1992 年 4 期；曲英杰：《先秦都城复原研究》439 页，黑龙江人民出版社，1991 年。

⑤ 乔登云、乐庆森：《赵都邯郸故城考古发现与研究》29 页，《邯郸学院学报》2005 年 1 期。

⑥ 乔登云：《邯郸考古世纪回眸与前瞻》9 页，《文物春秋》2004 年 6 期；陈光唐：《邯郸历史与考古》98 页，文津出版社，1991 年。

为战国中晚期，其性质应属战国赵都邯郸之宫城，相对于大北城来说，亦是新城。大北城的始建年代可能在春秋时期，当时只是一个单城制的格局（或许内部另建有小城，但在总体格局上是单独一体的单城制。有关城市格局类型的划分，下文详论）。目前考古发现所能见到的证据表明，大北城的建造和使用的年代主要是在战国至汉代时期，春秋阶段的遗存发现的还较少（可能与考古工作有限有关）。因此，大北城的性质目前来看，主要属战国赵都邯郸之外城，相对于赵王城来说，即是旧城，其西北部一带也存在一定规模的宫殿建筑群。大约在西汉时期，赵王城逐渐失去功用直至废弃，只有大北城一直在继续使用，邯郸城由原来的大小双城格局，再次变成类似战国以前的单城制格局，大北城的北部一带成为唯一的宫殿区。

第七节　邯郸故城之一——赵王城

赵王城遗址至今尚存大部分的城垣和多处地面夯土台基址，保存情况较好。经考古钻探，城址地下还发现有多处夯土建筑基址及其他众多的遗迹现象。遗迹类型主要是各种夯土建筑基址、城垣，其次有城门、城垣防水及排水设施等等。文化遗存的年代比较单纯，属于战国时期（图二五、二六；彩版一）。

一　西　城

（一）考古勘查与地层堆积情况

赵王城遗址内除东城东部、北城的东部和北部外，大部分地区的可耕土层很薄，一般约0.4~1.5米，以下即为第三纪末第四纪初的红土层。西城距地表6米深处，曾发现有三门马牙齿化石。有的地方0.5~1.5米以下便是坚硬的砾石层或白硬土层，局部地区还有基岩裸露。白硬土层在王城一带分布广泛，其色、质均似石灰，干时坚固，遇水松散。

1965年，在西城1号夯土台建筑基址西北约320米处，亦即1号地下夯土建筑基址的北端，发掘一小型探沟，其地层堆积情况如下：

第1层，表土层，厚0.1~0.2米。

第2层，黄土层，厚0.9~1.1米，出土遗物有宋元时期的瓷器残片及战国时期的绳纹板瓦、筒瓦残片等。

第3层，黄褐土层，厚0.05~0.7米，出土遗物为单纯的战国时期绳纹板瓦、筒瓦残片。

1号地下夯土建筑基址的地层堆积钻探情况：

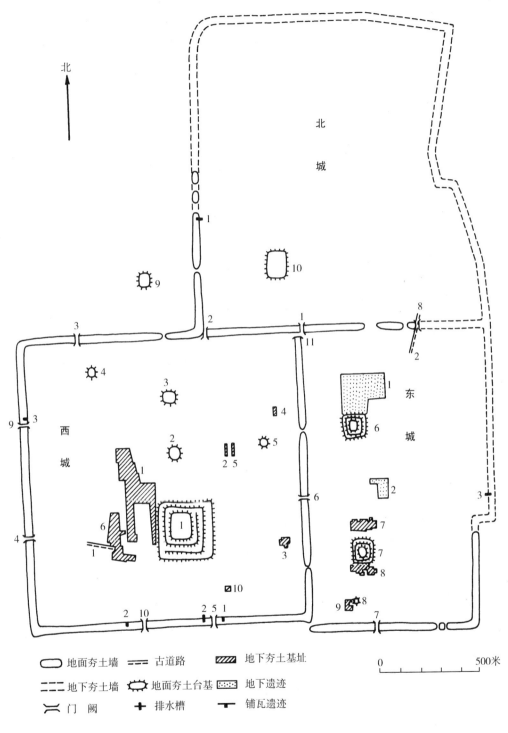

北

北
城

西
城

东
城

地面夯土墙	古道路	地下夯土基址
地下夯土墙	地面夯土台基	地下遗迹
门　阙	排水槽	铺瓦遗迹

0　　　　　　　500米

图二五　赵王城平面图

第1层，表土层，厚0.2米。

第2层，夯土层，厚0.4米左右，褐色土间杂红、白土颗粒。

第3层，红褐土层，厚0.2米。

第4层，白色土层，深0.8～1米。

1977～1980年，附近村民在1号夯土台建筑基址东北约70米处掘坑取沙，开挖了一座约70×35米大小的深坑，深1.5～3米，其地层堆积情况如下：

第1层，表土层，厚0.2～0.3米。

第2层，局部的黄褐色文化层堆积，厚薄不均，一般约0.2～0.5米，出土遗物有战国时期的绳纹板瓦、筒瓦、素面瓦当、盆等陶器残片及石夯锤等。

第3层，红色黏土和白色土层，堆积普遍存在，红土一般覆于白土之上，或混杂，厚0.35～1.2米，无包含遗物。

第4层，黄沙层，距地表深0.5～1.5米。

南垣中段南侧一带有一地点的地层：

第1层，表土层，厚0.2～0.3米。

第2层，砾石层，厚1.3米，含有红色土和白色土，砾石磨圆程度较高，所见最长者在15厘米左右。

其下为白土杂褐色土层，局部基岩出露。

西城东部北起4号地下夯土基址西侧一带，向南到3号地下夯土基址一带的南北一线，其地层情况基本一致，即在厚0.2米的表土层之下，即为白色硬土层，有的地方包含较多的砾石。

总体情况来看，西城一带地势较高，土层堆积较薄，许多地段表土之下即为包含砾石的红色硬土或白色土，局部地区还存在基岩出露的情况。此表明西城一带许多地方不仅土层薄，而且土质贫瘠，似乎不适宜人居。城内文化遗存的发现情况也与此相符，文化层较薄，许多地方甚至不见战国文化层的堆积。主要遗迹为地面和地下夯土建筑基址，而一般性的生活遗迹较少。此说明该城的功能比较单一，主要是宫廷使用。

（二）考古发现

西城在宫城三城之中保存最为完整，四面城垣全部矗立尚存于地面。城池形制也最为规整，几乎接近正方形。西城应是宫城的核心区，或言是宫城的主城，城内建造有全城规模最大的宫殿建筑——"龙台"。城内建筑基址群组的数量也最多，分布比其他二城相对稠密。迄今为止，考古勘查和发掘共计发现（已经公布资料的）：城门遗迹8座、地面夯土台建筑基址5座、地下夯土建筑基址7座、古道路1处、水井1处、城垣排水槽道遗迹1处、城垣铺瓦遗迹3处。

1. 1 号夯土台建筑基址

位于西城的中部偏南。为王城遗址内规模最大的夯土台建筑基址，俗称"龙台"。现存台基整体大致呈覆斗形，平面近方形，底部南北长 296 米，东西宽 264 米。顶部略平，南北长 132 米，东西宽 102 米。现存高度约 7～16 米。夯土层层筑成，夯层厚 6～13 厘米。台上及周围散布有灰陶绳纹板瓦、筒瓦、罐、盆等残片。此夯土台建筑的性质，应属主要宫殿建筑基址（彩版二，1）。

1940 年，日本人在台顶部开挖了数座探方，其地层堆积情况是：表土之下即为坚硬的夯土，直至 1 米深度没有变化，亦无遗物出土。

2. 2 号夯土台建筑基址

位于西城 1 号夯土台建筑基址的北面 215 米处，俗称"茶棚"。平面近方形，东西长 58 米，南北宽 55 米，残高 6 米。

1940 年日本人在此台做过发掘，在台顶东西两侧，各发现南北向两列并行的石柱础。西侧每列 7 个，两列间距 2.3 米左右，其中外列础石的外侧还有一列铺砌砖围护。东侧础石内列存 6 个，外列存 3 个，列间距同西侧，外列础石的外侧亦有一列铺砌砖围护。每个础石之间的南北向间距不等，但其间距在东西两侧础石之间则互相对应。础石周围有灰陶绳纹板瓦、筒瓦、瓦当和瓮、罐、盆等残片。此夯土台基址可能是一处廊式宫殿建筑，东西两侧的础石应是东西长廊建筑的遗迹。

3. 3 号夯土台建筑基址

位于西城 2 号夯土台建筑基址以北约 228 米处，俗称"龟盖"。平面呈方形，东西长 61 米，南北宽 60 米，残高 5～8 米。台基址周围散布有灰陶绳纹板瓦、筒瓦和罐、盆等残片。

4. 4 号夯土台建筑基址

位于西城 3 号夯土台建筑基址的西北，北距北城垣 125 米。现存台基整体大致呈覆斗状，平面长方形，南北长 45 米，东西宽 36 米，残高 5～6 米。台基址西部发现"甘丹"、"明"、"白人"等铜刀币及铁锸等文化遗物。

5. 5 号夯土台建筑基址

位于西城 2 号夯土台建筑基址的东面，距东城垣 140 米。平面近方形，东西长 45 米，南北宽 43 米，残高 6 米。台基址附近采集有灰陶绳纹板瓦、筒瓦和罐、盆等残片。发现"安阳"布币 1 枚。

6. 1 号地下夯土建筑基址

位于西城 1 号夯土台建筑基址的西部及西北部。平面轮廓呈不规则长方形回廊状。南北通长 468 米，东西通宽 188 米。表土下夯土层厚 2～3.5 米，夯土黄褐色或褐色，间杂红、红土颗粒。

西北隅有烧土及灰土层，厚约 2 米，内含较多的灰陶绳纹板瓦、罐、盆等残片。地表亦散布有灰陶绳纹板瓦、筒瓦、瓦当和罐、盆及素面豆等残片。

7. 2 号地下夯土建筑基址

位于西城 2 号夯土台建筑基址的东面。平面长方形，南北长 54 米，东西宽 11 米。夯土层厚 0.4～7.15 米。

8. 3 号地下夯土建筑基址

位于西城 1 号夯土台建筑基址以东约 320 米。平面呈不规则方形，通长约 40 米，通宽约 40 米。表土层下夯土层厚 2.7～7.2 米，夯土黄褐色或褐色，间杂黑、红土颗粒。

9. 4 号地下夯土建筑基址

位于西城 5 号夯土台建筑基址的东北约 100 米处。平面呈长方形，南北长 34 米，东西宽 20 米。夯土层厚 3.5～5.6 米，夯土黄褐色或褐色，间杂红、白土颗粒。

10. 5 号地下夯土建筑基址

位于西城 2 号地下夯土建筑基址以东 25 米处。平面呈长方形，南北长 55 米，东西宽 13 米。地面隆起高约 2 米，可能原系一处夯土台建筑基址。

11. 6 号地下夯土建筑基址

位于西城 1 号地下夯土建筑基址的西南，两遗址相距 15～55 米。平面略呈曲尺形，南北通长 245 米，东西通宽 150 米。夯土层厚 1～2 米，夯土灰褐色或褐色，间杂红、白土颗粒。中部有一条东西向古道路，向西应通往 4 号门阙遗址。

12. 10 号地下夯土建筑基址

位于西城 1 号夯土台建筑基址东南约 160 米。平面略呈方形，边长 9 米。夯土层最厚处达 7 米，内含许多石颗粒。

13. 1 号古道路

位于西城 6 号地下夯土建筑基址的西面，向西延伸与 4 号门阙遗址相对。残长 137 米，宽 11～13 米。路面上覆表土厚 0.3～0.5 米，路土厚 0.3～0.7 米。土色黄褐，间杂砂粒。

14. 1 号陶圈水井

位于西城南城垣 5 号门阙以南 100 米处。井口上部残，距今地表约 1.5 米。现存井深 3 米。井壁系用陶井圈叠砌而成，残存 6 节。井底有灰陶绳纹罐、瓮等残片。

15. 2 号排水槽道遗迹

城垣上的防雨排水设施，位于城垣内侧。2 号排水槽发现于西城南城垣中段的城墙内侧，呈缓坡状，东距 5 号门阙 35 米。系用多节陶制排水槽互相衔接铺设而成，首尾部分已残缺，顶端存直立铺设的排水槽 4 节，以下斜坡部分存有 10 节。排水槽每节长

45、宽 50、高 12 厘米，壁厚 3 厘米。

16. 1 号铺瓦遗迹

铺瓦属于城墙防雨设施。1 号铺瓦遗迹位于西城南城垣中段内侧，西距 5 号门阙 38 米。城垣内侧呈台阶状结构，距墙基高 1.6 米处内收为第一级台阶，内收倾斜度 16°，台阶面存宽 0.84 米，倾斜度 24°。再向上 1.78 米处又内收为第二级台阶，内收倾斜度 5°，台阶面存宽 0.4～1.05 米，倾斜度 25°。由此再往上 1.4 米至现存的城垣顶部。此处城垣基宽约 18.5 米，存高（含地表下 3.8 米）6 米。

铺瓦即指台阶面上用筒瓦和板瓦复合铺设的覆盖层，采用板瓦与筒瓦复合式叠压衔接覆盖，类似屋顶覆瓦形式，台阶面顶端横向铺设一排筒瓦或板瓦，类似屋脊瓦垄。此地点存有两层铺瓦，清理范围是上层阶面东西长 4.8 米，南北宽 0.4～1.05 米；下层阶面东西长 3 米，南北宽 0.84 米。铺瓦所用瓦的规格不尽一致，筒瓦长 39～42、宽 13～15 厘米，板瓦长 40～42、宽 31～35 厘米。

17. 2 号铺瓦遗迹

位于西城南城垣西段内侧，东距 10 号门阙 120 米。城垣内侧存有两层台阶面，其上用筒瓦、板瓦复合铺设覆盖，结构与内容均同 1 号铺瓦遗迹。

18. 3 号铺瓦遗迹

位于西城西城垣北段 9 号门阙北面内侧。城垣内侧存有两层台阶面，其上用筒瓦、板瓦复合铺设覆盖，结构与内容均同 1 号和 2 号铺瓦遗迹。

19. 城门遗迹

王城的城门遗迹经调查，共发现 11 处，其中西城 8 处（其中 2 处与东城共用），东城 5 处（其中 2 处与西城共用）。城门一般系现存城垣上的豁口，地表下无夯土墙基相连，有的还残存路土。城门处的现存豁口一般宽 9～15 米，两旁的城垣比其他地段较宽，附近散布较多的板瓦、筒瓦残片，可能为城门建筑遗存。城门布局由地面城垣保存较完整的西城来观察，大致为每面城垣各设 2 门。

西城城门的分布情况是每面城垣各设二门：西垣的 4、9 号城门；北垣的 3、2 号城门，其中 2 号门与北城共用；东垣的 11、6 号城门，均与东城共用；南垣的 10、5 号城门。

2 号城门　位于北垣中段偏东处，西邻北城西垣与西城北垣的交接处，亦即北城的西南角。现存门道豁口宽 11 米，两侧现存城垣基宽 40、高 8 米。此门正南方与南垣的 5 号城门遥遥相对。

3 号城门　位于北垣西段。现存门道豁口宽 15 米，东侧现存城垣基宽 32、高 7 米；西侧城垣基宽 33.5、高 7.8 米。

9 号城门　位于西垣北段。现存门道豁口宽 10 米，北侧现存城垣基宽 27、高 6 米；

南侧城垣基宽27、高5米。

4号城门　位于西垣南段。现存门道豁口宽14米，北侧现存城垣基宽47、高7.5米；南侧城垣基宽46、高7.8米。此城门两侧的夯土城垣比较宽大凸出，城门内侧向东约230米处发现一条东西向古道路，向东直通1号夯土台基址（龙台）。

10号城门　位于南垣中段。现存门道豁口宽12米，东侧现存城垣基宽35、高6.3米；西侧城垣基宽35、高7.1米。

5号城门　位于南垣中段偏东处。现存门道豁口宽14米，东侧现存城垣基宽45、高8.8米；西侧城垣基宽38、高8.4米。

6号城门　位于东垣中段略偏南处。现存门道豁口宽10米，北侧现存城垣基宽33、高7.5米；南侧城垣基宽40、高8米。

11号城门　位于东垣北端，即与北垣交接处，北邻1号城门。现存豁口宽50余米，地层破坏严重，原来门道宽度不详。

20. 城垣与城壕解剖发掘

城垣的建筑构造均系夯土筑成，用土就地取材，选择而用。夯土黄褐色，坚硬，有的地段混杂红土、白色土及砂石。红土及白色土堆积层，在城址一带的地表0.5～1米以下多见。夯土层平整匀称，厚度一般为7～9厘米，最厚达12厘米。多为小锤密夯，夯窝密集重叠，直径4～6厘米。夯土密度较大，每立方厘米重达1.89克，比同体积的普通土块重0.3克。

夯土城垣横断面结构：西城南垣东端近东城垣处，墙基直接夯筑于坚硬的红色生土上，墙基总宽21米，其中内侧5.7米宽度为后附加筑的附加墙。总断面近似正梯形，墙体由下而上逐渐内收缩小。外侧斜直，内侧加筑附加墙体，其间的主墙体壁面上存有清晰的麻布纹印痕。主墙体内侧基本呈垂直台阶状，距基底2.5米处内收0.8米，形成第一级台阶；由此向上1.9米，又内收1米，形成第二级台阶；再向上2.2米即为现存的墙体顶部。附加墙夯土质量较差，夯筑不结实，夯层不明显，且较主墙体的夯层厚，厚度为15～20厘米。附加墙体朝向城内一侧保存不好，原貌不详。

由于这一段城垣紧邻西城东南角转角处，可能存在只有此处加修附加墙，或许因为转角处一带水量较大之故，因而需要加宽内侧墙体以利于铺设面积更大的排水瓦面。西城西垣北段的剖面或许证明了此推论。

西城西垣北段9号城门的北侧，夯土结构大致同上，墙基宽14.7米。外侧斜直，底部高2米的壁面内收倾斜度为11.5°。内侧距基底1.6米处内收1米，形成第一级台阶，壁面内收倾斜度3.3°，阶面上铺设有筒瓦和板瓦面；由此向上1.2米即为现存的墙体顶部。此处未见附加墙。

2005年，对南垣进行了正式的考古解剖发掘，地点位于南垣东端与东垣交角处

（图二七；彩版二，2）。此次发掘除搞清城垣建筑结构外，还在城垣南侧发现了城壕。此前的全面钻探南垣南侧后表明，南垣外侧存在城壕，城壕口部北沿北距城垣基约15～18 米。城壕一般口部宽约8～10、深约2.5～3.5 米。

　　发掘地点所见的城壕口部北沿，北距城垣基座底 19 米。城壕口部距今地表1.3 米，断面大致呈倒梯形。口部宽10、底宽2.4、深3.8 米。壕内填土可分为三大层次：上层为深褐色硬土，厚1.45 米；中层为黄褐色硬土，厚1.35 米，局部泛黑灰色，底部包含有绳纹板瓦残片；下层包含多个淤积小层次，总厚1 米，上半部为细淤土层，土细密，呈黄白色，底部为较粗糙的硬土，呈深褐色，包含有板瓦残片（图二八）。

　　城垣夯土墙体可分：基座、基座凸出台面、主体墙、内侧台阶面、内侧附加墙等几个部分。城垣的附属设施还有：内侧台阶面上及附加墙顶部的防雨铺瓦面等。基座

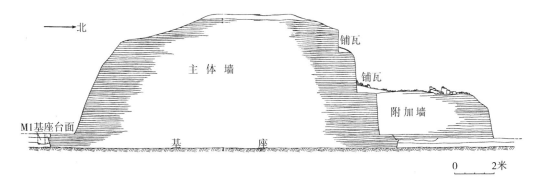

图二七　赵王城西城南垣剖面图

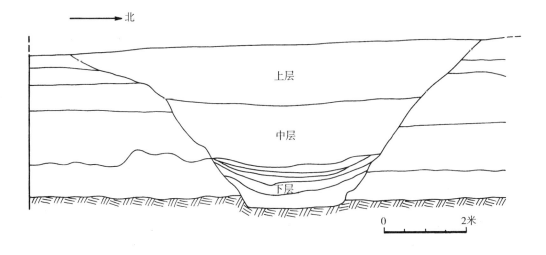

图二八　赵王城西城南垣外侧护城壕沟剖面图

建于基槽之内或直接建于开挖平整水平的红土面上，高 0.7 米。

基座断面大致呈倒梯形，底长 16.9、顶长 16.8、高 0.7 米，即顶边比底边短 0.2 米。基座顶部两侧的顶角部分均呈一小缺口状，大致长 0.25、高 0.2~0.25 米，可能是施工时为某种原因所为。如果加上两个缺口的长度，则基座的顶边长应为 17.3 米，即大致为倒梯形状。

主体墙包括基座现存夯层共计 70 层，顶部存宽 4.5、总高 6.4 米。墙体外侧斜直，内侧呈垂直台阶状。基座部分夯土 8 层，土质纯净，颗粒较细，颜色呈褐灰色。基座往上第 9 至 41 层夯土，呈灰褐色，中杂有红色土块粒，有的地方几乎均为红色土。接近现存顶部的第 42~70 层夯土，灰褐色，颗粒较细而纯净，不见红色土块粒。从整体上观察，夯层整齐明显，夯面基本为水平向，夯层厚度均匀，一般在 8~9 厘米，局部厚 10 厘米，最厚达 12 厘米。夯窝大小不太均匀，直径 4.5~5.5、深 0.5~0.7 厘米（彩版三，1）。夯层内包含有很少量的陶器残片，个体碎小，可辨器形有绳纹灰陶筒瓦、板瓦及素面豆等。

主体墙内侧还建有夯土附加墙，但夯筑的质量不如主体墙。附加墙直接附贴在主体墙内侧，基底部分将主体墙的基座包裹在内，在主体墙内侧壁面上存有清晰的捶拍布纹印痕。此不仅表明附加墙的建造年代当晚于主体墙，另外还说明主体墙的外侧及内侧墙体表面可能均经过捶拍修饰，新建好的墙体表面应该是光洁整齐的（彩版三，2）。附加墙基底部分的结构不同于主体墙的夯土基座，而是堆筑的土层，其范围比附加墙体要大，一直向北延伸，此次发掘未及其边缘。堆筑土的高度大致与主体墙基座面平齐或略低，顶部并不水平，然后在其上夯筑墙体。夯层较主体墙的要厚，为 7~14 厘米，夯层结构与主体墙的相比，水平程度不够高，厚薄不太均匀。夯土结构与主体墙的相比，密度较疏，颗粒较大。总之附加墙的基底、夯层、夯土密度等等均不及主体墙，此与其承担的功能是相应的。附加墙的功能可能主要有二：一是加固、拱卫城垣交角地带的主体墙；二是顶面铺设瓦顶，与主体墙内侧的瓦顶连为一体，扩大流泻雨水的面积，以增加排水量和提高排水的速度。可能是考虑到军事防御功能的需要，城垣交角处的城垣建筑体积均较一般地段的要大，尤其西南角最宽。故顶部的面积亦即受雨面积也大，需要及时迅速排水才能保护城墙不受损失。

基座以上的主体墙底宽 15.1、存高 5.7 米。主体墙内侧自基座台往上 2 米处向内收缩 0.95 米，形成第一层阶面；又向上 2 米，再次向内收缩 0.8 米，形成第二层阶面。再向上即为现存夯土墙顶部，有无第三层阶面不详，以墙体应有的高度推测可能有第三层。两层阶面均用板瓦、筒瓦相配铺设成斜坡状瓦面顶，将夯土墙遮盖。

另外，西城内的遗迹分布情况还远不止上述这些内容。2001 年，邯郸市文物部门对西城进行了钻探，新发现古道路 8 段、地下夯土基址 4 处、壕沟 2 条、灰坑水井等

40 余座①。这表明西城内的埋藏遗迹还有很多尚待于探查和认识。

（三）西城的建筑格局

如果将赵王城三城的总体布局方向视作坐北向南，依此为基础观察，则西城内的建筑群大致可分为南北纵列的三组。

中央一组的规模最大，是核心宫殿建筑群：其中的 1～3 号地面夯土台建筑基址南北相连纵列呈一轴线，并与北城垣之北的 9 号夯土台建筑基址遥相呼应；1 号夯土台建筑基址西侧的 1、6 号、东南方的 10 号及东北方的 2、5 号等地下夯土建筑基址，可能属于中央宫殿建筑组群的附属性建筑。

中央组东面邻近东垣的为东翼建筑组，包括 5 号地面夯土台建筑基址和 3、4 号地下夯土建筑基址，亦南北呈一纵列轴线，当属中央组的附属宫殿群。

中央组的西面为西翼建筑组，只在偏北部近北城垣处有一座 4 号夯土台建筑基址，而其南方为广阔的开阔地，且地势较低，此中原因及所反映的建筑布局情况，还有待于考古详细勘查。

如果上述对西城建筑布局的推测无根本失误，则有一现象值得注意：中央建筑群的南北方向均未正对城门，其正南方向大致正处于南城垣两座城门之间的中部位置。此或许不仅仅是一种巧合现象。

另外还有一个值得注意的现象是：西城中央和东翼两组主要建筑群，几乎占据了全城的东半部，即集中分布在城区的东二分之一区域。而城区的西二分之一区域尤显得空旷，加上西翼建筑群只有偏居西北隅的一座夯土台基址，因此城区西半部几乎为空白区。也就是说，西城内建筑群体在平面上未作均衡布局，而是东半部汇聚紧凑，西半部稀疏近于空白。这种东密而重、西疏而轻之格局是如何形成的，这种格局的规划设计出于何种理念？值得深思和以后考古工作的重视。

二　东　城

（一）考古勘查与地层堆积情况

东城西部的地势较高，北部地区可耕土层较薄，往往表土之下即为坚硬的红黏土。6 号夯土台基址向南 150 米处一带，表土层厚 20～30 厘米，其下即为红色土层，内含砾石，厚 35～40 厘米。红色土层之下即为白土层，也包含有砾石。向南到 7 号地下夯土基址的附近一带，表土层下有一层厚达 70～90 厘米的黄褐色土，其下为砂砾石层。

①　乔登云、乐庆森：《赵都邯郸故城考古发现与研究》27 页，《邯郸学院学报》2005 年 1 期。

在7号夯土台基址西侧一带，表土层下的黄褐色土厚90厘米左右，其下为白色硬土层。再向南到9号地下夯土基址西侧一带，表土下依次为黄褐色土和红褐色土，总厚达90厘米左右，其下为砂砾石层。

东城东部可耕土层逐渐加厚，一般在地表下0.8～2米为文化层或淤土层，淤土层下则多为淤泥土，有的地方深达6米尚未见到原生土层。城内东半部一带地下水位较高，钻探困难，达不到生土底。东垣一带，2004年钻探发掘时，今地表以下3米见地下水层，故东垣发掘未到基底。

根据解剖发掘地下东垣的探沟所揭示的地层情况，表土层下为厚达1～2.4米的淤土层，根据颜色可细分为6个小层次。此层淤土覆盖于东垣墙体两侧的夯土之上，但夯土城垣所存的顶部最高点部分即在今耕土层之下。

2004年，市政输水管线建设在东垣附近开挖南北向大沟，其地层堆积情况如下。

东垣折角向北150米处地层：

第1层，耕土层，厚0.2～0.3米。

第2层，深褐色土，较松软而纯净，厚2.8米未及底，向下钻探即见地下水，下层堆积情况不明。

东垣折角向南130米处地层：

第1层，耕土层，厚0.2～0.3米。

第2层，深褐色土，较松软而纯净，厚2.1～2.2米。

第3层，白色土层，包含较多的砾石，深2.4～2.5米。

东城东南角附近的地层：

第1层，耕土层，厚0.2～0.3米。

第2层，深褐色土，较松软而纯净，厚0.9～1.3米。

第3层，白色土层，包含较多的砾石，深1.5～2米。

以上三处地点大致反映了东垣附近南北一线的地层堆积情况：北部一带的深褐色土堆积较厚，其下的地层情况因地下水位问题没有探明。中部一带的深褐色土堆积变薄，距地表2.5米左右即见白色土层。南部一带的深褐色土更薄一些，因而白色土层出露的深度也随之变浅。东垣解剖发掘探沟的地层堆积证实，上述深褐色土层叠压于城垣基址之上，换言之，深褐色土应是在夯土墙之后堆积淤积所成。而在东城的西部，如6、7号夯土台建筑基址附近，则不见此层深褐色土堆积，往往表土之下即为红色土或白色土层。这种情况表明，现今的地貌状况不同于东城使用时的形态，当时城内东部至东垣一带的地势较今天还要更低洼一些，因而东城西部与东部的地势落差幅度更大。现在东垣一带与6、7号夯土台基址一带的落差有9米左右，根据上述地层堆积情形推测，东城使用时的落差应约11～12米。

（二）考古发现

东城保存情况虽不及西城，但城址基本完整，除东北隅城垣（北垣东段和东垣北段）地表不存外，其余各面城垣仍矗立于地面。城内分布有两大组宫殿建筑基址，与西城的宫殿遥相呼应，亦属宫城的主要宫殿区。东城的形制不如西城的规整，主要表现是东垣中段呈直角曲折状，因此整个城池呈不太规则的竖长方形，即北半部宽，南半部窄。城内建筑群遗迹分布较密集，仅次于西城。迄今为止，考古勘查和发掘共计发现：城门遗迹 5 座（其中 2 座与西城共用，2 座与北城共用）、地面夯土台建筑基址 3 座、地下夯土建筑基址 3 座、地下遗址区 2 处、古道路 1 处、城垣排水槽道遗迹 1 处。其具体内容如下。

1. 6 号夯土台建筑基址

位于东城西北部，俗称"北将台"。现存台基整体略呈覆斗状，平面呈方形，南北长 120 米，东西宽 119 米，残高 9 米左右。顶部略平，发现有柱础石，还采集有灰陶绳纹板瓦、筒瓦、素面瓦当和罐、盆等残片。

2. 7 号夯土台建筑基址

位于东城 6 号夯土台建筑基址以南约 500 米处，俗称"南将台"。平面呈方形，南北长 113 米，东西宽 104 米，残高 5～8 米。台基址周围散布有灰陶绳纹板瓦、筒瓦、素面空心砖、排水槽等建筑用陶残片。另发现 2 个红褐色石柱础，均椭圆形：一个一面平整光滑，另一面较粗糙，长径 58、短径 54、厚 22 厘米；另一个两面均平整光滑，长径 58、短径 54、厚 13 厘米（彩版四，1）。

3. 8 号夯土台建筑基址

位于东城 7 号夯土台建筑基址西南，距南城垣 78 米。平面略呈方形，东西长 31 米，南北宽 25 米，残高 3～4 米。是赵王城遗址内面积最小的夯土台建筑基址。

4. 7 号地下夯土建筑基址

位于东城 7 号夯土台建筑基址以北 50 米处。平面呈不规则长方形，东西通长 137 米，南北通宽 77 米。表土下夯土层厚 0.8～1.2 米，夯土黄褐色，间杂黑褐土颗粒。地表出土遗物有灰陶绳纹板瓦、筒瓦、瓦当等残片。

5. 8 号地下夯土建筑基址

位于东城 7 号夯土台建筑基址的南侧，与之相连接。平面呈不规则长方形，东西通长 136 米，南北通宽 45 米。表土下夯土层厚 0.6～0.8 米，夯土黄褐色，间杂红、白土颗粒。

6. 9 号地下夯土建筑基址

位于东城 8 号夯土台建筑基址的西南侧。平面呈凹字形，似回廊状。南北通长 52

米，东西通宽 38 米。夯土层厚 0.4 ~ 1.1 米，夯土黄褐色，间杂细石颗粒。

7. 2 号古道路

位于东城北城垣中部的 8 号门阙处，由门阙处南北向延伸。残长 206 米，宽 9 米。路面覆土层包括表土层和淤土层，厚 2 ~ 2.5 米。路土厚 0.3 ~ 0.5 米，以下为生土层。

8. 1 号遗址

位于东城 6 号夯土台建筑基址北侧。面积约 5 万平方米。耕土层下即文化层，厚 0.5 ~ 1 米。不见夯土。地表散布大量灰陶绳纹板瓦、筒瓦、素面瓦当、卷云瓦当、米格纹空心砖等残件以及瓮、罐等残片。另外还发现柱础石、铜镞等遗物。

9. 2 号遗址

位于东城 6 号夯土台建筑基址东南约 210 米。面积约 1 万平方米。文化层厚 0.6 米。不见夯土。地表有较多的灰陶绳纹筒瓦、板瓦、瓦当及瓮、罐、豆等残片。

10. 3 号排水槽道遗迹

位于东城东垣的中部，南距东垣拐角处约 120 米。此段城垣埋藏于地面以下。2004 年解剖发掘发现。位置在城垣内侧夯土墙体的附筑土坡上，方向与墙体垂直呈缓坡状对接排列，系用多节陶制排水槽互相衔接铺设而成。残存较完整的排水槽有 6 节，每节长 45.5 厘米，上口宽 59.5、下口宽 53.5 厘米，高 15.8 ~ 16.5、壁厚 1.7 ~ 2.6 厘米（彩版三，3、4）。

11. 城门遗迹

东城共计发现 5 座城门。其中西垣的 6 号、11 号两座城门与西城共用，北垣的 1 号、8 号两座城门与北城共用。南垣发现 1 座城门，编号为 7 号。东垣因大部掩埋于地下，城门情况不详。

1 号城门　位于北垣西端与西城交接处，亦即北城南垣的中部。现存门道豁口宽 13 米，表土下未见夯土。门道东侧现存城垣基宽 33、高 5.8 米。西侧城垣较东侧高大，基宽 37.5、高 8.5 米，可能为一建筑物的基址。

7 号城门　位于南垣中段偏西处。现存门道豁口宽 10 米。门道西侧现存城垣基宽 37、高 4.5 米。东侧城垣基宽 34、高 5.8 米。

8 号城门　位于北垣东段。门道宽 9 米，一条南北向的地下古道路穿通此门。古道路路土距今地表 2.5 米，厚 0.3 ~ 0.5 米，存长 206 米。

6 号、11 号两座城门均位于西垣，亦即西城的东垣，两城共用。

12. 东城垣的解剖发掘

2004 年 9 ~ 12 月，对东垣进行了解剖发掘，地点在东垣曲折拐角处以北 120 米，为地下城垣。厚约 0.2 米的耕土层下即为城垣夯土层，至地表下 3 米时为地下水位线，因此未发掘到底。经钻探了解，夯土层自水位线向下延伸约 0.8 ~ 1 米到生土层。故此地点夯土城垣的残存总高度约 3.8~4 米。

城垣夯土墙体的结构与西城南垣大致相似，亦分为基座、基座凸出台面、主体墙等几个部分，但没有附加墙。另外附近也没有发现内侧台阶面，此可能与此段城垣存高较低有关。城垣的附属设施有排水槽道，因未发现内侧台阶面，因而亦未见防雨的铺瓦。

城垣基座基宽因未发掘到底暂不详，其形制也应近似倒梯形。墙体两侧的基座凸出台面宽 1.5 米，亦即主体墙两侧均向内平行收缩 1.5 米。基座顶部长 16.5 米，根据西城南垣的情况，其底部长度应与此相差不多。城垣主体墙体夯筑在夯土基座上面，基座水平面上的主墙体宽为 13.5 米，存高 2.5 米。

城垣外侧基座凸出台面上，堆筑有 0.6 米厚的黑褐色土，可视作护基土。

城垣内侧基座凸出的台面上，亦堆筑有黑褐色土，呈斜坡状，其上垒砌着排水槽道（图二九）。

夯土夯筑质量不如西城南垣，夯层厚度不太均匀，一般在 9~10 厘米，有的地方厚

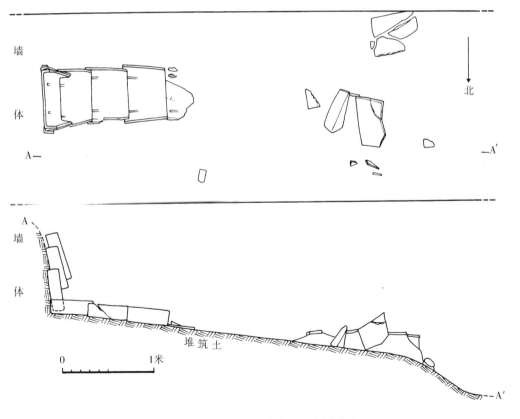

图二九　赵王城东城东垣排水槽遗迹

达 12～15 厘米，最厚处可达 18～20 厘米。夯窝直径 5.5～6.5、深 1～2 厘米。夯土灰褐色，中杂黑土颗粒，状似褐花土，局部黑土多于褐色土，即呈黑花土。夯土内包含的陶片比西城南垣夯土内的要多得多，并且个体较大，类似灰坑中出土的陶片，器形有绳纹灰陶板瓦、筒瓦、釜、盆、罐及素面豆等（图三〇）。推测此地点夯筑时，所取的土料似未经认真选择和加工筛选，将含有大量陶片的土夯筑进城垣内。同时也说明，如果取土区即在附近不远的话，则取土地点一带可能存在器物残片丰富的居住区。墙体中央部位的夯层存在交叠现象，有的地方交叠层次不明显。这种情况决不见于西城南垣，那里的夯层厚薄均匀，自上而下均直通水平层次，不见交叠现象。总的来看，

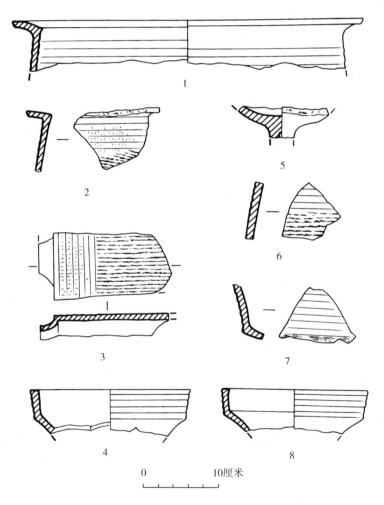

图三〇　赵王城东城东垣夯土层中出土陶片

1. DD 夯土中:5　2. DD 夯土中:9　3. DD 夯土中:3　4. DD 夯土中:4　5. DD 夯
土中:7　6. DD 夯土中:8　7. DD 夯土中:6　8. DD 夯土中:2

此段城垣的质量远不如西城南垣的好。

此地点城垣的解剖发掘，搞清了东垣的基本结构。但因发掘面积有限和地下水位较高，城垣外侧的城壕情况不详，有待于今后的考古工作。

（三）东城的建筑格局

东城建筑群的方向与布局，如果与西城一样，亦按照坐北向南为基础观察，则存在一组南北向纵列轴线，即：6～8 号地面夯土台建筑基址、7～9 号地下夯土建筑基址及 1、2 号地下遗址等。其中，7～9 号地下夯土建筑基址和 1、2 号地下遗址，应属于夯土台建筑的附属建筑群遗址。但与西城不同的是，东城建筑群向南与南垣 7 号城门大致呈直线相对应。

与西城有些本质相似的还有建筑群在城内的格局。东城唯一的一组建筑群几乎占据了全城的西半部，即集中分布在城区的西二分之一区域，而城区的东二分之一区域显得空旷，城区东半部几乎为空白区。也就是说，东城内的建筑群体在平面上也未作均衡布局，只不过是与西城正好相反，而是偏居西半部。这种西密而重、东疏而轻之格局是如何形成的？这种与西城恰好相对的格局规划出于何种理念？这些均是探索赵邯郸城规划布局的重要内容。

三　北　城

（一）考古发现

北城北部的地下水位较高，淤土层厚，钻探困难，均无重要发现。北城的东部和东北部，可耕土层逐渐加厚，一般在地表下 0.8～2 米为文化层或淤土层，淤土层下则多为淤泥土，有的地方深达 6 米尚未见到生土层。

北城保存情况最差，现仅存西南隅一带，大部地域已被邯郸钢厂所占据。但尚存有规模仅次于"龙台"的一座夯土台建筑基址，应是宫城的主要宫殿之一。北城的形制也最不规整，考古钻探表明，其东垣呈曲折状，因此整个城池呈不规则竖长方形。考古勘查发现的主要遗迹有：地面夯土台建筑基址 2 座、排水槽道遗迹 1 处、城门 3 处（分别与西城和东城共用）。

1. 9 号夯土台建筑基址

位于北城西城垣以西约 200 米。平面略呈方形，南北长 67 米，东西宽 55 米，高6～10 米。顶部及周围散布有灰陶绳纹板瓦、筒瓦等残片。

2. 10 号夯土台建筑基址

位于北城的西南部。平面近方形，南北长 135 米，东西宽 111 米，高 4～6 米。是赵王城内面积第二的大型夯土台建筑基址。顶部及周围散布有灰陶绳纹板瓦、筒瓦等残片。

3. 1 号排水槽道遗迹

位于北城西城垣中段南部的城墙内侧，南距城垣角 560 米。系用多节泥质灰陶排水槽互相衔接铺设而成，首端部分残缺，存中间及尾端部分 9 节，尾端排水槽出水口用 7 块砾石叠砌围护。排水槽每节长 40～45 厘米，上口宽 53～58、下口宽 50～56 厘米，高 12、壁厚 2～3 厘米。

4. 城门遗迹

在南垣发现 1 号、2 号、8 号 3 座城门，分别与西城和东城共用。

5. 地下城垣

北城城垣除南垣西段和中段、西垣的南段为地面城垣外，其余部分的城垣均为地下城垣。经考古钻探，北城地下城垣的基本情况如下：

西垣北段的地下城垣距今地表 0.6～2 米，宽约 28～30 米，夯土灰褐色，夹杂黑色、黄色的颗粒块。北垣全部埋藏于地下，城垣夯土距今地表 0.5～4 米，宽约 30 米，夯土灰褐色，夹杂黑色、黄色的颗粒块。东垣全部埋藏于地下，城垣夯土距今地表 1～4 米，宽约 30 米，夯土灰褐色，夹杂黑色、黄色的颗粒块。

1973 年，邯郸钢厂在东垣中段一带开挖排水管道深沟，沟壁断面清晰可见城垣夯土情况：城垣夯土最高点距今地表约 1 米，出露部分宽 34 米，夯层厚 5.5～7 厘米，夯土黄褐色，夹杂黑褐色颗粒块。经钻探，此地点的夯土总厚度约 7～8 米。

（二）北城的建筑格局

北城内经过调查钻探，地下遗存比较贫乏[①]。保存较好的西南部一带，存有一座编号 10 号的夯土台建筑基址，面积规模仅次于 1 号夯土台建筑基址。由此看来，北城亦应是宫殿群建筑分布区。

北城内的建筑群可能偏居南部，与东西二城的情况一样也向中央部位汇聚。因此，赵王城内建筑群的总体格局均是向心状汇聚，三城内建筑互为背靠依托，均面向开阔地，可能是为防御的需要。

四　城南防御壕沟系统

2007 年，王城南垣以南 1000 米处，发现人工开掘的东西走向的壕沟[②]。壕沟与南

---

① 陈光唐：《邯郸历史与考古》78 页，文津出版社，1991 年。

② 段宏振：《邯郸赵王城遗址勘察和发掘取得新收获》，《中国文物报》2008 年 10 月 22 日第二版。

垣基本平行，目前钻探探明的总长度约 2700 余米。依形制结构，壕沟可分为东西两部分，其中西段部分主要为三条平行壕沟，长 1100 余米，间距 10 米，均开掘在生土层中，被战国晚期文化层叠压。横断面呈倒梯形，北侧壕沟（G1）口部宽 4～4.6 米，底部宽 0.4～0.7 米，深 2.25～2.6 米；中间壕沟（G2）口部宽 4.3～4.9 米，底部宽 0.55～0.6 米，深 2.5～2.65 米；南侧壕沟（G3）口部宽 3～3.8 米，底部宽 0.6 米，深 2.5～2.6 米。沟内填土分层，多呈弧形堆积。包含遗物有战国时期的灰陶罐、盆、豆及板瓦、筒瓦残片等。根据地层及出土遗物分析，壕沟的年代在战国晚期到末期，其中北面两条沟的年代相近，最南面第三条沟的年代较之略晚。三条壕沟应属于赵王城南面近郊的防御系统，它们与南垣附近的城壕一起，共同构成了王城乃至整个邯郸城南郊的完整防御系统（彩版四，2）。

壕沟的东段部分已探明 1200 余米，为一条壕沟的形制，宽约 10 米，向东延伸，东端情况尚未探明。

五　赵王城总体格局的认识

赵王城遗址大部分地区只有薄薄的战国文化层，没有战国以前和以后的文化层堆积。出土遗物虽不如大北城的丰富，但也常可见战国时期的筒瓦、板瓦、素面瓦当、陶器残片等。另外还出土有甘丹、白人、安阳等铜币，以及铜镞、铁锛等遗物。一般认为，赵王城只是战国时期赵都的宫城，建于迁都前后。赵迁都邯郸时，赵王城应已经建成了一部分，可能就是西城。迁都以后，又陆续建设了东城和北城[①]。而另一种意见则认为，王城的建筑一般似应是愈后愈壮观的规律，因此北城的年代应最早，其次是东城，最后才修建西城[②]。

赵王城三城总体布局方向的判定也是个复杂的问题。以目前的考古勘查资料分析，尤其是东西二城内分布的南北向轴线建筑群，一般据此认为王城三城是坐北向南的。将王城视为坐北朝南方向有着相当的依据和合理性，但同时应当看到，如果将土城看作坐西朝东的方向与布局，可能也存在一定的基础和合理意义。事实上已有人根据王城内地面夯土台基址的长宽数据，推论赵王城的布局乃坐西朝东，正门应在东面[③]。

这里我们不妨从另一角度也推测一试，如果王城呈坐西朝东方向，则东城即为宫城之外围城，东城内的 6、7 号夯土台建筑基址分列左右，自此西望可见西城的 1、2、3 号夯土台建筑巍峨成排。由于从东城到西城，地貌逐级呈上升态势：由 6、7 号夯土

① 陈光唐：《邯郸历史与考古》78～80 页，文津出版社，1991 年。

② 孙继民、杨倩描、郝良真：《邯郸简史》54 页，中国城市经济社会出版社，1990 年。

③ 罗平：《对赵王城内外建筑布局的探讨》，《文物春秋》1996 年 2 期。

台附近的海拔 70 米左右，到 1 号夯土台附近的海拔 100 米左右，落差将近 30 米左右。因此，若站在东城内西望西城，应见宫殿建筑依自然地势层层组组依次居上，远处顶端为西城中央组建筑群。这种因循天然地势，造就出的建筑群体落差艺术，可能不仅仅是一种巧合。当然，赵邯郸城宫城总体方向与布局问题的最终全面科学之解决，还有待于今后田野考古工作的深入。

第八节　邯郸故城之二 ——大北城

一　考古勘查与地层堆积情况

1970 年，位于今邯郸市区地下大北城遗址的发现，揭开赵都邯郸城研究的新一页，使人们得以全面认识到邯郸故城的整体全貌。由于城址埋藏于现代城区之下，给考古勘查和发掘工作带来困难。考古人员采取密切注意跟踪市政建设工程，对工程建设动土地点进行有限但又非常有效的勘查和发掘。20 世纪 70 年代，考古工作者在城内中东部地区约 400 万平方米的范围内，纵横调查了 8 条线路，勘查了 138 个工程动土地点，取得了重要收获。

考古勘查发现，城内地势西高东低。城址西北部一带，耕土层下一般为红硬土、白硬土或砾石层，此与王城区西城、东城西部地区的地层情况相似。但城区的其他大部分地区，在地表以下、战国至汉代文化层之上，普遍堆积着厚厚的淤泥层，其厚度西薄东厚。以地下南城垣为例，可说明南城一带由西到东一线的淤泥层堆积情况：南垣西段一般埋藏在地表下 0.6 ~ 5 米，东段在 7.5 米以上，东垣一般在 8 米左右。西垣附近地表以下 0.5 ~ 1.5 米即可见战国至汉代的文化层，而在东垣附近则在地表下 6 ~ 9 米，甚至到 11 米，才能见到同时代文化层堆积。

在勘查区的城内中东部区域来看，战国至汉代文化层一般埋藏在地表 5 ~ 9 米深处，局部较浅的地表下 4 米可见，较深的达 11 米。大部分动土地点的深度未及原生土层，故战国层以下的情况尚不明朗。考古勘查区域纵横线路附近的地层堆积情形具体如下。

1. 东西线路

西起火车站，东近滏阳河，全长 2000 余米。

西段地层堆积情况：

0 ~ 1.6 米，现代堆积层；

1.6 ~ 2.5 米，红胶泥土和沙土，少见遗物；

2.5 ~ 5.8 米，淤土或黄沙土，少见遗物；

5.8 ~ 7.8 米，黄褐土，即战国汉代文化层，包含文化遗物有板瓦、筒瓦及灰陶细柄豆、碗、瓮等陶器残片；

以下未探及原生土层。

中段地层堆积情况与西段基本相同，唯淤土略有加厚，一般在地表下6.5米左右为战国汉代文化层，个别地点在7米深处才见文化层。文化层厚1~2米，大部分地点未探及原生土。

东段地表下现代层堆积较厚，未发现红胶泥土层。黄黑色淤土层很厚，一般在3米以上。淤土层下为黑软土。在地表下6~8米，才是战国汉代文化层。东垣以东，地表下大部分是黑泥，至8米深处尚未见到战国汉代文化层，再往下的情况不明。

火车站以西到西垣之间的地层堆积情况，可以裴庄、王郎村两处地点的地层为代表①。

裴庄地点地层：

京广铁路以西，铁西大街与复兴路交叉口附近。

0~1.8米，近现代堆积层，包含砖瓦、瓷片等；

1.8~4.3米，黄色淤土层，质地松软，包含物较少；

4.3~4.6米，黄褐土层，内含少量板瓦、筒瓦等陶片，主要属汉代时期；

4.6~6.2米，灰褐土层，该层下出露灰坑7座，地层与灰坑包含遗物丰富，其中板瓦、筒瓦残片最多，其次有豆、碗、罐、盆、瓮等陶器残片，均属战国时期；

以下为黄沙土层。

王郎村地点地层：

0~0.3米，耕土层；

0.3~0.7米，黄淤土层，较纯净，此层下发现灰坑遗迹。灰坑出土遗物为战国时期的陶器残片。

2. 南北线路

大致位于城内东部的中央一线，南北长约2400米。

北段地层堆积情况，一般在地表下5米左右见战国汉代文化层。

以丛台附近的丛西D1地点为例：

0~0.9米，现代堆积层；

0.9~1.25米，黄土层；

1.25~4.2米，黄沙土；

---

① 邯郸市文物管理处：《裴庄遗址清理报告》，《文物春秋》1996年4期；邯郸市文物管理处：《王郎村古遗址试掘简报》，《文物春秋》1992年1期。

4.2～5米，淤土；

5～6.5米，黄褐土，即战国汉代文化层，包含遗物有厚胎筒瓦、回纹砖、瓦当、罐等残片。这一带汉代文化层堆积较厚，一般在地表下6米左右。

以下未及原生土层。

中段的战国汉代文化层一般距地表5米左右，最深的近6米。但汉代文化层堆积不及北段厚，同时战国至汉代文化层中常见红烧土块褐炼铁渣等。

南段地层以陵东街附近的陵D10地点为例：

0～1米，现代堆积层；

1～2.8米，红胶泥土；

2.8～4米，黄沙土；

4～5.2米，淤土层，层次明显；

5.2～6.7米，黄沙土；

6.7～8.9米，战国汉代文化层，又可分上下层：

上层，灰黑土，包含遗物有面饰绳纹底饰布纹的厚胎筒瓦、板瓦等，是为汉代层堆积。下层，灰褐土，包含遗物有板瓦、筒瓦、细柄豆、厚唇鼓腹瓮等，是为战国层堆积。

在战国汉代文化层之下距地表11米深处，发现少量灰坑，出土遗物有细柄豆、细绳纹罐、高领罐等战国早期陶器残片。这一带战国文化层较北部地区的略厚，出土遗物也丰富。

以下即为原生土层，黑、黄色交错层叠的淤积土，坚硬。

3. 丛台南地点

在丛台以南不远处的今中华大街西侧，市宾馆建设施工开挖的建筑基槽深达7米，其地层堆积情况如下①：

第1层，近现代层，黄褐土，厚1.8米。

第2层，黄淤土，厚1.4米。

第3层，灰色淤土，厚0.3米左右，含极少量碎小的白瓷片。

第4层，黄淤土，厚1.4米。

第5层，黄褐土，厚0.2～0.3米，含大量砂礓石及少量碎陶片，系淤积而成。

第6层，灰褐色文化层，厚0.1～0.5米，其下叠压3个灰坑，即H3、H4、H7，其中H3打破H4。

第7层，黄灰土，厚0.2米左右，此层下叠压3个灰坑，即H1、H5、H6。

---

①　邯郸市文物管理处：《邯郸市宾馆地下古遗址的调查》，《文物春秋》1990年4期。

第8层，细黄土，厚0.1~0.6米。

第9层，沙土层，纯净。

其中，第6~7层为战国文化层，年代包括整个战国时期，而且该地点遗存的年代上限可到春秋末期。

二　考古发现

大北城整个城池的形制近似不规则梯形，西北隅城垣蜿蜒曲折，大概是因迁就高地势所致，南垣的微曲折或许是顺应河流的缘故。除在城址西北隅一带，尚存少量断断续续的地面城垣和地面夯土台建筑基址，其余城址的绝大部分建筑遗存被今市区建筑所叠压占据。经考古钻探和局部清理发掘，地下埋藏的文化遗存远较赵王城丰富，遗迹类型也多样，包括夯土建筑基址、各种类型的手工业作坊遗址、水井及一般居住区遗址、墓地等等。文化遗存的年代远比王城区的复杂，延续时间也长，已经发现的遗存主要属战国至汉代时期（图三一）。

（一）城垣

除西北隅一带尚存断断续续的地面城垣外，其余地段的城垣都埋藏在今地表0.2~8米以下。

西垣，全长5604米，北段呈东北—西南走向的曲折状，南段大致呈南北走向。地下墙基宽一般在30米左右。2002年，插箭岭遗址以南发现地下夯土城垣基址，宽30余米，墙体由东西两个部分组成。东半部墙体底宽近20米，夯土黄色纯净，夯筑质量较好，残高2.8米，夯层厚8厘米左右，夯窝直径4~6厘米。西半部墙体斜靠在东墙体之上，夯土杂有较多的红、白土，夯筑质量较差。城垣西侧还发现两条排水壕沟，邻近城垣的规模较小，口宽0.6、深0.9米；稍远的较大，口宽约6、深1米左右。墙体两部分结构与两条排水沟之间，可能均有早晚之别。

东垣，长期以来，由于地下水位较高，城垣北段（和平路以北）一直未探明。20世纪90年代以来，在和平路以北曙光街南北沿线，勘探发现东垣遗迹，重点地段进行了发掘。其中在邯郸医专附近，发掘南北向地下夯土城垣基址，城垣最高点距今地表1.7米，夯土存高6米左右，下部因地下水位而未及底部，探明基底以下为黑色淤泥。夯层厚6~12厘米，夯窝直径5~8厘米，内含少量战国时期的绳纹灰陶片。2003年，曙光街与朝阳路交叉口发现东垣遗迹，存高7米，最高点距今地表1.3米。夯层厚5~15厘米，一般厚10厘米，夯窝直径4.5厘米。紧邻墙体东侧根基部有道路遗迹，墙体上部发现有打破夯土的东汉瓮棺葬和火塘各1座。另外，墙体上部的夯土层中发现有战国时期的筒瓦、板瓦、细柄豆等陶片，还发现1枚半两铜钱。表明此段城垣至少自

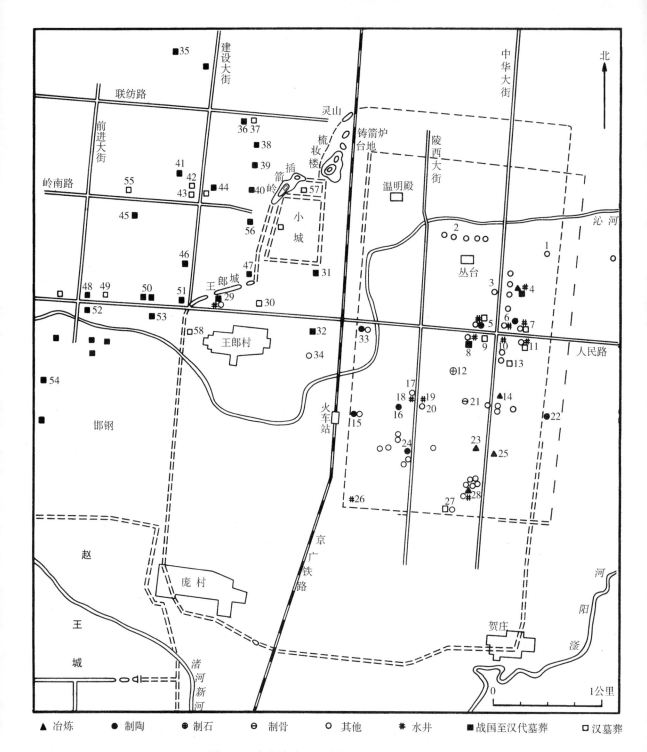

图三一　大北城城区及城郊遗址和墓地分布图

▲ 冶炼　　● 制陶　　⊕ 制石　　⊖ 制骨　　○ 其他　　✳ 水井　　■ 战国至汉代墓葬　　□ 汉墓葬

1. 春厂农贸市场　2. 丛西 D1　3. 市宾馆　4. 博物馆　5. 东门里　6. 东庄　7. 人民路变电站　8. 招贤大厦　9. 土山街口　10. 中北 D14　11. 郝庄（信华大厦）　12. 城关 D9　13. 中北 D4　14. 中北 D1　15. 火 D1　16. 邯山 D4　17. 日月商场　18. 康德商场　19. 世贸广场　20. 陵西　21. 和 D12　22. 和 D30　23. 中心医院　24. 邯山 D11　25. 中 D16　26. 贸易路西端　27. 城南 D15　28. 陵 D10　29. 百花小学　30. 水利工程处　31. 铁西大街北端　32. 王郎公寓　33. 人民路立交桥　34. 裴庄　35. 后郝　36. 昌源小区　37. 铁西钢材中心　38. 锦华小区　39. 百花小区　40. 安庄小区　41. 土产公司　42. 五七铁厂　43. 安装公司　44. 第三建筑公司　45. 大学生公寓　46. 第十中学　47. 第十八中学　48. 复兴区地税局　49. 彭家寨乡政府　50. 复兴区经委、检察院、土地局、劳动局　51. 龙城小区　52. 铁西水厂　53. 复兴区防疫站　54. 邯钢新区（彭家寨墓地）　55. 华冶　56. 金丰小区　57. 插箭岭墓地　58. 王郎村墓地西汉前期开始，不断进行维修和加固。

南垣地下基址，大致西从庞村、东到贺庄一线，中间微有曲折。北垣大部分尚未探明，但其大致位置应在今联纺路以北附近东西一线。

（二）西北隅城垣及建筑基址群

7 处遗址集中分布在城内西北隅并与西北城垣相连，可称之为西北隅建筑基址群，是邯郸城模式的独特内容之一。

西北隅建筑基址群的特点是：战国始建，西汉沿用续修，西汉晚至东汉废弃；地面遗物的年代包括战国至汉代；与西垣相连一体或相连，成为城垣的附属建筑，或言城垣成为它的附属建筑。具体原因尚待探讨。

1. 灵山遗址

位于大北城的西北隅。经调查证实为西城垣与北城垣交角的一段地面城垣，东北—西南走向，总长 127 米，宽 23～34 米，残高 4～5 米。西南端与地下城垣址相连。1978 年，发掘西南端地点。城垣内侧发现有排水槽道遗迹 3 处，其形制与王城 1 号排水槽完全相同。排水槽道的间距是 15～16 米。此段城垣内侧未发现类似王城内的台阶式结构和铺瓦，或许是破坏严重所致。出土遗物有灰陶绳纹板瓦、筒瓦、瓮、罐、盆等残片。属战国时期修筑，汉代继续沿用。

2. 铸箭炉遗址

位于大北城的西北隅，北邻灵山，在西垣东侧，为一处与西城垣相连的大型夯土台建筑基址。平面呈方形，南北长 74 米，东西宽 60 米，存高 9 米。四面呈梯田形，顶部略平。地表散布有灰陶绳纹板瓦、筒瓦、盆和素面豆等残片。传说铸箭炉是因赵国铸箭而得名。属战国时期修筑，汉代继续沿用并有修补。

1965 年，铸箭炉内侧附近发现炼炉残址，出土遗物有铜镞和"半两"钱范等[①]。

3. 台地遗址

又称"皇姑庙"，位于大北城的西北隅，灵山以南约 200 米，为一处与西城垣相连的大型夯土台建筑基址。平面呈长方形，地面基部东西长 120 米，南北宽 80 米，存高 2～3 米。出土遗物有灰陶绳纹板瓦、筒瓦、罐等残片。属战国时期修筑，汉代继续沿用并有修补。

1983 年，台地西北侧发现铸造作坊遗址。遗迹主要是一处铸造炉残址，火膛坑存长 4.8 米，坑内堆积有红烧土块、土坯块、草拌泥块、木炭、草木灰等，包含遗物有陶釜、陶盆、陶罐等残片，以及铜矛、铜镞等。时代为战国晚期，表明这一带可能是

---

① 陈光唐：《邯郸历史与考古》87 页，文津出版社，1991 年。

战国时期的冶铸作坊遗址①。

4. 梳妆楼遗址

位于大北城的西北隅，台地以南约30米，为一处与西城垣相连的大型夯土台建筑基址，包括北台（又称后楼）和南台（又称前楼）两个部分。总体上属战国时期修筑，汉代继续沿用并有增补。

北台平面呈长方形，地面基部东西长150米，南北宽80米，存高7~8米。南台平面呈长方形，东西长140米，南北宽100米，存高10米。两台四面均呈梯田状，顶部略平。经钻探得知，四周地下均有夯土分布，说明原来的建筑规模更大。

台基址周围散布大量灰陶绳纹板瓦、筒瓦、卷云纹瓦当、盆和素面豆等残片。1940年，日本人发掘南台时，发现有河卵石铺设的散水面，南北长27、宽0.88米。散水面内侧铺设方形砖。出土遗物有"千秋万岁"瓦当和"大泉五十"钱币等。出土遗物似以汉代为主，应属于汉代建筑遗存。另外，在南台东侧现存一片低洼地，传说是赵王宫女梳妆照眉的清水湖，故称"照眉池"②。

5. 插箭岭遗址

位于大北城的西北隅，实为西城垣的一段地面城墙和与之相连的夯土台建筑基址，东北—西南走向。平面呈曲尺形，通长约405米，基宽30~140米，存高8米。南端逐渐平缓而与地下城垣址相连。经钻探，西部有的地段向外扩展19~31米的范围内，地表以下仍有夯土分布，可知其原来的规模更大。出土遗物有铜镞和灰陶绳纹板瓦、筒瓦、素面瓦当、卷云瓦当及排水槽等残片。

日本人曾在此做过发掘，认为是汉代遗址。传说插箭岭是由赵国胡服骑射而得名。应属战国时期修建的与西城垣相连的一组大型建筑基址，汉代继续沿用并有所修补。

6. 小城遗址

位于大北城的西北隅，是一座紧靠西城垣的小型城池，东北接近梳妆楼，西北与插箭岭相连。城池平面略呈梯形，北边宽约290米，南边宽约400米，南北长约700米。总面积约24万平方米。城中北部有东西向隔墙，将城分隔为南北两部分。小城西垣的北段即插箭岭的东侧一段，南段部分基本与大北城西垣平行（有的地方间距不足1米），长约570、宽20~30米。南垣和北垣只钻探出西段，长各约100米。东垣钻探出北段，长约320米，北端在梳妆楼南与北垣相接。南垣东段和东垣南段，因地下水位较高，未探详情（图三二）。

---

① 陈光唐：《邯郸历史与考古》86页，文津出版社，1991年；邯郸市文物管理处：《邯郸市台地遗址发现铸炉址》，《文物春秋》1992年2期。

② 陈光唐：《邯郸历史与考古》86页，文津出版社，1991年。

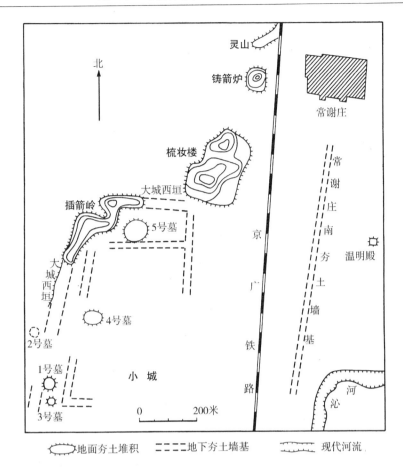

图三二　大北城内西北隅小城平面示意图

（引自薛玉川《西汉赵敬肃王刘彭祖家族墓地考》，略有删改）

　　小城与西北部的插箭岭遗址是紧密相连的整体。城内出土遗物有战国至汉代的灰陶绳纹板瓦、筒瓦、罐、盆等残片。插箭岭东坡即小城西北隅一带，出土有战国时期的陶排水槽、板瓦等，形制与王城的同类出土物完全相同。另外，小城西垣地段发现有一座封土汉墓打破城垣基址。由此推论可知，小城的年代应早于汉代。因此，小城应属战国时期修筑，汉代继续沿用并有所修补。但近年有学者认为小城的性质是西汉赵国敬肃王的陵园[①]。

　　7. 王郎城遗址

　　位于大北城的西城垣中段，实为西城垣的一段地面城墙残址，是大北城西垣保存

---

①　薛玉川：《西汉赵敬肃王刘彭祖家族墓地考》，《邯郸古都文化学术研讨会暨中国古都学会2008年年会论文集》，2008年。

最完整的一段地面城垣。大致呈东北—西南走向，通长约 805 米，基宽 16～34 米，残高 3～8.5 米。出土遗物有灰陶绳纹筒瓦、板瓦和瓮、罐、盆等残片。

1973 年，在该段城垣西南端，即地面与地下城垣的交接点进行解剖发掘。发掘证实，此段地面城垣的夯土夯筑质量较差，夯层厚 7～14 厘米，尤其是内侧有的地方非夯筑而是堆筑。夯土层中含有少量陶片，值得注意的是在上部夯层中出土 2 枚货泉。在地面城垣外侧（即西侧），发现城垣基下为另一种不同结构的夯土地下城垣基址，其夯筑坚实质量较高，夯层匀称，厚 7～10 厘米，夯窝直径 5～6 厘米，与赵王城的夯土结构相似，当属于战国时期的夯土城垣基址，而其上的地面城垣应是汉代在前代基础上续建的。另外，在地面城垣西侧，还发掘了 8 座打破城垣基部夯土或附近地面的西汉晚期的小型墓葬，出土五铢钱、货泉钱和星云纹铜镜等遗物。发掘表明，此段城垣的地下基址系战国时期修筑，汉代继续沿用并有所增补，至西汉晚期以后渐衰废，成为平民墓地[1]。

城垣内侧没有发现类似王城城垣内侧的台阶状结构及铺瓦设施，也未见排水槽，但发现有排水槽残片。此或许是破坏严重所致，亦或许不存在台阶状结构和铺瓦设施。

（三）中北部城区的宫殿建筑基址

1. 温明殿遗址

位于大北城的中部偏西北部，西距梳妆楼约 560 米。为一夯土台建筑基址。现存基址平面呈长方形，南北长 18 米，东西宽 14.5 米，存高 2 米。经钻探，四周地表下仍有夯土分布，其原有规模约有 800 平方米。基址基底距今地表约 5 米，与汉代文化层相连。出土遗物有灰陶绳纹板瓦和卷云纹瓦当等残片，其中多为厚胎布纹底的汉代遗物。据史载，西汉赵王如意建温明殿，故址在邯郸县西北。此夯土台建筑基址有可能即汉代温明殿旧址。

2. 丛台遗址

位于大北城的东北部，今邯郸丛台公园内。丛台一名，据《汉书·高后纪》："赵王宫丛台灾。"颜注曰："连聚非一故名丛台。盖本六国时赵王故台也，在邯郸城中。"传说为赵武灵王的军事操演场所。

丛台实际上为一大型夯土台建筑基址。台址上现存建筑为 1963 年在清代建筑基础上重修。现存台基址长方形，东西长约 59 米，南北宽约 40 米，高 12 米。1963 年洪水，台基部分坍塌，断面中部的夯土层坚实匀称，其内含有战国时期的灰陶豆等残片。因此推测丛台遗址本属战国时期的夯土台建筑，以后诸代在原址上屡有建筑增补。

---

① 邯郸市文物保管所：《河北邯郸市区古遗址调查简报》，《考古》1980 年 2 期。

3. 春厂农贸市场遗址

位于丛台路南侧春厂农贸市场附近。2001 年发掘 100 平方米，发现汉代卵石面、陶制排水管道以及大量筒瓦、板瓦、陶器残片等。卵石面存长 10.5、宽 3 米，其上叠压一层石板铺砌的路面或踏道。在此北侧 16 米处发现上下两层陶排水管道系统，应属早晚不同时期的遗存。下层管道距今地表约 7 米，由并列两排套接的陶制排水管构成，呈南北走向，并略有南高北低之态势，北端伸入一条东西走向的排水沟内。水沟沿岸铺砌有卵石，当为固护之用。上层管道距今地表约 6 米，单排陶制排水管构成，亦为南北走向，南高北低向北延伸入排水沟内。排水沟口部宽 1 米左右，其下将下层的排水管道打破。

此处遗址的性质应属高等级的大型建筑基址，拥有完善的排水设施，并且沿用时间较长，后期得到改建或重建。此地点距丛台不远，大概同属汉代宫殿或贵族住宅区。

温明殿和丛台位于城内偏北部，均属于宫殿建筑基址。这两处地方的具体位置，在《水经注》卷十中均有明确记载：

"拘涧水（今渚河）又东，又有牛首水（今沁河）入焉。水出邯郸县西堵山，东流分为二水，洪湍双逝，澄映两川……其水（牛首水）东入邯郸城，迳温明殿南。汉世祖擒王郎，幸邯郸，昼卧处也。其水又东，迳丛台南，六国时赵王之台也。"

现在的沁河河道有所改变，西段流经温明殿南，但东段已在丛台之北。此乃明代正统年间改河道避让县城所致①。

（四）中东部城区的手工业作坊遗址

在大北城内中东部的勘查区域内，发现手工业作坊遗址 20 余处（目前已经公布资料的）。其中可确定性质的有：冶炼作坊遗址 4 处、制陶作坊遗址 5 处、制骨作坊遗址 1 处、石器作坊遗址 1 处。另外还发现水井遗迹 6 处。

至于大北城中东部区域之外的广大城区，由于未作类似上述详细的考古勘查，因此其地下遗存情况不太明朗。

1. 冶炼作坊遗址

共计发现 4 处。

陵 D10：残存炼炉底部红烧土面，东西长 3 米，南北宽 2 米。附近堆积大块草拌泥红烧土块、炼渣及陶器残片。属战国时期炼铁遗址。

中 D16：发现于地表下 7～7.4 米深处的战国层之下，主要是碎铁渣、炭渣、红烧

---

① 《邯郸县志》卷 3，1940 年。

土块等混合堆积，其下是原生土层。属战国时期炼铁遗址。

邯山 D7：距今地表 6.2～8.9 米。残存炼炉壁，长 1.75、厚 0.9 米，周围有木炭、碎铁、齿轮范、钱币范、筒瓦、卷云瓦当残片等。属汉代铸铁遗址。

中北 D1：距今地表 6.3～7 米。主要是红烧土堆积，出土的坩埚内有铜锈。属战国时代铸铜遗址。在此以南 100 米处的中 D2 地点的同一文化层中，发现成捆的三棱形铜镞，或许与此铸铜遗址有关。

另外发现冶炼遗迹的地点还有：市中心医院地点，位于陵园路与陵东街交叉口附近，发现战国及汉代炼铁遗迹；邯郸博物馆地点，发现战国时期冶铜遗迹①。

2. 陶窑作坊遗址

资料已公布的共计发现 5 处。

邯山 D4：距今地表 6 米。窑址平面圆形，内底径 1.32 米，残存窑壁高近 2 米。窑内及附近堆积大量红烧土、灰渣和灰陶绳纹罐、盆等残片。属战国或西汉初陶窑遗址。

邯山 D11：距今地表 7 米。残存陶窑底部的红烧硬土面，南北长 2.7 米，东西宽 2.3 米。打破汉代文化层，属汉代陶窑遗址。

火 D1：发现于今地表下 7.4～8.4 米深处。残存陶窑址，壁厚 30 厘米，为青蓝色烧土，其外为红烧土，附近堆积大量红烧土及陶器残片。属汉代陶窑遗址。

邯 D13：残窑址，红烧土、木炭堆积及板瓦、盆等陶器残片。属战国、汉代陶窑遗址。

和 D30：残窑址，红烧土、木炭堆积及板瓦、罐等陶器残片。属战国、汉代陶窑遗址。

另外发现制陶作坊遗迹的地点还有：人民路与中华北大街交叉口附近的东庄遗址，发现战国、汉代陶窑遗址。

3. 制骨作坊遗址

发现 1 处（和 D12）。距今地表 6 米。遗物有大量加工锯平的骨料和骨器等，另有灰陶绳纹板瓦、筒瓦和盆、罐、细柄豆等残片。属战国时期制骨作坊遗址。

4. 石器作坊遗址

发现 1 处（城关 D9）。距今地表 9 米。出土遗物有石料、石磙、石板、圆形柱础石等石器半成品，其中石础与王城 6 号夯土台建筑基址的相同。石磙 12 个，长 98～131、直径 50～54 厘米，两端中央凿有圆窝或方窝，窝深 3～9、直径 7～8 厘米。属战国时期石器作坊遗址。

---

① 乔登云、乐庆森：《赵都邯郸故城考古发现与研究》28 页，《邯郸学院学报》2005 年 1 期。

（五）城区内其他遗址

1. 市宾馆遗址

位于中华北大街西侧。1983 年，宾馆建设施工开挖基槽，发现春秋至汉代文化层堆积及灰坑遗迹，出土遗物主要是陶片，器形有豆、罐、盆、瓮、鬲等①。

2. 人民路立交桥遗址

1987 年，在人民路与浴新大街立交桥建设工地地点，即西距西城垣约 1500 米、西北距铸箭炉"半两"钱范遗址 1000 米处，在地表下 7 米发现西汉"半两"石钱范 50 余块，以及铜炼渣、坩埚残片等②。另外，此地以西 30 米附近，还发现西汉陶窑遗址。看来这一带在西汉应是一处较密集的手工业作坊区。

3. 王郎村遗址

1990 年，在西城垣内侧的王郎村北发掘 130 平方米，发现较丰富的战国遗存。遗迹有灰坑，出土遗物以陶器为主，包括建筑类和生活用具类两种。建筑用陶有米格纹空心砖、素面瓦当、筒瓦、板瓦等，另还发现石柱础残块，复原直径达 0.4 米。生活用陶有细柄豆、细绳纹罐、碗、钵、盆、瓮、纺轮等。这些发现表明，战国时期王郎城一带的西北隅城区，分布着建筑并住有居民③。

2002 年，在王郎城一带城垣南侧的百花小学建设工地，发掘 28 平方米，发现战国时期的建筑基址、陶圈井、小型墓葬④。建筑基址距今地表 1.2 米，结构分为上下两个部分。上部为宽 2.15 米呈东西走向的夯土结构，夯土厚 0.55~0.63 米，由黄黑混合土夯筑而成。夯土之下的下部结构为一层铺石，石块大小不等，大者长 1.4、宽 0.7、厚 0.2 米。基址北侧出土遗物有板瓦、筒瓦、瓦当、空心砖、折腹碗等陶器残片。基址东北数十米处发现一座陶圈构造的水井，井口距今地表 0.5 米，存深 3.2 米，井壁由 8 节陶制井圈叠砌而成。每节陶井圈直径 125、高 39、厚 4 厘米，表饰有绳纹。井内填满板瓦、筒瓦、瓦当等建筑用陶残片，其中瓦当均素面，推测水井的年代应属战国时期。另外，水井附近还发现 4 座小型战国墓葬。

王郎村一带丰富的战国遗存，反映了大北城内西北隅地区在战国时期的兴盛情况。

4. 东门里遗址

位于人民路中段北侧，即陵西大街与中华大街之间的地域。1992 年，发掘面积 36

---

① 邯郸市文物管理处：《邯郸市宾馆地下古遗址的调查》，《文物春秋》1990 年 4 期。
② 邯郸市文物管理处：《邯郸古城区出土汉半两钱范》，《文物春秋》1997 年 2 期。
③ 邯郸市文物管理处：《王郎村古遗址试掘简报》，《文物春秋》1992 年 1 期。
④ 乔登云、乐庆森：《赵都邯郸故城考古发现与研究》28 页，《邯郸学院学报》2005 年 1 期。

平方米，发现战国至汉代的灰坑、水井、陶窑、10 座战国小土坑墓和 4 座汉代瓮棺墓葬。出土遗物有板瓦、筒瓦、钵、盆、豆、瓮、鬲等陶器残片①。

5. 裴庄遗址

位于城区中西部，铁西大街和复兴路交叉口东北侧附近。1993 年，发掘面积 150 平方米，发现丰富的战国遗存，遗迹发现灰坑 7 座，出土遗物有素面瓦当、板瓦、筒瓦、豆、罐、盆、钵等陶器。此地点发掘资料表明，大北城中西部的这一带在战国时期即为较稠密的居民区，而汉代遗存却不太丰富。此与城区东部汉代遗存较丰富的情况有所区别②。

6. 东庄遗址（新世纪广场遗址）

位于人民路与中华大街交叉口东北侧。1997 年，发掘面积 47 平方米，在距今地表 6 ~ 7 米深处，发现战国至汉代的水井、灰坑等遗迹，出土遗物主要是陶器，有豆、罐、盆、碗、量等，其中陶碗上发现有"邯亭"的圆形戳印陶文，陶量上有"邯郸亭"的戳印陶文③。

7. 资料尚未正式公布的其他遗址④

（1）日月商城遗址

位于陵西大街与和平路交叉口西北侧。1991 年，在距今地表 5.5 米深处，发现战国至汉代的夯土墙、排水道、灰坑等遗存。

（2）康德商场遗址

位于陵西大街与和平路交叉口西北侧的日月商城南侧。1998 年，在距今地表 6 米以下，发现战国至汉代的陶圈水井等遗迹。

（3）市博物馆遗址

位于中华北大街与展览路交叉口附近。2000 年，市博物馆后楼建设工地，于今地表以下 6 ~ 7 米深处，发现战国至汉代陶圈井、土井、墓葬、铸铜遗迹等，其中 3 座小型墓葬均属战国时期。

---

① 邯郸市文物管理处：《邯郸市东门里遗址试掘简报》，《文物春秋》1996 年 2 期。
② 邯郸市文物管理处：《裴庄遗址清理报告》，《文物春秋》1996 年 4 期。
③ 邯郸市文物研究所：《邯郸市东庄遗址试掘简报》，《文物春秋》2006 年 6 期。
④ 乔登云、乐庆森：《赵都邯郸故城考古发现与研究》，《邯郸学院学报》2005 年 1 期；乔登云：《邯郸市文物保护研究所文物考古工作四十五年》，《追溯与探索——纪念邯郸市文物保护研究所成立四十五周年学术研讨会文集》，科学出版社，2007 年；王永军：《邯郸基建工程文物考古成果综述》，《追溯与探索——纪念邯郸市文物保护研究所成立四十五周年学术研讨会文集》，科学出版社，2007 年。

（4）贸易路西端遗址

位于贸易路西端附近。2001 年，发掘 25 平方米，发现西汉时期的水井 2 座，出土遗物有筒瓦、板瓦、卷云纹瓦当、碗、瓮、半两铜钱等，还发现一件瓦当残片上存一"千"字。

（5）陵西遗址（金正广场遗址）

位于陵西大街与和平路交叉口东南侧。2002 年，发掘 39 平方米，在地表下 7.5 米深处发现战国时期的灰坑，坑底距今地表 9 米。

（6）市中心医院遗址

位于陵园路与陵东街交叉口东北侧。2002 年，发掘 49 平方米，在距今地表 7 米深处，发现战国至汉代的灰坑 4 座、炼铁渣堆积以及汉代房址 1 座。

（7）人民路变电站遗址

位于人民路与中华北大街交叉口东北侧的新世纪广场东侧。2002 年，发掘 42 平方米，发现汉代水井 2 座、灰坑 4 座、灶坑 1 处、古道路及路侧的排水沟，另还发现婴儿墓葬 15 座。道路呈东西走向，路面结构可分早晚两个时期。晚期路面距今地表 6.8 米，路土可分两层，总厚 0.5 米。早期路面距今地表 7.6 米，路土可分 4 层，基底系夯筑，总厚 1.2 米。排水沟槽位于路侧，亦有早晚之分。早期的沟槽与早期路面相对应，可分为三层：下层为土沟，中层为陶制排水管道，上层为砖石结构排水槽。晚期的沟槽只有土沟式。属汉代城内主要道路及排水沟遗址。

（8）郝庄遗址（信华大厦遗址）

位于人民路中段南侧郝庄北。2003 年，发掘 65 平方米，在距今地表 7.3 米以下，发现汉代南北向古道路 1 条、水井 1 座、灰坑 1 座、婴儿墓葬 14 座等遗迹。

（9）招贤大厦遗址

位于人民路中段南侧的城东街交叉口附近。2006 年，发掘 200 平方米，发现战国至汉代的房址、灰坑、水井、道路、墓葬等遗迹。

（10）世贸广场遗址

位于陵西大街与和平路交叉口附近。2006 年，发掘 200 平方米，发现战国至汉代房址 1 座、水井 3 座、沟渠 2 条、灰坑 47 座。

（六）水井遗迹

战国至汉代水井遗迹发现的地点共计 16 处，其中资料已正式公布的有 5 处。

1. 丛西 D11：井口部距今地表 7.8 米，在原生土以上 0.1 米。井深 2.81 米。井壁为陶制井圈结构，存 6 节，内径 83、高 40、厚 3 厘米，形制同王城 1 号井圈。井内出土遗物有细柄豆、细绳纹罐及牛、马骨等。该井在战国文化层底部，属战国时期水井遗迹。

2. 陵 D10：地表 10 米下见陶井圈，上部已遭破坏，存深 4.1 米。井壁结构分上下两部分：上部系陶圈叠砌，残存 9 节，存深 2.9 米；下部为砖砌，深 1.2 米。井圈内径 86、高 32、厚 3 厘米。砖长 25、宽 13、厚 4 厘米。井内出土遗物有半两、五铢钱和陶罐等。属汉代水井遗迹。

3. 中北 D14：井口距今地表 5.2 米，井深 4.3 米，内径 1.17 米。井口保存完整，用两块石块对接铺设而成，石井沿上留有绳磨深痕。井壁砖砌，砖表饰绳纹，长 33、宽 16、厚 6 厘米。井内出土遗物有细柄豆、罐等陶器残片。井底有一层 40 厘米厚的细沙，其下为原生土。属汉代水井遗迹。因井口保存完整，是汉代地面距今地表深度的极好实证。

4. 邯郸博物馆地点发现 4 口战国至汉代水井，其中 3 口为陶井圈结构；

5. 王郎村北百花小学地点，发现战国陶井圈结构水井 1 座；

6. 康德商场地点，位于陵西大街与和平路交叉口西北侧，发现战国陶井圈水井；

7. 贸易路西端地点，位于贸易路西端附近，发现西汉水井 2 座；

8. 东门里地点，位于人民路中段北侧，即陵西大街与中华大街之间的地域，发现战国至汉代水井；

9. 东庄（新世纪广场）地点，位于人民路与中华大街交叉口东北侧，发现战国至汉代水井；

10. 人民路变电站地点，位于人民路与中华北大街交叉口东北侧的新世纪广场东侧，发现汉代水井 2 座；

11. 郝庄（信华大厦）地点，位于人民路中段南侧郝庄北，发现汉代水井 1 座；

12. 招贤大厦地点，位于人民中段南侧的城东街交叉口东侧，发现战国至汉代水井；

13. 世贸广场地点，位于陵西大街与和平路交叉口西南侧，发现战国至汉代水井 3 座。

（七）城内墓地

战国墓地主要分布在西北隅小城以南的地区，另在距东垣不远的东部地区也有发现。汉代墓地亦主要分布于西北隅，但占地范围大于战国时期，并且有大型墓葬，另在城区东部也有发现。

1. 插箭岭—王郎村汉代墓地

位于大北城西北隅插箭岭遗址东南接近西城垣的城内一带，以及王郎村以西的城内一带并延伸至城外。现存有 6 座带封土的墓葬，地下埋藏的墓葬数量很多。封土范围一般在 20～25 米至 55～60 米之间，高约 4～15 米。封土及其周围散布绳纹板瓦、筒瓦及陶片。4 号墓曾发掘，出有玉衣片和"刘安意印"铜印等遗物，故被认为是西汉象氏侯刘安意的墓[①]，此处墓地近年也有人推测是刘安意祖父赵敬肃王的陵园[②]。该墓地应属汉代赵都贵族墓地，当无多大问题。1958 年，在王郎村西 250 米处一带发掘东汉墓葬 52 座，这一带位于大北城内紧邻西城垣或其内外附近，反映了城市墓葬区在东汉时期的位置变化。插箭岭—王郎村汉墓群的分布，表明在汉代后期，大北城西北隅接近西城垣一带已经成为墓地。

2. 铁西大街北端墓地

位置所在即大北城内的西北隅一带。包括四季青新村、安庄新村两个地点。四季青新村地点位于赵苑公园以南、铁西大街两侧的四季青新村。2000 年，发掘战国至汉代墓葬 26 座。安庄新村地点位于赵苑公园以南、铁西大街北端两侧。2002 年，发掘战国至汉代墓葬 80 座。

3. 中北 D4 地点：发掘汉代小型墓 1 座，随葬品有泥质红陶罐和铜镜。

4. 城南 D15 地点：发掘汉代小型砖室墓 1 座，随葬品有五铢钱和陶碗。

5. 邯郸博物馆地点：发掘战国小型墓葬 3 座。

6. 王郎城段城垣南侧百花小学地点：发掘战国小型墓葬 4 座。

7. 人民路与土山街交叉口地点：发掘汉代瓮棺葬 5 座。

8. 东门里地点：于人民路中段北侧，发掘 14 座汉代墓葬。

9. 人民路变电站地点：位于人民路与中华北大街交叉口东北侧的新世纪广场东侧，发掘汉代婴儿墓葬 15 座。

10. 招贤大厦地点：位于人民路中段南侧的城东街交叉口附近，发掘战国至汉代墓葬。

11. 郝庄（信华大厦）地点：位于人民路中段南侧郝庄北，发掘汉代婴儿墓葬 14 座。

（八）汉代新城

汉代新城即汉代后期邯郸城缩建后的新城，面积较战国和汉初的大北城要小得多。

1984 年发表的《赵都邯郸故城调查报告》中，首次披露了这座汉代新城的一些线索[③]。

---

① 史为：《关于"金缕玉衣"的资料简介》，《考古》1972 年 2 期；卢兆荫：《试论两汉的玉衣》，《考古》1981 年 1 期。

② 薛玉川：《西汉赵敬肃王刘彭祖家族墓地考》，《邯郸古都文化学术研讨会暨中国古都学会2008 年年会论文集》，2008 年。

③ 河北省文物管理处：《赵都邯郸故城调查报告》，《考古学集刊（4）》，中国社会科学出版社，1984 年。

南城垣地下基址：位于贸易街东西沿线，南距大北城南垣 1060 米。发现长度有 1280 余米，宽约 20 米。该城垣与大北城东垣相交并叠压其上，在交叉点距地表 1.5～4 米深处为此城垣，距地表 7 米深处才是大北城东垣，因此此城垣的年代要晚于大北城。对于此段城垣的性质，该报告推测说：是否为战国以后，邯郸城缩小而筑的邯郸城南城垣？1991 年，在贸易街中段市二医院门前工地，距地表 2.5 米，发现南城垣地下基址，存高约 4 米。

温明殿以西地下城垣基址：在温明殿以西 270 米处，南北走向，发现长度 900、宽 20～31 米。城垣北段在地表尚可见到微微隆起的土脊，耕土层之下即为夯土。由北向南，城垣基址上覆盖的土层逐渐加厚，南段厚达 1.6 米。关于此段城垣的性质，该报告推测说：距温明殿较近，应与温明殿有密切关系，疑为汉代墙址。有人更明确指出，此城垣是温明殿所在的邯郸宫的西壁，并进一步推测邯郸宫的范围为东西长约 600 米、南北宽 900 米，是西汉以来的邯郸城的核心区域①。

2005 年发表的《赵都邯郸故城考古发现与研究》中，详细报告了新城的情况②。西垣，南起贸易街西端，向北大致沿小光明街一带，经铁路北货场直到望岭路，总长约 3350 米。南垣，基本在贸易街东西向沿线，向东跨大北城东垣，直到国棉一厂西墙，总长约 1900 米。东垣，尚未探明，大概在光明大街附近南北向沿线一带，总长约 3060 米。北垣，大致在望岭路东西向沿线一带，东端在纺织医院一带，总长约 2100 米。新城总面积约 640 万平方米，约相当于大北城的二分之一。经对考古资料分析，新城的年代大约在西汉晚期到东汉时期，并可能延续到北朝；而大北城的年代为战国至西汉时期。

三　大北城建筑格局的认识

对大北城的布局和性质认识还存在着分歧。侯仁之先生最早对这一问题提出了看法③。长期以来，学术界大多数人基本同意这个意见。20 世纪 50 年代以来邯郸故城遗址的主要调查者之一陈光唐曾重申这一意见并认为：大北城出土的战国中后期遗物与王城内的同类遗物相同。大多数地点的清理发掘未及生土，个别到达生土的地点出土有战国早期遗物，例如：细泥深盘暗纹豆、鬲、细绳纹罐等。城西复兴路一带，即百家村南一带，发现有商周陶器残片。大北城早于王城，是邯郸的古城，

①　陈光唐：《邯郸历史与考古》84 页，文津出版社，1991 年。

②　乔登云、乐庆森：《赵都邯郸故城考古发现与研究》30 页，《邯郸学院学报》2005 年 1 期。

③　侯仁之：《邯郸城址的演变和城市兴衰的地理背景》316 页，《历史地理学的理论与实践》，上海人民出版社，1979 年。

最晚在春秋时已经具有一定的规模，赵迁都邯郸后，加以扩充建设，成为赵都的主要组成部分。至于其是否为春秋时邯郸午封地的邯郸城或更早的邯郸城，目前尚不能定论[1]。

然而近年来有学者提出了不同的看法：邯郸城区春秋时期文化遗存的较少发现，故城周围墓葬中也少有发现春秋时期的相关资料，因此，不排除春秋至赵迁都邯郸以前的邯郸城的位置存在位移或变化的可能[2]。实际上即推测认为，春秋时期的邯郸城可能并不在一般所认为的大北城区域，而有可能在此之外的其他地域，并进一步指出午汲古城乃春秋时期邯郸午的封邑城，或许可能与春秋邯郸城有联系[3]。

对于汉代旧新二城格局演变问题，乔登云等认为，西汉赵都邯郸开始时以战国大北城为基础，不断维修加固并使用，是为汉代旧城。旧城的使用年代主要在西汉时期，废弃年代当始于东汉。汉代新城的始建年代当不晚于西汉。新城修建缘由可能与防御、防水患、人口缩减等有关[4]。

至于两汉城内建筑的格局，赵王宫殿主要集中在北部城区，即今展览路东西一线以北地区，包括丛台、温明殿等主要建筑群。西北隅梳妆楼一带在西汉时期，也建有宫殿或官署建筑，并有冶炼作坊。大约西汉后期开始，插箭岭一带成为贵族墓地。南部城区主要是一般居民区和工商业区[5]。

根据上述考古发现的证据，大北城的年代及布局应是动态的。大北城的具体兴起年代，目前还没有发现直接的考古依据。目前推测，可能应在春秋时期。最初的大北城具体位置，应该在大北城范围内或其附近不远。这一地址的选定除了自然环境的因素外，还应与正处于太行山东麓南北向交通大道上有很大关系。换言之，邯郸城正位于沁河与大道的交汇处，此乃邯郸城兴起的重要物质基础。

战国初期，邯郸城得到发展，西北隅　带地势较高，可能是官署及贵族居住区。赵迁都邯郸后，邯郸城得到扩建，大北城的规模大概即在此时奠定。西北隅一带继续为官署及贵族居住区，并可能还存在王室宫殿建筑，其范围又向东面大幅扩展。于是整个大北城之北部大概属于宫殿、官署及贵族居住区，而南半部为一般居民区和手工业作坊区。至于城中的详细布局及使用密度，还有待于进一步的考古勘查，但目前在城区东西两翼的百花小学、市博物馆等地点发现有战国墓葬，或许说明城区中北部一

---

①　陈光唐：《邯郸历史与考古》79 页，文津出版社，1991 年。

②　乔登云、乐庆森：《赵都邯郸故城考古发现与研究》29 页，《邯郸学院学报》2005 年 1 期。

③　乔登云：《邯郸考古世纪回眸与前瞻》9 页，《文物春秋》2004 年 6 期。

④　乔登云、乐庆森：《赵都邯郸故城考古发现与研究》32 页，《邯郸学院学报》2005 年 1 期。

⑤　同④。

带可能为核心城区。西汉时期，王宫官署建筑集中于城内北部和西北隅一带。

西汉末或东汉初，大北城因故大面积收缩，在原城之内另建新城，新城的西垣和南垣大幅度内退 1000 余米，北垣内缩约 300 多米，东垣跨出旧城东垣之外。旧城西北隅一带被置之于城外，渐趋荒芜成为墓地。

因此，从春秋到东汉，大北城的发展轨迹经历了一个由小到大，再由大到小的过程。大北城在早期属于一座普通的城邑；战国时为赵都后，主要承担外城之功能，但亦存在着王室宫殿建筑群，或可以说也包含有宫城；汉代时，宫殿区全部位居城中北部，重新成为单城之城。

第九节　城郊遗址群和墓群

邯郸城郊地区的遗址和墓地，主要发现于西郊及西南郊区一带，亦即沁河、渚河流域，这些地区分布着东周至汉代的一般聚落遗址群和墓葬群。这些聚落和墓地是邯郸核心城区的有机组成部分，是邯郸城镇群团宏观聚落结构的第二层次，是邯郸城核心城区（王城与大北城）之外的首层聚落覆盖结构（图三三）。

一　城郊聚落遗址群

遗址群主要分布在故城以西沁河、渚河两岸的台地上，大多数系沁河流域自史前或夏商时代以来延续发展的聚落遗址[①]。邯郸城兴起后，这些聚落群成为城郊的外围村镇。

1. 张庄东遗址

位于康庄乡张庄村东南 1000 米，位于沁河上游西南支流东岸的台地上，海拔 167 米左右。时代战国。面积约 5000 平方米。文化层厚 0.7 米。遗迹有灰坑。出土遗物有陶器残片，以泥质灰陶为主，器表除素面外，多饰绳纹，可辨器形有瓮、罐、盆、豆等。

2. 大河坡遗址

位于康庄乡大河坡村北 30 米，沁河西支流南岸的台地上。时代包括春秋和战国。面积约 2 万平方米。文化层厚 1 米。遗迹有灰坑。出土遗物有泥质灰陶绳纹罐、素面豆等。

3. 北李庄遗址

位于康庄乡北李庄村东南 400 米，沁河南岸的台地上。时代包括春秋和战国。面

---

① 邯郸市文物管理处：《邯郸县商周遗址的调查》，《文物春秋》1992 年 2 期。

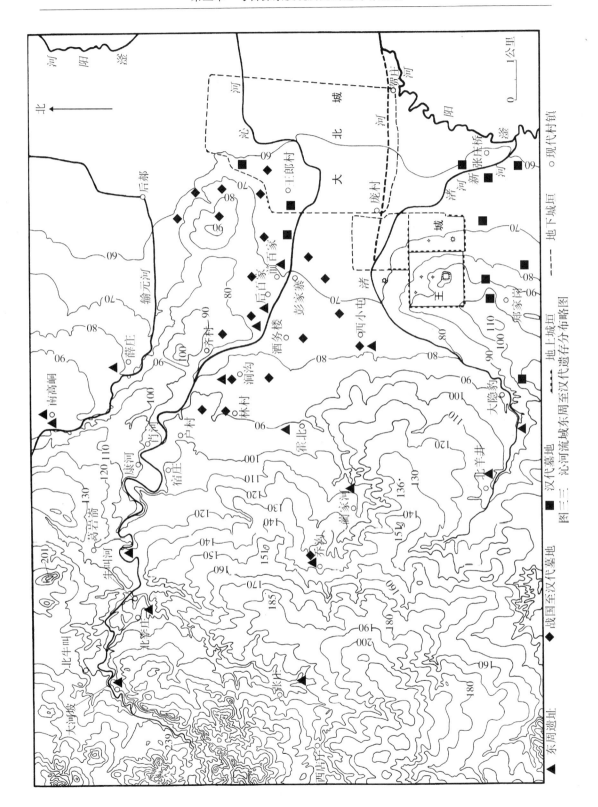

图三三　沁河流域东周至汉代遗存分布略图

积约6万平方米。文化层厚0.6米。遗迹有灰坑。出土遗物有灰陶罐、豆等。

4. 葛岩崯遗址

位于户村乡葛岩崯村南1000米，沁河南岸的台地上。时代战国。面积约4万平方米。文化层厚1米。遗迹有灰坑。出土遗物为陶器残片，以泥质灰陶为主，器表除素面外，多饰绳纹，可辨器形有瓮、罐、盆、豆、筒瓦、板瓦等。另外，村东200米一带曾出土过成捆的铜镞。

5. 霍北遗址

位于户村乡霍北村北100米，时代战国。面积约1万平方米。文化层厚0.8米。遗迹有灰坑。出土遗物有陶器残片，以泥质灰陶为主，器表除素面外，多饰绳纹，可辨器形有瓮、罐、盆、豆等。

6. 涧沟遗址

位于户村乡涧沟村北，沁河南岸的台地上。时代包括春秋和战国。文化层厚1~2米。1957年发掘。遗物有泥质灰陶的绳纹罐、瓮、盆和素面豆等残片。

7. 西小屯遗址

位于彭家寨乡西小屯村西，时代包括春秋和战国。面积约5万平方米。文化层厚1米。出土遗物有夹砂灰陶绳纹鬲、泥质灰陶绳纹罐和素面豆等陶器残片。

8. 后百家西遗址

位于彭家寨乡后百家村西1000米，沁河北岸的台地上。时代战国—汉代。面积约9万平方米。文化层厚1米。遗迹有灰坑。出土遗物有泥质灰陶的绳纹板瓦、筒瓦、瓮、罐、盆和素面豆等残片。

9. 后百家北遗址

位于彭家寨乡后百家村西北500米，沁河北岸的台地上。时代包括春秋和战国。面积约2万平方米。文化层厚1米，包含烧土和木炭。遗迹有灰坑。出土遗物为陶器残片，以泥质和夹砂灰陶为主，器表多饰绳纹，可辨器形有瓮、罐、盆、豆等。

10. 前百家东遗址

位于彭家寨乡前百家村东300米，沁河北岸的台地上。时代战国。面积约4万平方米。文化层厚1米。出土遗物有陶器残片，以泥质灰陶为主，器表除素面外，多饰绳纹，可辨器形有板瓦、筒瓦、瓮、罐、盆、豆等。瓦当、板瓦等建筑构件的存在，应反映此地为城外一重要的聚落点。

11. 乔沟遗址

位于蔺家河乡乔沟村北100米，渚河上游支流南岸的台地上。时代包括春秋和战国。面积约2万平方米。文化层厚0.5米。遗迹有灰坑和墓葬。出土遗物有泥质灰陶的罐、盆、豆等陶器残片。墓葬出土遗物有陶壶、鼎等。

12. 蔺家河遗址

位于蔺家河乡蔺家河村东 800 米，渚河上游支流两岸的台地上。时代包括春秋和战国。面积约 2 万平方米。文化层厚 1 米。遗迹有灰坑。出土遗物有陶盆、罐、豆、板瓦等。

13. 北羊井遗址

位于大隐豹乡北羊井村东南 100 米，渚河北岸的台地上。时代包括春秋和战国。面积约 1.5 万平方米。文化层厚 0.8 米。遗迹有灰坑。出土遗物有夹砂灰陶绳纹鬲、泥质灰陶绳纹罐、盆及素面豆等。

14. 大隐豹遗址

位于大隐豹乡大隐豹村西 1000 米，渚河南岸的台地上。时代战国。面积约 3 万平方米。文化层厚 1 米。遗迹有灰坑。采集有泥质灰陶绳纹罐、盆和素面豆等残片。

15. 南高峒西遗址

位于丛中乡南高峒村西，输元河东岸的台地上，海拔 96 米左右。时代战国。面积约 1.5 万平方米。文化层厚 0.7 米。遗迹有灰坑。出土遗物有陶器残片，以泥质灰陶为主，器表除素面外，多饰绳纹，可辨器形有瓮、罐、盆、豆等。

16. 南高峒北遗址

位于丛中乡南高峒村北 100 米，输元河东岸的台地上。时代战国。面积约 2 万平方米。文化层厚 1 米。遗迹有灰坑。出土遗物有陶器残片，可辨器形有泥质灰陶绳纹盆、素面豆等。

17. 薛庄西遗址

位于丛中乡薛庄村西北 300 米，输元河西南岸的台地上，西依岗坡。时代战国。面积约 3 万平方米。文化层厚 1 米。遗迹有灰坑。出土遗物为陶器残片，以泥质灰陶为主，器表除素面外，多饰绳纹，可辨器形有瓮、罐、盆、豆等。

张庄东、大河坡、北李庄、葛岩崙等 4 处遗址，位于沁河上游的丘陵河谷地带。霍北、洞沟、西小屯、后百家西、后百家北、前百家东等 6 处遗址位于沁河下游的丘陵山麓平原地带。南高峒西、南高峒北、薛庄西等 3 处遗址，位于输元河流域的丘陵与平原过渡地带。乔沟、蔺家河、北羊井等 3 处遗址位于渚河上游的丘陵地带，大隐豹遗址位于渚河中游的丘陵与平原过渡地带。

沁河流域东周遗址群目前共计发现 17 处，其中绝大多数尚未经正式的考古发掘，因此对这些遗址的确切内涵和年代的认识，目前还只能是一个大致的估计。年代包括整个东周时代的遗址有 7 处，换言之，17 处遗址中包含有春秋时代遗存的只有 7 处。春秋遗址的数量较少，并且从目前的资料来看，其中也没有明显凸出的大型核心聚落。邯郸城区范围内的春秋遗存目前也发现的很少，分布情况更不清楚，只有一些线索。

因此，目前对于研究认识春秋时期的邯郸城邑，甚至还不具备初步的考古资料基础。此乃今后考古工作的重点方向之一。战国时期，遗址数量剧增至 17 处，与商代时期的遗址数量大体相当，但与商代不同的是，沁河流域在战国初期即已经存在邯郸城邑这一大型核心聚落，此乃战国时期沁河流域聚落群兴盛发达的基础和根本（图三四；见表一）。

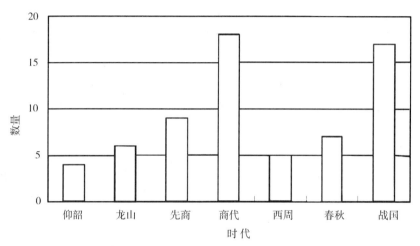

图三四　沁河流域战国以前聚落遗址数量变化统计图

二　城郊战国至汉代墓地

战国时期的墓地，主要分布在城西郊沁河两岸的岗坡一带；至汉代时墓地继续沿用，并又在城南张庄桥一带开辟了新的墓区。这些墓地的位置虽地处城市核心区外围，但其本质却是邯郸城核心的有机组成部分，性质多属赵都贵族墓葬（表二）。

战国时期的墓地以沁河为界，可分为南北两个大的地域：即沁河以北和沁河以南（简称沁北与沁南）。而每个地域又可分为两个墓区：

沁北东墓区，位于沁河北岸东部的高岗地上，东南邻近大北城西北城垣，属于大北城的西北近郊。具体范围北起后郝村，西南至前百家村东，即主要位于今市区西北部的建设大街东西两侧，墓葬由北向西南呈带状分布。

沁北西墓区，位于沁河北岸西部的岗坡地上，西起齐村，东至前百家村。

沁南东墓区，位于沁河南岸东部，西起酒务楼、西小屯，东至彭家寨村东南，即今天邯郸钢厂厂区所占据地域。

沁南西墓区，位于沁河南岸西部，西起户村，东至酒务楼村西一带。

1. 沁北东墓区

表二 1995～2003 年邯郸城区周围战国至汉代墓葬发掘情况统计表

序号	发掘时间	发掘地点	具体位置	战国	西汉	新莽	东汉	不明	合计
1	1995.5～9	邯郸新厂区	邯钢以西，西小屯村北、村东	92	180	30	23	35	360
2	1996.3～4	复兴区计经委	人民路与光华街交叉口东侧	1	3			6	10
3	1996.4～5	复兴区检察院	人民路与光华街交叉口东侧		3	1		6	10
4	1996.5～8	铁西水厂	人民路与前进大街交叉口东南侧	12	56	10		16	94
5	1997.2～3	复兴区土地局	人民路与光华街交叉口东侧	5	5	2		1	13
6	1997.3～4	邯钢化肥厂	赵王城西北隅外侧		1	1	2	1	5
7	1997.5～6	复兴区劳动局	人民路与光华街交叉口东侧	6	9	2	1	8	26
8	1997.5～6	彭家寨乡政府	人民路与光华街交叉口西侧		4				4
9	1997.9～10	百家村住宅区		8					8
10	1998.11	第十八中学	先锋路东段北侧	1	2			2	5
11	1998.12	复兴区防疫站	人民路南侧、复兴广场东侧	4	1		1		6
12	1999.3～4	南环路渚河桥	南环路中段		8	1			9
13	1999.4	水利工程处	人民路与百花街交叉口东侧				1		1
14	1999.4	农机公司	建设大街与先锋路交叉口西北侧	3`	8	3			14
15	1999.5	五七铁厂	建设大街与岭南路交叉口西北侧		11	1	1	2	15
16	1999.5	安装公司	建设大街与岭南路交叉口西北侧		4				4
17	1999.7～8	昌源小区	联纺路以南，建设大街东侧、赵苑西侧	4					4
18	2000.5	酒务楼村东	酒务楼村东	1		2	2	1	6
19	2000.9	四季青住宅区	铁西大街北端东侧	10	7		1	8	26
20	2000.6～9	西环路齐村段	齐村东南	26			4		30
21	2000.12	市博物馆	中华大街与展览路交叉口东北侧	3					3

续表二

序号	发掘时间	发掘地点	具体位置	战国	西汉	新莽	东汉	不明	合计
22	2001.3	王郎公寓楼	人民路与铁西大街交叉口东南侧	3	28	5		3	39
23	2001.5~6	百花小区	联纺路以南，建设大街东侧、赵苑西侧	5	16	8	1	3	33
24	2001.7~8	通达转运中心	张庄桥村西北		24	1	2	1	28
25	2001.10	钢材销售中心	联纺路以南，建设大街东侧、赵苑西侧		5	2	1	1	9
26	2001.12	大学生公寓	岭南路与光华街交叉口东南侧	2	4	3	1		10
27	2001.12~2002.8	岭南路污水线	岭南路沿线		22	4	1	11	38
28	2002.3~4	龙城小区	建设大街与人民路交叉口西北侧	1	10			3	14
39	2002.3~4	德源小区	?	1	1				2
30	2002.4	梅林大厦	人民路与中华大街交叉口西南侧				5		5
31	2002.5	锦花小区	联纺路以南，建设大街东侧、赵苑西侧	3	31	6	3	7	50
32	2002.8~9	百花小学	建设大街与人民路交叉口东北侧	4					4
33	2002.7~8	人民路变电站	人民路与中华大街交叉口东北侧				15		15
34	2002.9~11	第三建筑公司	建设大街与岭南路交叉口东北侧	3	23	1	4	1	32
35	2002.12~2003.1	安庄小区	联纺路以南，建设大街东侧、赵苑西侧	26	30	8	5	11	80
36	2003.1~2	土产公司	建设大街与箭岭路交叉口西南侧	12	11		1	2	26
37	2003.1	彭家寨信用社	人民路与前进大街交叉口东北侧		2		1	2	5
38	2003.2	信华大厦	人民路与中华大街交叉口东南侧				14		14
39	2003.3~4	复兴区地税局	人民路与前进大街交叉口东北侧	9	20		3	7	39
合计				245	529	91	93	138	1096

附注：此表根据乔登云、乐庆森《赵都邯郸故城考古发现与研究》一文的附表改制，增补墓地具体位置并略有改动。因墓葬资料绝大多数未经正式发表，因此此表可能遗漏一些资料，供参考。

位于大北城西北隅城垣以外的西北岗坡地上。东面近邻或紧邻大北城的西北隅城垣，西与百家村墓地相连，是邯郸城西北郊墓地的重要组成部分。主要分布在今市区建设大街东西两侧的广大地区，由北向南可再分为两个小区域。

（1）北小区。联防路以北，建设大街北段东西两侧，北至后郝村一带。

1989 年，发现 1 座小型土坑竖穴墓，位于联纺路和建设大街交叉口以北约 360 米处，东南距大北城约 1500 米。出土遗物有铜印、铜镜、铜带钩等①。此墓的发现，将大北城西北郊一带战国墓地的范围，又向北扩展了 1500 余米，有助于全面认识战国墓地的分布范围。

2005 年，在后郝村西南，发掘战国至汉代墓葬 10 座。其中 9 号大型战国墓，平面呈 "中"字形，带两条墓道，墓全长达 55 米。

（2）南小区。联纺路以南，建设大街南段东西两侧，南至人民路。即大北城西北隅斜向城垣外侧的高岗地上。

1996 年，复兴区计经委、检察院工地，发掘战国至汉代墓葬 20 座。在人民路西端与前进大街交叉口南侧的铁西水厂附近，发掘战国墓葬 97 座②。

1997 年，复兴区土地局、劳动局工地，发掘战国至汉代墓葬 39 座。

1998～1999 年，在建设大街沿线的岭南路南北两侧，发掘战国墓 4 座、汉墓 34 座③。其中，建设大街东侧、岭南路南面的先锋路北侧第十八中学建设工地，清理战国墓葬 1 座、汉代墓葬 2 座。建设大街与先锋路交叉口农机公司建设工地，发掘战国墓葬 3 座、汉代墓葬 11 座。建设大街与岭南路交叉口五七铁厂建设工地，发掘汉代墓葬 13 座。建设大街与岭南路交叉口安装公司建设工地，发掘汉代墓葬 4 座。

建设大街南北一线的总体地势是北高南低，而具体到这一带，从北面五七铁厂到南邻的安装公司，落差约 2.6 米，再到南面的农机公司，落差已达 3.2 米。常见的地层堆积的基本情形是：表土层，包括扰土，汉墓多出露于此层下；之下为黄褐土，属战国文化层，战国墓葬一般出露于此层下；其下为黄白色土，再往下即黄沙土。

战国墓均为小型土坑竖穴，随葬品包括陶器和铜器，陶器主要是鼎、豆、壶、盘、匜等，铜器主要是兵器剑、戈以及带钩等。有一墓出土有 "甘丹"布币。汉墓包括土坑竖穴、砖木结构和砖室结构三种，随葬品陶器有罐、壶、仓、灶等，铜器有镜、壶、洗、带钩、车马器等。

---

① 李海祥：《邯郸市西郊发现一座战国墓》，《文物春秋》1995 年 3 期。

② 郝良真、赵建朝：《邯钢出土青铜器及赵国贵族墓葬区域》，《文物春秋》2003 年 4 期。

③ 邯郸市文物研究所：《邯郸市建设大街战汉墓葬发掘报告》，《文物春秋》2004 年 6 期。

2001 年，岭南路与光华街交叉口附近的华冶建设工地，发掘汉代墓葬 9 座。建设大街以东、联纺路南侧的铁西钢材销售中心建设工地，发掘汉代墓葬 9 座。在建设大街以东、赵苑公园西侧的百花小区建设工地，清理一批战国至汉代墓葬。

2002 年，在建设大街与人民路交叉口西北侧的龙城小区，发掘战国墓 1 座、汉代墓 10 座[①]。在岭南路沿线管道工地，发掘汉代墓葬 27 座。在建设大街东侧、赵苑公园以西的锦华小区，发掘战国至汉代墓葬 43 座。在建设大街东侧第三建筑公司工地，发掘战国至汉代墓葬 31 座。

2003 年，在建设大街西侧、箭岭路以南的土产公司，发掘战国至汉代墓葬 24 座。在人民路西段北侧复兴区地税局，发掘战国至汉代墓葬 32 座。

2004 年，在岭南路以南、大北城西北隅城垣西侧的金丰小区，发掘战国至汉代墓葬 60 座。在赵苑公园西侧、建设大街东侧的百岭小区，发掘汉代墓葬 83 座。

2005 年，在建设大街与先锋路交叉口西北侧第十中学建设工地，发掘战国至汉代墓葬 249 座，许多墓葬出土有精美的玉器。在建设大街西侧的华冶建设工地，发掘汉代墓葬 42 座。

2006 年，在建设大街东侧、赵苑公园以西的锦华小区，发掘战国至汉代墓葬 6 座。在人民路与前进大街交叉口东北侧，发掘汉代墓葬 11 座。

2. 沁北西墓区

（1）百家村墓群

位于彭家寨乡百家村西北，沁河北岸的岗地上，东距大北城约 2000 米。时代战国至汉代，以战国墓葬为主。经钻探，无封土墓葬分布稠密，是一处大规模的墓群，面积约 2.5 万平方米。现存封土 16 座，封土夯筑，高约 3～10 米，边长 5～50 米不等。

1957～1959 年发掘 92 座墓葬和 6 座车马坑，其中 11 座为汉墓，其余 81 座均为战国墓。1972 年，发掘了 3 座战国墓。1972 年后又发掘战国墓 21 座，多属大中型墓，但盗扰严重，出土随葬品主要是陶器，另有少量的铜器鼎、豆、壶、盘、匜、戈、矛、剑等[②]。1974～1976 年，发掘战国墓葬 3 座。1984 年，发掘战国至汉代墓葬 26 座。1997 年，发掘战国墓葬 20 座。2006 年，人民路西端，发掘东汉墓葬 4 座。在百家村东复兴区国税局，发掘战国至汉代墓葬 50 座、灰坑 56 座。

战国墓均为长方形竖穴土坑墓，内有棺、椁、壁龛，个别墓椁室周围积石。大型墓中有的有殉人。葬式均为单人葬，60% 的墓头向北，25% 的墓头向东。车马坑分长方形、曲尺形、凸字形几种，每坑殉马 2～26 匹不等，其中 4 座见车子痕迹和狗骨架。

---

① 邯郸市文物研究所：《邯郸市龙城小区墓葬发掘简报》，《文物春秋》2004 年 6 期。

② 陈光唐：《邯郸历史与考古》91 页，文津出版社，1991 年。

出土随葬品有陶、铜、铁、玉石、玛瑙、水晶、蚌、骨器等。陶器多施彩绘或暗纹，器物组合为鼎、豆、壶、盘、匜、碗，少数墓中出铜礼器和铜兵器，有鼎、豆、壶、甗、舟、盘、匜、敦及剑、戟、矛、镦等①。

（2）齐村墓地

位于齐村东南，沁河北岸的岗坡地上，东南与百家村墓地相连，实际属于同一墓群。时代战国至汉代，以战国墓为主。2000年8月，西环路齐村段工地，发掘1座曲尺形车马坑和2座马坑，车马坑内殉葬马24匹、狗1只、车8辆；马坑内各殉葬马10匹、狗1只②。

3. 沁南东墓区

（1）彭家寨墓群

位于彭家寨乡彭家寨村东南，沁河南岸的台地上。时代战国至汉代，占地范围东西长约1000米、南北宽约500米。现存封土2座，高约3.5、直径约16米。1988年，在村东清理战国封土墓1座，无封土战国墓8座，无封土汉墓14座。其中15号墓为东汉时期，未经盗扰，出土陶器、铜镜、玉璧等遗物。1989年，在村东南的邯钢北门外，发现战国墓葬，其中一座墓中出土有青铜器鼎、甗、盘、匜等，时代约为战国中期，应属于较高等级的贵族墓葬③。1992年，发掘战国至汉代墓葬20座。1995～1996年，在村南邯郸三轧钢厂工地，钻探发现战国至汉代墓葬近2000座，发掘清理360余座（366座）。1997年，发掘战国至汉代墓葬7座。

（2）西小屯墓群

位于彭家寨乡西小屯村周围。存封土3座，夯筑，高2.5～4.5米，南北长21～37米、东西宽22～40米不等，地表散布有绳纹板瓦、筒瓦碎片。1997年，在赵王城西城西北隅外侧的邯钢化肥厂建设工地，发掘一批汉代墓葬。2003年，在村东北的邯钢冷轧薄板厂建设工地，发掘战国至汉代墓葬404座。2005年，发掘村西3号墓，存有封土，墓室平面中字形，带东西墓道，全长50余米④。2007年，在村北及村东的邯钢新区建设工地，发掘战国至汉代墓葬112座。

4. 沁南西墓区

①　北京大学、河北省文化局邯郸考古发掘队：《1957年邯郸发掘简报》，《考古》1959年10期；河北省文化局文物工作队：《河北邯郸百家村战国墓》，《考古》1962年12期。

②　乔登云、乐庆森：《赵都邯郸故城考古发现与研究》34页，《邯郸学院学报》2005年1期。

③　郝良真、赵建朝：《邯钢出土青铜器及赵国贵族墓葬区域》，《文物春秋》2003年4期。

④　乔登云：《邯郸市文物保护研究所文物考古工作四十五年》，《追溯与探索——纪念邯郸市文物保护研究所成立四十五周年学术研讨会文集》17～18页，科学出版社，2007年。

（1）林村墓群

位于户村乡户村、林村、涧沟一带，又称涧沟墓群。时代战国至汉代。最初登记存有封土的墓葬 49 座，1976 年登记时存 23 座，目前存封土墓 15 座。墓群分布在南北约 4 公里、东西约 5 公里的范围内。存封土一般高 4~7、直径 12~20 米不等，最大的一座封土高约 15、直径约 70 米。

（2）乔沟墓地

位于蔺家河乡乔沟村北 100 米，渚河上游支流南岸的台地上。发现战国时期墓葬，出土遗物有陶壶、鼎等。

三 城郊汉代墓地

汉代，上述四个区域的墓地均继续沿用，但沁河以北东墓区的范围向东有所延伸，直至到大北城内的西北隅一带，范围大致北起插箭岭，南到王郎村一带。另外，在城南郊开辟了新的墓地，西起大隐豹，东到张庄桥一带（见表二）。

1. 王郎汉墓群

位于彭家寨乡王郎村西 1200 米，沁河北岸的台地上，在大北城以西约 800 米处，时代汉代。为 2 座带封土的汉墓，南北相距约 500 米。南墓编号为 1 号墓，封土平面近圆形，底部直径约 15 米，高 3.5 米。北墓为 2 号墓，封土平面呈不规则长方形，底部南北长 13、东西宽 5 米，高 2 米。

1958 年，在村西 250 米处一带发掘汉墓 52 座，这一带位于大北城内紧邻西城垣或其内外附近，反映了城市墓葬区在东汉时期的位置变化。此批墓葬的年代主要是东汉时期，形制分土坑竖穴墓和砖室墓两种，葬具多为木棺，少量用陶棺，葬式多仰身直肢，少量屈肢。随葬器物较少，一般墓中仅放一两件陶壶或罐、尊等，其他有少量彩陶俑和陶圈等。少数墓出铜器、铁器、玉器、料珠和漆器，主要有铜镜、铜镞、铜带钩、铁锛、铁带钩、铁刀、玉人、水晶珠和五铢钱币等[①]。

1973 年，在城垣西侧附近，清理西汉中晚期至王莽时期小型土坑墓葬 8 座，打破城垣基础夯土，出土随葬遗物很少，有五铢钱、货泉钱、带钩、星云纹铜镜、陶罐等。此表明至少自西汉晚期开始，这一带已经成为平民墓地。

2. 张庄桥汉墓群

今邯郸市南郊赵王城遗址以南，东起滏阳河，西到郑家岗至大隐豹村一带，东西长约 7 公里、南北宽约 4 公里的范围内。时代汉代，属汉代赵都贵族墓葬区。据调查钻探，现存封土 20 多座，无封土墓更多。封土夯筑，存高 3~6、范围 10~50 米不等。

---

① 唐云明、江达煌：《邯郸王郎村清理了五十二座汉墓》，《文物》1959 年 7 期。

1964 年，在王城以南发掘 1 座。

1970～1973 年，在张庄桥村北发掘 2 座，均为东汉多室砖墓。其中 1 号墓存有 12 米高的封土，墓室通长近 25 米。两墓出土遗物有纪年铜洗、"永元四年" 铭鎏金铜鉴、"建武二十三年" 铭鎏金大爵樽、帐架、弩机、博山炉、匕首等青铜器以及釉陶楼、铜镂玉衣片等①。

1999 年，在张庄桥村西北约 500 余米的渚河桥建设工地，发掘汉代小型墓葬 9 座②。墓葬形制包括竖穴土坑和砖室两种，出土遗物有铜镜、铜车马器、陶罐等。该墓地的发掘，对全面认识张庄桥墓地的内涵具有重要意义。

2001 年，在张庄桥村西北的通达集装箱中心工地，发掘汉代墓葬 27 座。

2004 年，在张庄桥村西北的鹏利达公司建设工地，发掘汉代墓葬 22 座。

3. 马头汉墓群

邯郸故城西南 15 公里以内分布有 55 座高大封土的汉墓，与张庄桥墓群一样，亦属汉代赵都贵族墓葬区。

马头墓群位于马头镇以西到车骑关村一带。原有封土 8 座，现仅存封土 2 座，高约 10～11 米，南北长 30～70、东西宽 30～70 米，封土夯层明显。其中一墓封土顶部为直径 26 米的圆台，台上散布有汉代绳纹陶片。

1975 年发掘马头镇西车骑关村 2 座汉墓（编号 M1、M3）。1 号墓为石室木椁墓，墓室系沙石拱建，规模宏伟，室内长 16.4、宽 9.9、高 8.4 米。椁室用木料达百余方，为西汉早期 "黄肠题凑" 墓葬。因早年曾被盗焚，出土物仅有五铢钱、玉璧和陶鼎、壶、盘等。3 号墓规模略小，亦为石室墓，墓室长约 10 余米，宽约 4 米，曾被盗扰，随葬品无存③。

四　城郊聚落群和墓地格局的变化

城郊聚落遗址大多未经考古勘探和发掘，主要是一些简单的地面踏查资料，目前还难于分析这些聚落群与邯郸城在时空框架里的动态关系轨迹。但这些有限的资料所反映的信息，有助于宏观地观察了解邯郸城存在的全景形象。沁河流域自史前以来生息繁衍的聚落群，到东周时期孕育出邯郸城这座超大规模聚落。但邯郸城的壮大和繁荣，是依托沁河流域而存在的。因此，沁河流域聚落群在东周时期继续得到发展和繁荣，并成为邯郸城的郊区，与邯郸城成为一个有机的整体。

---

① 陈光唐：《邯郸历史与考古》，文津出版社，1991 年。

② 邯郸市文物研究所：《邯郸渚河桥汉墓发掘报告》，《文物春秋》2004 年 6 期。

③ 陈光唐：《邯郸历史与考古》，文津出版社，1991 年。

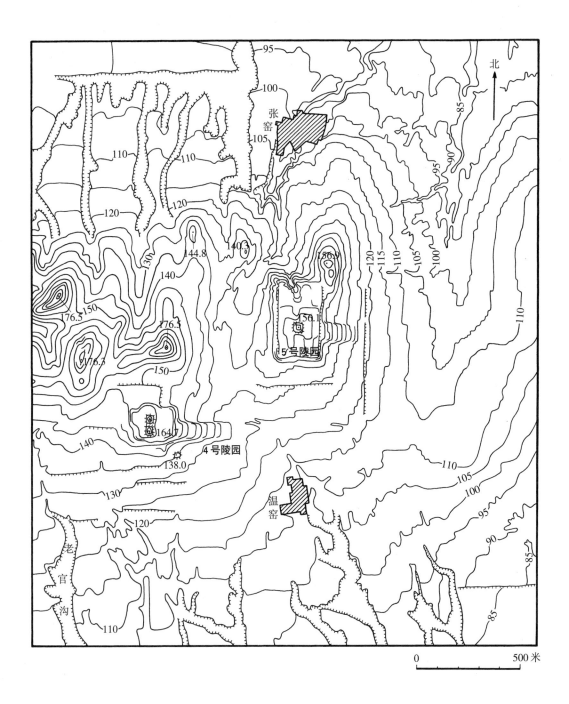

图三五　赵王陵园北陵区

与邯郸城区布局的变化一样，城郊墓地的格局也是动态的。城郊墓地位置及规模的变化，与赵邯郸城的发展演变是紧密相应的。

战国时期，赵都贵族墓地主要分布在西郊和西北郊区，其核心区域即今彭家寨—百家村到林村—齐村一带，南郊地区基本不见，城内也很少发现。墓地所处的地理位置，多在相对高度较高的丘陵坡地地带。

西汉时期，城西墓地继续沿用，同时在城南一带开始开辟新的墓区。墓地主要分布在西郊、西南郊和南郊，即较战国时期有所向南偏移。墓地的地理位置多在丘陵边缘地带或平原地区，相对高度较战国时期有所降低。

东汉时期，邯郸城规模收缩，城西北郊区墓地的范围向东有所扩展，甚至侵伸到原来的西城垣以内，即插箭岭和王郎村墓地。与此同时，城南一带的墓地范围及规模继续得到发展。

战国时期城内没有大规模墓葬群分布，此乃赵都严格规划所致。而到了汉代，随着城区规模收缩以及城市规划松散，墓葬群开始向原来的城区内入侵。

第十节　赵王陵园

赵王陵园是战国时期赵国王陵墓葬群，分布在邯郸城西北郊区的较远地带，其中1号陵园距离大北城西北隅城垣约10公里。与近郊的聚落群和墓地一样，赵王陵园也是邯郸城的有机组成部分，亦属于城市核心区域（王城与大北城）之外的第一层次聚落覆盖结构。

一　考古发现

陵园位于今邯郸、永年两县交界处，地处紫山东麓的丘陵地带，共有5座陵园，总占地范围约28平方公里。每座陵园所在的地址似经过认真选址，一般选择在高于附近地势相对独立的丘陵顶部，陵台所在位置的海拔在142～170米。高大的封土丘位居陵台中央。整个陵园居高临下，面向东方，气势宏伟。

根据陵园平面分布的格局，可分为南北两个区域。南陵区：有三座陵园，位于邯郸县陈三陵、周窑一带，编号为1～3号，三座陵园依次呈东北—西南斜向排列，间距约800～1200米。北陵区：有两座陵园，位于永年县温窑、张窑一带，编号为4、5号，两座陵园依次亦呈东北—西南斜向排列，间距约500米。南北两个陵区之间相距约3500米（按最近距离计算）（图三五、三六）。

20世纪50年代以来，多次对陵园进行调查。1978年调查时，发掘了3号陵园的一座陪葬墓，编号周窑1号墓①。2000年开始重点对2号陵园勘查发掘。

5座陵园建筑均坐西向东，形制基本相同。主要建筑元素包括陵台、封土、寝殿、围墙、陵道、陪葬坑、陪葬墓等。

陵台均以山为基，筑于小山之巅，削平山顶并堆筑平整而成，规模宏大。台面平坦，呈长方形，周边均经夯土加固，四周沿下为斜坡，有的加铺护坡石。陵台中央夯筑一座或两座方形覆斗形封土（3号陵园的为长方形），建有墓道和陪葬坑群，另还建有寝殿。陵台东侧正中有斜坡状陵道大路。陵台外围有陪葬墓群。其中3号陵园四周尚存有夯土围墙。陵台周围散见卷云纹圆瓦当、米格纹空心砖、铺地方砖、筒板瓦等建筑残件。

1. 1号陵园

位于三陵乡陈三陵村北约800米。陵台南北长约288、东西宽约194米，台面海拔约142米，距附近地表高10～20米。陵台西部和北部尚存部分夯土墙基，夯层厚8～13厘米。陵台正中偏南有封土一座，南北长约57、东西宽约47米，存高约15米。陵台东侧的坡道存长246、宽61米。陵台周围有较多的卷云纹半瓦当、砖瓦等建筑残件（图三七；彩版五，1）。

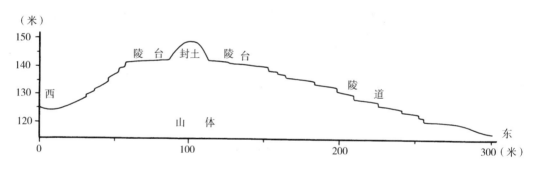

图三七　赵王陵1号陵园剖面图
（陵道台阶状系农民开垦梯田所致）

2. 2号陵园

位于三陵乡陈三陵村西北约900米，东北距1号陵园约800米。陵台南北长242、东西宽182～190米，海拔约168米。陵台中部有南北并列封土2座，间隔约10米，存高8～12米。南封土长、宽分别为50、42米，北封土长、宽分别为47、43米。陵台正东陵坡道残长90、宽63米。陵台北边缘中部暴露石砌水道一处，西部和东部边缘有断续的夯土墙残段，南部以石片垒成护墙，西部有大量石片堆积。陵台周围散见卷云纹

───────

① 河北省文管处等：《河北邯郸赵王陵》，《考古》1982年6期。

圆瓦当、米格纹空心砖、铺地方砖、筒板瓦等建筑残件（图三八；彩版六，1）。

1997年，该陵园被盗。2000～2002年，对陵园进行全面勘查，并重点发掘了2座车马坑和西北隅寝殿建筑基址。经考古勘探得知，陵台上的两座封土大墓，均为带东

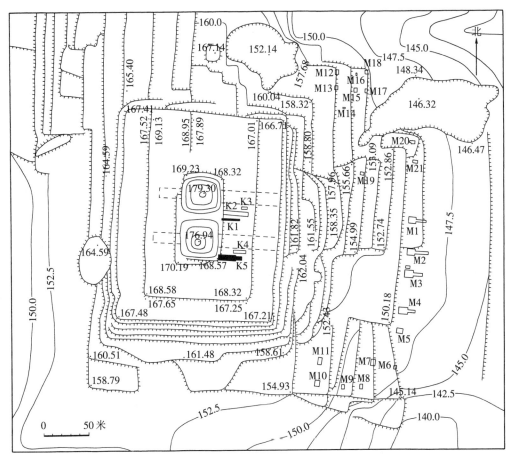

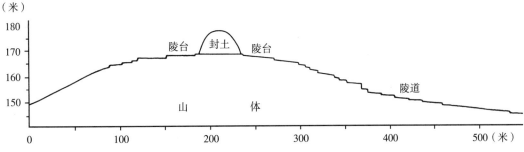

图三八　赵王陵2号陵园平、剖面图

平面图：M1～M21为陪葬墓，K1～K5为陪葬坑，其中K1和K5已发掘

剖面图：陵道台阶状系农民开垦梯田所致

西墓道的"中"字形结构。北墓的墓室形制为穿凿岩石山体的洞室结构,墓室底部积炭,现存封土顶部距墓底约 32 米。被追回的盗掘出土遗物主要有:青铜马 3 件、铜兽面铺首 1 件、金透雕牌饰 1 件、玉衣片 178 片。

玉片的形状包括长方形、近方形、扇形三种,边长均在 4.6 ~ 7.4 厘米之间,厚约 0.2 ~ 0.7 厘米。总的来看,玉片加工不够精细,大小不一,厚薄不均。每件玉片上均有小穿孔,以 6、8、10 孔占多数。关于这些玉片的性质,或认为是类似汉代玉衣葬服的玉衣片,或认为是玉铠甲的玉甲片①。无论何种性质,这是目前考古发现最早的可能用于包裹或覆盖身体的玉片,对研究自史前开始流行的葬玉制度,尤其是西周以来流行的覆盖面部和身体的专用用玉制度,具有重要的意义。

东墓道之侧分布有陪葬坑,已探明有 5 座。发掘的 5 号陪葬坑为一车马坑,位于南墓东墓道南侧。平面长方形,东西通长 27、南北宽 6.5 米,深 3.6 米。顶部积石,其下用枋木架构覆盖。埋葬有 4 车、14 马,均属实用车马。出土青铜车马饰件 200 余件。车伞装饰华丽,并有大型木俑(彩版六,2)。

陵台东面陵道两侧分布有陪葬墓群,已探明有陪葬墓 23 座,其中少数为带一条墓道的"甲"字形墓。

陵台西北隅发现有方砖铺砌地面、瓦砌散水、夯土基址等遗迹,并散落堆积不少的板瓦、筒瓦等,可能属于陵园寝殿建筑遗址。

3. 3 号陵园

位于工程乡周窑村东约 800 米,陈三陵村西南约 1900 米,东北距 2 号陵园约 1300 米。陵台南北长约 181、东西宽约 85 米,海拔约 170 米。台周呈斜坡状,上铺片状护坡石。陵台正中有长方形封土一座,存高约 5.5 米,南北长约 66、东西宽约 37 米。陵台东面的陵道已毁。陵台地表有筒瓦、板瓦、素面瓦当等建筑残片(图三九;彩版五,2)。

陵园四周尚存有断续的夯土围墙,平面近方形。东墙长 496 米,北墙长 489 米,西墙长 498 米,南墙长 464 米。陵台在围墙内位居中央位置,四周距围墙约 150 米。现残存北墙中部和东墙中部各一段,残高 1 米左右,基宽 7 ~ 11 米。

陵台西南角和西北角各有一座带封土的陪葬墓。西南角墓的封土长 74、宽 66 米,存高 11 米。西北角墓的封土长 31、宽 29 米,存高 3.3 米。两座陪葬墓附近另有无封土小墓多座。

陵台西北角陪葬墓于 1978 年发掘,编号周窑 M1。墓葬形制为土坑竖穴,平面呈中字形,东西有斜坡墓道。墓室长方形,口部长 14.5、宽 12.5 米,深 7.5 米。东墓道

---

① 陈斌:《战国赵王陵出土玉片试析》,《先秦两汉赵文化研究》,方志出版社,2003 年。

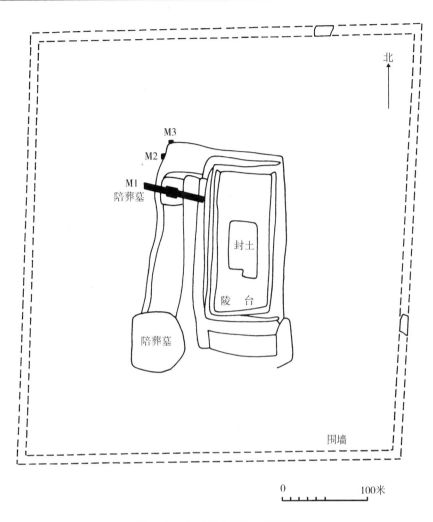

北

M3
M2
M1
陪葬墓

封土

陵台

陪葬墓

围墙

0   100米

图三九 赵王陵3号陵园平面图

内有车马坑，西墓道内有殉葬坑。椁室居中，长方形，东西长5.4、南北宽4.25～4.35米。椁外四周为夯土，椁底为基岩，开凿平整。椁乃两层结构，内木外石，外层石椁系用片状石块垒砌而成，内层木椁已朽。椁内一木棺，仅存红黑二色的漆皮。西墓道殉葬坑顶部为棚木覆盖，内葬有一木椁，椁内置二木棺，随葬品有铜镜、铜印、铜带钩等。东墓道车马坑顶部亦为棚木结构，已被盗扰，存马骨可能有2个个体，出土遗物有车马器等。墓室被盗严重，随葬品很少。椁室出土遗物有"安阳"、"皮氏"方足布、铜镞、铁镞、铁镬、金箔残片等。

在陵台以西200米处有一处遗址，面积约4万平方米，文化层厚1米。遗迹有灰坑。出土遗物主要为泥质灰陶器残片，器形有板瓦、筒瓦、瓮、罐、盆等。时代战国，可能属 3 号陵园的附属建筑遗址。

另外，陵台外围还有陪葬墓 2 座。其一位于陵台以北约 700 米，即周窑村东北约 1000 米处，封土近圆形，顶部近平，底径约 60 米，顶径约 30 米，存高 12 米，1989 年编号 7 号墓。其二位于陵台以东约 200 米，封土破坏严重，存高 1 米左右，基址东西长 5、南北宽 4 米。

4. 4 号陵园

原称作温窑 2 号陵。位于永年北两岗乡温窑村西北约 600 米，东北距 5 号陵园约 550 米。陵台南北残长 172、东西宽 201 米，海拔约 150 米，边沿坍塌严重。陵台中央有南北并列两座封土，存高均约 6 米，其中南封土长、宽分别为 39、37 米，北封土长、宽分别为 43、30 米。陵台下东南有两座小型带封土墓，可能为陪葬墓，俗称"将军墓"，1963 年一墓封土曾塌陷，深 5 米处暴露有绳纹砖。陵台正东陵坡道残长 286、宽 78 米（彩版七，1）。

1998～1999 年，该陵园被盗掘。根据勘查情况，北墓的形制为竖穴土坑木椁结构，现存封土顶部距墓底约 32 米。

5. 5 号陵园

原称作温窑 1 号陵。位于永年北两岗乡温窑村北 550 米。陵台南北长约 340、东西宽约 216 米，海拔约 150 米，规模乃五座陵园之中首位。陵台中部有一座封土，东西长约 49、南北宽约 47 米，高约 3 米，顶部平坦。陵台正东陵坡道残长 138、宽 61 米（彩版七，2）。

另外，陵区内还发现有一些墓葬群和一般聚落遗址。陵区东南约 6 公里处，有一村曰"丛冢"（今名"丛中"，乃简化所致），可能与这一带墓群众多有关。陵区内的墓群还有待于今后详细的考古勘查发现。

高窑墓群，位于高窑村东北的岗地上，东南距 3 号陵园不远。其中一墓封土不存，经钻探可知其规模大致为：东西长 26、南北宽 8.6 米。附近还有一带封土的大墓，称平冢。

寺西窑墓群，位于三陵乡寺西窑村北及村南。存带封土墓 2 座，夯筑封土高约 1.2～3 米，南北长约 4、东西宽约 5 米。时代约为战国或汉代。

陈三陵墓群，位于三陵乡陈三陵村西约 1000 米，2 号陵园以南约 700 米。村砖厂取土场内不断有古墓暴露，出土遗物有壶、井、灶、奁、耳杯、盘、博山炉等汉代陶器。应为汉代墓地。

姜三陵遗址，位于三陵乡姜三陵村东。1985 年调查发现。面积约 1.5 万平方米。采集有汉代的泥质灰陶瓮、罐等残片。

二　赵王陵园的格局

赵王陵园与赵王城一样保存基本完整，是战国时期王陵建筑群的代表性作品，因而也是研究东周王陵制度的典型标本。赵王陵修建于邯郸故城的西北远郊，距城区约10~15公里。这应当是经过认真规划后的设计结果。城外西北方向的百家村一带为战国以来的贵族墓葬区，王陵区没有选择在其附近建造，而是移向西北方更远更高处的丘陵区。这一带低山丘陵林立，山顶海拔一般约150~180米。5座陵园选择了5座小山之巅，地势高爽，居高临下向东南方向眺望，邯郸城可历历在目。

东周时期的都城与王公陵园的位置关系存在两种形式：其一是陵园主要设在城内或紧邻城区，如中山灵寿故城、燕下都、齐临淄故城，但其发展趋势是在城外建造陵园；其二是陵园设在城外，如晋都新田城、秦雍城等，而齐临淄故城的田齐王陵也分布于城外。赵邯郸故城陵园是典型的城外类型，追溯其规划思想之渊源大概与赵氏早期之都晋阳城有某种联系：晋阳城西面的丘陵地带为赵氏"公墓"之地，著名的金胜村赵卿墓即位于城之西北3公里处[1]。至战国中后期，将陵园设于城外逐渐成为主流形式。

赵王陵园的形制布局颇具特色：位于小山之巅坐西向东的长方形平坦陵台，覆斗形封土墓，东侧直长的斜坡陵道。此布局宏伟而层次有序，在东周王公陵园中最为瞩目。墓地东向是一个比较显著而独特的特点，而绝大多数的东周陵墓为南北向。东西方向的主要是秦公陵园，晋国上马墓地东向与北向并存，但以东向较多，金胜赵卿墓为东向。此或许反映出赵王陵园东向制度的一些渊源线索。长斜坡陵道目前似乎还是东周时代王公陵园的唯一发现，高大陵台连接着长长延伸的坡状陵道，更显陵园居高临下，庄严雄伟。

高大的封土及墓室是陵园的核心，2号陵园穿山崖洞式墓室并带东西墓道的形制，大概是中字形土坑竖穴墓与洞室墓互相结合后的一种奇特形式，此应与本地的地理地貌环境有很大关系。围绕墓室的陪葬坑群和寝殿建筑，是陵园的第二层次结构，它们与墓室一起构成陵园的主体内容。陵台以下周边附近的陪葬墓群是陵园的第三层次结构，其所处的位置与高高的陵台形成落差层次，其间的意义当然不仅仅是地势高程的差别。

关于每座陵园的主人，历来说法众多。明嘉靖《广平府志》卷八云："赵惠文王陵，与孝成、悼襄二王墓俱在邯郸县西北，俗号三陵。"此应指的是今陈三陵村附近的1~3号陵园，亦即推测1~3号陵园的主人包括惠文王、孝成王和悼襄王。1978年的赵王陵调查者推测称，五座陵园的主人可能是：敬侯、成侯、惠文王、孝成王和悼襄王等。至于2、4两座陵园内的双封土墓，可能是夫妇合葬，但更可能是肃侯和

---

① 山西省考古研究所等：《太原晋国赵卿墓》，文物出版社，1996年。

武灵王也葬于此地①。还有学者提出了更加详细的两种推论：1~3号陵园中4座王陵的墓主人是武灵王、惠文王、孝成王、悼襄王，其中1号陵园的主人有可能是武灵王，而4~5号陵园中3座王陵的主人则为敬侯、成侯、肃侯；或者，1号陵园的主人是敬侯，其后的君王依次于两侧建陵②。所有这些推测，都还需要今后考古发掘的证实。

第十一节　远郊城镇遗址群

邯郸城远郊地区主要指洺河中上游地区，包括北洺河、南洺河的上游流域，以及两支洺河合流后的中游流域。这一地区目前考古勘查和发掘共计发现11处城邑遗址，均建造有夯土城垣③。在这些城邑遗址的附近地区，大多还分布着稠密的普通聚落遗址群，它们共同构成了以一座或数座城邑为核心，包括周边众多普通聚落的城镇集团群，从而形成一个个城镇集群区。以邯郸城主城区为核心的近郊遗址群、墓群与王陵区，无疑构成了一个邯郸城集群区，其构成了邯郸城镇群团宏观聚落结构的第二层次。远郊洺河流域的城镇集团群组成了两个集群区，即固镇—午汲集群区、阳城集群区，它们构成了邯郸城镇群团宏观聚落结构的第三层次（图四〇）。

邯郸城集群区以邯郸城为核心，内容包括20余处普通聚落遗址、沁河两岸的墓群、赵王陵园等，主要分布在沁河、渚河流域，又可称之为沁河集群区。这些遗址群和墓群的平面布局大致呈半圆形，主要环绕在邯郸城的北、西、南三面的丘陵或丘陵与平原过渡地带。

沁河北的遗址有7处：周窑、南高峒西、南高峒北、薛庄西、后百家西、后百家北、前百家东等，其中周窑遗址一带紧邻赵王陵园南陵区的1~3号陵园，应属于陵园附属遗存。

沁河南的遗址有13处：邯郸县境内的张庄东、大河坡、北李庄、葛岩嵛、霍北、涧沟、乔沟、蔺家河、北羊井、大隐豹等，磁县境内的南城、严庄、东贺兰等。

邯郸城镇集群区既是邯郸城宏观聚落结构的第二层次，同时也是邯郸城远郊及邻近地区众多城镇集群区中的核心区（表三）。

---

① 河北省文管处等：《河北邯郸赵王陵》564页，《考古》1982年6期。

② 郝良真：《赵国王陵及其出土铜马的若干问题探微》，《文物春秋》2003年3期。

③ 陈光唐：《邯郸历史与考古》97~101页，文津出版社，1991年；乔登云：《邯郸境内先秦赵国城址考察与探索》，《赵文化论丛》192~209页，河北人民出版社，2006年；《邯郸地区文物普查资料汇编》，邯郸地区文化局，1978年。

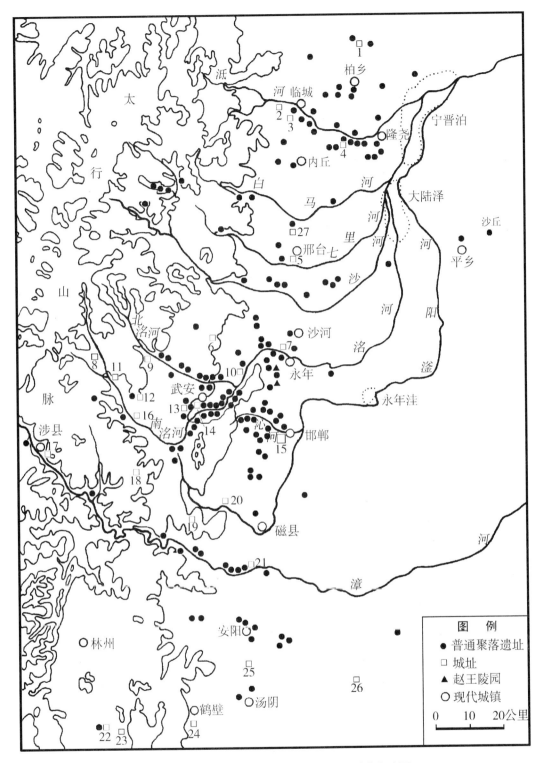

图四○　赵都邯郸邻近地区东周聚落遗址群分布略图

1. 鄗城　2. 柏畅　3. 临邑　4. 柏人　5. 邢台　6. 邑城　7. 西阳城　8. 小店　9. 贺进　10. 北田　11. 阳邑
12. 曹子港　13. 午汲　14. 店子　15. 邯郸　16. 固镇　17. 寨上　18. 武家庄　19. 北界城　20. 九龙口　21. 讲
武城　22. 荷花　23. 城峪　24. 鹿楼　25. 防城　26. 南故城　27. 鹿城岗　（此图主要根据表三和表四的资料制
作）

表三 邯郸城远郊及邻近地区东周至汉代城镇遗址登记表

(资料截至 2000 年)

名称	位置	形制及尺寸	夯土城墙	暴露遗迹	出土遗物
北界城	峰峰矿区界城镇北界城村北	平面呈曲尺形,东西长约 900 米,南北宽约 190～390 米	残高 1～6 米		铜镞及板瓦、筒瓦、陶排水管道、瓮、罐、盆、豆等
固镇	武安市冶陶乡固镇村北 300 米	平面呈长方形,南北长约 1750 米,东西宽约 1500 米	残高 1～3 米	灰坑、墓葬	板瓦、筒瓦、陶罐、盆、豆及铜器
午汲	武安市午汲镇午汲村北 150 米	平面呈长方形,东西长 889 米,南北宽 768 米	基宽 8～13 米,残高 1～6 米	陶窑、水井、灰坑、墓葬	铜器、铁器、陶器
店子	武安市宋二庄乡店子村西 200 米	平面近似方形,边长约 480 米	残高 1～2 米		板瓦、筒瓦、陶盆、瓮、豆等残片
阳邑	武安市阳邑镇阳邑村北	平面长方形,东西长 300 米,南北宽 200 米	已被现代村庄覆盖	灰坑、陶窑	陶盆、罐等
北田	武安市北安乐乡北田村北 1000 米	平面呈长方形,南北长约 730 米,东西宽约 500 米	基宽 5～10 米,残高 2～5 米	灰坑	板瓦、筒瓦、陶罐、盆、豆残片
曹子港	武安市石洞乡曹子港村南 20 米	平面呈长方形,东西长约 400 米,南北宽约 300 米	基部残宽 3 米,残高 1～2 米		板瓦、筒瓦、陶罐、盆残片
武家庄	武安市刘家庄乡武家庄村西北 500 米	平面呈不规则三角形,北城垣约 240 米,西城垣约 140 米,南城垣约 230 米	基宽 3～4 米,残高 1～8 米		板瓦、筒瓦、陶罐、盆、豆等残片
贺进	武安市贺进镇贺进村西南 200 米	平面呈方形,边长约 400 米	基宽 6 米,残高 1～5 米	灰坑	板瓦、筒瓦、陶罐等残片
邑城	武安市邑城镇邑城村西 200 米	平面近方形,南北长 450 米,东西存宽 420 米	基宽 5～6 米,残高 1～3 米		板瓦、陶水管道、罐、盆等残片

名称	位置	形制及尺寸	夯土城墙	暴露遗迹	出土遗物
小店	武安市管陶乡小店村西	平面近方形，边长约200米	残高1~2米		板瓦、筒瓦、罐等残片
九龙口	磁县下庄店乡九龙口村南	平面近方形，边长约700米	残高1~6米		陶罐、盆、豆等残片
讲武城	磁县讲武城乡讲武城村北	平面近方形，南北长约1380米，东西宽约1340米	基宽约12~30米，残高1~6米		铜镞、板瓦、筒瓦、陶罐、盆等
阳城（易阳）	永年县西阳城乡北阳城村、东阳城村附近	平面呈长方形，北城垣长1343米，西城垣长1076米，南城垣长1750米，东城垣长1227米	残高1~3米		铜带钩、板瓦、筒瓦、陶罐、盆等
临邑	临城县岗西乡南台村南30米	平面呈长方形，南北长510米，东西宽320米	基宽7米左右，残高1~4米		铁犁、铁镢、板瓦、筒瓦、陶罐等
柏畅	临城县西竖乡东柏畅村南200米	平面呈长方形，南北长600米，东西宽420米	基宽8~15米，顶部残宽1~3米，残高1~7米	墓葬、窖藏、冶炼作坊遗址	建筑构件、陶器、兵器、生产工具等
柏人	隆尧县双碑乡城角村和亦城村南	平面近方形，北城垣呈曲尺形。北城垣长2426米，东城垣长2225米，南城垣长1915米，西城垣长1451米	基宽约40米，顶部残宽4~8米，残高1~7米	城门9座、建筑基址2处	铜镞、铜带钩、铜刀币及陶器和建筑构件等
固城店（鄗城）	柏乡县固城店镇固城店村南1500米	平面近方形，边长约1500米	基宽约7米，残高1~5米	灰坑	板瓦、筒瓦、陶罐、盆、豆等

名称	位置	形制及尺寸	夯土城墙	暴露遗迹	出土遗物
防城	安阳县瓦店乡西郭村西南	平面呈长方形，南北长 1000 米，东西宽 800 米	残高 1.5 米左右		陶罐、豆等残片
南故城	汤阴县任固乡南固城村东南	形制不详，仅发现长约 1000 米的西城墙和北城墙	基宽 15 米，顶部残宽 5 米左右	夯窝、夯层	绳纹瓦片

一　固镇—午汲城镇集群区

（一）考古发现的城址群

1. 小店城址

位于管陶乡小店村西，南洺河西岸的岗地上，四面群山环绕，北依高山，东和南为洺河及断崖，地势险要。时代战国至汉代。城址平面近方形，边长约 200 米。面积约 4 万平方米。城垣夯土筑成，残高 1～2 米。出土遗物有泥质灰陶绳纹板瓦、筒瓦、罐和素面豆等残片。夯土中可见商周时期陶片，城内及附近地区为商周遗址。

2. 阳邑城址

位于阳邑镇阳邑村北，南洺河北岸的高台地上。城西依高山，北为丘陵，南临洺河，东为河谷平地。时代战国。城址平面呈长方形，东西长约 300 米，南北宽约 200 米。面积约 6 万平方米。遗迹有灰坑、陶窑。出土遗物有灰陶绳纹盆、罐等。城东南 1000 米处洺河南岸的台地上，有一处约 1 万平方米的战国遗址，出土遗物有灰陶绳纹板瓦、素面豆等。

城址周围邻近地区存在丰富的文化遗存。

城北侧遗址，面积 2 万平方米，文化层厚 1 米，遗迹有灰坑、陶窑，出土遗物有泥质灰陶绳纹罐、盆等。时代战国。

城东侧遗址，面积 5 万平方米，文化层厚 1 米，遗迹有灰坑和烧土堆积，出土遗物有泥质灰陶绳纹板瓦、筒瓦、罐、盆及素面豆等。时代战国。

城东南遗址，城东南约 1200 米，洺河南岸的台地上，面积 1 万平方米，文化层厚 1 米，遗迹有灰坑，出土遗物有泥质灰陶绳纹板瓦、罐、盆及素面豆等。时代战国。

阳邑镇历来为晋冀交通要道，武安八大镇之一。阳邑城西北距小店城约 7 公里，东北距贺进城约 12 公里。

3. 曹子港城址

位于石洞乡曹子港村南 20 米，地处丘陵地带。时代战国至汉代。城址平面呈长方形，东西长约 400 米，南北宽约 300 米。面积约近 12 万平方米。城垣夯土筑成，基部残宽 3 米，残高 1~2 米。发现有炼炉渣堆积，但未见炉址。出土遗物有泥质灰陶绳纹板瓦、筒瓦、罐、盆等残片。

4. 固镇城址

位于冶陶乡固镇村北 300 米，时代东周至汉代。位于南洺河北岸的台地上，四周为深沟断崖，地势险峻，是沟通太行山东西两翼交通要道上的重要门户。城址平面呈长方形，南北长约 1750 米，东西宽约 1500 米。内部可能包括三座独立或相连的小城，总面积 262 万平方米。城垣夯土筑成，残高 1~3 米。城内遗迹有灰坑、炼铁炉址、炼渣木炭灰堆积等。出土遗物有泥质灰陶绳纹板瓦、筒瓦、罐、盆和素面豆等残片。1979 年，在城内东部发掘东周墓葬 4 座，出土青铜器和陶器等遗物。值得注意的是，城内中部还建有一座小城，小城内多战国时期的陶器残片。

城址西侧墓地，面积 15000 平方米，战国至汉代，钻探发现近百座小型竖穴土坑墓，出土遗物有铜带钩、铜镞、陶壶、玉环等。

城址东 700 米处墓地，面积 15000 平方米，汉代，1985 年，修建公路时发现 20 余座墓葬，出土遗物有铜镜、陶罐等。

固镇城址西北方向，小固镇村西 100 米，冶铁遗址，面积 15000 平方米，文化层厚 1~2 米，红烧土、铁矿渣、灰陶片，西汉时期。

该城不仅是东西交通要道上的重要门户，还应是一处重要的冶铁手工业中心，是拱卫和支撑邯郸城的西部核心重镇。有人推测该城即战国时代的武安城①。

5. 武家庄城址

位于刘家庄乡武家庄村西北 500 米，南洺河支流西岸的岗坡地上。时代战国至汉代。平面呈不规则三角形，北城垣约 240 米，西城垣约 140 米，南城垣约 230 米。面积约 2.3 万平方米。城垣夯土筑成，基宽 3~4 米，残高 1~8 米。出土遗物有泥质灰陶绳纹板瓦、筒瓦、罐和素面盆、豆等残片。

①　陈光唐：《邯郸历史与考古》100 页，文津出版社，1991 年。

6. 午汲城址

位于午汲镇午汲村北 150 米，洺河支流北岸的台地上。时代春秋至汉代。平面呈长方形，东西长 889 米，南北宽 768 米，城垣内总面积近 69 万平方米。城垣夯土筑成，基宽 8～13 米，残高 1～6 米。夯层厚 7～14 厘米，夯窝直径 6 厘米。1956 年勘查发掘。遗迹发现有陶窑、水井、灰坑和墓葬。其中东周时期陶窑 2 座、墓葬 26 座；汉代陶窑 19 座。墓葬在城内和城郊均有分布，城内墓葬主要集中于城北部一带。出土遗物有铁器、铜器和陶器。铁器有镢、锥、钩、齿轮等。铜器有镞。陶器以泥质灰陶为主，器表除素面外，多饰绳纹，器形有板瓦、筒瓦、罐、盆、瓮、豆等[①]。

四面城垣中央位置各设 1 门，其中东门与西门之间的道路已经探明，宽 6 米。另还探明南北向道路共计 4 条，宽 2.5 米。由此一横四纵的 5 条道路将城内划分为 10 个小区。因此即有人推定午汲城内由道路划分的 10 个小区，即是呈南北长方形的 10 个里[②]。这一问题的最终解决，还有待于考古发掘的证实。

城址四周邻近地区发现有丰富的文化遗存，似乎为环绕的郭城，尤其城东侧最为丰富。

城西侧遗址，面积 10 万平方米，文化层厚 1 米。遗迹有灰坑和墓葬。遗物有铜戈、矛、镞等，泥质灰陶绳纹板瓦、筒瓦、盆等。时代战国。

城北一带有一高台地，面积约 3 万平方米。遗迹有灰坑。出土遗物有灰陶绳纹板瓦、筒瓦、盆及素面豆等。时代战国。

城东侧遗址的面积有 100 万平方米，文化层厚 1 米，遗迹有灰坑、小型墓葬、陶窑等，出土遗物有灰陶绳纹鬲、罐、盆、板瓦、排水槽及素面豆等，年代为春秋至战国时期，另存在商代遗物。

城东南一带的河北岸台地上，有面积约 10 万平方米的遗址区，出土遗物有灰陶绳纹板瓦、筒瓦、盆、罐等。时代战国。

城南侧遗址，大多已被村落占据，面积 3 万平方米，文化层厚 1 米，遗迹有灰坑、水井等，出土遗物有灰陶绳纹板瓦、筒瓦、井圈、盆、罐等。时代战国。

根据出土遗物分析，午汲城址的年代可早至春秋时期。因此有人指出，该城可能

① 孟浩等：《河北武安午汲古城发掘记》，《考古通讯》1957 年 4 期；河北省文物管理委员会：《河北武安县午汲古城中的窑址》，《考古》1959 年 7 期；河北省文物管理委员会：《河北武安县午汲古城的周汉墓葬发掘简报》，《考古》1959 年 7 期。

② 佐藤武敏：《汉代长安の市》，转引自张继海：《汉代城市社会》137 页，社会科学文献出版社，2006 年。

乃春秋时期邯郸午的封邑"五氏城"或"寒氏城",并与春秋邯郸城有联系①。

7. 店子城址

位于宋二庄乡店子村西 200 米,时代东周至汉代。位于南洺河北岸的台地上。平面近方形,边长约 480 米,面积约 23 万平方米。城垣夯土筑成,残高 1 ~ 2 米。城内出土遗物有陶器残片,以泥质灰陶为主,器表除素面外,多饰绳纹,可辨器形有板瓦、筒瓦、罐、盆、瓮、豆等。

该城址西距午汲古城不足 3000 米,两城应存在着密切的关系。有人指出,该城与午汲城一样,也是邯郸午的领地②。

8. 贺进城址

位于贺进镇贺进村西南 200 米,北洺河南岸的高台地上,西面及南面为群山。时代战国至汉代。城址平面呈方形,边长约 400 米,面积约 16 万平方米。城垣夯土筑成,基宽 6 米,残高 1 ~ 5 米。遗迹有灰坑。出土遗物有泥质灰陶绳纹板瓦、筒瓦、罐等残片。

城西侧遗址,面积 2 万平方米,文化层厚 1 米,遗迹有灰坑,出土遗物有泥质灰陶绳纹罐、盆及素面豆等。时代战国。

贺进镇历来为交通要道和地方商业中心,被称为武安八大镇之一。

9. 北田城址

位于北安乐乡北田村北 1000 米,洺河西岸的台地上。附近地势平坦,土质肥沃。时代战国至汉代。城址平面呈长方形,南北长约 730 米,东西宽约 500 米,面积约 36 万平方米。城垣夯土筑成,基宽 5 ~ 10 米,残高 2 ~ 5 米。遗迹有灰坑。出土遗物有泥质灰陶绳纹板瓦、筒瓦、罐、盆和素面豆等残片。

10. 邑城城址

位于邑城镇邑城村西 200 米,周围地势平坦,土质肥沃。时代战国至汉代。城址近方形,南北长 450 米,东西存宽 420 米,面积约 19 万平方米。地面城垣仅存 20 米,夯土筑成,基宽 5 ~ 6 米,残高 1 ~ 3 米。出土遗物有泥质灰陶绳纹板瓦、陶水管道、罐、盆等残片。城东不远的紫罗村一带,分布有东汉及魏晋的封土大墓 10 余座。邑城镇历来商业繁荣,为武安八大镇之一。

另外,滏阳河流域的磁县境内有一处名叫台城的城址有些线索可寻。台城,位于磁县城北 16 公里处的台城村一带,北距赵王城约 6 公里。据《磁县县志》记载,"台

---

① 陈光唐:《邯郸历史与考古》98 页,文津出版社,1991 年;乔登云:《邯郸考古世纪回眸与前瞻》9 页,《文物春秋》2004 年 6 期。

② 陈光唐:《邯郸历史与考古》98 页,文津出版社,1991 年。

城在县北四十里，昔赵王因避暑所筑。宋范成大《揽辔录》云，台城镇故城延袤十数里，城中有灵台坡坨，邯郸人春时倾城出祭赵王歌舞台上，旁有廉颇蔺相如墓，今故址多不存。"今台城村附近尚有东城基、中城基等地名，或许与城址有关系。此城址有待于考古调查证实①。

（二） 城镇集群区

以固镇、午汲等城镇为核心，包括 10 座城镇遗址、近 40 处普通聚落遗址，是城邑和普通聚落数量最多、规模最大的集群区。主要分布在武安境内洺河上游的北洺河、南洺河流域丘陵河谷、河间小盆地地带，故又可称之为洺河集群区。遗址以战国时期为主，春秋时代较少见。此聚落集群区不仅是冶铁手工业的中心，而且还是邯郸通往西方的门户，因此是邯郸城邻近地区诸多聚落集群区中最重要的一个。

北洺河及洺河流域城址 3 处、普通遗址 14 处。位居北洺河上游的贺进城址，其东面邻近的遗址有：顿井、西寺庄西、郭家岭、西土山、中营井等。洺河支流附近的邑城城址，西面有沙河境内的册井遗址。北洺河下游有 6 处遗址：西寨子、儒教、贾里店、张里店、骈山、曹公泉等，均位于北田城的西面邻近地区。洺河西岸的北田城址附近有 3 处遗址：南田、南安乐、迁城。其中南田遗址北距北田城址约 1500 米，存一夯土台基址，南北长 15 米、东西宽 10 米，存高 7 米，夯层厚 12 ~ 15 厘米。或许是与城址有关联的建筑基址，亦或许是墓葬。

南洺河流域城址 7 处、普通遗址 24 处。位居最上游的小店、阳邑二城址附近尚未发现普通遗址，或许说明了二城址的特殊性质，很可能与军事有关。此二城以下乃位居上游的曹子港城址，城西 3000 米处的遗址赵庄西，存一夯土台建筑基址，东西长 17 米、南北宽 15 米，存高 3 米左右，夯土层厚 8 ~ 11 厘米。附近遗物有泥质灰陶绳纹盆、罐等。可能与城址有关联。再向下即位于上游末端的固镇城址，附近有一处遗址冶陶西。中游一带尚未发现城址。位居下游的午汲和店子两座城址相距很近，东西间距只有 3000 米左右，而且附近分布的遗址数量也最为稠密。其中南洺河以北的遗址有 12 处：店头、沿平、均河、格村南、格村北、城关、高坡、西竹昌北、东竹昌、招贤、五湖、洞上等。南洺河以南的遗址有 15 处：八特、胡村、念头、东万年东、东万年西、南文章、北文章、东大河、大洺远西、大洺远东、魏粟山、西竹昌南、东洞、清化、临泉等。另外，武家庄城址位于南洺河上游支流的台地上，附近没有发现其他遗址存在（表四）。

---

① 陈光唐：《邯郸历史与考古》97 ~ 98 页，文津出版社，1991 年。

表四 邯郸城郊区及邻近地区东周普通聚落遗址登记表

(资料截至 2000 年)

名称	位置	调查面积（平方米）	文化层厚度	暴露遗迹	出土遗物
会里	涉县河南店镇会里村西 1000 米	约 2000	0.6 米	灰坑	陶盆、罐等
西达	涉县西达镇西达村北	约 3 万	1 米	灰坑、夯土台基址	陶盆、罐等
西戌北	涉县西戌镇西戌村东北	约 15 万	1 米	灰坑、铁矿渣	筒瓦、陶罐、盆等
西戌南	涉县西戌镇西戌村南 500 米	约 9 万	1 米	灰坑	陶罐、盆等
北羊城	磁县五合乡北羊城村西 100 米	约 3000	0.3 米	灰坑、墓葬	板瓦、筒瓦、陶罐、盆等
观台	磁县观台镇观台村东 2500 米	约 8000	1 米	灰坑	陶罐、盆、瓮、豆等
界段营	磁县岳城乡界段营村西 800 米	约 1 万	1 米	灰坑	陶盆、豆等
下潘汪	磁县岳城乡下潘汪村东南 800 米	约 1 万	1 米	灰坑	陶盆、罐、豆及春秋时期鬲等
上七垣	磁县时营乡上七垣村东	约 3000	1 米	灰坑	陶罐、盆、瓮、豆等
下七垣	磁县时营乡下七垣村西南	约 1.5 万	1 米	灰坑	陶罐、瓮、筒瓦、豆等
朝冠	磁县讲武城乡朝冠村西 100 米	约 1.5 万	1 米	灰坑	陶罐、盆、瓮、豆等
南营	磁县讲武城乡南营村东 300 米	约 3000	1 米	灰坑	陶罐、盆、瓮、豆等
大营	磁县北来村乡人营村西 1000 米	约 1.5 万	1 米	灰坑	陶罐、豆等
东贺兰	磁县林峰乡东贺兰村东南 350 米	约 3000	0.8 米	灰坑	陶罐、盆、板瓦、筒瓦、豆等
严庄	磁县林峰乡严庄村西 1000 米	约 1.5 万	1 米	灰坑	陶罐、盆、豆等
南城	磁县南城乡南城村北 300 米	约 20 万	1 米	灰坑	陶瓮、罐、盆、板瓦、筒瓦等
西太平	临漳县习文乡西太平村西北 500 米	约 8 万	1 米	灰坑	陶盆、罐、豆等
高母营	成安县商城镇高母营村北 120 米	约 3000			陶罐、盆、豆等

续表四

名称	位置	调查面积（平方米）	文化层厚度	暴露遗迹	出土遗物
前百家东	邯郸市彭家寨乡前百家村东300米	约4万	1米		板瓦、筒瓦、陶瓷、罐、盆、豆等
后百家北	邯郸市彭家寨乡后百家村西北500米	约2万	1米	灰坑	陶瓷、罐、盆、豆等
后百家西	邯郸市彭家寨乡后百家村西1000米	约9万	1米	灰坑	板瓦、筒瓦、陶瓷、罐、盆、豆等
涧沟	邯郸县户村乡涧沟村北	约10万	1~2米		陶罐、瓷、盆、豆等
霍北	邯郸县户村乡霍北村北100米	约1万	0.8米	灰坑	陶瓷、罐、盆、豆等
北李庄	邯郸县康庄乡北李庄村东南400米	约6万	0.6米	灰坑	陶罐、盆、豆等
大河坡	邯郸县康庄乡大河坡村北30米	约2万	1米	灰坑	陶罐、豆等
张庄东	邯郸县康庄乡张庄村东南1000米	约5000	0.7米	灰坑	陶瓷、罐、盆、豆等
葛岩嵛	邯郸县户村乡葛岩嵛村南1000米	约4万	1米	灰坑	陶瓷、罐、盆、豆等
蔺家河	邯郸县蔺家河乡蔺家河村东800米	约2万	1米	灰坑	陶盆、罐、豆、板瓦等
乔沟	邯郸县蔺家河乡乔沟村北100米	约2万	0.5米	灰坑、墓葬	陶罐、壶、鼎、豆等
大隐豹	邯郸县大隐豹乡大隐豹村西1000米	约3万	1米	灰坑	陶罐、豆等
北羊井	邯郸县大隐豹乡北羊井村东南100米	约1.5万	0.8米	灰坑	陶罐、豆等
薛庄西	邯郸县丛中乡薛庄村西北300米	约3万	1米	灰坑	陶瓷、罐、盆、豆等
南高峒西	邯郸县丛中乡南高峒村西北	约1.5万	0.7米	灰坑	陶瓷、罐、盆、豆等
南高峒北	邯郸县丛中乡南高峒村北100米	约2万	1米	灰坑	陶瓷、罐、盆、豆等
周窑	邯郸县工程乡周窑村东500米	约4万	1米	灰坑	板瓦、筒瓦、陶瓷、罐、盆等
顿井	武安市西寺庄乡顿井村东北400米	约3000	0.5米	灰坑	陶罐、盆、瓷、豆等

名称	位置	调查面积（平方米）	文化层厚度	暴露遗迹	出土遗物
西寺庄西	武安市西寺庄乡西寺庄村西北	约3000	0.5 米	灰坑	陶盆、瓮、豆等
郭家岭	武安市西土山乡郭家岭村东北 500 米	约2 万	0.5～1 米	灰坑	陶盆、瓮等
西土山	武安市西土山乡西土山村西 200 米	约2 万	0.5～1 米	灰坑	陶盆、瓮、豆等
西寨子	武安市西土山乡西寨子村西北 200 米	约2 万	0.5～1 米	灰坑	陶盆、瓮、豆等
儒教	武安市大同乡儒教村西北	约2 万	1 米	灰坑	陶盆、瓮、罐、豆等
贾里店	武安市大同乡贾里店村西	约1 万	1 米	灰坑	陶盆、罐、豆等
张里店	武安市大同乡张里店村东 50 米	约1 万	0.6 米	灰坑	陶盆、罐、豆等
中营井	武安市上团城乡中营井村东 100 米	约3 万	0.8 米	灰坑、墓葬	陶盆、罐、豆等
骈山	武安市骈山乡骈山村东北 250 米	约5000	0.8 米	灰坑	陶盆、罐、豆等
曹公泉	武安市清化乡曹公泉村东 500 米	约3 万	1 米	灰坑	陶盆、罐、豆等
赵庄西	武安市石洞乡赵庄西 1500 米，东距曹子港城址约 3000 米	215	3 米	夯土台基址	陶盆、罐等
赵庄北	武安市石洞乡赵庄北 2000 米	约2000	1 米	灰坑	板瓦、陶盆、罐等
冶陶西	武安市冶陶乡冶陶村西 2500 米	约8 万	1 米	灰坑、夯土台基址	板瓦、筒瓦、陶盆、罐等
八特	邯郸市峰峰矿区和村镇八特村东北 1000 米	约6000	1 米	灰坑	陶盆、筒瓦等
胡村	邯郸市峰峰矿区和村镇胡村北	约8000	1 米	灰坑	陶罐、盆等
念头	武安市磁山镇念头村东北	约2 万	1 米	灰坑	陶盆、豆等
东万年东	武安市庄晏乡东万年村东南 900 米	约3000	1 米	灰坑	陶盆、豆等

名称	位置	调查面积（平方米）	文化层厚度	暴露遗迹	出土遗物
东万年西	武安市庄宴乡东万年村西北 100 米	约 5 万	1 米	灰坑	陶盆、豆等
南文章	武安市伯延乡南文章村西北	约 5 万	1 米	灰坑	陶盆、罐等
北文章	武安市伯延乡北文章村西	约 3 万	1 米	灰坑	陶盆、豆等
东大河	武安市北安庄乡东大河村东北 1000 米	约 3000	0.6 米	灰坑	陶盆、豆等
大洺远西	武安市北安庄乡大洺远村西北 1000 米	约 2 万	1 米	灰坑	陶盆、豆等
大洺远东	武安市北安庄乡大洺远村东北	约 3 万	1 米	灰坑	陶盆、罐、豆等
魏粟山	武安市北安庄乡魏粟山村西北	约 1 万	1 米	灰坑	陶盆、罐、豆等
西竹昌南	武安市宋二庄乡西竹昌村南 1000 米	约 5000	1 米	灰坑	陶盆、罐、豆等
东洞	武安市宋二庄乡东洞村东南 500 米	约 1 万	1 米	灰坑	陶盆、罐、豆等
清化	武安市清化乡清化村东 1000 米	约 2 万	0.8 米	灰坑	陶盆、罐、豆等
临泉	武安市清化乡临泉村南 1000 米	约 1 万	0.8 米	灰坑	陶盆、罐、豆等
店头	武安市下白石乡店头村北	约 1 万	1 米	灰坑	陶盆、罐等
沿平	武安市午汲镇沿平村东北，西距午汲城址 1000 米	约 4 万	1 米	灰坑	陶盆、罐等
均河	武安市午汲镇均河村北 200 米，西距午汲城址 2000 米	约 1 万	1 米	灰坑、墓葬	陶盆、罐等
格村南	武安市午汲镇格村南及东南 300 米，南距午汲城址 1000 米	约 5 万	1 米	灰坑	陶盆、罐、板瓦、筒瓦、豆等
格村北	武安市午汲镇格村北	约 3 万	1 米	灰坑	陶盆、罐、板瓦、筒瓦、豆等
城关	武安市城区南郊	约 3 万	1 米	灰坑	陶盆、罐、豆等
高坡	武安市宋二庄乡高坡村南 1000 米	约 1 万	1 米	灰坑	陶盆、罐、豆等

名称	位置	调查面积（平方米）	文化层厚度	暴露遗迹	出土遗物
西竹昌北	武安市宋二庄乡西竹昌村北	约7万	1米	灰坑	陶盆、罐、豆等
东竹昌	武安市宋二庄乡东竹昌村西南750米	约3万	1米	灰坑、墓葬	陶盆、罐、豆等
招贤	武安市清化乡招贤村北	约2万	0.5米	灰坑	陶盆、罐、豆等
五湖	武安市清化乡五湖村东北100米	约2万	0.8米	灰坑	陶盆、罐、豆等
洞上	武安市清化乡洞上村南	约2万	0.8米	灰坑	陶盆、罐、豆等
南田	武安市北安乐乡南田村西南，北距北田城址约1500米	150	7米	夯土台基址	
南安乐	武安市北安乐乡南安乐村西北1000米	约1万	0.8米		陶盆、豆等
迁城	武安市北安乐乡迁城村东北100米	约12万	1米	灰坑	陶盆、豆等
北峭河	武安市赵店乡北峭河村东北200米	约3万	1米	灰坑	陶盆、豆等
杨屯	武安市赵店乡杨屯村西南50米	约6万	1米	灰坑	陶盆、豆等
西辛庄	永年县西阳城西辛庄村东南300米	约1万	1米	灰坑	陶罐、盆等
西屯庄	永年县河北铺乡西屯庄村东北500米	约3000	1米	灰坑	陶罐、盆等
高窑	永午县大油村乡高窑村西南100米	约6000	0.8米	灰坑	陶罐、盆、豆等
小油村	永年县大油村乡小油村西200米	约1万	0.8米	灰坑	陶罐、盆、豆等
南石口	永年县石北口乡南石口村南	约2000	0.8米	灰坑	陶罐、盆等
贾八汪	永年县小龙马乡贾八汪村西南	约8000	1米	灰坑	陶罐、盆、豆等
永合会	永年县永合会乡永合会村西南400米	约8000	1米	灰坑	陶罐、盆、豆等
何庄	永年县北两岗乡何庄村北100米	约3000	1米	灰坑、墓葬	筒瓦、陶罐、盆、豆、陶鼎，铜剑等

名称	位置	调查面积（平方米）	文化层厚度	暴露遗迹	出土遗物
册井	沙河市册井乡册井村北2000米	约2万			陶盆、罐、豆等
新章	沙河市新城镇新章村西200米	约2万	1米		陶罐、鼎、豆等
上申庄	沙河市西葛泉乡上申庄村南2500米	约3000			陶罐、盆、豆等
赵泗水	沙河市桥西区赵泗水村南1000米	约5万	0.6米		陶瓮、罐、盆、豆等
大村	沙河市留村乡大村西300米	约1万			陶鬲、罐、豆等
西南俎	沙河市青介乡西南俎村西1500米	不详			陶盆、罐等
青介	沙河市青介乡青介村南2000米	约1万			陶罐、盆、豆、壶等
善下	沙河市青介乡善下村西北1000米	约2万	0.7米	灰坑	板瓦、陶罐、盆、豆等
曹演庄	邢台市桥西区曹演庄村东50米	约2万		灰坑、水井	石器、铁器、陶器、井圈等
南小汪	邢台市南小汪乡南小汪村南	约100万	1~2米	灰坑、陶窑、墓葬	石器、骨器、铜器和陶器
黄家园	邢台市桥东区黄家园村东北400米	约2万		水井	陶罐、盆、豆、筒瓦、井圈等
宋家庄北	邢台县宋家庄乡宋家庄村北150米	约5000	1米	红烧土堆积和灰坑	陶瓮、罐、盆、豆等
北梁元店	邢台县将军墓镇北梁元店村北300米	约1万	1米	灰坑	陶瓮、罐、盆等
将军墓	邢台县将军墓镇将军墓村东1200米	约2000			陶罐、瓮、板瓦、豆等
孟家咀	邢台县将军墓镇孟家咀村东60米	约5000			陶罐、瓮、盆等
浆水	邢台县浆水镇浆水村西	约2万			陶罐、盆、豆等
东坚固	邢台县龙化乡东坚固村西南	约2000	1米	灰坑	陶罐、盆、瓮、豆等
羊范	邢台县羊范镇羊范村东南1000米	约3600			陶罐、盆、豆等

名称	位置	调查面积（平方米）	文化层厚度	暴露遗迹	出土遗物
中留	邢台县西北留乡中留村西南1000米	约7000	1米	灰坑	陶罐、盆、豆等
西北留	邢台县西北留乡西北留村南1500米	约3万	1米	灰坑	陶罐、盆等
西黄村	邢台县西黄村乡西黄村西北300米	约5000	1米	灰坑	陶盆、罐、豆等
东先贤南	邢台县南石门镇东先贤村南	约8万	1米	灰坑、陶窑	陶瓮、罐、盆、豆、鬲等
尹郭	邢台县南石门镇尹郭村西南、东北	约40万	1~2米	灰坑、墓葬	陶鼎、豆、壶、盘、罐等
张安北东	邢台县张安北乡张安北村东50米	约2000	1米	灰坑	陶瓮、罐、盆、豆等
八方	邢台县皇寺镇八方村东2000米	约1.5万	0.5米		陶罐、盆、豆等
西沙窝	邢台县会宁乡西沙窝村东北50米	约6万	1米		陶盆、罐、豆等
马河东台	内丘县柳林乡马河东台村东南1500米	约3600		灰坑	陶盆、罐、豆等
四里铺	内丘县内丘镇四里铺村西南200米	约2万	1米	灰坑	板瓦、筒瓦、陶瓮、盆、罐、豆等
黄店沟	内丘县北岭乡黄店沟村西南	约1万			陶盆、豆等
北程	临城县临城镇北程村南	约4万	1米	灰坑	陶瓮、罐、盆等
解村	临城县贾村乡解村南500米	约2万	1米	灰坑	陶罐、盆、豆等
南盘石	临城县贾村乡南盘石村北	约4万	1米	灰坑和红烧土堆积	陶罐、盆、豆等
北盘石	临城县贾村乡北盘石村南200米	约3000	1米	灰坑	陶瓮、罐、盆等
戴家庄	临城县贾村乡戴家庄村东150米	约7万		灰坑	陶瓮、罐、盆等
中羊泉	临城县东镇镇中羊泉村西北100米	不详		灰坑、水井	陶罐、盆、陶井圈等
方等	临城县梁村乡方等村西800米	约2万	1米	灰坑	陶罐、盆、豆等

名称	位置	调查面积（平方米）	文化层厚度	暴露遗迹	出土遗物
西里	隆尧县双碑乡西里村西 200 米，东距柏人城 1000 米	约 10 万			陶盆、罐、豆等
里南庄	隆尧县双碑乡里南庄村东北 200 米，南距柏人城 100 米	约 2 万			陶盆、罐、豆等
亦城	隆尧县双碑乡亦城村北 100 米，南距柏人城 100 米	约 3 万			陶瓮、罐、盆、豆等
北村西北	隆尧县双碑乡北村西北 1000 米，西距柏人城 700 米	约 1.5 万	1 米	灰坑	陶瓮、罐、盆、豆等
北村北	隆尧县双碑乡北村北 400～1000 米，西南距柏人城 1000 米	约 3 万	1 米	灰坑	陶罐、盆、豆等
北村东北	隆尧县双碑乡北村东北 1000 米，西南距柏人城 1600 米	约 1 万			陶罐、盆、豆等
小干言西	隆尧县东良乡小干言村西北 1000 米，西北距柏人城 4000 米	约 3.6 万	1 米	灰坑、墓葬	陶罐、瓮、盆、豆等
小干言东	隆尧县东良乡小干言村东北 1000 米	不详		灰坑	陶瓮、罐、盆、豆等
东里	隆尧县尧山乡东里村东	约 2 万		灰坑	陶瓮、罐、盆、豆等
丘底	隆尧县城关镇丘底村东北 200 米	约 2 万		灰坑	陶瓮、罐、盆、豆等
西侯	隆尧县大霍乡西侯村南和西南 1000 米，西南与柏人城隔河相望	约 10 万		灰坑、红烧土堆积	板瓦、筒瓦、陶瓮、罐、盆、豆等
大宁铺	隆尧县尹村镇大宁铺村西南 1000 米，东南 2000 米与柏人城隔河相望	约 2 万	1 米	灰坑	陶罐、瓮、盆、豆等

续表四

名称	位置	调查面积（平方米）	文化层厚度	暴露遗迹	出土遗物
白木	隆尧县水饭庄乡白木村西南50米	约2万	1米	灰坑	陶瓮、盆、罐、豆等
赵村	柏乡县王家庄乡赵村北100米	约3万	1米	灰坑、红烧土堆积和墓葬	陶鼎、壶、盆、罐等
杨村	柏乡县王家庄乡杨村东400米	约3万	1米	灰坑、墓葬	陶瓮、罐、盆、豆、鼎及铜剑等
寨里	柏乡县西汪乡寨里村东20米	不详		灰坑	陶瓮、罐、豆等
赵庄	柏乡县柏乡镇赵庄村南30米	约5万			板瓦、筒瓦、瓦当、井圈、陶瓮、罐、鬲等
南滑	柏乡县南阳乡南滑村西南150米	约1万		灰坑、红烧土堆积	陶瓮、罐、豆等
南江	柏乡县固城店镇南江村西北300米	约3万		灰坑	板瓦、筒瓦、陶瓮、罐、盆等
东小京	柏乡县南马乡东小京村西300米，西南距郜城3000米	约5000		墓葬	铜带钩、陶鼎、陶罐等
旧周	任县旧周乡旧周村西200米	约20万			陶瓮、罐、盆、豆等
西任城	南和县侯郭乡西任城村西北	约1.5万			板瓦、筒瓦、陶瓮、罐、盆等
北鱼	宁晋县北鱼乡北鱼村西北1800米	约2万			陶瓮、罐、盆、豆等
沙丘平台	平乡县乞村镇王固村南100米	约23万			
沙丘平台	广宗县大平台乡大平台村南200米	约1万			灰陶罐等

无论是北洺河，还是南洺河流域，位居上游的城址如邑城、贺进、小店、阳邑、曹子港、固镇、武家庄等，附近地区很少或甚至没有普通遗址分布，而位居下游的午汲、店子二城周围则分布着稠密的遗址群。此或许反映了位居上游城址的性质，可能非普通的城邑，很有可能是军事性或某种专业性质的城堡，因而附近很少有一般居民

聚落的存在。

　　洺河流域城址群的附近有着丰富的铁矿资源。邑城附近，有綦村、中关、西石门、矿山、郭二庄、玉石洼等铁矿。贺进城附近，有小汪、北洺河、崇义、团城等铁矿。固镇、曹子港、阳邑三城附近，有百官、石洞、南洺河、符山等铁矿。午汲、店子二城附近，有大贺庄、上泉、玉泉岭、下白石、磁山等铁矿。这些邻近铁矿资源的城址中，就有邑城、贺进、阳邑、曹子港、固镇等 5 座位居上游流域的城镇，可能正说明了这些城邑的性质或许与冶铁业专营有关。而邻近铁矿的午汲、店子二城，位居下游，附近聚落遗址稠密，或许反映了此二城邑在冶铁业经营方面，与上游城邑群之间存在的某种区别（参见图四六）。

　　城址群与铁矿群的毗邻，显示着城址的功能与性质和铁业有着密切的关系。很有可能，固镇—午汲城镇集群区的绝大多数城址属于与冶铁业有关的城镇遗址，另外，其中大多数城址又属中小型规模，也从另一角度说明了这个问题。如此，该城镇集群区的形成大概是以冶铁业为纽带和契机的。

二　阳城城镇集群区

（一）阳城城址

　　阳城城址位于西阳城乡北阳城村、东阳城村附近，洺河北岸的台地上。时代为战国—汉代。城址平面大致呈长方形，西南隅向外凸出，当地传说西南隅一带有紫禁城。北城垣长 1343 米，西城垣北段长 1076 米，南城垣长 1750 米，东城垣长 1227 米。面积约 185 万平方米。城垣夯土筑成，残高 1～3 米。夯土层厚 7～10 厘米。城内出土遗物有铜带钩和陶器残片。陶器以泥质灰陶为主，器表除素面外，纹饰有绳纹，器形有板瓦、筒瓦、罐、瓮、盆等。据史载，汉代置易阳县。该遗址应即汉易阳故城址（图四一）。

　　该城南距邯郸城约 25 公里，所处的地理位置也在南北向交通大道附近，并且规模较大，因此历来备受关注，其讨论的主要焦点是该城在战国时期的性质问题。一种意见认为，该城即战国时期邯郸城的陪都——信都，亦即信宫所在，武灵王十九年"大朝信宫"即在此地[①]。

---

　　① 陈光唐：《邯郸历史与考古》99 页，文津出版社，1991 年；孙继民：《战国赵信都地望考》，《历史地理》1990 年 9 辑。又见于孙继民、郝良真：《先秦两汉赵文化研究》，方志出版社，2003 年。

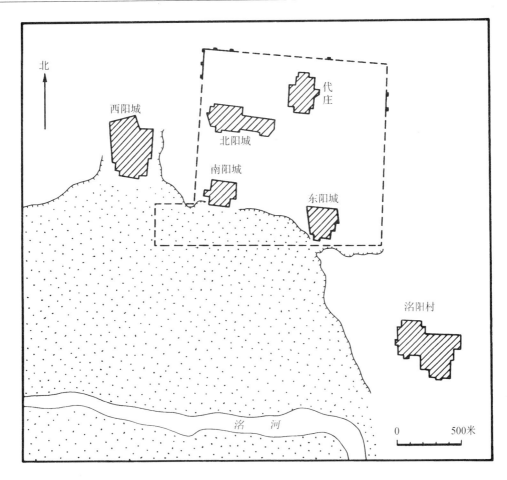

图四一　阳城遗址平面图

（二）城镇集群区

以阳城城址为中心，包括环绕在周围的普通聚落遗址 10 余处，主要分布在洺河中游流域，数量不及上游地区。阳城位于邯郸城以北的南北交通要道旁，应属于赵都的副都或陪都一类的政治次中心。

遗址所在的地理环境主要是丘陵地区，或是丘陵与平原过渡地带。洺河北岸的遗址有 7 处：沙河境内的新章、上申庄、赵泗水等，武安境内的北峭河、杨屯，永年境内的西辛庄、西屯庄等。洺河南岸的遗址有 4 处：高窑、小油村、南石口、贾八汪等。另外，永年境内西南部还有 2 处遗址，即永合会遗址与何庄遗址。两遗址之间即赵王陵园北陵区的 4、5 号陵园，因此遗址的性质可能与陵园附属遗存有关（见表四）。

三 特征及性质

上述城址群在位置分布、城郊遗址群、城镇建设规模、始建年代等方面有以下几个显著的特点：

（1）分布位置。主要分布在今武安境内的洺河流域，位置处于邯郸故城西部的丘陵河谷地带，也就是说，邯郸城并未处于这个城镇集聚群的地理中央位置。其主要原因应是地理因素，邯郸城以东地区地势低洼，沼泽众多，不适宜城镇群的建设。另一个引人注意的原因应是经济因素方面，分布在今武安境内的城址数量达 10 处，占据城址群的绝大多数，而且，这些城址一般都靠近铁矿产地，固镇城址还发现有冶铁遗迹。

（2）城郊遗址群。各城邑城郊地区遗址群的分布情况，存在着明显的差异。午汲、北田、店子等城址周围，分布着较稠密的遗址群，属于居民中心，同时也是冶铁业的中心。讲武城、阳城周围遗址较多，既是居民中心，又是南北方的门户重地。小店、武家庄、阳邑、曹子港等城址的周围地区，基本不见遗址的分布，四城的规模较小，应属于军事性的据点城堡。固镇、邑城、贺进等城的周围少有遗址或无遗址分布，可能为单纯的冶铁业中心。

（3）城址规模。以中小型尤其小型城镇为主，城垣内面积有近一半的在 16 万平方米以下，亦即城垣边长小于 400 米。城垣内面积超过 100 万平方米的只有 3 座城址，面积最大的城址也不过 260 余万平方米。

（4）始建年代。大多数城址的始建年代起自战国，只有 4 座城址可能始建于春秋时期。

这些特点对探索这批城址群的性质及功用具有很重要的意义。城址群集中分布在洺河流域的武安境内，可能与邯郸城发达的冶铁业有关。《史记·货殖列传》中曾言"邯郸郭纵以铁冶成业，与王者埒富"，反映了邯郸冶铁业的兴盛。邯郸故城大北城内发现有多处冶铁遗址，包括炼铁和铸铁作坊，有冶炼炉、红烧土等遗迹和铁渣、灰渣、碎铁、木炭及各种铸范等遗物。铁矿群与城址群的毗邻，显示着城址的功能与性质和铁业有着密切的关系。很有可能，今武安境内的 10 处城址中有许多属于与冶铁业有关的城镇遗址，另外，多数城址又属中小型规模，也从另一角度说明了这个问题。如此，邯郸城镇集群区的形成则是以冶铁业为纽带和契机的。

第十二节 邻近地区城镇遗址群

一 城镇群团的总体分布特征

邯郸城远郊以外更远的邻近地区的范围，大致是今天北起沘河、南到漳河之间的地域。这一广阔地区分布着东周时期的城邑遗址群和稠密的普通聚落遗址群，它们所组成的若干城

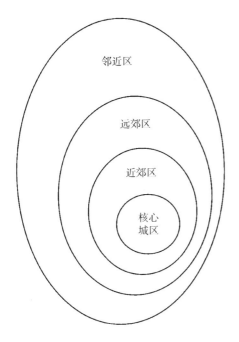

图四二　邯郸城镇集群区群团结构示意图

镇集团群构成了南北三个城镇集群区：柏人城集群区、邢台城集群区、北界城—讲武城集群区。此三个城镇集群区，构成了邯郸城镇群团宏观聚落结构的第四层次（图四二）。

如果再加上邯郸城近郊及远郊的三个城镇集群区，则邯郸城聚落宏观结构共计有 6 个城镇集群区，从北向南依次分布为：柏人城集群区、邢台城集群区、阳城集群区、固镇—午汲城集群区、邯郸城集群区、北界城—讲武城集群区。这 6 个集群区以邯郸城为核心，以邯郸城镇集群区为中心地域，构成一个超大型的城镇集群区群团（见表三和表四）。

根据截至目前的考古调查资料，沴河到漳河间区域的东周聚落遗址总数量近 130 处。在平面分布方面具有显著的特点：围绕几个城邑聚落，形成几个以城邑为核心的城镇集群区，它们共同构成了以邯郸城为核心的超大型城镇集群区群团（参见图四〇和表三、表四）。

自然地理方面：地理范围大致为北起沴河、南到漳河之间的广大地区，亦即今天的滏阳河上游水系流域地区。该流域所包括的河流由北向南依次是：沴河、白马河、七里河、沙河、洺河、沁河、滏阳河上游与漳河上游等。这些河流现在均属于滏阳河水系（漳河除外），但战国前均为黄河下游的支流，应是黄河下游水系的一个区域组成部分。本区域属太行山东麓山前丘陵和平原地带，遗址一般集中分布于上述河流两岸的台地上。

人文地理方面：除了洺河上游地区集中分布的遗址群外，大多数遗址集中于南北交通大道的旁侧附近，即今天京广铁路线翼侧附近。另一个显著特征是，遗址群大多依托附近的一座或数座城镇遗址，形成许多组以城镇为核心、周边散布十几处普通遗址的聚落群小区。

综合起来观察，遗址群分布的位置在河流与大道两条线之翼侧，分布在城镇的周围。河水滋润着聚落的生存，交通大道涵养着聚落的发展，城镇保障着聚落的繁荣。

二　邻近地区的城镇集群区

（一）柏人城集群区

聚落遗址以柏人城为核心，主要分布在沴河流域地区，亦可称之为沴河集群区。

包括固城店、柏人、临邑、柏畅等四座城邑及 30 余处普通聚落遗址。是邯郸城北方的重要门户。

1. 考古发现的城址

（1）固城店城址（鄗城）

位于柏乡县固城店镇固城店村南 1500 米，时代东周。城址平面近方形，边长约 1500 米。面积约 225 万平方米。城垣夯土筑成，基宽约 7 米，残高 1～5 米。城内遗迹有灰坑。出土遗物有泥质灰陶罐、盆、豆和板瓦、筒瓦等残片。该城址可能与春秋晋之鄗邑有关系。

《左传·哀公四年》：（公元前 491 年）"国夏伐晋，取邢、任、栾、鄗、逆畤、阴人、盂、壶口，会鲜虞，纳荀寅于柏人。"

齐师所伐诸地，当晋之城邑。邢，今邢台（隐公五年）。任，今任县（襄公十三年）。栾，今栾城、赵县。鄗，今高邑、柏乡。逆畤，曲逆也，今顺平东南。

春秋鄗属晋，齐曾攻占，战国初期不知曾被中山占据否，后又入赵。武灵王时属于赵无疑。

《史记·赵世家》："（武灵王）三年（公元前 323 年），城鄗。"

《战国策·赵策二》："先时中山负齐之强，兵侵掠吾地，系累吾民，引水围鄗，非社稷之神灵，即鄗几不守。"

《史记·魏公子列传》："魏安釐王二十年（前 257 年）……赵王以鄗为公子汤沐邑，魏亦复以信陵奉公子。公子留赵。公子闻赵有处士毛公藏于博徒，薛公藏于卖浆家，公子欲见两人，两人自匿不肯见公子。"

（2）柏人故城址

柏人故城址位于隆尧双碑乡城角村和亦城村南，泜河南岸的台地上，城东、南、西三面 1000 米以外皆为低缓的岗坡丘陵。时代东周至汉代。平面近方形，北城垣呈曲尺状，东北隅向外凸出。北城垣长 2426 米，东城垣长 2225 米，南城垣长 1915 米，西城垣长 1451 米。总面积约 350 万平方米。城内地势北高南低，东南隅一带最低。平均海拔 50～53 米，南部一带 46～49 米（图四三；彩版八，2）。

城垣夯土筑成，基宽约 40 米，顶部残宽 4～8 米，残高 1～7 米。夯土层厚 9～12 厘米。城门 9 座，东西城垣各设 3 门，南城垣设 2 门，北城垣设 1 门。城内东北隅残存 2 处夯土台建筑基址，一处东西长 30 米，南北宽 25 米，现存高 1.5 米；另一处东西长 28 米，南北宽 18 米，现存高 1～2 米。城角村南 400 米，发现水井一座，存深约 4 米，直径约 4 米，井壁结构系用弧形陶制井圈叠砌而成。陶井圈每节高 35、宽 100、厚 4 厘米，内壁素面，外表饰绳纹。

城内出土遗物有铜器镞、带钩、"白人"刀币和陶器残片等。陶器以泥质灰陶为

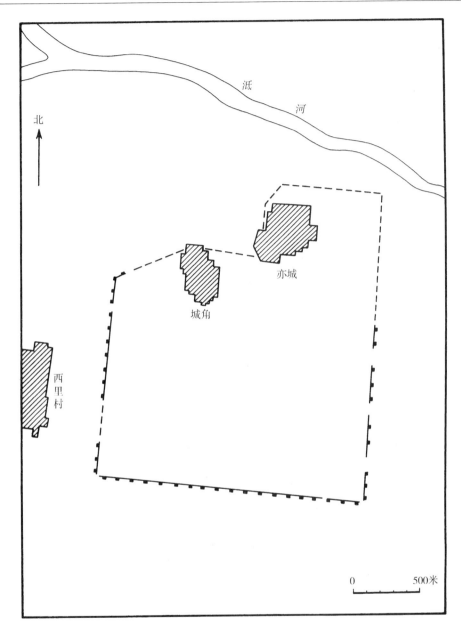

图四三　柏人城遗址平面图

主，器表除素面外，纹饰有绳纹，可辨器形有鬲、罐、盆、瓮、豆和板瓦、筒瓦、陶水管道、排水槽等。

西南郊区到东南郊区的双碑、木花、小干言一带，发现有大面积东周至汉代的墓葬，当为城内居民的墓地。

据史载，春秋时已有柏人城邑，属晋；西汉初置柏人县。

《左传·哀公四年》：（公元前491年）"九月，赵鞅围邯郸。冬十一月，邯郸降。荀寅奔鲜虞，赵稷奔临。十二月，弦施逆之，遂堕临。国夏伐晋，取邢、任、栾、鄗、逆畤、阴人、盂、壶口，会鲜虞，纳荀寅于柏人。"

《左传·哀公五年》：（公元前490年）"五年春，晋围柏人，荀寅、士吉射奔齐。"

《史记·赵世家》："晋定公二十一年（公元前491年），简子拔邯郸。……赵竟有邯郸、柏人。"

《史记·赵世家》："幽缪王迁元年（公元前235年），城柏人。"

《汉书·张耳陈余传》："八年（公元前199年），上从东垣过。贯高等乃壁人柏人，要之置厕。上过欲宿，心动，问曰：县名为何？曰：柏人。柏人者，迫于人！不宿，去。"

《后汉书·光武帝纪》"（更始二年，公元24年），复北击中山，拔卢奴。所过发奔命兵，移檄边部，共击邯郸，郡县还复响应。南击新市、真定、元氏、防子，皆下之，因入赵界。时王郎大将李育屯柏人，汉兵不知而进，前部偏将朱浮、邓禹为育所破，亡失辎重。光武在后闻之，收浮、禹散卒，与育战于郭门，大破之，尽得其所获。育还保城，攻之不下，于是引兵拔广阿。"从文献记载来看，柏人城似存在郭城与内城，但目前的考古勘查只发现一重城垣，推测可能属于郭城城垣。

邯郸与柏人两座城市同时归赵，一南一北成为赵之重要城邑。幽缪王在秦攻邺后，邯郸面临危机，于是加固柏人之城。汉代柏人仍为重要城邑，是赵国北方门户。

（3）临邑故城遗址

位于临城县岗西乡南台村南30米，南依丘陵，北临泜河支流。时代东周至汉代。城址平面呈长方形，南北长510米，东西宽320米。面积约16万平方米。残存地面城垣长约25米，夯土筑成，基底铺一层河卵石，基宽7米左右，残高1~4米。夯土层纯净，红褐色，厚4~12厘米，一般厚为8~10厘米，夯窝直径4~6厘米。城内出土遗物包括东周和汉代两个时期。东周时期遗物有铜镞、铜刀币，泥质灰陶绳纹板瓦、筒瓦、鬲、罐、盆及素面豆等。汉代遗物有铁犁、铁镢和泥质灰陶板瓦、筒瓦、瓦当、瓮、罐等残片①。

据史载，其地春秋时已有临邑，该遗址应即临邑故城址。

《左传·哀公四年》：（公元前491年）"赵稷奔临。"临，当时属晋，可能即临邑城。

（4）柏畅城址

柏畅城址位于临城县西竖乡东柏畅村南200米，泜河南岸的高台地上，周围为低

① 河北临城县城建局：《河北临城县临邑古城遗址调查》，《考古与文物》1993年6期。

缓的丘陵地带。时代战国至汉代。平面呈长方形，南北长600米，东西宽420米。面积约25万平方米。城垣夯土筑成，基宽8～15米，顶部残宽1～3米，残高1～7米。夯土层厚4～8厘米。城内散布大量陶器残片，以泥质灰陶为主，可辨器形有瓮、罐、壶、鼎、豆、板瓦、筒瓦、瓦当、陶水管等。另外还发现铜剑、铁剑、铁镢等遗物。

1958年，在城址西南800米处发现战国墓群，出土遗物有铜鼎、铜剑等。

1984年，在城内东北隅发现战国时期的兵器窖藏，出土铜戈4件、铜矛14件、铜秘镦32件，其中戈和矛上刻有铭文"柏人"、"二年邢令"等，均属于赵国兵器。

1985年，在兵器窖藏南50米处，发现战国时期的冶炼作坊遗址，出土铜渣、木炭、铜镞、铜刀币及陶排水管道等遗物。

根据出土遗物分析，该城址始建于战国，废弃于东汉时期[①]。

2. 城镇集群区

普通聚落遗址发现30余处，年代多集中于东周至汉代。

内丘县境内的有马河东台、四里铺、黄店沟等三处遗址，分布在丘陵或丘陵与平原过渡地带。

临城境内的遗址主要分布在泜河两岸的台地上，南岸有北程、解村、南盘石、戴家庄等，北岸有北盘石，五处遗址西邻柏畅、临邑两座城邑。另外还有中羊泉、方等两处遗址。这些遗址均位于丘陵或丘陵与平原过渡地带。

隆尧境内的遗址主要分布在泜河两岸台地上，多围绕柏人城，分布密集。泜河南岸的遗址有10处：西里、里南庄、亦城、北村西北、北村北、北村东北、小干言西、小干言东、东里、丘底等。其中西里、里南庄、亦城、北村等遗址，紧邻柏人城，最远者距城区1500米，属城郊聚落群。小干言一带，位于城东南约4000米，属远郊墓区。泜河北岸的遗址有3处：西侯、大宁铺、白木，其中西侯遗址西南隔河与柏人城相望，属城东北近郊区。大宁铺遗址东南2000米隔河与柏人城相望，属于较远的近郊地区。

柏乡境内的遗址集中分布在县域南半部，主要有：赵村、杨村、寨里、赵庄、南滑等。这些遗址南距柏人城约12～15公里，应属于柏人城的北方远郊聚落群。固城店城址附近有两处遗址，即南江和东小京，其中东小京还发现有墓地，反映了它与鄗城可能有某种关系[②]（见表四）。

另外，宁晋境内的北鱼遗址位于宁晋泊北岸、一片高出附近地面约7米的高岗地上，也是位置最靠东的遗址。

①　刘龙启、李振奇：《河北临城柏畅城发现战国兵器》，《文物》1988年3期。

②　柏乡县文物保管所：《河北柏乡县东小京战国墓》，《文物》1990年6期。

（二）邢台城集群区

1. 城址

发现 2 处，即邢台和鹿城岗。

（1）邢台城址

位于今邢台市区。时代东周至汉代。今邢台市区以下文化层堆积厚而普遍，范围将近遍及整个市区，面积宏大，包括墓区在内估计约有 2000 万平方米。其遗址核心区大致在今市区的西北部，即东起京广铁路、西至钢铁路附近，北起北二环路、南到建设大街附近的广大地域。这一区域内文化遗存丰富，总面积约 800 万平方米。其中的南大汪、南小汪、中华小区、金华小区、火车站、八一路、曹演庄等地点，均有战国遗存发现。这些地区一旦施工动土，即经常发现战国时期的灰坑、墓葬、陶窑等遗迹。今市区东部的黄家园、中兴大街与新华路交叉口附近、申家庄等地点，也发现有战国至汉代的文化层堆积，反映了战国至汉代遗存在邢台市区分布的广泛性。墓地主要集中分布在今市区西南部地区，即中兴大街西段以南、郭守敬路南段以西的地域，其中以邢台钢厂—葛庄—东董村一带最为丰富和密集①。中兴大街西段以北的钢铁路两侧也有分布，南大汪一带有较集中的墓地（图四四）。

曹演庄遗址发掘于 1956 年。遗迹发现有灰坑和水井，其中水井由陶质的井圈叠砌而成。出土遗物有石器、铁器和陶器残片。石器有刀、铲等。铁器有锛、斧、铲、刀等。陶器以泥质灰陶为主，器表除素面外，多饰绳纹，可辨器形有瓮、罐、盆、豆和板瓦、筒瓦等②。

南小汪遗址发掘于 1991 年。东周时期遗存非常丰富。出土遗迹有灰坑、陶窑、墓葬等。出土遗物有泥质灰陶绳纹板瓦、筒瓦、罐、盆及素面豆。其中陶碗上戳印有"邯亭"字样③。

1996 年，郭守敬路东侧、团结大街以南约 500 米处的中华小区建设工地，距地表 1.7 米深处发现战国至汉代文化层，厚 2~3 米，遗迹有灰坑、水井等，出土遗物有灰陶绳纹板瓦、筒瓦、罐、盆等。

市内东部的黄家园遗址，位于邢州路东侧黄家园村东北 400 米，面积约 2 万平方米。遗迹发现水井，系用陶制井圈叠砌而成，存 11 层，井圈直径 100、高 27、厚 2~3

① 段宏振：《邢墟考古简论》，《中国考古学跨世纪的回顾与前瞻（1999 年西陵国际学术研讨会文集）》，科学出版社，2000 年。

② 河北省文物管理委员会：《邢台曹演庄遗址发掘报告》，《考古学报》1958 年 4 期。

③ 河北省文物研究所：《邢台南小汪周代遗址西周遗存的发掘》，《文物春秋》1992 年增刊。

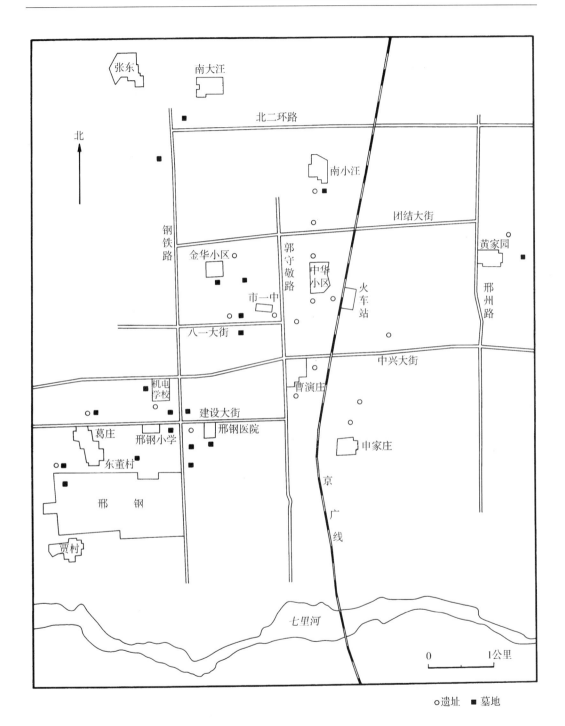

图四四　邢台城址东周遗存分布平面图

厘米，外表饰有绳纹。附近发现大量泥质灰陶绳纹盆、罐、板瓦、筒瓦及素面豆等残片[①]。2000 年，位于村东的二十一中建设工地，发现大面积的战国瓮棺葬墓地[②]。

1999 年，在中兴大街与新华路交叉口附近的中心广场建设工地，发现战国至汉代陶井圈水井，泥质灰陶，表饰绳纹。

市区东南部的申家庄村北到西园村一带，在南北约 1000 米、东西约 500 米的范围内，发现有战国至汉代遗存。遗迹有灰坑、烧土和木炭堆积，出土遗物有铜镞、铜刀、铁铧、铁锛、石臼、石杵及大量陶器残片。陶器有板瓦、筒瓦、瓦当、罐、盆、豆、碗、瓿、纺轮等，其中板瓦表面饰有粗绳纹，长 45、宽 33.5、厚 1.4 厘米[③]。

黄家园、中兴大街、申家庄等遗址的发现，表明邢台战国遗址区在东城区亦有广泛的分布，拓展了人们对邢台战国遗存平面分布的认识。

市区范围东周遗存发现最普遍的还是大量的墓葬，尤其战国墓数量最多。

1956 年，南大汪村西南 500 米处发现东周墓葬，出土有铜壶、铜豆、铜盘、陶豆等。1958 年，在此发掘东周墓葬 7 座。墓葬形制皆为长方形竖穴土坑墓，均南北向，葬具一棺一椁。单人仰身直肢，头北脚南。随葬品包括陶器、铜器、骨器、玉石器等。陶器有鬲、罐、盆、豆、壶、鼎、圭等。其中陶圭类似石圭，应是受晋墓流行石圭的影响。铜器有鼎、豆、壶、盘、戈、镞、车马器等。骨器 395 件，其中骨贝 289 件，簪 4 件，镳 2 件。玉石器共计 9 件，其中玛瑙环 3 件、玉佩饰 5 件[④]。

1958 年，在东董村东 500 米处发现大面积战国墓地，在 35000 平方米的范围内，即发掘中小型墓葬 131 座[⑤]。墓葬分布稠密，但相互之间并无叠压打破关系，反映出有严格的埋葬规划。墓葬间距一般在 5～10 米。最近间距只有 10 厘米，一般多见于两墓并列。墓葬规模皆属中小型，无墓道，形制为长方形竖穴土坑，墓口距地表多在 0.5 米左右。墓向以南北向为主，东西向共计 37 座，占总数的 28%。带有壁龛的墓 21 座，占总数的 16%。墓内填土自墓口至椁顶，均经夯打，夯窝直径 7～10 厘米。两墓并列的墓葬有 50 座，占总数的 38%。随葬品区别显著。墓主人似以平民为主，可能不如南大汪墓葬的级别高。

1993 年，葛庄周代墓地探明墓葬近千座，包括西周、春秋、战国三个时期。春秋末期 M10，带一条长斜坡墓道的甲字形大墓，墓道向南。墓室长方形竖穴，一椁三棺，

① 郭兼敏：《邢台市黄家园发现古代陶井圈》，《文物参考资料》1958 年 7 期。
② 李军：《本市发现瓮棺葬墓区》，《牛城晚报》2000 年 6 月 12 日。
③ 唐云明：《邢台市发现一处古遗址》，《文物参考资料》1957 年 3 期。
④ 河北省文化局文物工作队：《河北邢台南大汪村战国墓简报》，《考古》1959 年 7 期。
⑤ 河北省文化局文物工作队：《邢台战国墓发掘报告》，1959 年编印。

椁四周及顶部堆积砾石。被盗严重，出土铜戈、剑、车马器等①。有学者指出，葛庄墓地东周墓的性质应包括邢墓和晋墓，公元前660年之前属邢，之后属晋。M10年代春秋末期，应属晋墓。该墓出土有错金鸟篆铭文青铜戈，乃吴国的器物。春秋末年吴器多见于晋地，反映了两国的密切交往②。

自20世纪90年代以来，邢台钢铁厂（简称"邢钢"）及附近地区工程建设中，不断发现大面积的战国墓地，其分布范围即东董村墓地的周围地域，大概属于同一个大型墓区。另外，钢铁路北段的两侧地区，也出土有不少的战国墓葬。墓葬形制多为中小型竖穴土坑墓，有的墓壁开凿有壁龛。墓向大部分为南北向，也有东西向。葬具常见一棺一椁。出土随葬品铜器主要有铜剑、铜带钩；陶器主要有鼎、壶、豆、匜等，另有鸭形尊、鸟柱盘等③。

1997年，建设大街与育才路交叉口附近的邢钢医院建设工地，发现战国墓葬7座，随葬品主要是铜带钩、陶壶等。1993年该地点发现战国墓葬91座。

1998年，团结大街西段南侧金华小区发现战国墓葬。

中兴大街与钢铁路交叉口西南面的机电学校建设工地，发掘战国墓葬10余座。墓向南北、东西均有，葬具多为一棺一椁。随葬品有陶鼎、鸭形尊、鸟柱盘、壶、豆及铜带钩等。陶鼎、壶、豆等均泥质灰陶，质地坚硬，表饰黑色光泽陶衣。

在八一大街附近探明战国墓葬多座，其中发掘一座，可作为邢台战国墓典型。该墓为长方形竖穴土坑，一棺一椁，南北向。墓主人为男性壮年，头北脚南，仰身直肢。椁东北角出土陶鼎1、豆1、盖豆1、球腹豆1、壶1、匜1、盘1件。腰部出土错金镶宝石铜带钩1、玛瑙环1件。棺内东南角出土铜璜38、铜铃1、小铜带钩1、石璧1、玛瑙环1、彩绘骨珠30余件等④。

1999年，葛庄附近发现14座春秋小型土坑墓葬，均南北向，出土随葬器物有陶器鼎、鬲、壶、豆及玉器等⑤。

2000年，在邢钢小学建设工地，发掘战国墓葬12余座，葬具多为一棺一椁，出土随葬品有陶鸭形尊、玉璧、玉环、玛瑙环等。

集中发现战国墓葬的地点还有：邢钢附近的邢钢生活区、邢钢幼儿园、邢钢宾馆，

① 河北省文物研究所：《河北邢台葛庄10号墓的发掘》，《考古》2001年2期。

② 李学勤：《论邢台葛家庄玄镠戈》，《三代文明研究（一）》51～52页，科学出版社，1999年。

③ 石从枝：《邢钢工地战国墓发掘取得重要成果》，《牛城晚报》1999年7月22日。

④ 李军：《市区八一路南侧出土战国时期文物》，《牛城晚报》1998年11月5日。

⑤ 李军：《本市发掘出14座春秋墓葬》，《牛城晚报》1992年12月1日。

钢铁路北段附近的邢台职业技术学院以及中华大街南侧一带等。

丰富而重要的考古发现显示着邢台遗址的重要性。虽然迄今尚未发现城垣遗迹，但其超大的遗址规模反映着遗址性质可能属于城址类型，应是邯郸城的副都或陪都一类的政治次中心。

（2）鹿城岗城址

位于邢台市北部郊区，具体位置在南小汪乡元庄村北，北邻西沙窝村①。城址地处白马河南岸的丘陵岗坡和平原交接地带，平面呈不规则四边形，北垣和南垣较直，东垣呈西北—东南走向，西垣呈弯曲状，总面积约 40 万平方米。城垣夯土筑成，夯层厚薄不均，一般为 10～25 厘米。城内西南隅为一高岗，当地人称鹿城岗，海拔 97米。城内东部和东北部为平原，海拔 76～78 米，与西南隅落差有 19～21 米。城内平原地带文化层堆积很薄而不普遍，西南隅的高岗岩石裸露，不见文化层堆积。城垣附近出土遗物以建筑用陶的残片为主，有泥质灰陶绳纹板瓦、筒瓦和素面半瓦当等，另还发现三棱形铜镞。该城址的年代约在东周晚期或至西汉初期，其性质可能属于军事性城堡。

2. 城镇集群区

以邢台城址为核心，包括 20 余处普通聚落遗址。

普通聚落遗址主要分布在白马河、七里河、沙河流域。遗址数量不如洺河流域稠密，且分布也不集中。目前发现 2 座城址，即邢台和鹿城岗。根据遗址所在的地理环境，由西向东又可分为三个小区：

西区。地貌属山地丘陵，海拔较高。遗址分布在邢台县境内的沙河上游支流河谷地带，有宋家庄北、北梁元店、将军墓、孟家咀、浆水等 5 处遗址。这些遗址位于太行山脉腹地，可能与军事有关。

中区。地貌属丘陵或丘陵与平原过渡地带。白马河流域的遗址有 3 处：张安北东、八方、西沙窝，均位于邢台县境内白马河南岸的台地上。七里河流域的遗址有 3 处：西黄村、东先贤南、尹郭，均位于邢台县境内。沙河流域的遗址有 4 处：东坚固、羊范、中留、西北留，均位于邢台县境内沙河北岸的台地上。

东区。地貌属山前平原地带。白马河流域有 1 处，即任县旧周遗址。沙河流域有 4处：大村、西南朏、青介、善下等，均位于沙河市境内沙河北岸的台地上。另外尚有 2处遗址也可归入东区，即：南和县境内的西任城遗址，位于洺河西岸的台地上；平乡与广宗境内的古沙丘平台遗址，位于滏阳河东岸的台地上。

---

① 河北省文物研究所：《河北省邢台市鹿城岗城址试掘简报》，《文物春秋》2007 年 6 期。

（三）北界城—讲武城集群区

1. 城址

发现 4 处。其中滏阳河上游流域的城址有北界城、九龙口，漳河流域的城址有寨上、讲武城。

（1）北界城址

位于峰峰矿区界城镇北界城村北，时代战国。城址平面呈曲尺形，由三座小城相连组成，东小城向外凸出。西小城近方形，边长约 350 米。东小城呈长方形，东西长约 300 米，南北宽约 200 米。西南小城呈长方形，东西长约 350 米，南北宽度不详。总占地面积约 26 万平方米。城垣夯土筑成，残高 1～6 米。城内出土遗物有铜镞和陶器残片。陶器以泥质灰陶为主，器表多饰绳纹，可辨器形有板瓦、筒瓦、陶排水管道、瓮、罐、盆、豆等。陶排水管每节长 60 厘米、粗端口径 27 厘米、细端口径 24 厘米、表饰绳纹。

该城东北距太行八陉之一——滏口陉仅 5000 余米，是邯郸城通向太行山以西的咽喉要道，周围地势险要，城西为丘陵，城南和城北各有一河于城东汇合作为滏阳河支流。此处为冀晋交通要道，乃军事必争之地，北界城大概属军事城堡性质的城邑。城址平面呈曲尺形，城内发现不少铜镞等武器遗物，所有这些均显现着城镇功能的军事色彩。

（2）九龙口城址

位于下庄店乡九龙口村南滏阳河北岸，时代东周。城址平面近方形，边长约 700 米，面积约 49 万平方米。城垣夯土筑成，残高 1～6 米。出土遗物有泥质灰陶罐、盆、豆等残片。

此城西南距北界城约 11 公里，西距滏口陉约 7 公里，与北界城一样同处于邯郸城通向太行山以西的咽喉要道，军事意义十分重要，大概亦属于军事城堡性质的城邑。

（3）寨上城址

位于涉县县城东南 1000 米，寨上村东，漳河北岸的高台地上，东临河沟，西为断崖。城址全貌不详。现存地面城垣长 13 米，存高 4 米，夯土层厚 8～10 厘米。周围有新石器时代和商代遗存发现。城址年代约为战国时期。

（4）讲武城址

位于讲武城乡讲武城村北，漳河北岸的台地上。时代战国—汉代。平面近方形，南北长约 1380 米，东西宽约 1340 米。面积约 185 万平方米。城垣夯土筑成，基宽约 12～30 米，残高 1～6 米。城北发现有汉代墓群，出土大量汉代陶器。城内出土遗物有铜镞和陶器残片。陶器以泥质灰陶为主，多饰绳纹，器形有板瓦、筒瓦、瓦当、罐、盆、豆等。当地传说曹操曾于此地讲武，故名讲武城①。

该城所在的位置恰与邯郸城一样，正位于南北交通大道线上，"北通燕、涿，南有郑、卫"，又地处赵魏边境，地理位置十分重要。它既是邯郸城的南大门，又据南北交通要道，军事与交通的地位均极重要。关于该城的性质，有人考证认为是赵都中牟城②。

漳河以南在战国中晚期基本为魏国的领域，但偏西部也有赵的领地，属于两国交错之地。属于魏国城邑遗址的有：安阳境内的防城城址、汤阴境内的南故城城址等。而林州境内的荷花遗址，可能为赵之石城故址。至于鹤壁鹿楼遗址，有人推测其为赵之中牟城所在③。

2. 城镇集群区

包括 4 处城邑遗址、13 处普通聚落遗址，主要分布在清漳河流域的丘陵河谷或丘陵与平原过渡地带。该城镇集群区是邯郸城的南方门户。北界城、讲武城一类的城镇，大概属于军事防御性质的城堡，其主要功能应是拱围邯郸城的屏障。

滏阳河上游流域有城址 2 处，即北界城、九龙口，二城址附近地区没有发现其他遗址。而在九龙口城址东南约 9 公里处，才有 1 处大营遗址。此说明二城址的性质比较单纯，很可能为军事性城堡。

漳河流域的城址有 2 处，普通聚落遗址 11 处。寨上城址位居涉县境内的上游丘陵山地地带，附近有会里遗址 1 处。自此向下游分布有涉县的西达及磁县境内的北羊城、观台、界段营、下潘汪等 5 处遗址，位于丘陵河谷地带。讲武城城址位于山麓平原地带，城西近郊地区有 4 处遗址：即上七垣、下七垣、朝冠、南营，均位于丘陵与平原过渡地带。城东近郊有 1 处遗址，即临漳境内的西太平遗址。

三　邯郸城镇群团形成的背景

邯郸城镇集群区群团的形成是几种背景因素相互作用、合力促成的结果。这些因素包括：

1. 政治因素。公元前 386 年，赵敬侯迁都邯郸。政治中心催化了城市规模的迅速发展，使邯郸成为中心城市，从而促发了周围的城镇聚落群。邯郸周围城址群的始建年代绝大多数为战国时期，亦是邯郸城崛起的辐射作用所致。

2. 经济因素。邯郸经济发达，其中尤以铁业最为突出，为铁业中心。以此为纽带，邯郸与其以西今武安附近地区的数座城址和众多遗址，形成一个铁业城镇群落。冶铁

---

① 　河北省文物管理委员会：《河北磁县讲武城调查简报》，《考古》1959 年 7 期。

② 　胡进驻：《赵都中牟新考》，《文物春秋》2004 年 3 期。

③ 　张新斌：《河南鹤壁鹿楼古城为赵都中牟说》，《文物春秋》1993 年 4 期。

业在此成为聚落群膨胀的一个重要契机，邯郸作为首都促进了冶铁业的发展，冶铁业发展又繁荣了邯郸及其周围的城镇。

3. 交通因素。邯郸是南北向与东西向交通的中心，西经太行八陉之一"滏口陉"可通山西。《史记·货殖列传》："邯郸亦漳、河之间一都会也。北通燕、涿，南有郑、卫。"便利的交通是城镇工商业发展的必要基础，邯郸为地域交通网络的枢纽。

4. 军事因素。作为拱围都城的屏蔽，邯郸周围兴建了不少防御城堡，城垣边长多在200米左右，应属军事性堡垒城镇。这些城堡的建设，又促进了附近地区聚落群的发展与凝聚。

邯郸城作为邯郸城镇群团的核心，具有中心城市的汇聚与辐射功能。它汇纳了四方的经济、交通、文化、人才等，同时又影响领导着四方的经济、文化与社会风尚等等。总之，邯郸是邯郸城镇群团的核心与枢纽，都城是这个核心的契机，也是此城镇集群区群团繁荣的重要基础。汉以后，随着邯郸都城地位的减弱和改变，邯郸城镇群团也逐渐衰弱淡化了。

四 邯郸城镇群团的有机联系

邯郸城镇群团的四个层次、六个集群区，虽代表了一定的聚落等级差异，但主要的还是反映着平面距离的远近。邯郸城南距讲武城约35公里，西距午汲城约29公里，北距阳城约28公里，北距邢台城约53公里，东北距沙丘约79公里，北距柏人城约85公里。

邯郸城镇群团的四个层次以及各个城镇集群区之间，均存在着密切的有机联系。最南端的北界城—讲武城城镇集群区，是邯郸城的南大门。固镇—午汲城镇集群区是冶铁业中心，是邯郸城的重要经济基础。阳城城镇集群区和邢台城镇集群区，分别是政治陪都或副都地区，是邯郸城核心政治区域的延伸。柏人城城镇集群区位居最远，与邯郸城的联系和其他集群区相比，可能要弱一些，但其作为邯郸城的北方门户，军事地位十分重要。

四个层次的组合把邯郸城凸现为一座大邯郸城的宏观概念，政治、军事、冶铁业、南北向交通、商业等项因素，将四个层次有机联系起来，使邯郸成为一个超大聚落结构。当然，距离核心城区愈近的层次，其在这个聚落结构体系中的作用与地位亦就愈凸现。

政治和军事是邯郸城镇群团四个层次之间有机联系的首要因素。

阳城、邢台两个城镇集群区，是邯郸城核心城区之外的重要政治区域。檀台、信宫和信都的具体地望，不论是在今永年，还是在今邢台，均属于阳城、邢台集群区的范围内，并且邢台城本身还可能是赵襄子和赵献侯曾一度为都的耿的所在地。

邢台城东面约 55 公里处的沙丘宫，乃武灵王游玩之地，也是死亡之地。因此，阳城和邢台两个城镇集群区的最大特点是与邯郸城紧密相关的政治联系，属于都城核心政治的延伸区域。换言之，邯郸—邢台之间，约 50 公里的南北区域是赵国的政治中心地带。

位居最北面距离也最远的柏人城镇集群区，与邯郸城的紧密联系主要体现在军事方面。公元前 491 年，赵简子向东方拓展，几乎同时占据邯郸和柏人两座城市。敬侯立足邯郸后不久即开始向北扩张，屡伐中山。柏人城当为拱卫北方之重镇，又是向北进一步发展的桥头堡。武灵王为灭中山，屡屡在柏人城北面的附近地域活动，例如：城鄗、出九门、为野台等等。其中鄗城，赵与中山互相争夺，几经易手。赵国末期，秦拔邺城后，邯郸南部危机，幽缪王于是加固柏人城。因此，军事上的重要意义将柏人城与邯郸城紧密联系起来。如上文所言，邢台城镇集群区是邯郸城的重要政治延伸区域，而实际上也是柏人城城镇集群区的最直接和最近的拱卫对象，两者之间的距离仅有 32 公里左右。若从这个角度上讲，柏人城镇集群区可算是邯郸城的近郊地区了。

位居最南面的北界城—讲武城镇集群区，与邯郸城的紧密联系也主要是在军事意义方面。讲武城雄踞漳河北岸，与上游地区的九龙口城、北界城、寨上城等，共同组成了一道东西向的屏障。而九龙口城和北界城还同时扼守沟通太行山东西的交通咽喉——滏口陉，是拱卫邯郸城西南的重要军事据点。

南北向交通、冶铁业、商业等经济因素，是邯郸城镇群团四个层次之间有机联系的重要基础。

由南向北，讲武城、邯郸城、阳城、邢台城、柏人城等五座城市，均位于太行山东麓山前平原地带，正处于自古以来南北向交通的大道上。这些相隔一定距离而分布的城市，有些类似于驿道的驿站。事实上这些城市的发生与发展，很大程度上是南北向交通因素留滞人群的结果。邯郸城作为赵都之后，由于邯郸城核心地位的凸起，南北向交通的联系也变得更加密切和频繁。商业流通与交通是紧密相关的。邯郸城的核心地位和南北向交通大道的畅通，不仅使邯郸城商业发达，同时也带动了南北交通沿线的城市繁荣。因此，在政治和军事之外，交通和商业也使邯郸城镇群团之间紧密有机地联系起来。

冶铁业是邯郸城的支柱经济行业，而固镇—午汲城镇集群区是支撑冶铁业的根基和保障。在邯郸城镇群团中，固镇—午汲城镇集群区的城镇数量最多，聚落密集程度也最高，属于经济最繁荣的区域。铁矿和冶铁业不仅是固镇—午汲城镇集群区繁荣的基础，同时也是与邯郸城密切联系的核心纽带。

总之，邯郸城镇群团是个有机联系的整体，各个城镇集群区之间存在密切联系。所有这些联系又以邯郸城为核心而存在和运行，邯郸城是整个城镇群团有机联系的动力枢纽。

第十三节　赵邯郸故城考古探索有待解决的问题

多年考古探索的积累，为认识和复原邯郸城提供了丰富而重要的实物依据。但囿于考古探索的局限性，一些问题一直悬而未决。同时考古发现在解决一些问题的同时，又提出和产生了更多需要回答的问题和疑团。所有这些问题将是以后考古探索的方向和目标。邯郸城考古探索是一个长期而艰巨的研究课题，有待解决的问题复杂而众多。这里试列举几项主要的内容。

（1）沁河流域春秋至战国早期文化遗存的发现与发掘，其中重点地域是邯郸城核心城区一带。此项考古探索是解决东周邯郸城兴起与初步发展的关键所在。

（2）丰富完善沁河流域东周至汉代考古学文化发展编年系统，此乃研究邯郸城的年代学框架。年代框架的准确与细致，是研究邯郸城格局动态演进轨迹的根本基础。

（3）对大北城区内的重点地点，如西北隅小城、中北部城区、城垣地带、城内墓葬等，进行重点发掘，搞清其内涵和确切的年代。此乃研究大北城格局变化的重要依据。

（4）对王城区的宫殿基址进行重点揭露，以求了解邯郸城宫殿建筑的结构形式；对城内宫殿基址以外的一般遗址区进行发掘，以求全面了解城区文化遗存的内涵构成；对城垣内侧进行发掘，以求了解城垣内侧排水设施系统的全面构成（例如，对王城区众多的夯土台基址需要逐一进行详细的勘查和发掘，以求搞清其确切的形制结构和年代及性质。根据大北城西北隅一带存在汉代封土大墓的情况，目前尚不能完全地肯定王城区内的夯土台基址群中，尤其是一些小型夯土台基址，不会存在零星个别汉墓的情况）。

（5）对城郊的墓葬群进行全方位的勘查，全面把握城郊墓群的时代布局。

（6）开展对城郊护城壕沟系统和天然河流的联系与布局的考古勘查，以求了解城郊人工壕沟与利用天然河流的相互关系及平面格局。

（7）对远郊地区的城镇遗址群进行调查和试掘，准确搞清其年代和内涵构成。

第四章　邯郸城的城市构成元素

最早城市的发生与成形，是逐渐摆脱或者凸现于周边普通村落的过程。这个过程的支撑力量是一种聚拢集合力，它把远超于构成普通村落的更多更高质量的聚落元素聚合起来，形成一个新的高等级的聚落形式——城市。城市的形成过程就是聚合各种聚落元素的过程。因此，一座城市既是宏观的整体的统一有机联合体，同时又可剖析出众多微观的局部的个案的元素体。元素是城市形成的基础，聚合并按照一定规划整合元素的力量是城市构成的根本。剖析邯郸城的城市元素结构，有助于从微观和机理方面了解邯郸城的内涵。

城市是一个物质和人类及精神的综合体。物质是基础和依托，人类是主体并创造新的物质，精神是物质的融合剂。城市既是物质的，又是精神的。城市构成元素是多元的、复杂的、发展的，大致包括三大类：

自然物质元素：即维持城市生存与运行所可利用的自然资源与环境；

人工物质元素：城市居民利用自然物质元素，创造出来的使城市正常运行的物质总和；

人文及精神元素：城市居民本身及其思想总和，即人本身与创造人工物质元素过程中所衍生的精神产物。

第一节　自然物质元素系统

自然物质元素是人类生存所依托的整个环境与资源系统，包括地貌、地质、气候、生物。自然元素固然是天然存在的，但一旦经过人类的主观意识选择和利用，即具有人类生存资源的性质。因此，自然物质元素主要体现在人为的选择性和可利用程度方面，换言之是对自然资源的开发程度。对于一座城市与自然资源的关系来言，最主要的方面就是表现在城市建设地的选址。这一点在古代即有深刻的认识。例如在《管子》一书中，关于城市建设的理念，比较客观和实用。

《管子·乘马》："凡立国都，非于大山之下，必于广川之上；高毋近旱，而水用足；下毋近水，而沟防省；因天材，就地利，故城郭不必中规矩，道路不必中准绳。"

　　这是战国社会变革、城市得到大发展时期的革新思想，两个"不必"可能即原来"必须"的制度和理想的城市规划，比如《考工记》中的理想城市规划。《周礼·冬官·考工记》："匠人营国，方九里，旁三门。国中九经九纬，经涂九轨，左祖右社，面朝后市，市朝一夫。"但周代城市考古的实际发现表明，这种标准理想化的城市模式似乎并不普遍存在。倒是《管子》所言的因地制宜建城的思想，得到许多考古发现的实证。例如，齐临淄城、郑韩故城、中山城等等，均为此思想的具体实例。

　　《管子·度地》："管仲对曰：……圣人之处国者，必于不倾之地，而择地形之肥饶者，乡山左右，经水若泽。内为落渠之写，因大川而注焉。乃以其天材，地之所生利，养其人，以育六畜。……内为之城，城外为之郭，郭外为之土阆。地高则沟之，下则堤之，命之曰金城，树以荆棘，上相穑著者，所以为固也。岁修增而毋已，时修增而毋已，……故善为国者，必先除其五害。……水，一害也。旱，一害也。风雾雹霜，一害也。厉，一害也。虫，一害也。此谓五害。五害之属，水最为大。"

　　此乃谨置国都地址，建筑与修缮城郭的具体措施和方法。五害之说实乃城市防患的五个方面，或者说城市防灾的预案思想和预备机制。《读史方舆纪要》对邯郸城所处的地理、政治环境均作了勾画：

　　"邯郸包络漳滏，依阻太行，赵人都此。秦魏战其西南，燕齐战其东北，而赵之力常足以却秦胜魏，胁齐弱燕。苏秦谓山东之国，莫强于赵者，岂非拥据河山，控带雄胜，邯郸之地实为河北之心膂，而河南之肩脊哉。"

一　地　貌

　　包括河流、山地、丘陵、平原、湖沼及土壤等方面。

　　邯郸城所在的地域地貌条件比较优越，西依剥蚀—侵蚀丘陵，东邻平原，非常适于人居和建城。邯郸附近地域主要包括丘陵和山前平原两种地貌类型，海拔在50～200米之间。再向西部即为丘陵低山地带，海拔200～500米之间。

　　邯郸城一带，海拔55～70米，属于山前洪积—冲积扇堆积区域的沁河冲积扇上，为山前倾斜平原地带，地势西高东低，落差较大。由此向西至海拔100米处，为锈黄色砂土砾石上覆冲积黄土的洪积扇面。再向西至海拔150米处为砂岩、砾岩、石灰岩等出露的台地，上覆第三纪和第四纪早更新世红土或砂砾层，或冲积黄土。具体到城址一带的地貌形态为缓岗地和倾斜平地。山前倾斜平原的河流流程短，冲积扇较小，所形成的山前平原较狭窄。但却是天然南北向大道走廊。

　　现今分布的河流有三条：输元河、沁河、渚河，均源于西部丘陵，由西向东流向。属于河滨环境，临近的河流以及丰富的地下水资源，成为城市的重要水源地。冲积扇前缘与低平原相接处形成一些洼地，如宁晋泊、大陆泽、永年洼等。

地貌特征最突出的一点是：地势西高东低，落差幅度大。

王城区地势是西南高、东北低，西南部海拔 98～100 米，东北部海拔 62～64 米，落差 34～38 米。

大北城地区地势西高东低，西垣南部一带海拔 62～63 米，东垣一带海拔 54～57 米，落差约 5～9 米。考古钻探表明，西垣南段的地下城垣在今地表 1 米以下，而东垣则在今地表 8 米以下，落差 7 米左右。

总观整个邯郸故城城区，地势是西南高，东北低，从王城西南隅的海拔 98～100 米，到大北城东北隅一带的海拔 54 米，总落差约 44～46 米。但是，如果单独就大北城来说，地势总势是西部高东部低，西垣南北一线海拔为 60～65 米，东垣南北一线海拔为 54～57 米，落差幅度大多约 6～11 米，其中东北部一带最低（图四五）。

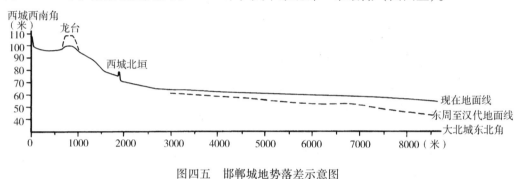

图四五　邯郸城地势落差示意图

土壤情况属山麓平原褐土地带，土色较浅，灰褐色或灰棕色。王城区一带缓坡岗地的局部岩石裸露，土层薄而贫瘠。赵王城遗址内除东城东部、北城的东部和北部外，大部分地区的可耕土层很薄，一般约 0.4～1.5 米；以下即为第三纪末第四纪初的红土层。有的地方 0.5～1.5 米以下便是坚硬的砾石层或白硬土层，尤其白色土层分布较广泛。局部地区基岩裸露。东城东部、北城的东部和北部，可耕土层逐渐加厚，一般在地表下 0.8～2 米为文化层或淤土，有的地方深达 6 米尚未见到生土层。大北城内西北部一带，耕土层下一般为红硬土、白硬土或砾石层，此与王城区西城、东城西部地区的地层情况相似。但城区的其他大部分地区，在地表以下、战国至汉代文化层之上，普遍覆盖堆积着厚厚的淤泥层，其堆积厚度西薄东厚。

二　气候

现在的气候条件与东周时代应相差不多。现今的邯郸一带位于暖温带半湿润季风气候区，年平均气温 12～14℃，年降水 550 毫米，无霜期 220 多天，农作物可一年二熟。四季分明，但降水集中于夏季，易发山洪，引起水患灾害。

竺可桢关于近 5000 年来气候变迁的研究一直是广为征用的成果[①]。竺可桢认为，仰韶至商代为一个较长的温暖时期，年均气温高于现在约 2℃；西周初期进入一个寒冷期，到了春秋时期又转为温暖，战国时代温暖气候依然继续，秦和西汉时期气候温和，东汉初期气候开始出现趋于寒冷的趋势。陈良佐对竺可桢的观点略有修正，认为：战国至汉景帝时期为暖期，汉武帝时开始由暖转冷，至汉元帝时正式进入小冰期，王莽时代低温和旱灾达到一个高峰，冷期至汉末到魏晋时期可能到达最高峰[②]。

这个气候变迁轨迹与沁河流域遗址数量的变化情况基本相应：商代遗址分布稠密，西周时期的遗址数量发生锐减，春秋以后遗址数量逐渐上升，战国时代又重新达到商代的水平。因此，气候对沁河流域聚落规模及数量的影响是比较清楚和直观的。

战国时代的温暖气候可能孕育更多的降水，因而导致水灾事件的时有发生。例如，赵惠文王十八年（公元前 281 年），"王再之卫东阳，决河水，伐魏氏。大潦，漳水出"。二十七年（公元前 272 年），"徙漳水武平南。……河水出，大潦"。河水的泛滥，一方面给人们带来了财产损失，而另一方面充足的水量也为人们所利用。

三　地　质

经地质勘探证实，太行山东麓南部一带铁矿资源丰富，其中铁矿最集中丰富分布的有两个地区：即沙河和武安。武安、沙河两县的西部丘陵地区，蕴藏着储量丰富的铁矿资源。这里生产的矿石成分较单一，品位丰富，矿石含铁一般达 45% 左右。

沙河铁矿密集区主要分布在沙河境内西部的山前丘陵地带，总面积约 250 平方公里[③]。已经探明的产地有 21 处，矿床类型属于矽卡岩型。主要铁矿区有：綦村、葛泉、冯村、上郑、小屯桥、东郝庄、店上、高店、三王村、中关、白涧、王窑等。

邯郸城以西的武安一带铁矿储藏量丰富。主要的矿区有：西石门、矿山村、杨二庄、玉石洼、小汪、崇义、西台地、五家子、玉皇庙、玉泉岭、洪山、团城、北洺河、郭二庄、锁会、下白石、百官、东梁庄、小不里、磁山、坦岭、暴庄、赭山、大贺庄、石洞、上泉、南洺河等，以及涉县符山、赵峪、乱石崖、台村，磁县岗子窑等[④]。

沙河—武安铁矿区一般距邯郸城都在 40 公里范围内，开采运输均比较方便，这

①　竺可桢：《中国近五千年来气候变迁的初步研究》，《考古学报》1972 年 1 期。
②　陈良佐：《再探战国到两汉的气候变迁》，《中央研究院历史语言研究所集刊》，第 67 本第 2 分。
③　杨中强、程在廉：《论邢台的铁矿资源与历史冶炼》，《邢台历史经济论丛》，中国人事出版社，1994 年。
④　《河北省志·自然地理志·地质与矿产》，河北科学技术出版社，1993 年。

些铁矿资源是邯郸城冶铁业发达的必须物质基础，也是邯郸城冶铁业兴旺的重要
原因。

　　另外，沙河矿区的葛泉、冯村、三王村等铁矿的东南方向附近，有阳城城址；綦
村、中关、西石门、矿山、郭二庄、玉石洼等铁矿的南部或东部附近地区，有邑城城
址；小汪、北洺河、崇义、团城等铁矿的西部附近，有贺进城址，南部有午汲城址；
上泉、玉泉岭、大贺庄、下白石等铁矿的东部邻近午汲、店子二城址，其南部还有磁
山铁矿；百官、石洞、南洺河等铁矿附近，有固镇、曹子港、阳邑三城址，西面还有
符山等铁矿（图四六）。

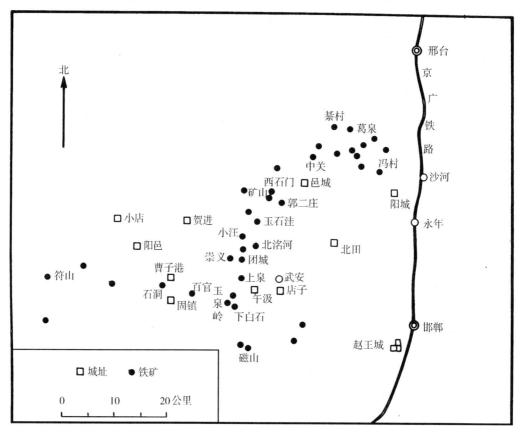

图四六　邯郸城郊地区铁矿资源与城址群分布示意图

　　铁矿群与城址群的毗邻，显示着城址的功能、性质与铁业有着密切的关系。很有
可能，今武安境内的9处城址中绝大多数属于与冶铁业有关的城镇遗址，另外，其中
大多数城址又属中小型规模，也从另一角度说明了这个问题。如此，邯郸城镇集群区
的形成则是以冶铁业为纽带和契机的。

四　生　物

（1）植被。邯郸城一带的植被以灌草为主，原生森林植被多已不存，主要是次生的半旱生森林灌丛草地。这是因土层薄，干旱条件所致。灌草丛主要是荆条、酸枣、白羊草等，尤以酸枣为主。

（2）动物群。涧沟商代遗址出土有牛、羊、猪、鹿、狗、马、獐、鳖等，大约反映了商代沁河流域的动物群构成情况，其中应包括饲养的家畜。这个动物群的主要内容应延续到东周至汉代，不会有太大的改变。

总的来看，邯郸城一带的资源与环境比较优越，主要反映在矿产资源丰富、交通方便、水利方便等等，非常有利于发展成为繁荣的工商业之城。但也存在明显的缺陷，其中最突出的就是土地较为贫瘠，不利于农业的发展。

第二节　人工物质元素系统

人类利用自然天然资源创建的为人类生存服务的物质性物体，即构成了聚落存在与发展的人工物质元素系统，是城市存在和运行的物质基础和依托。在诸多元素中，城市基础建设是城市存在的根本基础，居民及日常生活用具等则是城市运行的主要内容。

邯郸城先后属于都、国一级的大型都邑，拥有完整的城市布局系统，城内外建筑群布局有序分明，建筑类型多样，居民的城市生活也丰富多彩。

一　城市建筑方面

1. 城垣

城垣在东周时期几乎是一座城市的象征，是城乡之间、宫廷与民居之间等界限的区别地标。城内与城外的界限和意义，主要是通过城垣的高耸凸现来实现的。但城垣的主要意义还应是防御与军事作用，界线标志之用属于次要的方面。《释名》曰："墙，障也，所以自障蔽也。""垣，援也，人所依阻以为援卫也。"

城垣在某些时候可以说是古代城市存在的象征，其对于一般市民的象征意义超过宫殿与官署。甚至对于今天的某些考古学家来说，城垣的发现与否已成为其判断城市存在的主要依据。数千年前曾经繁荣的城市消失了，今天仅存的大多是残垣断壁的一段城垣。

邯郸王城的城垣基本为长方形，只有东垣略有曲折，确凿原因有待于考古发现解释，推测可能与城东侧有河流有关，即为了迁就河流走势而曲折建城，与临淄城东垣的情况有些相似。大北城的城垣近似于梯形，西垣北段内收呈曲折状，应顺应地势所致，即西北隅一带接近丘陵脚下，受地势高程所限，故呈曲折状。此与王城形成了鲜明对照：因为王城恰恰建于丘陵顶部与坡地之上，并未迁就于地势之高地。这也或许正反映出王城的建设是赵国迁都邯郸后的都城模式之建，不仅具有一种宏大的王权规划思想，同时更具备雄厚的建设实力。因此，城建中的主观人为性比较凸现。而大北城经过了长期的一个发展过程，在为赵都前城市建设可能早已具规模，其早期的城市范围应该就在当时沁河的北岸一带，西北部近丘陵脚下应是最早的建筑群，小城可能就是春秋时期最早的邯郸城所在。此一时的邯郸城建设是居民与自然协调共存循序渐进的发展，因此城市的布局与建设表现为因循自然之地势，这也是普通城市建设的思想和格局。

邯郸城城垣建设中最具特色的是城垣内侧呈台阶式。这种为修建防雨设施而特别建造的城垣形式，是邯郸城最鲜明的城建模式内容（图四七）。

2. 城垣附属建筑——防雨排水设施

夏季的大雨对土质的城墙是个考验，即使结实的夯土也不例外，因此城垣需要一定的防雨措施来保护。城垣顶部是否存在铺设的瓦顶，因目前无考古实物发现，又无文献记载，不能确切定论。城垣外侧斜直而高耸，乃防御的主要正面，不宜再附设其他设施。从考古发现观察，在城垣内侧铺设瓦顶面和排水槽道来防雨排水是普遍的。但城垣的主体功能是防御，现在还不清楚这些防雨设施与城垣顶部及内侧的军事性设施，是如何协调和共存使用的。

城垣内侧的附建防雨设施，主要包括两种类型：一种是城垣内侧台阶面上铺设的板瓦与筒瓦覆盖面，形成瓦顶结构，简称"铺瓦"，应该是城垣内侧普遍存在的；另一种是城垣内侧用陶制排水槽修建的坡道状水槽道，简称"排水槽道"，应该是相隔一段距离铺设一条，其间相隔的距离有两个地点的发现可供参考：西城南垣2、3号排水槽相距27米，大北城灵山遗址三处排水槽道的间距是15～16米。

现已发现的城垣内侧均为两级台阶式，因此已发现的铺瓦也均为两级台阶式。完整的城垣内侧究竟有多少级台阶，还有待于考古发现证实。但现存的城垣均已缺失原有的顶部，换言之城垣内侧完整台阶结构的发现可能已是永远缺憾。虽如此，我们根据现有的发现及城垣高度的推测，其内侧的台阶级数应该在3～4级，并且最有可能是3级。

铺瓦的铺设形式类似屋顶的铺瓦。在城垣内侧台阶面上，用板瓦与筒瓦复合叠压衔接形成覆盖层。排水槽遗迹目前已清理发掘6处，王城与大北城均有发现。排水槽形似簸箕状，横断面凹形，平面近似正梯形，顶窄底宽，箕面近底沿处（6～7厘米）左右装设2个凸起的顶扣，防止排水槽两两衔接时滑落。排水槽的完整安装方式，目

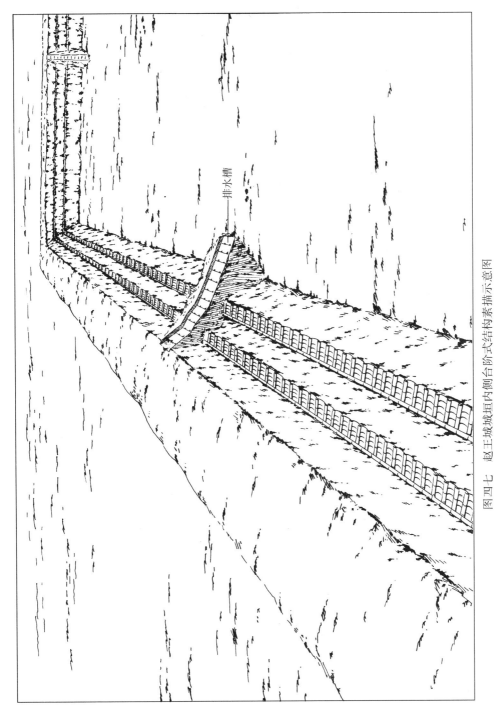

排水槽

图四七　赵王城城垣内侧台阶式结构素描示意图

（根据现有的考古发掘资料绘制，采用两层台阶式结构，而原本完整的墙体内侧可能存在三甚至四层台阶）

前还未发现全貌，已发现的多为局部形制：首先在城垣内侧墙体或附加墙体的顶部开设斜坡状沟槽坑，然后一一放置排水槽并衔接好，上部顶端装设斜直立的排水槽，其下再衔接铺设坡状排水槽道，下部底端堆积大块砾石固定。

城垣内侧台界面上普遍铺设的铺瓦层，与间隔一段距离铺设的排水槽相配合，形成一个完整的防雨排水系统工程。所有这些水流汇集到城垣内侧的根基部一带之后，推测应该再集中汇入到排水沟渠中。但目前尚未明确发现这样的排水沟系统。

3. 城壕

长期以来，邯郸故城一直没有发现城壕，致使人们怀疑有无城壕的存在。直到1997 年 5 月，在赵王城西城西垣北段外侧勘探，于城垣（中心线）以西 24 米处发现城壕遗迹，宽约 7 ~ 8 米、深约 5 米[①]。但此次发现乃钻探所得，并未进行实地发掘，因此未得城壕实际之形象。2005 年 5 月，河北省文物研究所在西城南垣东端全面解剖发掘城垣，第一次直观形象地揭露出城壕的真面目。此处地点的城壕距地表 1.5 米，口部宽 9 米，底部宽 2.4 米，深 3.8 米。从形制规格上观察，似略显窄小，很难与防御性鸿沟相联系。因此，对此城壕之用途值得讨论。

西城—东城南垣一线，从西端到东端高程落差 35 米左右。在此一线若开挖一条壕沟，东西落差巨大，是难于统一储存水体的，而分段储存水体还须另建有坝堤。因此，此段城壕大概只能是旱沟干壕，即王城区的城壕因地势原因，可能在使用功能上受到限制。还可能因此原因，城壕开挖的体积容量也比较狭小，西城南垣的城壕一般口部宽 8 ~ 10 米、深约 2.5 ~ 3.5 米。这样的规模在东周列国都城中是比较小的，如临淄城的城壕宽度在 13 ~ 30 米之间。推测邯郸王城城壕的作用大致是：

挖沟取土筑城；象征性壕沟围护城垣；可能还承担城内向城外排水之用，但目前尚未发现与城内联系的排水道或涵洞。

如果赵王城城壕的规模和作用均如此有限，则与邯郸城的地位和功能是不相称的，因此是个令人匪夷所思的事。所幸这个疑团很快即有了答案。2007 年 11 月，赵王城城南发现正东西向 3 条并列的壕沟系统，间距 10 米。壕沟北距王城南垣 1000 米，与南垣基本平行，目前钻探探明的壕沟总长度 2700 余米。三条壕沟应属于赵王城南面近郊的防御系统，它们与南垣附近的城壕一起，共同构成了王城乃至整个邯郸城南郊的完整防御系统。这样，赵王城南垣南侧所修建的小规模城壕，就可以顺利地理解了。

现在总的来看，赵王城的城壕系统可分为内里和外围两个部分。内里部分即城垣脚下环绕城池的城壕系统，建造规模较小。外围部分由人工壕沟和天然河道共同组成：在城南地区，为 3 条并列的人工壕沟（西段部分）；城西和城北则利用渚河河道为城

---

① 乔登云、乐庆森：《赵都邯郸故城考古发现与研究》，《邯郸学院学报》2005 年 1 期。

壕；城东的情况目前还不太明了，可能也存在一条天然河道。如此，赵王城即被内外两道壕沟系统围护，共同构成一个严密的防御系统。这样的城市双重防御壕沟系统，在目前的考古发现中还是个孤例。

大北城的城壕在西北垣插箭岭一带有所发现，其他地区目前还未见端倪。

4. 城门

王城目前发现 11 处城门，其中西城有 8 处城门（其中 2 处与东城共用），东城有 5 处（其中 2 处与西城共用）。城门一般系现存城垣上的豁口，地表下无夯土墙基相连，有的还残存路土。

王城西城保存最为完整，其城门的位置大概反映着城门的布局。每垣各设 2 门，但其在各垣的位置似乎并无统一的制度。唯一的共同特点似乎是，所有的城门均未与城内的宫殿基址正相对应。或许这正是一种专门特意的设计理念。

王城城门遗迹均未经过考古发掘，其详细形制及建筑结构形式不明。城门在城垣所在处的豁口，宽 9~15 米，两侧的墙体与普通地段相比比较高大，附近散布较多的板瓦、筒瓦残片，或许表明城门处建有城楼一类建筑。城门的功用自不待言，但其是否存在用途之分工有待于考证讨论。

大北城尚未发现确切的城门遗迹。《管子·大匡》："凡仕者近宫，不仕与耕者近门，工贾近市。"近门地域的遗迹情况有待于今后的考古发现。

5. 城市供水与排水系统

城市供水系统的水源主要是井水和河水两种。

冲积扇地区的地下水丰富且埋藏很浅，非常利于开采。大北城内的水井遗迹发现的数量较多，分布广泛。王城内水井遗迹也有发现，但数量不及大北城的多。由考古发现的情况看来，水井汲水应是邯郸城居民的主要取水方式。已发现的水井有两种类型：一是井壁系用陶制井圈叠砌而成，坚固耐用；另一种井壁未采取任何附加坚固措施，即土壁直筒形，此类水井可能易于坍塌损坏，但其施工便捷造价低，开凿使用与维护均很方便。

河水的使用应主要是沁河与渚河，当时两河横贯城区，汲水方便。

排水系统应包括天然河道与人工排水沟渠两种形式。排水包括雨季雨水和平日生活废污水。对于排水流污，在当时已有成熟的认识。《左传·成公六年》："……不如新田，土厚水深，居之不疾，有汾、浍以流其恶，且民从教，十世之利也。……晋迁于新田。"

沁河与渚河既是水源，同时也应是排水渠道。城内还应建有排水沟渠网络系统。大北城内今人民路北侧一带，发现一条东西向大路旁建设有排水沟槽，使用时间长，大致跨战国到汉代，其建筑结构也因时间有所改变：早期为土沟式，中期改建为陶制排水管道，后期又建造成砖石结构排水沟槽，最晚期又恢复成土沟式[①]。

城垣内侧排水槽道的流水应汇入到排水沟渠。紧邻城垣应有一套排水沟渠系统，此有待于今后考古工作的发现。此水最后应穿过城垣排到城外的城壕中，依借地势落差排水。另外，类似临淄城的穿过城垣的石构洞未被发现。

6. 交通道路

王城发现两条道路。西城的道路呈东西向，与西垣 4 号城门相连。东城的道路呈南北向，穿越北垣 8 号城门。大北城内的道路，在今人民路北侧一带，发现一条东西向大路。

大北城中部南北一线所在的位置，正处于自古以来太行山东麓的南北大道上。此大道应纵贯城中，很有可能正与一条南北向大街重合使用。《史记·货殖列传》在论及邯郸时说："北通燕、涿，南有郑、卫"。这句话的实质是指邯郸城正处于南北交通的要道上。

太行山东麓的山前狭长地区，西依太行，东临河水，自史前以来即为南北向交通的重要走廊地带，同时也是大型聚落城邑的分布带[②]。邯郸城是这条走廊南部地区的重镇，邯郸城镇群团的其他几个城镇集群区，基本上均依次分布在这条走廊带上。由邯郸城向北约 25 公里是阳城集群区，再向北约 25 公里是邢台集群区，继续向北约 33 公里是柏人城集群区，再向北约 26 公里即鄗城遗址，而由邯郸城向南约 36 公里则是讲武城集群区。从最南端的讲武城址向北依次为邯郸城址、阳城城址、邢台城址、柏人城址、鄗城城址等，这些城邑群的分布基本呈南北带状一线，间距约 25～35 公里。这样的间距正是古代匀速骑马或步行大约一天的行程距离，因此这些城邑重镇的诞生地点和布局间距的形成，绝非一种偶然性，而依托这些城邑进而形成更大规模的城镇集群区也是一种必然。邯郸城及其南北面依次间距分布的城镇群，成为南北大道上的交通枢纽城。

7. 宫殿

（1）有关宫殿概念的文献记载与性质分类

宫殿是城内尤其宫城内的主要建筑群体，广义上包括王宫、庙宇等，泛指大型的建筑群。但在古代文献中，宫殿存在有宫、庙、寝等不同性质功能之区分。但主要的本质区别是人居和神居之别，从狭义上讲，即人居宫殿（含宫、寝等）和诸神所居的庙宇（含宗庙、社等）。

① 乔登云、乐庆森：《赵都邯郸故城考古发现与研究》，《邯郸学院学报》2005 年 1 期。
② 段宏振：《太行山东麓走廊地区的史前文化》，《河北考古文集（二）》，北京燕山出版社，2001 年。

《尔雅·释宫》："宫谓之室，室谓之宫。""室有东西厢曰庙；无东西厢，有室曰寝，无室曰榭，四方而高曰台，陕而修曲曰楼。"《释名》曰："宫，穹也，屋见于垣，上穹隆然也。""室，实也，人物实满其中也。""庙，貌也，先祖形貌所在也。""寝，寝也，所寝息也。"这些概念的解释虽道出了一些本质属性，但并不太严密。

蔡邕在《独断》中对宫殿的狭义与广义作了总结：

"人君之居，前有朝，后有寝。终则前制庙以象朝，后制寝以象寝。庙以藏主，列昭穆；寝有衣冠几杖象生之具，总谓之宫。"

据此，宫、宫室、宫殿是通称，性质分两大类：一是生人日常起居生活的叫朝寝、朝堂；二是为祭祀亡者建造的叫庙、宗庙、庙寝。因此，总体的宫殿建筑群体若从使用性质上区别，可分为人居之宫殿和神居之庙宇两大类。根据具体的使用性质，人居之宫殿大概又可分为朝堂、寝殿等，而神居之庙宇又可分为宗庙、社等等。如果单纯从建筑构造的宏观角度观察，可统称之为宫殿建筑。

根据古代文献记载，东周以前的都城建筑，庙宇尤其是宗庙是宫城建筑的核心，其次才是各类宫殿。

《诗经·大雅·緜》："作庙翼翼"，"乃立冢土（社）"。

《吕氏春秋·慎势篇》："古之王者，择天下之中而立国，择国之中而立宫，择宫之中而立庙。"

《墨子·明鬼》："昔者虞、夏、商、周三代之圣王，其始建国营都日，必择国之正坛，置以为宗庙。必择木之修茂者，立以为丛社。"

《礼记·曲礼下》："君子将营宫室，宗庙为先，厩库为次，居室为后。"

《左传·庄公二十八年》："凡邑，有宗庙先君之主曰都，无曰邑。邑曰筑，都曰城。"

建造宗庙不仅是建国营都的第一要务，而且宗庙建筑还成了都城与普通城市区别的标志物。此乃三代宗族政权社会和国家的本质，在城市建设中的物质化反映，城市中以宗庙凸出为首。宗庙的重要性在于不仅仅是祭祀祖先的宗教庙堂，同时还是施政的朝堂。执政者在宗庙举行祭祀、礼仪、议商政务、征伐等等。宗庙是宫城的中心建筑，这是东周以前理想礼制的要求。宗庙的地位就是国家的象征，宗庙失则国亡，攻其宗庙即伐其国家根本。《吴越春秋》："越军入吴国，伐宗庙，掘社稷也。"

商代、西周的宗庙体现着神权第一，但进入东周以后，随着宗族政权至上、社会的逐步弱化，王权与神权逐渐脱离，都城建设也逐渐开始向以宫殿为核心转变了，宫殿的重要性和首要性开始取代宗庙的位置。荀子所说的"寝不逾庙"（《荀子·大略》），应视作对屡见不鲜的"逾庙"现实一种无奈的告诫和慨叹。整个东周时期，是都城建设以宗庙为主向朝堂为主的转型过程。此前的夏商西周以宗庙为主，自东周开始以朝堂为主，反映的是宗族宗法政权向王权皇权发展。东周所流行的高台建筑更是一种凸现和挣脱的象征，不仅要摆脱宗法礼制，更要挣脱周王室的约束，向集权专权专制的方向发展。

宗庙和社，应是庙宇中的两项核心内容。关于宗庙与社的建筑位置、数量与种类，文献中都有明确记载。

《考工记》："左祖右社。"郑注：祖，宗庙。《说文》："宗，尊祖庙也。"

《周礼·春官·小宗伯》："掌建国之神位，右社稷，左宗庙。"

《礼记·王制》："天子七庙……诸侯五庙……大夫三庙……士一庙。庶人祭于寝。"

《礼记·祭法》："王为群姓立社，曰大社。王自为立社，曰王社。诸侯为百姓立社，曰国社。诸侯自为立社，曰侯社。大夫以下成群立社，曰置社。"

上述记载未必完全符合真正的史实，但国都或都邑城内建有大量的宗庙与社，应该没有多少疑问。此外还应有很多祭祀其他神灵类的庙宇。无论朝宫还是庙社，建造这些宫室都需要大量的人力物力，对城市是一种负担。在东周战乱年代，对宫室的过度建设会导致城市防御弱化乃至失守。

《墨子·七患》："国有七患。七患者何？城郭沟池不可守，而治宫室，一患也。"

《墨子·辞过》："是故圣王作为宫室，便于生，不以为观乐也。……当今之主，其为宫室则与此异矣。必厚作敛于百姓，暴夺民衣食之财，以为宫室台榭曲直之望、青黄刻镂之饰。为宫室若此，故左右皆法象之。是以其财不足以待凶饥，振孤寡，故国贫而民难治也。君实欲天下之治而恶其乱也，当为宫室不可不节。"

墨子的议论从侧面反映出当时在都城的建设中，盛行耗费巨资建造大规模宏伟而华丽的宫室。这些宫室大概主要是国君的朝堂寝殿与宗庙建筑。

（2）邯郸城的宫殿建筑

邯郸城的宫殿建筑也应包括宫殿和庙宇两大类。

王城内的 10 座大型夯土台基址以及一些地下夯土基址，可能均属于宫殿建筑遗迹。其中除 2 号夯土台基址经过局部发掘外，其余均尚未经考古发掘，因此对于它们的建筑功能性质，目前还不能给予确切的答案。推测应包括王室宫殿和宗庙建筑，是邯郸宫城和整个都城的核心。宫殿及其宫廷生活，具象地反映着赵国的王权。

王城宫殿群的布局与王城的总体布局是一体的，因此，也存在着南向和东向两种截然不同的认识。两种看法都有一定的合理性和局限性，此问题的根本解决还有待于考古的发现。南向符合建筑的一般朝向，而且西城、东城现存的夯土台基址，也基本呈南北纵向轴线分布，似乎与南向正相对应。但南向的不足似在于与地势的不和谐，王城西南部高于东北部 34 米左右。推测东向的根据主要有三：

赵族崇向东方，赵王陵园坐西向东；与地势基本相合，由东城进西城建筑随着地势逐渐升高，在西城宫殿台阶上向东俯瞰，宫殿群逐级下降错落有致，尤其东城的两座夯土台建筑，一南一北纵列呈左右对称布局，与西城龙台宫殿群恰成呼应之势；王城东向与大北城联系呼应便利。

宫殿建筑形式均为高台式，在夯土筑成的高台之上修建宫殿。《释名》云："台，持也，言筑土坚高，能自胜持也。"这里的高台建筑，基本均呈方形或长方形。有的可能是借用自然凸起的丘陵山包，平整其顶部，附加夯土其周围并加高。夯土筑法类似城垣，但不如城垣的坚实。赵王陵园的陵台即用此种方法。1号夯土台基址及以北数座夯土台建筑，可能属于此种情况。

面积与体积最大的1号夯土台（龙台）建筑，现存四边地表至顶部高度，东边为16.3米、南北为10米左右、西边为7.2米。这反映了地势的落差，亦或许是建筑的设计。台顶平坦，四面呈台阶梯田状，此种有的应是本来的建筑形式，有的系后代农民开荒修田所造，需要经过考古发掘鉴别。台阶是夯土层层夯筑的，其中近顶部的台面最宽大，可能是原来的建筑，宽15～35米。关于该建筑的性质，推测不应再是宗庙，而是朝堂宫殿。

赵国宗庙应在王城内或其附近。庙宇乃神权之具象，表现形式主要是祭祀，包括神庙、宗庙。宗庙或神庙是祭祀场地的主要场所，如秦都雍城马家庄遗址、晋都新田城呈王路遗址等。但目前有关邯郸城的祭祀遗迹尚无明确线索。

宫殿建筑的具体形式只能根据一些线索来推测。西城2号夯土台建筑基址发掘发现，东西两面各有两排南北向的柱础石，排距2.3米，其外侧还有一条砖砌界边，由此推测是一种廊式宫殿。王郎村地点出土陶制建筑模型的残块（H4:17、18），屋顶系用板瓦与筒瓦相配铺设而成。王郎村地点还发现漆绘的圆形素面瓦当（T1②:4），当面残留有朱漆痕迹。此说明有的建筑上的瓦当面，曾漆有朱色或朱色花纹等装饰。如此装饰建筑屋顶，其外观当很华丽绚烂。

大北城内发现的宫殿建筑遗址主要是汉代遗存，有丛台、温明殿、梳妆楼、春厂农贸市场遗址等，其中梳妆楼和春厂遗址经过局部的发掘。梳妆楼遗址发现了大型卵石散水面、方砖路面、大型柱础石等，其中柱础石直径达73、厚26厘米。出土遗物有"千秋万岁"和卷云纹瓦当、大泉五十和半两钱币等，由此推定建筑的年代当在汉代时期。春厂遗址发现的卵石面、石板路面及陶制排水管道系统等，显示着建筑性质应属高等级的大型建筑基址。此地点距丛台不远，大概同属汉代宫殿或是官署遗址，抑或是贵族住宅遗址。

与某些宫殿相关联的一种建筑类型是广场。广场的存在与否，还是个有待于考古发现的遗迹。比较有可能存在的应是宫城内的广场，或用于大典，或用于军事操演等等。西城1号夯土台建筑基址周围尤其西侧，为面积广大的开阔地带，或许与广场有关。

　　宫殿之外的官署和贵族住宅等建筑，应是邯郸城内的另一种重要建筑类型。王城内的一些建筑基址应该包含有某些官署建筑，大北城的建筑遗址除了官署建筑外，还应包括大量的贵族住宅。对这些性质建筑遗存的发现与辨认，还有待于今后的考古发现。

　　园囿应是宫殿之外的一种重要建筑类型。《韩非子·外储说右下》："赵王游于囿中，左右以兔与虎而辍。"这个养有猛虎的园囿，大概应在邯郸城附近不远的地方。沙丘宫应是一处自商代以来即有名的传统离宫别苑之所，东距古黄河不远，西南距离邯郸城有 80 余公里。估计当时的环境大约是黄河西岸的水边林地与局部的连绵沙丘，这在单调的平原腹地应是一处胜景之地。赵武灵王困死于此和秦始皇病死于此，或许反映了沙丘宫的重要性。

　　8. 武库与驻军营地

　　"国之大事，在祀与戎。"（《左传·成公十三年》）战争与防御是战国时期国之大事，因此军事建筑应是都城建筑中的一个重要类型。城垣和壕沟的主体性质，属于军事建筑。但单纯的军事建筑应是驻军营地、兵器制造场和库房等。

　　赵国的兵器类型主要有矛、剑、戈、镞等，一些兵器上铸有铭文。如"甘丹上库"、"甘丹右库"戈，"甘丹上"戈，"上党武库"矛、戈等。铭文所言的上库、右库等，应属于武器储藏库，同时也是制造武器之地，库以造兵器为主[①]。但这些库址的具体地点在何地，还是个有待于考古发现与证实的遗迹类型。很有可能，邯郸城城内或近郊地区，分布有这些武库和驻军营地的建筑群。

　　9. 马厩与粮草库

　　战国时期的军队流行使用军马，而赵武灵王的胡服骑射改革，更使赵国的骑兵与军马成为赵军的特色。赵王陵园和百家村、齐村墓地，均发现有大型的马坑和车马坑。这些马坑属于另一个世界的马厩，而现实世界的马厩应存在于邯郸城内或附近郊区。《史记·赵世家》记载，赵孝成王十二年，即公元前 254 年，"邯郸廥烧"，说明邯郸城建有专门的粮草仓库和马厩。这是个有待于考古发现与证实的遗迹。

　　10. 手工业作坊

　　邯郸城战国和汉代的工商业均非常发达。大北城遗址内发现有较多的手工作坊遗迹地点，但大多未经有效面积的正式揭露，因此它们的完整情况并不太清晰。手工作坊的类型主要是冶炼和制陶两种，数量最多；其次有制石和制骨作坊，数量较少。从现有考古发现的情况观察，战国时期手工作坊遗址主要分布在大北城的中东部地区，

---

　　① 黄盛璋：《试论三晋兵器的国别和年代及其相关问题》，《考古学报》1974 年 1 期。

这一地域也是主要的居民区所在。而中北部地区则似乎主要是宫殿、官署或贵族高级
住宅区域。但在西北隅城垣附近的台地、铸箭炉遗址，也发现有冶铸作坊遗迹，其经
营性质和内容或许与城区东部的作坊有所区别。例如，铸箭炉以及其东南方向不远处
的人民路立交桥两个地点的冶铸遗迹中，均发现有"半两"钱的铸造范，或许说明此
两处冶铸作坊的官营性质。

中东部城区的手工作坊地点在平面布局上似比较舒朗，没有形成集中的区域。在
作坊所属的行业类型方面，也没有显示出严格明朗的行业化分区，冶炼作坊似较集中
分布在东面，而制陶作坊大多分布比较偏西一些，但其中也有交错分布的现象。如此
的布局可能说明众多的手工作坊，广泛散布于居民区之中。

11. 民居及其他建筑类型

在某种程度和方面而言，真正的城市面貌是城内中下层普通居民的日常生活。这
种日常生活所依托的建筑类型主要有：民居、市场、市民广场、馆驿及娱乐场所等等。
民居应是城市建筑中最普遍的类型，并且城市居民的住宅还应存在大致的分区。《管
子·大匡》："凡仕者近宫，不仕与耕者近门，工贾近市。"另外，邯郸城的城市商业和
娱乐发达，因此馆驿与娱乐馆所也应分布众多。所有这些都是有待于考古发现与证实
分辨的遗迹。从目前的考古资料来看，虽然完整的民居建筑遗迹尚未发现，但其附属
性的建筑遗迹如水井、灰坑等发现的数量较多，而分布广泛且深厚的文化层堆积，大
多就是民居基址的遗存。出土遗物中占据最大比例的板瓦、筒瓦类建筑材料，反映有
相当多民居建筑可能与宫殿或贵族住宅一样，也为瓦顶房屋形式的建筑结构。

12. 建筑材料与建筑工具

考古发现所见的建筑材料除夯土外，以陶质为主，其次有石质的。专门的建筑工
具发现有建造夯土墙使用的石夯头。

（1）战国时期

石质的建筑材料主要是柱础石，建筑工具是夯头，或称夯锤。

王城西城2号夯土台基址，出土柱础石有圆有方，以直径50、厚10厘米的居多。
王城内夯土台基址附近发现有多件柱础石。例如，Zh:31，砂岩，圆形，底部及周边有
打击修整痕迹。顶部直径59、底径51、厚19厘米。东城7号夯土台基址出土的柱础
石，东:1，红色砂岩，顶面平整，底部粗糙，周边有修整痕迹。顶面近圆形，直径
54~58、厚22厘米。

石夯头　发现大小两种类型，使用方式也有差异，但夯头的夯锤面均呈圆形，大
小相近，直径10厘米左右。例如，Zh:23，发现于王城内。下端夯锤部分圆柱形，夯
锤面直径10.5厘米。上部呈方柱形，存一横向长方形穿孔，顶部残，面积约13厘米×
16厘米，通高残存45厘米。该石夯形体较大，重量较重，其使用方法大概是横穿一木

柄，双人抬起后向下夯砸土层；亦或者由一人操作，安装一木柄，类似持榔头一样，抡高后向下夯砸土层。陵 D3：1，发现于大北城内。圆柱状，通高 16 厘米。夯锤面直径 10 厘米，上端略粗，直径 13.8 厘米。顶面中央有一圆形竖孔窝，直径 6、深 5 厘米。该石夯形体小，重量轻，使用方法应是装一竖长圆木柄，由一人手持，上下运作夯砸土层。

陶质的建筑材料有板瓦、筒瓦、瓦当、瓦钉稳、空心砖、方砖、排水槽、输水管、井圈等（图四八）。

板瓦　多为泥质灰陶，表饰绳纹，常见的一端还另饰有凹弦纹。例如，Zh：27，表面饰绳纹，一端饰有数道凹弦纹。平面略呈梯形，一端较另一端略宽。通长 40、宽端宽 32、窄端宽 29、厚 1.2 厘米。王郎村 H4：31，凸面饰斜行绳纹，前端 8 厘米宽的绳纹被抹断成六道弦纹。凹面局部有不规则的网状印纹。残长 20、宽 30.5、厚 1 厘米。

筒瓦　质地与纹饰基本同板瓦。例如，Zh：26，表面饰绳纹，子唇端饰有数道凹弦纹。长 44.5、宽 14.7、厚 1 厘米。王郎村 H4：2，一端带圆形素面瓦当，当面直径 13.5 厘米，子口唇长 2 厘米，全瓦通长 40.5 厘米。凸面前半部（近子口）素面，前端部分饰有四道弦纹，距端头 6 厘米处有瓦钉孔，孔径 1.2 厘米。后半部饰直行绳纹。凹面为素面。

瓦当　泥质灰陶。分圆形和半圆形两种，以圆形最常见。当面除素面外，纹饰主要有卷云纹、变形卷云纹、绳纹等，2 号夯土台基址曾出土有走兽图案的圆瓦当。圆形瓦当以直径大小可分为两类，大者直径在 20 厘米以上，小者直径约 12～15 厘米。王郎村 T1②：4，圆形素面瓦当，直径 14 厘米，当面残留有朱漆痕迹。此说明有的建筑上的瓦当面，曾漆有朱色或朱色花纹等装饰。丛西 D9：1，半圆形，素面，直径 17.5 厘米。Zh：28，圆形，素面，直径 12.8 厘米。Zh：10，圆形，绳纹，直径 14 厘米。邯 D7：6，圆形，山形纹，直径 12 厘米。中北 D16：1，圆形，变形卷云纹，直径 12.5 厘米。Zh：8，圆形，卷云纹，直径 23 厘米。王郎村 H4：31，圆形，变形云纹。

瓦钉稳　泥质灰陶。近似馒头状，底部中央为钉孔洞。邯 D6：2，底径 7.2、孔径 1.4、高 3.8 厘米。

空心砖　泥质灰陶。所见均为残块，表面饰有菱形米字格纹。Zh：37，残块，饰米字格纹。王郎村 H4：16，残块，泥质灰陶，质地细腻，米字格纹的具体饰法为：边长 4.5 厘米的大方格为一个纹饰单元，每个单元内又划分为 16 个正方形的小方格，每个小方格内再交叉连接对角线。

方砖　泥质灰陶。扁体长方形或近方形，表饰整齐绳纹，侧面为素面。西城 2 号夯土台基址出土的长方形砖，长 51.7、宽 38.3、厚 3.4 厘米，方砖长 40.3、宽 38.6、厚 3.7 厘米。

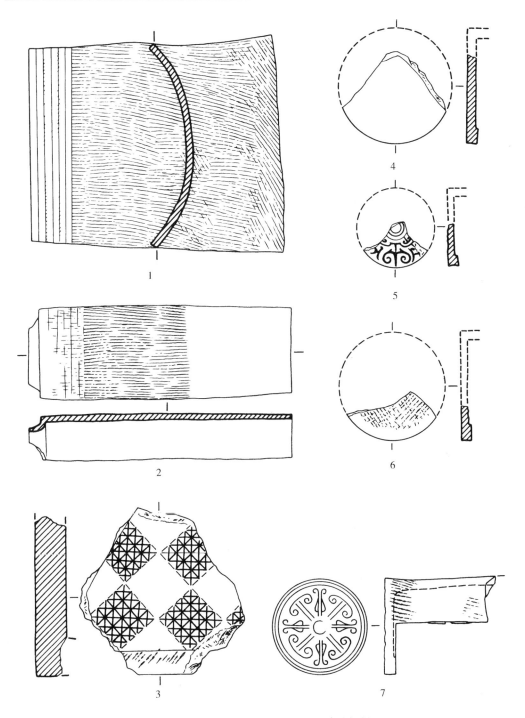

图四八　赵王城出土的战国陶质建筑材料

1. 板瓦（XNB⑤:16）　2. 筒瓦（XNB⑤:10）　3. 空心砖（夯土 7 号东北角采:1）　4. 瓦当（夯土 10
号采:2）　5. 瓦当（ZWX 南墙采:1）　6. 瓦当（夯土 6 号采:1）　7. 瓦当（夯土 10 号采:5）

排水槽　泥质灰陶。内外饰有绳纹或素面。Zh:29，簸箕形，内里饰有横绳纹，外表饰有直绳纹。长46、前端宽52、后端宽56、高14.5、厚3.5厘米。

输水管　长细筒状，一端子口。邯D13:1，外饰不明显的绳纹，长46、直径16、厚1.7厘米。

井圈　泥质灰陶。粗筒状。Zh:30，外表饰斜绳纹，内里饰横绳纹。直径118、高40.5、厚3.2厘米。

（2）汉代

主要发现于大北城遗址之内。

石质建筑材料发现有柱础石。大北城梳妆楼遗址发现有大型柱础石，直径达73、厚26厘米。

陶质建筑材料与战国时期的大致基本相同，有板瓦、筒瓦、瓦当、空心砖、方砖、排水槽、输水管等。

板瓦、筒瓦的形制与战国的区别不大，一般为泥质灰陶，表饰绳纹。例如，丛西D15:1筒瓦，凸面饰竖绳纹，凹面饰不明显的横绳纹。长48、厚1厘米。

瓦当与战国时期相比有较多新的特色：当面均有纹饰，常见的为卷云纹。圆形为主，依当面直径大小可分为两种，大者直径20厘米左右，小者15厘米左右。例如，丛西D11:1，半圆形，卷云纹，直径19厘米，连带筒瓦残长64厘米，表面饰交叉绳纹。丛西D8:1，圆形，卷云纹，直径19厘米。邯北D7:1，圆形，卷云纹，直径14.5厘米。丛西D9:2，圆形，"千秋万岁"，直径16.5厘米。

空心砖　例如，丛东D3:1，长方形，两端中部有椭圆形孔，孔长15.7、宽10厘米。两面饰菱形米字格纹，另外两面素面。残长48、宽34、厚19厘米。

输水管　泥质灰陶，长细筒状。例如，YZ4:7，外表饰宽弦纹，间杂绳纹。长57、粗端外径25、细端外径22厘米。

方砖　依形制可分为大小二型，大型砖又分为素面和带纹饰的两类，小型砖多为素面。梳妆楼一带发现的素面砖长27.3厘米，宽为长之二分之一，厚5厘米。大型砖的纹饰种类比战国时期的要丰富多样，有条纹、绳纹、回形纹、雷纹、心形纹等，因此可称之为花纹砖。梳妆楼出土的花纹砖长40、宽32厘米。大北城内丛西一带出土的花纹砖，薄长方体状，夹砂灰陶，一面素面，一面饰有纹饰。长37~45、宽32、厚4厘米。还发现一种梯形砖，例如中D11:1，残块，顶面及两侧端面饰有回形纹和叠山纹，顶面宽11、底部宽17厘米。

二　城市生产方面

城市生活的运行离不开生产的供给，包括农业、畜牧业、渔业、手工业、商业等等。构成这些产业的元素是多种多样的，但是能够反映这些产业的考古物质载体，除了少量产业遗迹外，最主要的就是各种生产工具的发现。至于商业方面，主要是流通货币的发现，另有少量计量器具。

1. 生产工具

（1）战国时期

生产工具包括农具、手工业用具、日常生活用具等等。质地有铁、石、陶、铜等等。农具发现有铁铲、铁镢等，加工工具有铁锛、铁刀、铜刀等，纺织工具有陶纺轮，冶炼业工具有坩埚，制骨业有骨料。

铁铲　圆肩，平刃，长方形銎。例如，周窑 M1：19，长 13.8、刃宽 10.6 厘米。

铁锛　Zh：36，长条梯形，顶宽 2.4、刃宽 1.7、长 12 厘米。顶面置方形銎，銎孔长 1.5、宽 1 厘米。

铁镢　中北 D6：1，近长方形，长 13、宽 7 厘米。顶面置长方孔，孔长 6.2、宽 2 厘米。周窑 M1：45，梯形，长方形銎，长 15.2、刃宽 5 厘米。

铁削刀　周窑 M1：76，残长 15.6 厘米。周窑 M1：64，弧背凹刃，原安装有木柄。长 15、宽 1.6 厘米。

铜削刀　百家村 M10：7，环首，长柄。长 9.5 厘米。

铜刻刀　百家村 M3：27，长条细圆柱状，锋部双刃。

陶纺轮　王郎村 H2：1，泥质灰陶。馒头状，顶部饰有六道同心圆凹弦纹。底径 5.4、高 1.9 厘米。中央穿孔，上端略粗，上端直径 1.2 厘米，下端直径 1 厘米。东门里 J1：19，泥质灰陶。圆饼状，中央圆形穿孔。直径 4.4、厚 2.2 厘米。

坩埚　大北城内发现。中北 D1：3，杯状，底部残存铜绿。口径 10、底径 5.5、高 12.5 厘米。还发现战国炼铜块，圆块状，重达 3.5 千克。

骨料　和东 D12 一带出土，大部分为牛、猪的股骨，两端锯平，长 5～13 厘米。

石磜　城关 D9：4，圆柱形，中部略粗，两端中央置方形轴窝。长 102、直径 52 厘米。

（2）汉代

铁刀　东庄遗址 J3：30，环首，残长 16 厘米。农机公司 M15：6，圆环首，直柄。

齿轮范　大北城内发现。邯 D7：2，细泥红陶。圆形。外径 9.9、厚 2 厘米。齿轮外径 5 厘米，存 9 齿，齿牙长 3、间距 0.9～1.1 厘米。

铁夯锤　农机公司 M2：3，墓内填土中出土。圆筒状，可安装木柄。口径 6.8、底径 5.4、高 8 厘米。

石磨　和东 D29：2，圆形，两扇，中央有铁质磨轴心。直径 49、通高 21 厘米。属粮食加工工具。

陶质磨配件　和东 D29：1，与和东 D29：2 石磨同出。圆形浅底盘，直径 49、通高 13.5 厘米。盘中央为一近菱形的凸块，凸块中央为一敛口圆洞窝，似为轴窝；边缘置四个小洞窝，似为固定物体之用。可能为石磨加工粮食时用的某种配件。

石臼　分大小两种形制。大型者可能为粮食加工工具，如，邯 D13：1，平面圆形，顶部大于底部。顶直径 62、底直径 44、通高 47 厘米。臼窝口径 42、深 34 厘米。小型者可能为精细食品或药物加工工具，如，中 D13：1，器身两侧有二扶手，臼窝直径 21.6、深 14.4、通高 18 厘米。农机公司 M5：1，石英砂岩制，直壁，平底，圆形臼窝。臼口径 12.5、通高 9.8 厘米。

陶拍　铁院：1，泥质灰陶。拍面长方形呈拱状，边缘置有一周小圆孔，孔距 1.5～2 厘米，应是固定纹饰垫面所用。背面有握手。长 16.8、宽 11.5、厚 1.5 厘米。应为拍印陶器纹饰之用。

2. 商业

开展贸易流通的场所——市场、商铺等遗迹尚未发现和确认，但贸易的中介——货币，有不少的考古发现。计量器具也有发现。

（1）战国时期

王城出土的货币以铜刀币为主，铭文主要有"甘丹"、"明"、"白人"等，通长 13～14 厘米。布币铭文有"安阳"。大北城内的农机公司地点的墓葬 M12，出土布币 10 枚，形制大致相同，平首，耸肩，平裆，尖足。铭文有"甘丹"、"大阴"、"囗阳"等。其中的"甘丹"布，高 8.6、宽 4 厘米。

计量器具主要是陶量。例如，东门里 T1⑥：29，泥质灰陶。方唇，敛口，直腹，平底，素面。口径 18.6、底径 18、高 9 厘米。

（2）汉代

货币主要发现于大北城，以五铢钱为主，其次是半两钱。例如，东庄遗址 J3，出土半两钱。大北城二中 D1 和陵 D3 等地点，出土五铢钱和半两钱。五七铁厂 M10，出土有 460 枚五铢钱。梳妆楼遗址出土有"大泉五十"钱币。龙城小区 M6 出土 6 枚"大泉五十"钱币。

还发现铸币的钱范，有陶质和石质两种。陶质钱范邯 D7：1，细泥红陶，制模之范，残长 16、宽 12、厚 4.5 厘米。1987 年，在大北城区域内的人民路立交桥建设工地，在今地表 7 米深处的汉代文化层中，发现 50 余块西汉时期的石质半两钱范。

三　城市居民生活方面

城市居民的日常生活构成了城市每日运行的主要风貌，这是城市结构的重要元素。但在考古方面能够反映这些风貌的物质性载体，主要就是参与生活进行的各种工具和用具。这些日常用具或工具的质地有陶、铁、铜、石、骨等，功能性质上又分为衣食住行几大种类。

（1）战国时期

种类有铜礼器、铜生活用具、铜车马器、陶容器及玉石装饰品等。

1）铜礼器

发生于西周的礼制到战国时期，已进入衰落的尾声阶段，但仍未全面退出历史舞台。铜礼器属于中高级贵族使用的祭祀重器，多出土于墓葬，一般数量很少，反映了礼器使用范围的狭窄。例如，百家村墓地出土的铜礼器共计 13 件，主要出土于大型墓 M57 内。

铜鼎 如百家村 M3：73，盖上有三个兽形纽，中间为圆环。腹部较深，蹄形足。口径 23、腹径 26、通高 19 厘米。邯钢北门战国墓出土，盖顶环形纽三只，敛口，双附耳，深腹，蹄形三足。表饰蟠螭纹和蟠虺纹。口径 31.5、通高 33.5 厘米。

铜豆 如百家村 M57：5，类似 C 型陶豆，唯沿下腹部两侧各有一环形纽。高 19 厘米。

铜壶 百家村 M57：8，弧顶盖，敞口，长颈，鼓腹，圈足。腹部有三条箍状装饰，颈两侧有兽面铺首衔环。口径 21、腹径 20、通高 35 厘米。

铜盘 百家村 M57：43，平沿，敞口，浅腹，平底，双附耳。器身饰有蟠螭纹。口径 32.4、盘深 2.8 厘米。

铜甗 百家村 M57：1，由鬲、甑二器组成，通高 39 厘米。鬲肩部有环形纽，甑带附耳。邯钢北门战国墓出土，甑口径 30、高 24.5 厘米。鬲口径 14.3、高 20 厘米。通高 41 厘米。

铜敦 百家村 M3：16，由两个相同的鼎形器扣合而成，通高 22 厘米。束颈，鼓腹，圜底，三蹄形足。肩部带有环耳。器身饰有叶纹和绳索纹。

铜舟 百家村 M57：26，口部椭圆形，双环耳，圈足。高 6.2 厘米。

铜匜 百家村 M57，残腐严重，口部略呈桃形，方流。

2）铜生活用具

以带钩占绝大多数，其次有镜、匕等。也有少量的铁质用具。多出于墓葬。

铜带钩 百家村 M3：70，有错金纹饰，长 11.3 厘米。百家村 M3：30，素面，长 13.5 厘米。周窑 M1：62，表饰有直棱纹和兽面纹，残长 15.9 厘米。

铁带钩 农机公司 M12：1，长 5.1、宽 1.1 厘米。十八中学 M5：15，表有错金花纹，残长 12.7、宽 2.8 厘米。

铜镜 百家村 M3：21，体薄，饰蟠螭纹，直径 10.5 厘米。周窑 M1：67，饰蟠螭纹，直径 14 厘米。

铜匕　百家村 M3∶75，刻有点状兽形纹饰，长条形柄。通长 24.5 厘米。

铜印　周窑 M1∶58，印面边长 1.6、通高 1.7 厘米。

3）铜车马器

一般出土于车马殉葬坑中，其中有不少形制较小，没用实用功能，属于明器。

铜轵饰　ZWLK5∶1，赵王陵 2 号陵园南墓 5 号车马坑出土，通长 10.41、首部通宽 8.58、通高 6.2 厘米。表面铜绿色，局部地方存鎏金色。兽首形，双目圆睁，高眉眶，鼻较小，厚宽口，颌下有倒三角形垂须，椭圆形小耳。线条棱角分明。首内中空，后端为近似弧边梯形状管口，高 3.4、底宽 3.5 厘米，壁厚 2～2.5 毫米；内存木轵残段，呈弧形，残长 7.9 厘米（图四九；彩版八，1）。

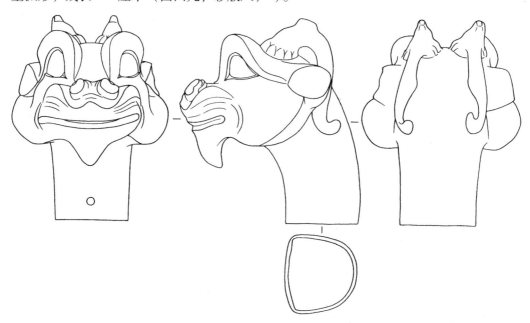

图四九　赵王陵 2 号陵园 5 号车马坑出土的铜轵饰

（ZWLK5∶1）

铜马　赵王陵 2 号陵园北墓出土 3 匹青铜马，其一，行走马，长 24.5、高 18 厘米；其二，驻足马，长 23.5、高 15 厘米；其三，驻足马，长 22.5、高 15 厘米。

铜铃　百家村 M57∶15，半环形纽，扁筒状，饰有兽形纹和圆圈纹。

铜軎　百家村 M57∶28，表饰有蟠螭纹。内径 5.4、长 5.6 厘米。百家村 M3∶48，表饰有叶形纹和绳索纹。内径 4.6、长 8 厘米。周窑 M1∶22，内有木轴，已朽。长 9.3、内端直径 3.3、外端直径 2.9 厘米。以上三器的规格太小，似乎不是实用的车軎，应为明器。赵王陵车马坑出土的实用铜軎，粗端直径 7～9 厘米。

铜当卢　百家村 M3∶64，圆形，周边有四纽，透雕蟠螭纹。直径 6.6 厘米。百家村 M57：17，形制基本同 M3：64，直径 5.9 厘米。

铜盖弓冒　周窑 M1：26，表饰兽面纹，长 7.5、直径 1.2 厘米。周窑 M1：27，长 5.5、直径 1.4 厘米。周窑 M1 还出土有十字节约、铜铃和大量饰件等。

有刺铜器　周窑 M1：60，圆柱状，表面布满成行的锐刺，刺长 0.33 厘米，两端呈带扣形。长 22.4、直径 2 厘米。有人认为是马衔。

4）陶容器

数量最多、日常使用最广泛的一种生活用器。居住遗址和墓葬内均有大量出土。依功能又可分为炊煮器、盛食器、盛储器、杂器等。盛食器包括的内容要广泛一些，如食器、水器、酒器等。主要是泥质灰陶，器表多饰有绳纹，器形有碗、钵、盆、豆、罐、瓮等。其中数量最多的典型代表性陶器是豆、釜、碗、盆四种，可视作战国邯郸城居民的标志性日用陶器。釜是炊煮器，豆、碗、盆等是盛储器。

豆　数量最多，最常见。泥质灰陶，素面。根据盘腹形制，可分为 A 型浅盘形、B 型碗形、C 型子口有盖形等三大类。

A 型浅盘形豆最常见，如，Zh：20，细高柄，喇叭口座，口径 15.8、底径 8.5、高 19 厘米。中 D13：3，盘内磨光并饰有同心圆暗纹，口径 10.6、底径 7.5、高 15 厘米。

B 型豆，如，邯新 D1：1，碗形，细高柄，喇叭口座，盘内有同心圆暗纹，口径 13.6、高 12.8 厘米。

C 型豆，如，中 D13：2，碗形深腹，子口有盖，口径 15.2、腹深 7 厘米。

碗　泥质灰陶，素面或腹上部饰有凹弦纹，多为假圈足。中 D1：1，折腹，矮假圈足，口径 15、底径 7、高 6.3 厘米。中北 D1：1，折腹，矮假圈足，口径 22、底径 9.8、高 8.4 厘米。

钵　泥质灰陶，素面，多为小平底。钢区：1，深弧腹，平底，腹饰两道凹弦纹，口径 13.8、底径 7.5、高 6.2 厘米。陵 D6：1，鼓腹，小平底，口径 20、底径 9、高 11 厘米。

折腹釜　即 A 型釜，为炊煮器，泥质灰陶为主，少量为夹砂灰陶。形体一般较大，宽卷沿，大敞口，弧腹壁内收或略内收，折腹，腹较浅，大圜底。腹部饰满宽弦纹，底部饰交叉斜绳纹。折腹釜在冀南一带最为流行，为邯郸城一带战国时期的标志性陶器。例如，陵西 D3：1，斜宽沿，腹壁弧形内收，腹饰多道凹弦纹，底部饰绳纹。口径 65、底径 50、高 13 厘米。陵 D10：2，腹壁较斜直略内收，腹饰凹弦纹，底饰绳纹。口径 97.5、底径 39.5、高 12.5 厘米。

罐　泥质灰陶。丛西 D11J2：1，高领，鼓腹，小平底微凹，腹上部饰直细绳纹，下部饰交叉粗绳纹。口径 11.5、底径 8、高 26 厘米。

瓮　泥质灰陶。形似罐，但器形较大。直口，高领，宽肩鼓腹，口径多在 30～50

厘米。如，陵 D10H2∶5，底残，表饰细绳纹，口径 32 厘米。

5）玉装饰品

主要有璧、环等。一般出土于墓葬。

玉片 2 号陵出土，灰白色，近方形，周边有 8～10 个细穿孔。长 6.1～6.3、宽 5.3～5.6 厘米。为铠甲玉片或玉衣片。

玉瑗 金丰小区战国墓出土，绿色，表饰涡纹，外径 10.5、内径 5.3 厘米。四季青小区出土，黄褐色，表饰谷纹，外径 10.1、内径 4.2 厘米。

玉环 邯钢西区战国墓出土，青黄色，外径 10、内径 7.5 厘米。

玉璧 百家村 M57∶46，乳白色，饰有蟠螭纹，直径 7.5 厘米。

玉管 百家村 M57∶47，乳白色，饰有蟠螭纹，长 7.5 厘米。

玉璜 百家村 M57∶52，乳白色，两端作兽头形，表饰有蟠螭纹。

玉带钩 邯钢西区战国墓出土，乳白色，钩首马头状，长 11.5、宽 1.5 厘米。

项饰 百家村 M57∶20，由椭圆形或圆形的水晶珠、扁圆形绿松石、玛瑙管等组合而成。

玛瑙环 多为红、白二色，以白色居多，大小不一。断面有椭圆、三角形、多角形等。金丰小区战国墓出土的 3 只玛瑙环，外径分别为 8.8、10.4、11.5 厘米。邯钢西区战国墓出土的两只玛瑙环，大者外径达 17 厘米，小者外径仅 3.6 厘米。

玛瑙带钩 邯钢西区战国墓出土，红色，长 11.3、宽 8.1 厘米。

水晶环 邯钢西区战国墓出土，断面呈七棱形，外径 4.1 厘米。

6）石装饰品

主要有璧、饰件、圭等。多出土于墓葬。其中饰件和圭可能为专门的随葬用器，即明器。

石璧 十八中学 M5∶16，滑石，素面。直径 10.6、内径 3.5、厚 0.6 厘米。

石饰件 百家村墓地出土有 410 件。薄石片磨制而成，形状多样，有圆形、方形、半月形、长方形、梯形、拱形、长条形等。表面多有穿孔及对称排列的凹形小缺口。

石圭 百家村墓地出土有 240 件。白石片磨制而成。发现普遍，每墓少者 2 件，多者达 40 余件，一般在 20 件左右。

7）骨、蚌器

多出土于墓葬。

骨器 百家村 655 件，其中骨贝 619 件、骨珠 9 件、锥形器 4 件、骨管 18 件、骨簪 5 件。

蚌器 百家村 68 件，其中蚌贝 61 件、蚌壳 7 件。

（2）汉代

种类有铜和铁生活用器、铜车马器、金质和玉质的装饰品、陶容器等。

1）铜、铁生活用器

铜礼器已经消失，均属于生活用器。器形主要有镜、带钩、壶、洗、勺、灯等。一般出土于墓葬。

铜壶　五七铁厂M16：5，直口，圆鼓腹，圈足，肩有衔环耳，表面鎏金。口径3.2、腹径6.1、底径4、高7.8厘米。器形小，明器。

铜洗　五七铁厂M12：1，宽平沿，直口，直壁浅腹，底残。素面。口径36.5厘米。

铜勺　五七铁厂M12：3，椭圆形，柄残。残长8厘米。

铜灯　五七铁厂M12：2，残存灯盘，圆形，浅盘，平底。盘径16.8、残高2.6厘米。

铜镜　五七铁厂M17：6，草叶纹日光镜，纽外有方框铭文带，"见日之光天下大明"，直径11.5、厚0.2厘米。五七铁厂M16：3，星云纹镜，直径10.6、厚0.3厘米。农机公司M15：1，四乳四螭纹镜，直径9、厚0.3厘米。五七铁厂M1：6，昭明镜，存铭文"内清质以……月"，直径9.4、厚0.5厘米。农机公司M15：2，日光镜，铭文"见日之光长毋相忘"，直径11.1、厚0.4厘米。五七铁厂M1：7，素面镜，直径13.8、厚0.2厘米。

铜带钩　五七铁厂M13：2，长4厘米。第十中学西汉墓出土，错金银，长18.5厘米。

铜簪　五七铁厂M12：5，细长锥状，顶有柱状帽。长6.4厘米。

铜饰件　有多种形状。如，五七铁厂M1：9，四瓣花状，中间有圆形泡钉。五七铁厂M12：9，鸟头状，长2厘米。五七铁厂M12：8，长条形薄片上附带圆形环，通长5厘米。

铜管饰件　五七铁厂M16：16，圆筒状，表有凸箍三道，内有朽木。直径1.7～1.9、长11.6厘米。

铜泡钉　农机公司M15：4，蘑菇状钉帽。

铁雁足灯　农机公司M14：5，豆形，浅盘，细高柄，圈足呈雁足状。

2）铜车马器

一般出土于墓葬，除当卢、衔、镳等为实用器外，其余多为明器。

铜軎　五七铁厂M16：9，长2.4、直径1.6厘米。

铜盖弓冒　五七铁厂M16：8，长3.5厘米。

铜当卢　五七铁厂M16：11，长8.7厘米。

铜衔　五七铁厂M16：15，长8.6厘米。

铜镳　五七铁厂M16：10，长9.4厘米。

铜络头饰　表面多鎏金。如五七铁厂 M16：12、14 等。

铜环　五七铁厂 M16：7，直径 2.1 厘米。

铜兽面饰　五七铁厂 M1：11，泡状兽面。长 4 厘米。

铜铃　农机公司 M1：4，桥形扁纽，顶下弧，斜壁，口呈扁菱形。高 2.6 厘米。

3）金器

邯钢西区西汉墓出土的泡形金扣饰，直径 1.4 厘米；兽面金饰，直径 2.4～2.9 厘米。

4）玉石器

玉环　农机公司 M7：3，乳白色，断面椭圆形。外径 2.7、内径 1.3 厘米。

玉靴底　第十中学西汉墓出土，青绿色，由前后两部分拼接缀合而成。通长 21、宽 8.5、厚 0.6 厘米。

玉簪　第十中学西汉墓出土，青色，扁棱锥形。长 12.3 厘米。

玉佩　第十中学西汉墓出土，青色，长条方形，断面圆角菱形，中间管状穿孔，表饰卷云纹。长 5.6、宽 1.4 厘米。

玉印　邯钢西区西汉墓出土，黄褐色，覆斗形，方形印面，边长 2.3、高 1.9 厘米。印文为"邵□"二字。

石灯　华冶岭南小区东汉墓出土，褐色砂岩制，豆形，浅盘，假圈足座，圆柱柄上附带雕刻一啄食小鸟的大雁。盘径 12、高 15.8 厘米。

5）陶容器

数量最多，居住遗址与墓葬均有大量出土。陶器仍以泥质灰陶为主，器表装饰绳纹的数量大幅度下降，素面较多，纹饰主要有凹弦纹、凸弦纹、绳纹等。器形较战国时期增高增大，器壁变厚。常见器形有碗、盆、罐、瓮等，豆较少见或基本消失。

碗　泥质灰陶。矮假圈足。邯 D4：1，腹上部直壁，中部一周外鼓，下部急内收，矮假圈足。器内有同心圆及卷云纹暗纹，腹外壁饰多道凸弦纹，底部戳印有"邯亭"。口径 24、底径 13.5、高 10 厘米。陵 D2：1，敞口，浅腹，假圈足。口径 15.5、底径 10.5、高 6 厘米。

钵　泥质灰陶。小平底。中北 D7：1，腹饰多道凹弦纹。口径 14、底径 7.5、高 4.5 厘米。陵 D5：1，口微敞，腹饰多道凸弦纹。口径 19、底径 8、高 10.5 厘米。

盆　泥质灰陶。邯 D1：1，宽平沿，浅腹，平底。口径 67.2、底径 51.5、高 16.2 厘米。中 D12：3，泥质红陶。敞口平沿，平底，腹壁内置三个顶纽。口径 25、底径 10.5、高 11 厘米。此器可能作火盆之用。

罐　泥质灰陶。陵 D10J3：1，敞口，短颈，鼓腹，小平底。口径 10.6、底径 7、高 20 厘米。陵 D10J3：2，敞口，高领，鼓腹，小平底。腹下部及底部饰有条纹。口径 13、底径 9.5、高 30 厘米。

瓮　泥质灰陶。Zh：12，平沿，短颈，宽肩，鼓腹。肩部戳印有"邯亭"。口径 45 厘米。和 D26：1，宽沿外斜，宽肩，鼓腹，平底。肩及腹上部饰有三周凸出纹饰带，带内饰小方格纹。口径 36、底径 34、高 42 厘米。

四　军事与兵器

发现最多的兵器是铜镞，王城及大北城内均有不少的发现，尤其插箭岭一带发现的最多。铜镞的形制多为三棱形，大部分为铁铤。其次有剑、矛、戈、戟等。

（1）战国时期

铜剑　百家村 M57：49，柄首和格皆为玉质，圆形柄首雕刻有变形饕餮纹。长 43.5 厘米。百家村 M20：6，圆柱柄上有两道箍，格与柄首上饰有错银纹饰。长 39 厘米。M15：1，长 34.5 厘米。

铜戈　14 件。百家村 M57：24，援较平直，胡上有三穿，长方形内上有一穿孔。百家村 M3：64，援微上斜，胡较宽，有三穿，长方形内上有一穿孔。

铜矛　百家村 M57：36，三面刃，锋利。长 13 厘米。百家村 M3：41，断面三角形，锋较圆钝，饰有鳞纹和绳索纹。长 11.5 厘米。

铜戟　由戈、矛组合而成。百家村 M57：37，矛为双刃，戈援呈长弧状。

铜镦（镈）　百家村 M3：52，表面饰有纹饰，长 8.5 厘米。百家村 M57：21，装饰有纹饰并作兽头状，长 9.2 厘米。百家村 M57：13，圆锥状，长 7 厘米。

铜钺　百家村 M20：9，长 17.2 厘米。

铜镞　铤均圆柱状，多为铁制。分二型。

A 型　镞身双翼形。百家村 M21：30，通长 7.4 厘米。百家村 M20：16，通长 7.7 厘米。周窑 M1：61，断面扁菱形，镞身长 5.5 厘米。

B 型　三棱形或菱形。百家村 M42：2，断面菱形，通长 5.6 厘米。百家村 M20：1，断面三棱形，镞身长 13.6 厘米。周窑 M1：53，断面三棱形，镞身长 3.2 厘米。插箭岭 YZ6：6，镞身长 5.6、铤残长 2.1 厘米。插箭岭 YZ6：11，断面菱形，镞身长 3.2、铜铤残长 11 厘米。

铁镞　周窑 M1：48，镞身呈扁平三角形，镞身长 3.9 厘米。插箭岭 YZ6：10，镞身长 2.5、铤残长 4 厘米。

（2）汉代

铁剑　邯钢西区西汉墓出土，剑身铁制，柄铜制，长 80 厘米。

铜镦　五七铁厂 M12：7，圆锥筒状，末端带圆环，长 7.3 厘米。

铜镞　五七铁厂 M12：4，三棱形，圆柱铤，长 6.2 厘米。

玉剑珌　第十中学西汉墓出土，青绿色，表饰卷云纹，长15、宽4.2厘米。张庄桥1号东汉墓出土，青绿色，长6.7、宽5.4～6.6厘米。

五　陵园与墓地

宏观和广义上，墓地亦属于城市建筑的一种重要类型。墓地位置的规划与布局，直接反映着一座城市的总体格局。在古代文献中，墓地存在公墓和邦墓之分。

《周礼·春官·冢人》："掌公墓之地。"即中上层贵族聚族而葬的墓地，包括诸侯、卿、大夫、士等，由冢人来管理，是为公墓。

《周礼·春官·墓大夫》："掌凡邦墓之地域，为之图，令国民族葬。"即庶民聚族而葬的墓地，由墓大夫管理，是为邦墓。

这些记载究竟多大程度是历史的真实存在，尤其是公墓与邦墓的区分界限问题，还有待于深入的考证。但无论是公墓还是邦墓，其最根本的本质是族坟墓，即聚族而葬。关于这一点的历史真实性，当无多少问题。墓地的性质分类，将直接影响到墓地布置的布局。但是，对于邯郸城外战国墓地的性质判定，即究竟属于公墓，还是邦墓？或者何处属于公墓、何处属于邦墓等问题，因目前考古资料的限制，本文不拟探讨。比较明确的是，将王陵与墓地布置于城外，是邯郸城格局的重要特点。而又将王陵区远远地单独规划布置，则是邯郸城格局的突出特色。

1. 王陵区

王陵区每座陵园的建筑布局，主要由王陵封土丘、陵寝建筑、陪葬坑群和陪葬墓群、陵道、围墙等组成，成为一个布局有序的建筑群单元。赵王陵墓均未经正式的考古发掘，但1997年2号陵园的北陵被盗，出土一批重要文物，有铜马、玉片、金牌饰等。2号陵园南陵的陪葬车马坑于2001年经过正式的发掘，出土有实用车马4组，共计4车、14匹马，以及大量铜车马器构件。陵台西北隅的建筑基址出土大量板瓦、筒瓦、瓦当等建筑材料，可能属于寝殿所在。3号陵园的陪葬墓周窑M1经过考古发掘，虽被盗扰，但也出土了一批遗物。其中椁室出土有"安阳"、"皮氏"等方足布币及铜镞、铁镞、铁镬、铁削刀等。墓道内的殉葬坑出土有铜镜、铜印、有刺铜器（马衔）、铜带钩、铁削刀等。墓道内的车马坑出土有铜軎、铜盖弓冒、十字节约、铜铃和大量饰件等。

2. 墓地布局

墓地布局包括若干墓群在一个较大范围地域的分布，以及每一墓地内部的墓葬平面分布。春秋墓地的情况目前还不清楚。战国墓地，自早期到晚期，一直分布在大北城外西北的丘陵岗坡上。战国早期的墓葬在城内也有少量的发现，例如市博物馆地点的早期墓，表明在城区东面也有墓地分布，此可能反映出战国早期时城区的范围较小，城区边缘地带埋葬有墓地，但亦或许是战国早期时城市规划布局不如晚期时严格。汉代，墓地在城西北延续分布并向东扩展至原来的城内，另外还分布到南郊一带。

关于一个墓地内墓葬的布局情况，邯郸城核心区域目前还没有可供研究的资料。百家村战国墓地没有发表出土墓葬的平面图，在文字中也没有详细说明。但距离邯郸不远的邢台东董村战国墓地可作为研究的参照，因此以邢台东董村墓地为例。

东董村墓地东西长 700 米、南北宽 50 米的范围内，发掘 131 座战国墓葬。均为中小型长方形竖穴土坑墓，其中南北向 94 座，东西向 37 座。带有壁龛的墓 21 座。墓内填土均经夯筑。两墓并列的现象比较普遍，共计有 50 座。这些并列的墓在规模、形制及棺椁配置方面，均为一致。但在随葬品方面有差异，以 M9 和 M10 为例，两墓皆一棺一椁，方向正北。

M9 出土器物总计 75 件，含一套齐备的陶礼器，一套兵器，还有渔猎工具等，装饰品很少。

陶器 21 件：鼎 2、豆 9、壶 2、碗 1、盘 1、匜 1、鸭尊 1、盉 1、鸟柱盘 1、筒形器 1、罐 1 件。

铜器 42 件：其中生活用器 19 件：带钩 2、环 2、削刀 1、鱼钩 10、铺首 3、铜片 1 件；兵器 23 件：剑 1、戈 1、镦 1、镞 20 件。

其他 12 件：骨饰 1、料珠 3、铅环 5、贝壳 1、铅片 2 件。

该墓的墓主人可能是男性武士。

M10 出土器物总计 55 件，含一套齐备的陶礼器，一套齐备的装饰品，没有兵器。

陶器 28 件：鼎 2、豆 13、壶 3、碗 1、盘 1、匜 2、鸭尊 1、盉 1、鸟柱盘 1、鉴 3 件。

铜器 2 件：均为生活用器，为带钩 2 件。

铁器 1 件：镢 1 件。

装饰品 24 件：玛瑙环 3、饰件 2、水晶坏 1、水晶珠 7、骨笄 2、料珠 9 件。

该墓的墓主人可能是家庭妇女。

东董村战国墓地应属于邦墓墓地。该墓地的布局说明，一处族墓地内的墓葬布局按照一定的制度分明有序，可能还存在夫妇并穴合葬的形式。

3. 墓葬制度与葬俗

（1）战国时期

墓葬形制结构可以百家村墓地的 49 座战国墓为例。均为长方形竖穴土坑墓，墓口略大，墓底略小。依据墓室规模，可分为大中小三种类型：大型墓的墓室长 4~7、宽 3~5 米；小型墓的墓室一般在长 3、宽 2 米以下；中型墓介于大小型之间。有 3 座墓设有壁龛。所有的墓内填土均经夯打筑实。墓室方向以南北向居多，其次为东西向。只有 M25 保存有封土。封土圆形，直径 39、存高 3.6 米。封土夯筑，夯层厚 10 ~ 15 厘米。墓室为积石结构，墓椁四周及上下均铺填 20 厘米厚的砾石层。积石墓仅见此例。

葬具以木质棺椁为主，其中有棺有椁的墓 28 座，有棺无椁的墓 13 座，有椁无棺者 2 座，棺椁不明者 6 座。葬式均为单人葬，头向北的 29 座，向东的 12 座，向西和南各 1 座，不明者 6 座。以北向为主。葬式仰身直肢 30 具，屈肢 11 具，不明 8 具。5 座墓中发现殉人，置于墓主人的侧旁或脚下，有的殉人还有棺。

发现 6 座车马坑，其中单纯的马坑 2 座，车马兼有者 4 座。平面形制分长方形、凸字形、曲尺形等。马坑中马皆横平卧，姿势规整，放置方式主要有两种：或反向双双对脊或对蹄为一组；或同向依次顺序排列，每马皆伏于另一马背上方，一般为前蹄弯曲，后肢伸展。5 号马坑，平面呈长方形，葬马 8 具。1 号马坑，平面呈长方形，葬马 26 具。3 号车马坑，平面曲尺形，车马分葬，其中长坑部分葬车具，并葬狗 2 具；短坑部分葬马 8 具。

随葬品的位置在大小型墓中各不相同。大型墓随葬器物较多，随葬品多置于棺椁之间的四周。小型墓的随葬品多置于墓主人的头端、脚下或身侧。设壁龛的墓，置于龛内。一些小型器物如水晶、玛瑙、玉石以及兵器等，多置于棺内的墓主人身侧。而在其他墓地发现有比较特殊的随葬品放置形式。例如，十八中学 M5，墓室正南北向，头向北，东壁龛内放置陶器鼎、豆、壶、盘、匜等，而在椁室外四周按照方位各放置 1 件不同的器物，即：北面铜戈、东面铜剑、南面石璧、西面铁带钩。

百家村 49 座墓共计出土随葬器物 2731 件，每座墓皆有随葬品，但多少差别悬殊。少者仅 4 件，多者达 152 件，一般的约 10 ~ 30 件。器物按照质地和数量的多少依次为：铜器、陶器、铁器、玉石器、玛瑙器、水晶器、蚌器、骨器等。

随葬器物中最常见的基本组合是陶器鼎、豆、壶三类，几乎每墓皆有存在。其次是陶器碗、盘、匜、鉴等，虽也较常见，但不是普遍存在于每座墓内。而陶器鸟柱盘、盂、鸭尊之类，仅见于少数墓内。铜器、玉器等也只见于少数的大型墓内。陶鬲、盒无一例发现。

铜器数量最多，有 801 件。可分为容器、兵器、车马器、工具等。

铜容器所占比例很小，只有 13 件，其中鼎 4、豆 2、壶 2、盘 1、甒 1、敦 1、舟 1、匜 1 件。这些容器常被称之为铜礼器，以鼎、豆、壶、盘、匜为主要器形。主要出土于大型墓 M57 内。

铜兵器 132 件，其中剑 6、戈 14、矛 3、戟 4、镦 16、镞 88、钺 1 件。

铜车马器的数量最多，有 571 件，其中铃 54、马衔 32、环 370、车軎 44、当卢 4、扣饰 8、盖弓冒 35、冒饰 24 件。不知这些铜车马器是否为实用器。

铜生活用器 85 件，其中削刀 12、刻刀 10、带钩 60、镜 1、匕 2 件。似乎多出土于

M3，而 M57 似多出土兵器。

陶器共计 504 件，其中鼎 90、豆 171、壶 104、碗 31、盘 35、匜 28、鉴 19、盆 4、盂 3、罐 3、鸭尊 2、鸟柱盘 6、筒形器 8 件。

铁器 2 件，均为削刀，出土于 M25 中。

玉器 51 件，其中玉环 3、玉璧 3、玉管 2、玉璜 3、项饰 1、水晶珠 29、玛瑙环饰 1、玛瑙环 9 件。

石器 650 件，石圭和石饰片是特色器形。

石饰片 410 件。薄石片磨制而成，形状多样，有圆形、方形、半月形、长方形、梯形、拱形、长条形等。表面多有穿孔，以及对称排列的凹形小缺口。

石圭 240 件。白石片磨制而成。发现普遍，每墓少者 2 件，多者达 40 余件，一般在 20 件左右。

骨器 655 件，其中骨贝 619、骨珠 9、锥形器 4、骨管 18、骨簪 5 件。

蚌器 68 件，其中蚌贝 61、蚌壳 7 件。

每一座墓葬出土随葬品种类及数量的具体情况，更能说明随葬器物群的构成内涵。以百家村 3 座墓葬为例：

M3，随葬器物总计 739 件，其中陶礼器类型齐全成套，铜礼器类型缺乏不成套，兵器和车马器均较突出，石饰片与石圭及骨贝突出。墓主人可能是中层贵族，或富商大贾，随葬器物群中生活用器丰富，钱贝多。

陶器：46 件，均容器类。鼎 9、A 型豆 9、C 型豆 6、D 型豆 1、壶 9、盘 2、匜 1、碗 1、鉴 3、盂 1、鸟柱盘 1、筒形器 1、兽头盆 2 件。

铜器：119 件。礼器 2 件：鼎 1、簋 1 件。生活用器或工具 23 件：镜 1、带钩 7、匕 1、削刀 4、刻刀 10 件。兵器 40 件：剑 1、戈 5、矛 1、戟 1、镦 4、镞 28 件。车马器 54 件：盖弓冒 17、軎 7、环 5、铃 8、当卢 2、衔 11、扣饰 4 件。

玉器：3 件。玉坏 2、玉璧 1 件。

石器：63 件。石饰片 48、石圭 15 件。

骨蚌器：508 件。骨管 11、骨贝 497 件。

M20，随葬器物总计 228 件，陶礼器类型基本齐全，无铜礼器，兵器和车马器均较多，石饰片与石圭突出，蚌贝较多。墓主人可能为下层贵族或士、武士之类。

陶器：17 件，均容器类。鼎 3、C 型豆 4、D 型豆 2、壶 3、盘 1、匜 1、碗 1、鉴 2 件。

铜器：68 件。生活用器或工具 13 件：带钩 6、削刀 2、刻刀 5 件。兵器 24 件：钺 1、剑 1、戈 4、戟 1、镦 5、镞 12 件。车马器 31 件：盖弓冒 16、軎 3、环 3、衔 7、扣饰 2 件。

玉器：1 件，为玉环。

石器：98 件。石饰片 58、石圭 40 件。

骨蚌器：44 件。骨锥形器 1、蚌贝 43 件。

M57，随葬器物总计 599 件。陶器无，铜礼器齐全，兵器较多，车马器突出，石饰片与石圭较多，玉器突出。墓主人可能是上层贵族，铜礼器和车马器的突出是地位的象征，玉器也较多，生活用器缺乏，无钱贝。

陶器无。

铜器：477 件。礼器 11 件：鼎 3、豆 2、壶 2、盘 1、匜 1、舟 1、甗 1 件。生活用器或工具 8 件：带钩 6、削刀 2 件。兵器 29 件：剑 1、戈 3、矛 2、戟 2、镦 7、镞 14 件。车马器 429 件：軎 29、环 359、铃 29、当卢 2、衔 8、扣饰 2 件。

玉器：30 件。玛瑙环 1、玉璧 1、玉璜 2、玉管 2、水晶珠 24 件。

石器：88 件。石饰片 74、石圭 14 件。

骨蚌器：4 件。骨簪 1、骨管 3 件。

总的来看，百家村墓地随葬器物群的特点是：

一套齐全或基本齐全的陶礼器和铜带钩最常见，几乎每墓均备；

若干件车马器和石饰片、石圭是较常见的器物，约三分之一的墓具备；

鸟柱盘、筒形器等少见，约六分之一的墓内见到；

兵器很少见，只发现于少数墓中，约七分之一的墓，以剑和镞为主。

铜礼器罕见，只有 2 座墓有发现，仅占二十五分之一，而且只有 1 座墓是齐全成套的。

邢台东董村墓地随葬器物群的特点可作为参照：

一套齐全或基本齐全的陶礼器和铜带钩最常见，几乎每墓均备；

车马器、石饰片不见，石圭只在 1 墓内发现 5 件；

鸟柱盘、筒形器等较常见，约近三分之一的墓内见到；

兵器很少见，只发现于少数墓中，约十分之一的墓，以剑为主。

铜礼器不见。

百家村墓地的规格可能要高于东董村，但墓葬葬俗及随葬品基本的构成情况是一致的。

（2）汉代

墓葬形制结构、葬式及随葬品均随时代而有所变化。东门里有西汉瓮棺葬。可以集中发表资料较多的建设大街墓地为例，包括十八中学、农机公司、五七铁厂、安装公司四个地点，共计墓葬 34 座。该墓地分布在建设大街东西两侧，年代从西汉早期延续到东汉早期，是汉代中小型墓葬发展变化的一个标尺。墓葬形制分三种：

长方形竖穴土坑墓 17 座，葬具分为：木棺椁墓 2 座、单棺墓 10 座、棺上棚盖木板墓 5 座。墓向以南北向为主。时代可能为西汉早中期。

长方形竖穴砖木结构墓 15 座，墓底铺砖或生土面，墓壁砖砌，内置木棺，墓顶用木板棚盖。实际上即为砖木结合为椁室而代替了木椁，内置木棺。时代为西汉中晚期。

长方形竖穴砖室墓 2 座，为五七铁厂 M1 和农机公司 M15，均砖砌券顶，单室墓。时代为王莽至东汉早期。

这批墓葬多经盗扰，现存的随葬品情况已非原貌，但仍能窥其一斑。与战国墓葬相比，随葬品出现许多新的变化：明器比例增大，兵器数量锐减，车马器以明器为主。按照器物质地来分，随葬品的总体情况如下：

陶器 101 件。以泥质灰陶为主，次为泥质红陶，有少量釉陶。纹饰主要有绳纹、弦纹、水波纹等。器类有罐、壶、盆、瓮、仓、灶、井、博山炉、俑等。其中，A 型罐 12 件、B 型罐 8 件、C 型罐 2 件、盖罐 4 件、A 型壶 27 件、B 型壶 7 件、盆 1 件、瓮 1 件、仓 7 件、井 3 件、灶 3 件、博山炉 4 件、俑 12 件、车轮 2 件、釉陶 8 件。

铜器 810 件，其中钱币即有 650 件，而百家村、东董村战国墓葬似乎未见钱币。容器类、兵器类所占比例极小，生活用器和车马器为主要内容，但车马器绝大多数系明器，生活用器中也有不少的明器。

铜礼器类 3 件，其中壶 2、钫 1 件。

铜生活用器类 34 件，其中洗 1、勺 1、灯 1、镜 12、带钩 4、簪 2、饰件 10、管 1、泡钉 2 件等。

铜兵器类 2 件，其中矛镦 1、镞 1 件。

铜车马器类 121 件。除当卢、衔、镳等可能为实用器外，绝大多数系明器，形体小，表面多鎏金。包括车害 6、盖弓冒 26、当卢 3、衔 8、镳 4、络头饰 53、环 8、铆钉 1、兽面饰 4、柄状饰 5、靴形饰 2、铃 1 件等。

铜五铢钱，650 件。其中五七铁厂 M10 出土有 460 件。

铁器 4 件，其中环首刀 1、夯锤 2、雁足灯 1 件。

铅器 8 件，均明器，耳杯 4、铺首 3、盖弓冒 1 件。

玉器 2 件，其中玉环 1 件、玉琀 1 件。

石器 1 件，为石臼。

每一座墓葬出土随葬品种类及数量的具体情况，更能说明随葬器物群的构成内涵。以 3 座墓葬为例：

五七铁厂 M16：

随葬器物计 117 件。陶器无。铜器以车马器占绝大多数，生活用器和礼器占极小的比例，兵器不见。铜器总计 117 件。其中礼器 3 件：壶 2、钫 1 件。生活用器 3

件：镜 1、带钩 1、管状饰件 1 件。车马器 111 件：軎 6、盖弓冒 25、当卢 3、衔 8、镳 4、络头饰 53、环 5、铆钉 1、兽面 2、饰件 4 件。墓主人可能是一般贵族，车马器是一种象征。年代西汉中晚期。

农机公司 M5：

早年已经扰乱，现存随葬器物总计 77 件。铜容器无，只有铜五铢钱 61 枚。陶器群中以壶为主要器形，并有一套齐备的模型明器。陶器总计 16 件，其中生活用器 8 件，均为壶。模型明器 8 件：仓 5、井 1、灶 1、博山炉 1 件。年代西汉末期。

农机公司 M15：

早年已经扰乱，现存随葬器物总计 71 件。陶器群中以壶为主要器形，并有一套大致齐备的模型明器。陶器 20 件。其中生活用器 15 件：壶 10、罐 4、盆 1 件。模型明器 3 件：井 1、灶 1、博山炉 1 件。釉陶 2 件：壶 1、灯 1 件。铜器 5 件，均为生活用器：镜 2、饰件 1、泡钉 2 件。另有铜五铢钱 46 枚。年代王莽至东汉早期。

东汉墓葬可以王郎村西 52 座东汉墓为例说明。

900 平方米范围内清理汉墓 52 座，分布稠密。墓葬形制分两种：长方形土坑竖穴墓 43 座，砖室墓 9 座。砖室墓皆为长方形单室。墓壁除了 3 座墓四壁皆砖砌外，其余的为三面或两面砌砖，未砌砖的墓壁为土壁。墓室地面除了 3 座铺砖外，余皆为生土地面。墓顶结构绝大多数为木板棚盖，只有 1 座墓为砖券顶。墓向以南北向为主，有 36 座，其余 16 座为东西向。葬具以木棺为主，另发现 3 座陶土烧制的陶棺墓，用来埋葬儿童。均为单人葬，葬式以仰身直肢葬为主，只有 7 座墓为屈肢葬。

随葬品数量较少，52 座墓出土遗物共计百余件，包括铜器、铁器、锡器、漆器、陶器等。

铜器有铜镜 5 件、三棱铜镞 8 件、铜铃、带钩、印章及钱币等。镜为日光镜、昭明镜和规矩镜，铭文为："见日之光，天下大明"、"见日之光，长勿相忘"。钱币有五铢、剪边五铢、大泉五十等。

铁器有 10 件，器形为锛、刀、带钩三种。锡器 4 件，为环形和梅花形饰件。漆器只留残痕，有圆形漆盒，内盛鸡骨。在 2 号墓还发现水晶、玛瑙珠、玉石人、黑石蛙等。

陶器以泥质灰陶为主，釉陶只有 4 件。器形主要有壶、罐、俑等。少量壶的两侧装饰有铺首衔环，有 9 件壶绘有彩绘。彩绘为在白色地上，用黑、红、黄、蓝等四色绘出图案花纹。常见的随葬品为陶壶 2 件或陶罐 2 件，有的配以陶尊。

第三节　人文及精神元素系统

城市居民是城市存在与运行的根本，是城市构成的主体元素。城市居民元素应包括人口数量、身份及职业结构、精神生活以及政治因素等等。所有这些构成了一座城市的精神风貌和性格。

一　人　口

20 世纪 40 年代，邯郸城区面积约 1 平方公里，人口 2.8 万。1939 年，邯郸县总人口 17.5 万[①]。20 世纪 70 年代初期，城区面积 23.6 平方公里，人口 31 万[②]。《邯郸简史》推测：战国时期邯郸城人口约有 30 万，西汉时期约达 25 万～40 万。还有人推算出东周邯郸城的人口数量约为 32 万～39 万[③]。

《汉书·地理志》载，平帝元始二年（公元 2 年），赵国的邯郸、易阳、柏人、襄国等四县的总人口才近 35 万。据研究，秦代的人口远比战国中叶的少，而汉初的人口又远比秦代少[④]。

综合各方面的因素，战国晚期邯郸城鼎盛时期的城区人口数量，大约在 25 万～30 万。

二　城市居民

城市的运转实际上就是城市居民的日常生活。笼统和本质上讲，居住生活在城市的人即城市居民。但现实的城市生活是依照居民身份的层次和集群，而区别分为差别明显的不同的生活类型。

《墨子·明鬼》中提出了社会运行的理想模式，这个模式的主要舞台当然是城市及其附属的乡村，同时将社会生活运行的人群分为四个类型：

"王公大人蚤朝晏退，听狱治政，此其分事也。士君子竭股肱之力，亶其思虑之智，内治官府，外收敛关市、山林、泽梁之利，以实仓廪府库，此其分事也。农夫蚤出暮入，耕稼树艺，多聚叔粟，此其分事也。妇人夙兴夜寐，纺绩织纴，多治麻丝葛绪、捆布缪，此其分事也。"

在《管子·小匡》中，对城市居民进行了细致的分类：

管子对曰："士农工商四民者，国之石民也。不可使杂处，杂处则其言咙，其事乱。是故圣王之处士，必于闲燕。处农必就田野。处工必就官府。处商必就市井。"

---

① 中国方志丛书：《河北省邯郸县志》，1939 年刊本，成文出版社印行。

② 侯仁之：《邯郸城址的演变和城市兴衰的地理背景》，《历史地理学的理论与实践》，上海人民出版社，1979 年。

③ 蒋刚：《东周时期主要列国都城人口问题研究》，《文物春秋》2002 年 6 期。

④ 管东贵：《战国至汉初的人口变迁》，《中央研究院历史语言研究所集刊》第 50 本第 4 分。

此为对城市居民的性质进行了分类，并按类进行有效管理。简单说来，城市居民大致可分为两大层次或集群：

其一，城市管理者和中上层贵族，包括君主、官吏系统、中上层贵族、富商、士等，这些人基本构成了城市居民的中上层结构。

其二，城市普通居民，主要是体力劳动者，即一般的农工商从业者。

邯郸城的城市居民构成情况，应以战国中晚期的赵都时期为代表。赵国君主当然是邯郸城居民的首要，其中的佼佼者如武灵王的胡服骑射改革，不仅仅是改变了赵国的军事制度，更是改变了一种社会风俗，对赵国及邯郸城的风貌产生了重大影响。梁启超盛赞赵武灵王是黄帝以后第一伟人，并推论说假如其长命，则一统之业，将不在秦而在赵[①]。其他政治界的著名人物还有很多，如平原君赵胜、蔺相如、廉颇、李牧等等，均影响着邯郸城的精神风貌。手工业界的代表，可举从事冶铁业的郭纵，富可敌国。商业界的代表有吕不韦，不但为富豪，更是政治的投机者。如此等等人物，形象地反映了邯郸城的自由和开放、生机与繁荣，这正是一座城市兴旺的根本，它给予每个人尤其投机家们充分的机会和舞台。

邯郸城孕育并成就了一些著名的政治投机者，战国时期著名的就有吕不韦、子楚、嫪毐等。吕不韦，虽非邯郸人，但事业成就是在邯郸完成的，他用钱财与赵女结交在邯郸为人质的秦国子楚，这名赵女后来随着子楚的即位为王，而又成为庄襄王之后和秦始皇的母亲。嫪毐，邯郸人，原是吕不韦的舍人，并深得庄襄王后的信任。此三人在邯郸城勾结在一起，后来在秦国的政治舞台上扮演了重要的角色。

在东周至汉代的邯郸城居民中，还有两种身份的人群非常著名，值得特别提出，即：赵女和邯郸倡[②]。

赵女即赵地之女，尤指邯郸城之女，是邯郸城一带貌美艺佳之女的统称。邯郸本乃音乐之都，具有深厚的歌舞底蕴基础。《战国策·中山》："臣闻赵，天下善为音，佳丽人之所出也。"赵女天生丽质，善音能舞，装扮妖冶，因此成为邯郸城的著名特产。这一点在《史记·李斯列传》中有明确的记载：

"必秦国之所生然后可，则是夜光之璧不饰朝廷，犀象之器不为玩好，郑、卫之女不充后宫，而骏良駃騠不实外厩，江南金锡不为用，西蜀丹青不为采。所以饰后宫充下陈娱心意说耳目者，必出于秦然后可，则是宛珠之簪，傅玑之珥，阿缟之衣，锦绣

---

① 梁启超：《黄帝以后第一伟人赵武灵王传》，《饮冰室文集点校》，云南人民出版社，1995年。

② 方诗铭：《战国秦汉的"赵女"与"邯郸倡"及其在政治上的表现》，《史林》1995年1期；杨一民：《"邯郸倡"与战国秦汉的邯郸》，《学术月刊》1986年1期。

之饰不进于前，而随俗雅化佳冶窈窕赵女不立于侧也。"

赵女和郑、卫之女，与其他地方所出的珍品，均被并列为各地名产。但赵女与郑卫之女的地位明显是不同的：郑卫之女以"充后宫"，而"随俗雅化佳冶窈窕"之赵女是"立于侧"的重要人物。也就是《史记·货殖列传》所说的："赵女郑姬，设形容，揳鸣琴，揄长袂，蹑利屣，目挑心招，出不远千里，不择老少者，奔富厚也"；《汉书·地理志》所言的："赵、中山……女子弹弦跕躧，游媚富贵，遍诸侯之后宫"。这些记载含有明显的主观贬义，事实上供给与需求是双向互为作用的。赵女的"奔富厚"、"游媚富贵，遍诸侯之后宫"的著名情形，若从另一角度看，未必不是"富贵"与"诸侯"争相大量需求赵女的生动写照。正因为赵女才貌俱佳，才深得富贵与诸侯喜欢，所以才能登堂入宫。而重要的是，赵女能够凭借自身的音乐和歌舞修养本领，成功愉悦了各地的富贵和诸侯，甚至参与到政治核心中去。例如，秦庄襄王的夫人、秦始皇的母亲，是邯郸的一名赵女。《史记·吕不韦列传》"子楚夫人赵豪家女也"，表明赵女并非均出于底层，也有豪门之女。西汉时期，赵女进入皇宫的情况更为常见，如：高祖的"美人"，善鼓瑟，赵地人；文帝所幸的慎夫人和尹姬，均来自邯郸城。因此，赵女是赵地尤其邯郸城一带具有良好艺术修养的美女统称，深得各地贵族乃至王宫、皇宫主人的喜爱，成为邯郸城所产的著名珍品。

而邯郸倡与赵女有一定的区别。邯郸倡即邯郸乐人，有男有女，擅长歌舞，并以此为业来娱乐富豪权贵以谋生。《玉台新咏》卷一所载的汉代乐府诗《相逢狭路间》中说："黄金为君门，白玉为君堂。堂上置尊酒，使作邯郸倡。中庭生桂树，华灯何煌煌"。因此，邯郸倡的本质是一种近似专门从事卖艺谋生的中下层艺人，大多出身底层，其与赵女的相似之处大概只是对歌舞艺术的精通而已。正因为邯郸倡所从事的职业与赵女有重合之处，所以邯郸倡之中也有佼佼者与赵女一样跻身于上层社会中。例如，赵悼襄王之后、赵王迁的母亲即是一名邯郸倡。《史记·赵世家》："赵王迁，其母倡也。"《集解》曰："列女传曰邯郸之倡"。西汉时期宣帝的母亲王夫人，死后被追为"悼后"，也是一名邯郸倡。王夫人的经历更能说明邯郸倡的性质。王是涿郡人，长大后被卖至邯郸城学习歌舞，之后太子征歌舞者时，从邯郸被选入长安皇宫。此说明邯郸倡虽地位低于赵女，但其中的优秀者同样也有机会跻身上层，但更重要的是反映了邯郸城已经是远近闻名的歌舞艺术人才培养基地，不仅盛出较高层次的赵女，也大量培训邯郸倡以供各地使用。

赵女和邯郸倡是邯郸城居民的重要构成部分，也是创造邯郸城独特文化的重要人群之一。

邯郸城不仅是工商大贾倡优汇聚之地，同时也吸引着文化儒者。《列子·说符》："牛缺者，上地之大儒也，下之邯郸，遇盗于耦沙之中。"而最能代表赵国的文化名人当首推荀子。荀子，战国末期赵国人，生卒年不可考，大致活动于公元前298～前238年期间，曾游学于齐国，为官于楚国。荀子一生在赵的时间虽较为有限，但赵国与邯郸城无疑对他的思想体系的形成产生过重要的影响。荀子思想的核心是礼法并治，他发展并变革了孔子所谓之礼的内涵和功能，认为礼的本质是为了"养人之欲，给人之求"（《荀子·礼论》）。荀子主张打破世卿世禄制度，而应尚贤赏功，此说本质上与法家的主张相同。荀子对君王的地位与权威提出了挑战，"君者舟也，庶人者水也，水则载舟，水则覆舟"（《荀子·王制》）。这反映了战国末期王权威望的彻底消释。荀子的学生韩非、李斯继承并发展了荀子的学说，成为法家思想的代表，并以这种思想为指导助秦国最终完成统一大业。从孔子到荀子再到韩非的学说发展轨迹，反映出的不仅仅是儒家思想体系的急剧变异，更重要的是礼制制度的消解和法治制度的渐兴。与此密切相关的就是王权威望的逐渐消释，而王权如何再建新威？荀子提出的办法即礼法并治，总之荀子的思想位置处于孔子与韩非之间。

三　政治因素

政治因素即是城市结构中的重要元素，更是影响城市格局与进程的重要条件。赵国素有政治先进的传统。早在晋国时期，赵氏集团在政治方面即有突出的表现。公元前621年，赵宣子制事典，以为《常法》。公元前513年，赵鞅铸刑鼎，公布法律条文。赵襄子时，赵氏集团还改革了旧的田制，启用新的田亩税制，按照田亩数征税，特别是采用最大的亩制，即换得了民众的支持，又达到了富民的目地。《战国策·赵策一》："既固赵宗，广封疆，发五（千）百（陌）。"赵烈侯时，相国公仲连推行法家和儒家相结合的改革政策，"选练举贤，任官使能"，"节财俭用，察度功德"，"以仁义，约以王道"（《史记·赵世家》）。而赵武灵王的"胡服骑射"改革，不仅仅是军事方面的变革和进步，更是在思想和文化方面的变革和开放，为赵国的强大奠定了有力的基础，同时也是邯郸城发展的有利因素。纵观赵国的政治历史，绝大部分时期是积极进取和开放的。这种积极的政治因素是邯郸城兴盛的重要元素。

四　城市精神

邯郸城的城市精神，实质上即邯郸城居民的性格与精神，亦即邯郸一带的民风与民俗。邯郸城市精神植根于邯郸城长期以来的人文传统的延续，同时与邯郸城邻近地区的居民性格与精神传统积淀也有着一定的联系。

邯郸城在春秋前期属卫地。关于卫国风俗，《管子·大匡》云："卫国之教，危传以利"。《礼记·乐记》："郑卫之音，乱世之音也。"春秋后期，邯郸城属晋。关于晋俗，《管子·水地》云："故其民谄谀葆诈，巧佞而好利"。但在《史记·货殖列传》中则云："土地小狭，民人众，都国诸侯所聚会，故其俗纤俭习事"。

邯郸城在春秋和战国初期的发展，除了本地的固有风俗延续继承之外，还应深受卫、晋民风之影响。三家分晋之后，邯郸城开始进入赵之风俗时期。

《战国策·秦策》："赵氏，中央之国也，杂民之所居也。其民轻而难用。"

《史记·货殖列传》："中山地薄人众，犹有沙丘纣淫地余民，民俗懁急，仰机利而食。丈夫相聚游戏，悲歌忼慨，起则相随椎剽，休则掘冢作巧奸冶，多美物，为倡优。女子则鼓鸣瑟，跕屣，游媚贵富，入后宫，遍诸侯。"

《汉书·地理志》："赵、中山地薄人众，犹有沙丘纣淫乱余民。丈夫相聚游戏，悲歌忼慨，起则椎剽掘冢，作奸巧，多弄物，为倡优。女子弹弦跕屣，游媚富贵，遍诸侯之后宫。邯郸北通燕、涿，南有郑、卫，漳、河之间一都会也。其土广俗杂，大率精急，高气势，轻为奸。"

总结来说，邯郸城居民的性格特质主要为：

居民成分复杂，民轻不务本，机巧难治，善工商娱乐。

这些风俗的形成背景有很大程度是因为这一带土地贫瘠，地薄人众，难以维持生计，但为谋生所以民才仰机利。正因仰机利，才会作奸巧而难于治理。这些观点是立足于自给自足农业社会理念而得来的，而如果以发展工商业的理念观察，上述诸多缺点却反而都成为了发展的优势。居民来源复杂，是发展流通与贸易的基础。民机巧，正是工商业发展的必须才智。总之，邯郸城的城市精神就是开放、灵活和积极逐利。这些恰恰是邯郸城兴旺发展的基础之一。

第四节　元素的整合：城市化进程的动力

一座城市是一个有机联合整体，这个整体是由许许多多城市元素聚合而成的。城市构成元素中的许多内容，也是构成一般聚落的必要元素。但一座城市的构成元素，无论从数量和质量，无疑要远远超过一个普通聚落。因此，将诸多元素有机地构成城市，需要比普通聚落要有更强的整合力量。元素是基础，整合元素的机制和力量是根本。这种整合是逐渐进行的，因而城市格局的形成也是动态发展的。战国中晚期赵都邯郸城格局的最终形成，即是城市诸多元素的最终有机整合。因此，城市元素的聚合整合过程，即是城市化的进程；城市元素整合的结果，即是城市格局的阶段性形成。城市元素整合的进程需要多种动力的凝聚推动。

邯郸城构成元素的整合进程，是由多种力量的聚合而共同作用来完成的。

自然环境与资源是邯郸城兴起的原始基础。山前冲积平原、三条河流、南北交通大道、丰富的铁矿资源等等，这些因素为邯郸城的诞生搭建了一个广阔和坚实的物质资源平台。

历史的积淀与环境相互结合，是邯郸城形成与发展的推动力。民风机巧、交通便利、地薄人众、矿产丰富等等互相作用，促使邯郸城宜于发展成为工商业之城。

政治因素是邯郸城发达兴旺的根本动力。先是晋国赵氏集团的经营，后来成为赵国的政治中心，政治能够集聚足够的各种力量来随心所欲地建造一座理想的城市。

军事因素在东周时期占据重要的位置，对于一座城市来说，政治功能往往通过军事功能来体现。邯郸城"包络漳滏，依阻太行"，"拥据河山，控带雄胜"，是太行山东麓地区的重要军事据点。

以上诸多因素在政治之都邯郸城凝聚起来，形成一种强大的聚合能力，将沁河流域乃至周边附近地区的各种聚落元素整合起来，最终形成了邯郸城的城市格局。

但是，邯郸城构成元素的整合进程，绝不只是在邯郸为都之后才开始的。邯郸城为都之前经历了长期的发展，沁河流域聚落群悠久延续的发展历程，即是邯郸城发生与发展的自然整合过程。晋国赵氏集团参与，以及后来的建都，都是一种政治主观的推动，即人为的力量加快驱动了城市的整合过程。

城市元素整合的结果也是动态的和不断更新与发展的。

春秋早中期，可能主要是军事的缘故，使邯郸城开始起步。同时，交通、资源与民风等因素，又将邯郸发展成为初步的工商业之城。

春秋晚期到战国早期，在晋国赵氏的积极经营下，邯郸军事据点和工商之城又增加了新的内容，成为赵氏的东方堡垒。

战国中后期，邯郸为都之后成为赵国的中心之城，城市格局及构成内涵等各个方面，至此均发展至顶峰阶段。

第五章　邯郸城市模式

如同世界上没有完全相同的两个人或两片树叶一样，城市也都具有各自的独特个性，即每个城市的城市模式。邯郸城的发生与发展之路，以及其内涵和形式虽与同时代的其他城市有着不少的相似性，但丝毫并未掩盖其独特而鲜明的个性和个案特征。这种独特风貌与性格个性就是邯郸城市模式。城市模式既是静态的，又是动态的，是城市构成元素在每一阶段整合后的表现形式。邯郸城模式包括纵横两个方面：城市在不同阶段的发展轨迹模式、每一阶段城市平面格局及构成内涵的演进模式。邯郸城模式不仅突出地反映在城市的发生、发展与城市格局的演进历程方面，也鲜明地反映在城市诸多构成元素的独特性方面。只有全面整体地观察一座城市模式的全部形态，才能把握此城市的真正内涵。

第一节　城市化进程与城市平面格局的演进

城市是人居聚落发展中的一个高级形式。各地聚落的发展是不平衡的，或者说各个聚落处于不同的发展进程阶段中。一座城市发生和发展的城市化进程，构成了城市模式的纵向演进轨迹。这种轨迹实质上就是聚落发展的不同阶段和等级层次。因此，聚落的形式与规模出现了层次之分。关于城市层次的划分，也存在于古代文献记载之中。

《左传·庄公二十八年》："凡邑，有宗庙先君之主曰都，无曰邑。邑曰筑，都曰城。"表明城市统称为邑，即城市的泛称为邑，邑中建有宗庙的又可称之为都和城。此反映了周代的都城以宗庙为核心，宗族神权为上，拥有宗庙的城市为最高等级。而周代以后则有了改变，刘熙《释名》："国城曰都者，国君所居，人所都会也。"此时的都城以国君为核心，神权让位与君权了。

古代城市的区分主要是在邑和都之间，即普通城市与核心城市的区别。而文献在记载舜的事迹时，不仅清楚地区分了邑与都的层次，事实上还道出了从普通聚落发展到普通城邑、再发展到核心城邑、最后发展到国都，这一聚落演进与城市国家的形成历程。《吕氏春秋·贵因》："舜一徙成邑，再徙成都，三徙成国。"《史记·五帝本纪》：

"一年而所居成聚，二年成邑，三年成都。"此不仅仅是聚、邑、都、国四个聚落发展的等级层次，也是从聚到邑，再进到都，最后成国的轨迹进程。

《左传·隐公元年》："都城过百雉，国之害也。先王之制，大都不过参国之一，中五之一，小九之一。"这是春秋以来，周王室渐衰，诸侯争雄，卿大夫专政之政治局面中出现的现象，也是春秋以来城市发展膨胀的写照。

按照上述文献对古代普通聚落到城市发展层次的划分，一般有四个等级：聚、邑（或曰筑）、都（或曰城）、国。如果以现在的城镇聚落理论分析，四个等级的基本情况大致是：

聚，即普通中小型聚落，属于一般的村落或村镇居民点；

邑，应是城镇一级的较大型聚落，与村落和村镇的区别显著，已经属于中小型城市的范畴；

都，高于一般城镇的较大城市，依照《左传》的说法需要拥有"宗庙先君之主"一类的建筑，实际上即是一个地域的宗教和政治中心；

国，大型城市，一般即指自西周以来分封列国的首都之城，是一个广大地域的政治和宗教的中心。

一座城市的平面格局演进是城市化进程中每一阶段的具体化表现。城市的平面格局主要是指城市规划建设的平面大布局，是一座城市的宏观鸟瞰。城市的建筑格局既是在某一时间段内相对稳定的定格，同时又是处于不断的或多或少的演变之中。这种演变是在城市模式纵向发展的轨迹中进行的，纵向的轨迹与平面的布局综合起来即为一座城市格局的演进历程。邯郸城的总体平面格局包括核心城区和近郊、远郊和邻近地区两大区块。

数十年考古发现资料的积累，已经基本勾画出赵都邯郸城发生发展至衰落的轨迹。邯郸城的城市化进程也大致经历了聚、邑、都、国等几个等级层次，核心城区与近郊的平面格局演进大致可分为六个阶段。

一 建城以前的村落或村镇阶段

建城前可能属于核心大村落或村镇，地方中心，即大致相当于聚的阶段。时代为春秋以前。

邯郸城诞生以前经过了一个长期的文化积淀过程，从史前时期的涧沟聚落核心到先商、商代的聚落遗址群，至春秋时期，邯郸一带已经形成城邑发生所必备的成熟的物质和文化基础。邯郸城确切的建城年代目前还缺乏足够资料与证据的说明，但大致的年代范围基本可以推定在春秋早期阶段，亦即大约在公元前8世纪末到7世纪初。在此之前的相当长时间，即属于建城前的普通聚落阶段。目前的考古资料还不能反映出这一时期邯郸聚落的规模情况。从沁河流域的考古发现来观察，似乎接近沁河中游的涧沟遗址自龙山时代到商代，一直属于一个较大型的核心聚落。而沁河下游后来邯郸城所在地域范围内，春秋以前文化遗存的情况不太明朗，这或许与考古工作因现代邯郸城的大面积占据而开展受限有很大的关系。东周邯郸城城址西距涧沟遗址约6公里，如果我们某种程度地忽略这段距离而宏观地观察沁河下游地区的话，涧沟遗址即可作为春秋以前沁河流域的一个聚落核心，换言之也就是邯郸城建城以前的最早聚落基础。然而商代繁荣的涧沟遗址距离春秋时期的邯郸，其间还有近三百年的西周时期，但是西周时期沁河流域的聚落发展进入大衰落时期，遗址数量骤减。目前的考古资料表明，涧沟聚落在西周时期可能也已经不复存在，只有中游地区的龟台聚落尚在生存运行，但其规模已远不能与前代的涧沟相提并论。因此，依目前的考古发现来观察，在紧接春秋前的西周时期，沁河流域的聚落群发展既不繁荣，也无突出的较大型核心聚落出现。紧接下来的春秋早期阶段，沁河流域的聚落总体构成情况尚不太明了。因此，春秋邯郸城在沁河流域诞生的直接和最近的聚落基础，目前还不能够讲清楚，是个有待详解的考古问题。但已经发现的一些考古线索表明，西周到春秋早期的沁河流域，聚落群数量与规模虽然较前代有显著的减少和缩小，但聚落群的根本延续性发展并没有中断，而且在经历了这一发展低谷之后，大约自春秋中期开始，沁河流域聚落群又进入一个更高的繁荣新阶段。本文暂将春秋前尤其是西周时期的聚落规模与性质，归为村镇聚落阶段。

二　城镇阶段

属于大型城镇，即大约相当于邑的阶段，属早期城邑。时代为春秋早期到春秋中期前段，即相当丁沁河流域东周至汉代考古学文化的第一期。

由于邯郸城诞生的直接和最近的聚落基础还不清楚，因此目前关于邯郸城诞生的直接契机也无法给出明确的解释。根据古文献记载分析，邯郸城的初建有可能是在卫国的统治下完成的。春秋初期的卫国之都在朝歌（今淇县），北距邯郸约115公里，再向北即为北邻之国邢国。邯郸一带是卫国的北方门户，因此，邯郸城的初建或许与守护卫国之北疆有关。春秋初期，北方的狄人不断南侵，袭扰晋、邢、卫等国。公元前660～前658年，狄人对邢、卫以毁灭性打击，几乎亡国，幸得齐桓公救邢存卫，迁邢于夷仪（今聊城?），迁卫都往楚丘（今滑县）。不久后，卫又北伐邢，并于公元前635年灭掉邢国。由此看来，卫国对北疆的经营是非常热心和用力的，而邯郸城的初建很有可能就是在对北疆的经营中开始进行的，而灭掉邢国则是卫向更远的北方采取的拓展行动。但这种拓展，很快即与西方的晋国产生了矛盾。公元前632年，晋伐卫，并于城濮大败卫的盟国楚国军队，自此晋国开始称霸诸侯，并开始连续打击狄人的南侵。

而卫却在狄人的入侵下，于公元前 629 年再次迁都到帝丘（今濮阳），国力大衰。卫的北疆包括邯郸一带，在晋国抗狄的征战过程中而落入晋国的治辖范围。

目前有限的考古资料，还不能清楚地反映出卫国对邯郸城的初建情形，推测很可能是一种近似于军事城堡类型的中小型城邑。若果真如此，也还并不能够断言邯郸城的最初兴起是来自于军事性城堡，因为西周乃至西周以前的邯郸一带，是否已经出现最早期的城镇或初期城市，目前还不能确定。换言之，如果春秋以前已经出现早期的城镇，则不仅邯郸城的兴起年代将要向上追溯，而且城邑的性质类型也需要全面地考察，不排除最早的邯郸城是沁河流域聚落群长期延续发展的一种自然结果。因这一时期的考古发现还很薄弱，推测城市的平面格局大概为一种建有一圈城垣的中小型单城形制。

三　初级城市阶段

属于中小型城市，为县的治所，亦即县城，当时即称之为"县邑"，如《韩非子·说林下》中说："晋中行文子出亡，过于县邑"。此时的邯郸城规模大概相当于邑与都之间的阶段，时代为春秋中期后段到春秋晚期，即相当于沁河流域东周至汉代考古学文化的第二期。

晋国是春秋时期最早设县郡的诸侯国之一。春秋时期的县大于郡，而后战国时期郡又大于县。公元前 493 年，赵简子在讨伐范氏、中行氏时誓言说："克敌者，上大夫受县，下大夫受郡"（《左传·哀公二年》）。晋自何时开始设立邯郸县，文献并无明确记载，《左传·僖公三十三年》：（公元前 627 年）"以再命命先茅之县赏胥臣。"因此推测至少在春秋中期，晋已开始设县。晋国初设的县，多位于边境地区，是巩固边防的重镇。因此，县虽不同于采邑，但也具有相当的自主性，县治之城的建设与发展具有相当的独立性。

邯郸成为县治之城后，发展进入一个新的阶段。春秋中晚期晋国邯郸县的设立，给邯郸城的建设带来重要的推动力。当时的邯郸城掌握在晋国邯郸赵氏集团（支系）手中，其统治者被称为"邯郸胜（赵胜）"、"邯郸午（赵午）"，看来是世袭其位的，具有相当大的自主权力，如赵胜可帅东阳之师助晋攻齐，表明可以拥有自己的军队。邯郸城在赵氏的经营下，在春秋晚期已成为一座重要的城市，不仅是地域的政治和军事中心，同时也是工商业中心。公元前 546 年，卫侯之弟专弃卫投奔到邯郸城，专门从事织绚业，说明纺织行业中已存在较细的分工，反映了手工业方面的发达水平。公元前 497～前 491 年，起因于赵简子放置于邯郸的"五百家"之争，赵简子与邯郸赵氏集团展开了长达数年的战争，并最终战胜了邯郸赵氏，占据了邯郸城。

春秋时期邯郸城的兴起是聚落历史基础与社会历史环境的结合品。这一时期的邯郸城具体位置在哪里？目前的考古发现还不能圆满回答这个问题。推测在今大北城遗址之下，最有可能在西北隅一带，背依西北丘陵高地，面向东南沁河之水。西北隅一带城垣，因迁就地势而呈弯曲状。西北隅的小城是春秋时期的邯郸城，还是战国早期邯郸城之内的小城？此需要今后的考古工作去探索。春秋邯郸城兴起以后，逐渐向东南扩展增大，到战国早期已具较大城邑之规模。目前春秋中晚期文化遗存在沁河流域有少量的发现，西小屯一带的春秋晚期墓葬显示出浓厚的晋国文化风格，反映了邯郸城这座晋国县城的文化风貌。

就目前的考古发现推测，春秋晚期的邯郸城大概为一中型单城格局。西北部低矮岗丘脚下的小城一带，或许是此时的城址核心所在，但目前还缺乏直接的考古证据。小城西北背依高地，东南面临沁水，环境条件比较优越。根据考古发现，小城之外的近郊应分布着或密或疏的居民点和墓地。这是后来大北城发展的基础。

四 城市阶段

属于大中型城市，为重要的城邑和区域中心，大约相当于都的阶段。时代为战国早期，即相当于沁河流域东周至汉代考古学文化的第三期。

邯郸城升级成为大中型城市，主要得力于晋国赵简子以后的赵氏集团的经营。简子占据邯郸、柏人以后，赵氏集团即开始大规模向太行山东麓地区拓展。赵襄子时期"邯郸之仓库实"，表明邯郸城已成为东方的重要据点。

战国早期的文化遗存在沁河流域有大量的发现，在邯郸城址所在的地域也有不少的出土，尤其是战国早期墓葬群在百家村、市博物馆等地点的集中发现，显示着战国早期邯郸城的运行规模与基本格局。根据目前的考古发现推测，战国早期邯郸城应属于大型单城格局（指整体格局为一单城形制，下文详论），并且城内还可能存在小城或单独的小城区。大北城的主体或者大部分应建造于这一时期。城区由过去的局限于沁河以北的地区，扩大至沁河南、北两岸以至到渚河北岸的广大地区。墓地主要设在城区外的西北近郊，在城区的边缘地带也有墓地的分布，如城区东侧的市博物馆墓地、西侧的铁西大街北端墓地等等。此正反映了邯郸城发展过程中的阶段形态，当时的核心城区大概位居大北城遗址的中央部位，东西两翼可能还存在大面积的空白地而被辟为墓地。

五 都城阶段

属于大型都市，大约相当于国的阶段，为赵国的中心。时代为战国中期到晚期，即相当于沁河流域东周至汉代考古学文化的第四期。

公元前386年邯郸为赵国都城之后，邯郸城进入大型都市阶段。政治中心的地位极大地催化了城市的建设与发展，邯郸城的内涵与规模均进入前所未有的鼎盛时期。

考古所见的战国中晚期文化遗存，在沁河流域最为广泛和丰富。邯郸城所在的地域堆积着厚厚的文化层，城区西北郊分布着密集的墓群，西北远郊分布着赵王陵园，诸多地点出土了大量的文化遗物。所有这些均显示着一座超级大都市的宏伟与繁荣。邯郸城的城市化进程至此发展到辉煌的顶峰。

众多的考古发现确凿证明，战国中后期的邯郸城在宏观格局上属于大型双城形制，即由王城和大北城组合而成。如果再稍微地微观一些观察，则邯郸城又属于一种复杂的多城组团式格局，王城由三座小城组合而成，大北城内可能还存在小城或小城区。这种城市格局形成的历程大致是：大约在建都以后或者建都前后，在大北城西南分期新建造了王城，完成后呈品字形格局，至此，邯郸城总体宏观格局的双城制布局最终形成。宫殿区主要设置在新建的王城内，大北城以普通城市居民为主，分布着民居和手工业作坊区，但也有宫殿、官署等重要的建筑群区。城区总体规模大幅度增大，占地范围向西南扩展至渚河以南。墓地集中布置到城外西北部近郊，王陵则设在更远一些的西北郊区。这是邯郸城顶峰阶段的完成格局，是城市诸多元素的最终有机整合，突出表现就是城市平面大格局的双城制形式，其次是王城内部的多城组团格局形式。特别是王城的品字形三城格局，乃统一规划形成，其建筑理念与《考工记》所言差异较大，是东周城市建设思想的典型模式。

总之，建都后的邯郸城虽然是对旧城的增建和改建，但具有全城格局统一规划的设计思想，不仅新建王城品字形三城的布局一气呵成，而且全城的总体平面也规划有序、功能分工明确。

六　郡国之城阶段

从大型城市到中小型城市。短时间内为邯郸郡城，长期继续为汉代赵国之都，但与战国时代的赵都已不可同日而语。时代为秦代至东汉时期，即相当于沁河流域东周至汉代考古学文化的第五期至第八期。

秦代的邯郸降为地方政区单位——邯郸郡。从此，邯郸城成为大一统帝国统治下的地方行政中心，即使在汉代重新作为赵国的都城，但本质上也不过是汉帝国之下的一个特殊郡治而已。东汉以后，邯郸城随着封国地位的进一步削弱而渐渐衰落下去，最终成为中小型城市了。

沁河流域西汉文化遗存的分布特征反映着邯郸城的变化。城区规模较战国时期开始缩小，原来城区的部分地域开始成为墓地。虽然文化层分布范围有所缩小，但堆积依然深厚，尤其是西汉时期的文化遗存，显示着邯郸城在西汉时期的最后辉煌。西汉末期，邯郸城继续萎缩，到东汉时期，城区规模已经缩小到中等城市的规模了。

《汉书·高后纪》："赵王宫丛台灾。"

《汉书·武帝纪》："秋七月，赵有蛇从郭外入邑，与邑中蛇群斗孝文庙下，邑中蛇死。"

《后汉书·王刘张李彭卢列传》："晨入邯郸城，止于王宫，立郎为天子。""进军邯郸，屯其郭北门。"

《后汉书·耿弇列传》："光武居邯郸宫，昼卧温明殿。"

根据以上文献记载，东汉初以前的邯郸城，赵王宫殿区主要在大北城内的北部丛台到温明殿一带，也就是说当时邯郸城的"城"在大北城内。这一点已经得到考古发现的证实。而文献屡屡提及的"郭"所指何处？根据目前的考古发现，我们推测东汉初以前邯郸的"郭"应即大北城，而其内的宫殿区即"城"或"邑"所在。至于这座"城"的城垣，还有待于今后考古的发现与辨认。

因此，秦代至东汉的邯郸城格局可分为两大阶段：

第一阶段是秦代至西汉早中期，为大型单城格局，但城区之内应还另建有小城或小城区，其功能主要是宫殿区。秦代至西汉早期，赵王城逐渐废弃，邯郸城重新成为单城格局。城区的缩减并未影响到邯郸城的继续繁荣，原来王城所承担的宫城功能，汇入到大北城内，双城合而为一城。宫殿、官署等建筑群区又重新占据了大北城的核心部分。邯郸城的格局态势盛极转衰，开始进入全面的衰落时期。

第二阶段是西汉后期至东汉末期，为中型单城格局。大北城在西汉后期到东汉时期继续萎缩，最后成为一座中型规模的城市，城区内的小城规模可能也随之缩小。由于城区向东面后退缩小，原来城区的西北部地区变成了墓地，即战国以来西北城垣外侧墓地的范围，向东扩展延伸到城垣以内。西汉末期，邯郸走向衰落，大北城大规模缩减，一个新城由改建大北城而形成。邯郸城的格局进入衰落的尾声阶段。

总结邯郸城平面格局的演进历程，大致是：

中小型单城制—中型单城制（回字形或日字形？）—大中型单城制（回字形或日字形？）—大型双城制非对称相间形—大中型单城制（回字形或日字形？）—中型单城制（回字形或日字形？）。

第二节　城市建筑格局的设计思想

战国中晚期，邯郸为都后所形成的邯郸城格局，代表了邯郸城建筑格局的顶峰阶段。这个城市格局的突出特点有三：一是总体平面布局的双城格局，全城由王城和大北城分别组合而成；二是王城的平面布局又由三座小城拼合而成；三是大北城内部还存在小城或小城区。此种类型的城市格局不仅在东周时代，也是中国古代城市中所仅见的孤例。这种城市格局的规划设计背后，应代表着一种时代的设计思想。另外，邯郸城建筑格局还有三个重要的特点：一是人工壕沟与天然河道共同构成护城防御系统；二是近郊建筑群格局的合理布置与规划；三是城内建筑群功能性分区比较明确。

一　王城与大北城的双城格局

邯郸城本为单城之格局，邯郸为赵国首都后，新建赵王城，原来的城成为旧城，才形成了双城格局。赵王城位居旧城大北城之西南，应是邯郸城建都时总体规划邯郸城的深谋远虑设计思想。推论其设计思想，大致应包括以下几个方面。

其一，地理因素。邯郸故城遗址位于沁河下游冲积扇上，其西北、西南各分布着一组丘陵高地，顶部海拔 90～100 米，而大北城城区正位于南北高地之间的箕形小盆地上，今日地貌海拔 55～63 米（当时更低）。为避水患，王城的位置只有选择在大北城的西北面、西面和西南面。西面地势较低而较平坦，且又正面应对沁、渚二水，若建城则恰似二水上游之堤坝，故可能也存在水害之患。因此，王城可选之地应为或西北或西南。为何最后选择了西南面？推测其原因有二：之一，西北面一带的丘陵高度，比西南面的要低十多米，因此选择西南面的较高地势另建新城；之二，根据考古发现，西北面丘陵一带正是规模很大的百家村墓地，该墓地的最初形成至迟在战国早期，即在王城建造以前。总之，西南面丘陵地带的综合地理条件远比西北面的具有优势，可能因此而最终将王城建造于西南地区。

其二，政治因素。主要是为了王权的独立与凸显。作为王权物质体现和象征的宫殿及宫城，应当宏伟而醒目，并且需要远离市井尘嚣，避开民居嘈杂之所，因此与大北城隔开相望而盘踞于西南方向的小山之巅。

其三，军事因素。宫城的安全防御除了高大坚固的城墙外，还需要天然有利的地势。西南面的丘陵高地正适合于建造军事堡垒式的宫城。

大概基于以上几个方面的考虑，赵都邯郸城的设计者将王城建于西南部的丘陵地带。虽然王城的宫城性质尚有人怀疑，但可以肯定的是王城是赵王的重要政治活动区，建有大规模宏伟的宫殿建筑群。从此意义上讲，称之为宫城并无根本之误。

二　王城的品字形三小城格局

由品字形三小城组合而成的王城，是邯郸城鼎盛时期的核心所在。这一建筑布局是邯郸城市格局特色的典型代表。但三座小城是否基本同时建造？或者更加严密一些地说，三座小城的建造是否为统一的规划设计？因为这个问题直接涉及这种城市格局的出现，是否真正出于一种事先总体设计思想的产物。

西城的主要建筑群，集中分布在城区的东二分之一区域，而城区西半部稀疏近于空白。而东城正好相反，主要建筑群集中分布在城区的西二分之一区域，而城区东半部显得空旷，几乎为空白区。西城建筑布局东密而重、西疏而轻；东城则相反。也就是说，西城和东城内的建筑群体在平面上均未作均衡布局，此种格局是如何形成的？

从地貌态势上分析，西城宫殿建筑群所在的东半部是城内最高的地段，东城宫殿建筑群所在的西半部地势远高于东半部。这些地势较高的区域，当然适合于建造宫殿群。如此，东西二城建筑群格局的设计理念，就可以解释为择高而建了。但地貌形态乃天然形势，城池框架的规划设计乃主观人为。为什么东西二城城垣范围及内部建筑群的布局，正好与自然地势相合？唯一的解释就是，此乃匠心独运的设计规划。那么，这种设计的背后思想理念是什么？

一个比较合理的推论就是：此种格局是为了城市建筑群安全的有效防御。如果从整体观察赵王城的格局，可以看出在建筑群布局的安排上，西城东密，东城西密，两城的建筑群正好汇聚到中间共用城垣两侧的全城中央部位。这种布局颇具匠心。因为东西两城内建筑群都向全城的中央部位聚集，从而将城之两翼部位，即西城西部和东城东部留出大面积的空白区域。

这些空白区的意义可能是多方面的：或有助于衬托背后宫殿建筑的宏伟和庄严；或用于宫廷内部的广场；同时也是防御入侵城池的重要缓冲地带，广阔的视野开阔地带有助于军事瞭望。

若果真如此，则从又一个方面证明，赵王城三城的格局是预先统一规划设计的，而非逐渐扩建或临机改建增建的。它们的建设年代大体应在一个大范围的时间段内，或者即使存在时间差距也相去不会太远。目前的考古发现表明，东城的建造即略晚于西城。这是邯郸王城品字形三城的最大特点，也是区别于晋都新田城品字形三城的最主要关键点。邯郸王城是真正的品字形格局，是事先总体设计规划的作品。而新田城的品字形是最终偶然形成的拼凑品。

三　护城防御壕沟系统与天然河流的利用

大北城外的护城壕沟系统，目前仅在西北隅城垣外侧发现一点线索。

赵王城外的护城壕沟系统，根据目前的考古发现，存在内外两组壕沟。内组壕沟即城垣外侧不远处的护城河系统，西城西侧、南侧和东城南侧均已发现完整的城壕。外组壕沟发现于王城以南 1000 米处，西段发现长度 1500 余米，主体部分由人工开挖的 3 条并行壕沟组成，间距 10 米，西端与渚河相连；东段发现长度 1200 余米，为一条壕沟的形制，向东延伸，东端情况尚未探明，推测应与天然河道相连通[①]。王城以西的外

---

① 段宏振：《邯郸赵王城遗址勘察和发掘取得新收获》，《中国文物报》2008 年 10 月 22 日第二版。

组护城壕沟应是利用渚河的天然河道，距离西城西垣约 700～1200 米。现在还不清楚王城北面和东面外组壕沟的结构情况，但根据若干线索可作一些大胆的推测（图五〇、五一）。

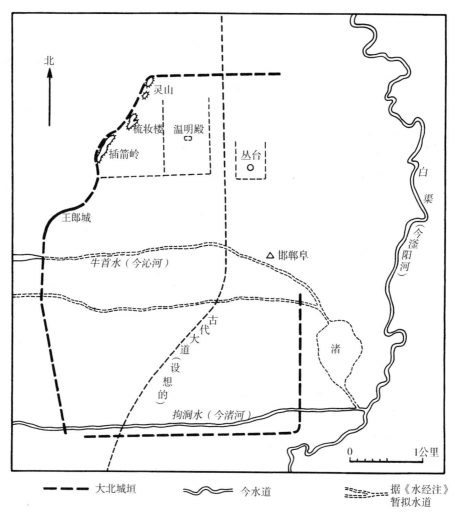

图五〇　汉代邯郸城址及《水经注》所记水道示意图
（引自侯仁之《邯郸城址的演变和城市兴衰的地理背景》）

推测一：王城北城东垣和大北城南垣的曲折，很大的可能性是因迁就河流的走向所致，这条河或许就是今天所称的渚河。推测当时的渚河流经北城之北，由北城东北角弯曲向南流，至大北城西南角又弯曲向东流。王城与大北城相隔间距的形成，或许正是因此原因而形成的城市特殊格局。这样，渚河的天然河道就是小北城北侧和东侧、大北城南侧的一条护城壕沟了，但究竟是属于外组壕沟还是内组壕沟，或

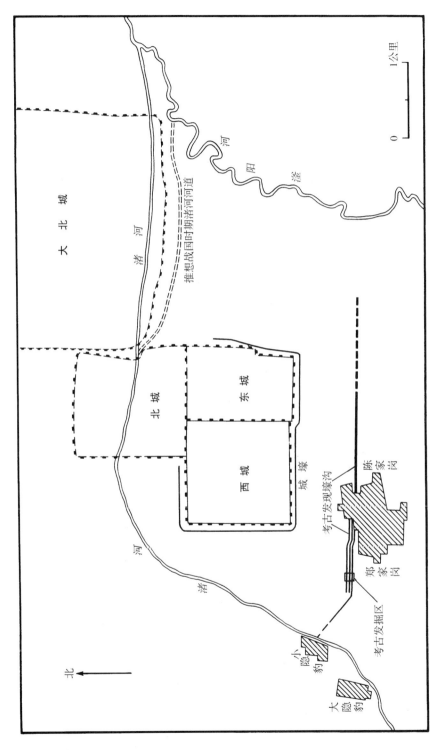

图五一　赵王城南郊的防御壕沟系统与天然河道的利用示意图

者在小北城北侧为外组壕沟，在小北城东侧和大北城南侧则内外两者合而为一，就不太清楚了。

推测二：当时的渚河与后代的流向基本一致，即横穿小北城向东流经大北城南侧，成为大北城南侧的天然壕沟。而小北城北侧和东侧的护城壕沟，系用人工开挖的壕沟构成。这一推测和上一推测均与侯仁之先生的推论有一些差异，即将渚河的河道置于大北城南垣的南侧[①]。因为，渚河（即拘涧水）穿越大北城南垣以内的城区南端而过，似不太合乎建城的情理。将南垣置于河流的内侧以便将河流作为天然的护城壕沟，对于城市建设来说是事半功倍之举。而将河流纳入南垣内侧成为一条城内紧邻南垣的城内河，似乎于城市建设弊大于利，因为河水之患大于河水之利，况且城内地下水丰富而埋藏很浅，水源不成问题。因此，当时的渚河（拘涧水）应是大北城南垣外侧的河流，同时担当护城壕沟的作用。

人工壕沟与天然河道的紧密结合，构建而成了邯郸城的完整防御壕沟系统。其规划设计因地制宜，巧妙利用自然资源，这一理念正与《管子》中建城思想相符，成为邯郸城建筑格局的一个鲜明特点。

四　城市近郊的建筑群格局

邯郸城近郊建筑群格局的突出特色，主要反映在战国中晚期赵王陵园与城市公共墓地的规划布置方面。汉代，随着城区格局的变化，墓地的格局也因之发生了变动。

邯郸城的城市公共墓地位于大北城西北城垣外侧，属于紧邻城垣的近郊地区。赵王陵园分布在西北郊区的较远地带，其中 1 号陵园距离大北城西北隅城垣约 10 公里。王陵园与墓地构成了邯郸城西北近郊建筑群的核心内容，它们所占据地域的地势均高于大北城区，属于丘陵岗坡地带。如果站在大北城东南隅向西北远眺，越过鳞次栉比的城区房屋瓦顶，可望见不远处高坡地上的累累墓丘，再向远处隐约可见的即是位于丘陵之巅的高大的王陵陵台和陵丘。反过来，如果站在王陵丘之顶上，居高临下向东南方向眺望，则邯郸城区以及附近的公共墓地则更加清晰，可历历在目。

将公共墓地与陵园布置于城外，并且规划为较集中的墓区，尤其是又将王陵区单独规划布置，主要是邯郸城为都之后的城市格局。这种布局比将墓区与居住区混杂在一起的城市格局要先进的多，追溯其规划思想之渊源大概来自于晋国。晋都新田的王陵区位居西南远郊地区，而晋赵氏早期之都春秋晚期的晋阳城格局更为突出：晋阳城

---

① 侯仁之：《邯郸城址的演变和城市兴衰的地理背景》，《历史地理学的理论与实践》，上海人民出版社，1979 年。

西面的丘陵地带为赵氏"公墓"之地，著名的金胜村赵卿墓即位于城之西北3公里处①。至战国中后期，诸侯列国将陵园设于城外逐渐成为主流形式。

西汉时期，城西北墓地继续沿用，同时在城南一带开辟新的墓区。墓地主要分布在西郊、西南郊和南郊，即较战国时期向南偏移。这种格局的移动是城区缩小、王城废弃所直接导致的。

东汉时期，城西北郊区墓地的范围向东有所扩展，甚至侵伸到原来的西城垣以内，即插箭岭和王郎村墓地。与此同时，城南一带的墓地范围及规模继续得到发展。

战国中晚期，陵园与墓地严格规划在城外的西北郊，城内基本没有墓葬的分布，此乃赵都邯郸城严格的建设规划设计所致。而到了汉代，城外近郊墓地的布局远不及战国后期的严格，并且墓葬群开始向原来的城区内入侵。究其原因，可能是随着城区规模的收缩以及城市规划的松散所致。

五　城区建筑群的布局

城区内建筑群的布局规划主要体现在功能性分区方面。王城是比较单纯的宫殿建筑群区，是城市的政治核心区。另一方面，王城属于战国中期新建的政治城区，原来大北城旧城区内的老政治区域，在王城建造以后可能并没有完全废弃，而是继续承担一定的政治功用，应属于次一级的政治城区。因此，在战国中晚期，大北城的主要功用是城市民居，其中包括大量的手工业作坊区。从目前的考古发现来看，手工业作坊区的平面布局似乎没有明显的分类地域区别，即各种类型的手工业作坊区与民居交错分布。此或许反映了一种城市社会结构的某一侧面情况。从大北城的总体布局看，中北部和西北部一带属于政治区域，包括宫殿和官署建筑，而中南部和东部一带为民居和手工业作坊区。这种格局基本上是建都以前格局的继续，但在功能分区方面较原来的更为明确和细致。

第三节　城市性格

邯郸城模式还体现在城市内涵的诸多特色方面，亦即城市构成元素中鲜明独特的地域性。这种地域性特征即是邯郸城的城市性格。

（1）政治与军事之都。敬侯迁都邯郸以后，政治中心催化了城市规模的迅速发展，使邯郸成为中心城市，从而促发了周围的城镇聚落群。邯郸周围城址群的始建年代绝

---

① 山西省考古研究所：《太原晋国赵卿墓》，文物出版社，1996年。

大多数为战国时期，亦是邯郸城崛起的辐射作用所致。另外，作为拱围都城的屏蔽，邯郸周围兴建了不少防御城堡，城垣边长多在 200 米左右，应属军事性堡垒城镇。这些城堡的建设，又促进了附近地区聚落群的发展与凝聚。

（2）手工业中心之城。邯郸城铁矿资源丰富，手工业经济发达，其中尤以冶铁手工业最为突出，为著名的铁业中心。以此为纽带，邯郸城与其以西今武安附近地区的数座城址和众多遗址，形成一个铁业城镇群落。冶铁业在此成为聚落群膨胀的一个重要契机，邯郸作为首都促进了冶铁业的发展，冶铁业发展又繁荣了邯郸及其周围的城镇。

（3）商业贸易之城。邯郸城处于南北交通要道，是南北向与东西向交通的中心，西经太行八陉之一"滏口陉"可通山西。"北通燕、涿，南有郑、卫"。便利的交通是城镇工商业发展的必要基础，邯郸为地域交通网络的枢纽，商业贸易发达。

（4）娱乐之城。邯郸一带具有传统的音乐歌舞风俗基础，又有赵女和邯郸倡等乐舞人才，娱乐业发达。

冶铁业为邯郸城的物质支柱，民众尚善工商是邯郸城的精神支柱，此为邯郸城兴盛的双足。列为赵都后，邯郸城又具有了政治优势之根本，将原来的发达基础发展到鼎盛阶段，将邯郸城模式的独特内涵光大彰显。

第四节 邯郸城的总体格局

一 城市的总体格局

城市的总体格局是指一座城市的宏观聚落结构，包括与核心城区存在有机联系的郊区以及邻近地区的所有聚落形式。城市不是孤立存在的，总是以集群的形式出现，与近郊及远郊地区均存在着有机密切的联系。在古代文献中，即有对城市总体格局的认识。

《国语·齐语》：

"昔者圣王之治天下也，参其国而伍其鄙。"韦昭注："国，郊以内也；鄙，郊以外也。"

《周礼·地官·大司徒》：

"正月之吉，始和布教于邦国都鄙。……令五家为比……五比为闾……四闾为族……五族为党……五党为州……五州为乡。"

《周礼·地官·小司徒》：

"九夫为井，四井为邑，四邑为丘，四丘为甸，四甸为县，四县为都。"

《周礼·地官·遂人》：

"掌邦之野，以土地之图经田野，造县鄙形体之法。五家为邻，五邻为里，四里为
酇，五酇为鄙，五鄙为县，五县为遂。"

这些记载未必是完全确凿的史实，且其中有不少矛盾之处，但其中必有历史的影
子存在。可以肯定的顺序与层次大致是：城邑核心城区之外的广大田野为"鄙"，又称
之为"野"。

童书业考证认为："国"外曰"郊"，郊内分"乡"，总称为"国"；郊外曰"野"，
或称为"遂"①。

西周到春秋的乡遂制度，即是一种社会结构体系，同时又是城市与周边地区聚落
结构关系的一种体现。乡遂制度，或称国野制度，简单说来，都城及近郊的"乡"合
为"国"，为国人所居；"国"外广大的乡野，即为"野"，又称"遂"或"鄙"，为
庶人所居。乡遂制度即为社会结构状态，也是城乡格局的写照。这种城乡格局也就是
城市的总体格局，换言之，城市的总体格局包括近郊、远郊及邻近地区的附属城邑群
和广大的村落。

总之，城市的近郊、远郊地区与核心城区存在着密切的有机联系，并形成组团状
的城镇集群区。这种情况不仅为今天的考古发现所证实，在古代文献中也有形象的记
载，例如《战国策·赵策三》赵奢描述当下城邑之况时说："今千丈之城，万家之邑相
望也"。此很有可能即是邯郸城附近地区城镇群团情况的真实描述。

城市的总体格局是动态的，对于邯郸城来说，战国晚期是城市发展的全盛顶峰时
期，而此时的城市格局则代表了邯郸城的典型总体格局，其具体表现形式就是邯郸城
镇集群区群团的总体格局。这个总体格局由核心到表层的结构，大致可分为四个层次
的布局：

第一层次，核心城区。其中最核心的是干城宫殿区，由品字形三小城组合而成。
紧邻的东北面是另一座城——大北城，与王城呈相间的相连形布局。这一层次亦即所
谓的"国"之所在。

第二层次，近郊的陵园、墓地与村镇。王城与大北城的周围近郊是若干村镇、墓
地、赵王陵园等，总体呈组团状。它们共同构成了一个以邯郸城主城区为核心的近郊
城镇集群区。这一层次大概即所谓的"郊"之所在，包括若干"乡"。

第三层次，远郊的两个集群区，即午汲—固镇集群区、阳城集群区。每一个城镇
集群区既与邯郸城核心城区存在着有机的联系，同时又各自具有相对的独立性和自身
特色。午汲—固镇集群区是铁业中心，阳城集群区是陪都或副都地区。

第四层次，邻近地区的三个城镇集群区：柏人城集群区、邢台城集群区、北界

---

①　童书业：《春秋左传研究》163、328 页，中华书局，2006 年。

城—讲武城集群区，各自均呈组团状格局。与第三层次一样，每一个城镇集群区既与邯郸城核心城区存在着有机的联系，同时又各自具有相对的独立性和自身特色。

邯郸城群团总体格局结构的四个层次，总体上以邯郸城镇集群区为总核心，呈南北向宽带状布局，形成一个长长的城镇连绵区。这个城镇连绵区的总体结构大体上以南北向大道为经，以东西向河流为纬。交通大道涵养着城市聚落的发展，河水滋润着城市聚落的生存。邯郸城总体格局结构中的第三到第四层次体系，是邯郸城的附属城镇与乡村领域，亦即相对于邯郸城之"国"的所谓"野"之所在，是邯郸城生存与运行的直接资源供养地域。

二　邯郸城的中心城市功能

邯郸作为邯郸城镇集群区群团的核心，具有中心城市的功能，也就是"国"的功能。这种功能主要表现在向内的汇聚和向外的辐射两个方面。汇聚功能实际上即是城市的容器和磁体功能[1]，而辐射功能则可以看做是城市容器功能的放大。

1. 汇聚功能

汇纳四方政治、经济、宗教、交通、文化、人才等。汇聚的动力来自于邯郸城的作为中心城市强大吸引力，这种吸引力的本质即是都城功能上的中心地位。邯郸城是政治和军事控制中心、赵国权力和军事的集中地，世系贵族、官吏与军事将领们在这里分享到权力。邯郸城又是赵国的宗教礼仪中心，国民朝觐的圣地。邯郸城又是技术中心、制造中心、贸易和交换中心、财富集中积累的中心、交通中心，人们汇聚在这里积极获得并消费财富。邯郸城又是文化教育的中心、艺术中心、娱乐聚会之地，赵女和邯郸倡汇集于此展现迷人的乐舞才艺。

2. 辐射功能

各种能量集中汇聚在邯郸城之后，又通过邯郸城这个平台向四方辐射，影响领导四方的政治、经济、文化与社会风尚等。

邯郸是邯郸城镇集群区群团的核心与枢纽，都城是这个核心的契机，也是此城镇集群区繁荣的重要基础。汉以后，随着邯郸都城地位的减弱和改变，邯郸城镇集群区也逐渐衰弱淡化了。

---

① 刘易斯·芒福德：《城市发展史》，中国建筑工业出版社，2005 年。

第六章　邯郸城与东周城市时代

　　邯郸城兴起于东周初期，繁荣兴盛于东周后期。邯郸城与东周时代是紧密联系在一起的，是东周特定时代的代表性产物。东周时代在中国历史上的重要地位表现在诸多方面，城市的发展与兴盛是其中之一项突出的内容，而邯郸城就是这项内容中的一个典型代表。

第一节　中国的东周时代

　　中国历史上的东周是个什么样的时代？

　　东周上承西周而来，分为春秋和战国两大阶段。长期以来，历史学界曾经流行的一种意见是将春秋与战国割裂开来，划分为先后两个落差明显的历史阶段。然而如果我们从宏观和本质的角度观察，春秋和战国之间的区别或许还不足于将东周断裂。正如钱穆所言："不是战国推翻了春秋，乃是春秋孕育了战国"①。不可否认，春秋与战国之间确实存在着较大的差别，然而这种差别正是春秋发展的必然结果，是春秋历史的本质延续，更是东周这个特定历史时代的鲜明固有特色。

　　春秋与战国之间的差异表现在许多方面，而且这种差异实际上从西周后期就开始孕育发生了。童书业在《春秋左传研究》中论及春秋后期各国政权之变化时，将西周到春秋的政权结构变化作了一个简洁的总结：

　　"自共和行政至西周亡，周天子之威严扫地，诸侯日强。至春秋中叶，诸侯政权又渐移入大夫之手。及春秋末年，大夫专政，如鲁国政权且一度落入家臣之手。此其故，宗法封建制发展必然之结果也。周以宗法封建制立国，其初天子为'大宗'，诸侯为'小宗'，大夫士则'小宗'之'小宗'，故天子得以专制天下（即孔子所谓的'天下有道，则礼乐征伐自天子出'），诸侯得承天子命以治其国，卿大夫士以次服从于'宗'，此西周时之大略形势也。至社会经济发展，宗法世族日以扩大，其间'小宗'逐级化为'大宗'，各'君'其土，各'子'其民，此乃共和行政以后周人之宗法统

――――――――――

　　① 钱穆：《中国知识分子》，《国史新论》，生活·读书·新知三联书店，2001年。

治网开始解体之征也。诸侯化为'大宗',专制一国,即成所谓'列国'形势。诸侯间又互相兼并,乃出现所谓'霸政'(即孔子所谓'天下无道,则礼乐征伐自诸侯出')。诸侯国家之发展,其君渐成过去天子之地位,大夫俨若过去之诸侯,此种形势发展之结果,必成诸侯守府、大夫专政之局(即孔子所谓'政逮于大夫'),此为宗法封建制发展之极,其衰运亦肇于此。大夫之'小宗'、'宗人'甚至'庶人'中接近贵族者势力亦渐发展,遂由家臣而变为官僚,大夫则渐化为集权之君主,战国时代新兴政权之雏型已肇基于春秋之末。"

西周政权的特质实际上是一种贵族政治,其对地方的政治统治是一种间接统治。到东周时期,周王室对地方的控制力日渐衰弱,最后沦为名义上的统治者和精神上的领袖。各地诸侯的势力日渐强大,成为周王的政治代言人。但不久以后,其中有的诸侯又类似原来的周王一样,也沦为名义的执政者。政权的集中性和权威性遭到破坏,权力分散并下移。总之,东周的政治环境可以说是一种涣散的状态,旧的社会秩序已经瓦解,新的社会秩序正在酝酿之中。

顾炎武在《日知录·周末风俗》中,对春秋到战国的社会变迁作了一个简洁的概括:

"春秋时犹尊礼重信,而七国则绝不言礼与信矣。

春秋时犹宗周王,而七国则绝不言王矣。

春秋时犹严祭祀,重聘享,而七国则无其事矣。

春秋时犹论宗姓氏族,而七国则无一言及之矣。

春秋时犹宴会赋诗,而七国则不闻矣。

春秋时犹有赴告策书,而七国则无有矣。

邦无定交,士无定主。

此皆变于一百三十三年之间"(系指公元前 467~前 334 年间的春秋末期到战国早期)。

西周宗法封建制度的核心基础是世袭贵族与世卿世禄,而保障这一制度运行的主要途径即是礼制。进入东周时期,随着周王室政治地位的衰微,进而一些诸侯的地位也岌岌可危,礼制运行的社会基础逐渐弱化消释,礼制随之也名存实亡,其所导致的后果是社会风尚发生剧变。在社会主流风貌方面,礼仪忠信文雅有修之风逐渐消解,而巧佞奸诈粗鄙争斗之风日盛。如同政治方面的涣散一样,东周的社会环境也可以用"涣散无序"来概括。

生活在东周的人对自己所处时代的看法更能说明问题。处在春秋后期的孔子主张政治要"为政以德"、"道之以德,齐之以礼",而反对"道之以政,齐之以刑"(《论语·为政》)。在个人修养方面,孔子认为"克己复礼为仁"(《论语·颜渊》)。但严酷的现实与孔子的理想相去甚远，当时的政治环境是"天下无道，则礼乐征伐自诸侯出"，甚至"自大夫出"、"政逮于大夫"，还有"陪臣执国命"、"庶人议政"等等（《论语·季氏》）。与此相应，社会环境也发生着变化，民众"狂也荡"、"矜也忿戾"、"愚也诈"（《论语·阳货》）。面对眼前正在发生的旧秩序的破坏，孔子感到愤怒与不平，认为今不如昔，但也只能慨叹和无可奈何的惋惜。

但对于社会上的大多数人来说，顺应时势乃自然法则。例如，对于鲁国季氏的专权，已视为必然的常态。《左传·昭公三十二年》（公元前 510 年）云："天生季氏，以贰鲁侯。……社稷无常奉，君臣无常位，自古以然。"

到战国末期的韩非子时，旧的秩序已经完全被改变，新的秩序已经大致形成，因此韩非的认识能够正视现实，直白深刻而近于无情。例如，他对已经变化了的君臣关系，进行了深刻而客观的揭示："主卖官爵，臣卖智力"（《韩非子·外储说右下》）。在《韩非子·难一》中则更加明确指出："臣尽死力以与君市，君垂爵禄以与臣市。君臣之际，非父子之亲也，计数之所出也"。此生动而直白地反映出，战国末期的王权与臣权之间已经是一种买卖关系，如同市场交易。不仅礼制的约束已经消释，甚至可以杀君："臣之所不弑其君者，党与不具也"（《韩非子·扬权》）。民间则更是唯利是图的大市场，《韩非子·备内》云："匠人成棺，则欲人之夭死也。……情非憎人也，利在人之死也"。另外，传统的神权与祭祀的神圣性、庄严性也消解殆尽。《韩非子·饰邪》："龟策鬼神……愚莫大焉。"《韩非子·亡征》："用时日，事鬼神，信卜筮，而好祭祀者，可亡也。"总之，君权的威严与神圣已经衰弱不堪，君臣之间的宗法礼制关系已经演变成为一种官僚体制中的交易关系。

如果单从政治环境和社会环境观察东周时代，则可以简洁地以"涣散"一言以蔽之。但这些决不是东周时代的全部和真相。正如黄仁宇所言，东周时代并不只是只有衰退与今不如昔，实际上社会总的方面正处于进步之中，尤其是战国时期的"百家争鸣"活动，在此后 2000 年的中国历史中再也无此精到之处①。

因此，"涣散"的意义可以从另一种角度去理解：政治方面的种种涣散，如宗法封建制的瓦解、礼制的弱化、权力的分散与下移、列国之间争斗与战事频繁等等，实际上正是政治方面的种种桎梏被冲破，给各种政治势力带来了自由发展的机会。而社会方面的种种涣散，如等级制度的消解、礼仪形式的简化与消释等等，极大地解放了人们的精神约束，开放了人们的思想。

涣散导致并宽容了自由的变革与变化，涣散的政治和社会环境给东周时代带来了极大的发展空间，而这种空间恰恰又正遇到时代技术的进步——廉价化的铁器。铁器

---

① 黄仁宇：《中国大历史》17 页，生活·读书·新知三联书店，1997 年。

的广泛应用是东周时代的一大重要事件，它极大地提高了生产效率，进而促进了工商业和贸易发展，最终促使社会经济发生根本性的变革。政治与社会环境的涣散加上铁器，综合因素凝聚在一起所产生的巨大合力，最终使得东周时代成为一个生气勃勃、富有创造性的变革与发展的时代。从春秋到战国，一切均处于或剧或缓的变革与变化之中。主要表现是旧的东西在日益消解，新的事物在不断诞生。政治方面多元竞争，物质方面生产与贸易繁荣，思想方面自由多元与百家争鸣。

特殊的历史和社会环境使东周时代的成就巨大而纷繁，诸如县郡制官僚制度开始建立、万城林立、工商业兴盛与贸易活跃、人口增殖与流动、文化大发展与私学兴起、哲学思想活跃与百家争鸣等等。其中万城林立即大规模的造城扩城运动，是东周时代的重要特征。万城林立局面的出现，同样也是东周特定时代的产物。涣散的政治与社会环境带来了城市自由发展的空间，广泛使用的铁器提高了造城的效率。两种力量互相交织凝聚所形成的巨大合力，给东周时代带来了"千丈之城，万家之邑相望"的城市繁荣局面。如果将东周时代的诸多成就总结和归纳一下的话，物质方面的综合代表就是万城林立，精神方面的突出代表就是百家争鸣。两者包含容纳了诸多成就，是东周时代成就精华的集中代表，可谓两朵鲜艳的奇葩。

从某种意义上讲，东周时代是中国古代唯一的国家政治政权的性质与意义发生根本变化的时代。这种变化影响着社会的方方面面，也直接影响着城市的发生发展与风貌。

第二节　东周城市时代

一　东周城市时代

《战国策·赵策三》：

"古者四海之内，分为万国。城虽大，无过三百丈者；人虽众，无过三千家者。……今取古之为万国者，分以为战国七。……今千丈之城，万家之邑相望也。"

城邑规模宏大并且分布稠密可以相望，此乃战国时期为城市时代的标志。而这些城邑群的渊源，可追溯至过去的万国之城。

东周城市时代的基础来自于西周城邑群的建设运动。周民族立国治国的方式主要是宗法封建制，具体操作形式是通过军事或表面和平的殖民来实施的，在各地广建了许多的军事据点即政治军事城堡，以此来统治土著民族。这些城堡据点即城邑群。因此，周人建城运动的本质可以说并非为造城而建城，而是为了统治天下，即城邑首先是政治需要的工具，而非经济起飞的产物①。这些众多的城邑构成了西周的行政网点，

---

① 张光直：《关于中国初期"城市"这个概念》，《文物》1985 年 2 期。

也是城邑群落。周王朝初期的分封制在授予那些官员爵位和领地的时候，也同时在许多地方种下了周朝都城模式城市的萌发种子①。杜正胜将其称之为周代城邦②。

杜正胜认为，公元前 2000 年到春秋中晚期中国社会的特质是祭、政与军镇三位一体的城邦，城里的人（国人）以平民身份能参与政治，并且产生举足轻重的力量，几可与国君、贵族鼎立为三。杜氏将西周春秋称之为城邦时代的主要原因，是因为特别看重当时国人参与政治的历史经验。城邦时代的政治是贵族政治，即世官世禄制度。到春秋末期，随着社会政治的变化，城邦时代瓦解了。

西周春秋城市到战国城市在格局上发生了巨大变化。西周春秋城邦时代的典型城市，城邑本身即狭义的"国"，城外广大的原野即"野"或"鄙"，国与野合起来即广义的"国"，亦即一个诸侯的封疆所在，亦即一个城市国家。后来随着城邦的发展与扩大，一个城邦内又增殖出诸多小的城邑，即小的城邦。这是后来战国城市发展繁盛的基础与动力。此时的城市在政治上是政治、军事、祭祀三者合一，城市建筑景观以宗庙和朝堂宫殿群为主。

侯外庐指出，国与城同义，周代属于城市国家③。何兹全认为，战国秦汉是城市国家，人口分布状况是由城区向外辐射，人口围着城市居住，远离城郭的地区人口越来越少。从战国开始，交换经济的发展和城市经济的繁荣，一直维持到东汉，长达六七百年④。

实际上，至迟从春秋末期真正的城市时代开始了，新的城市兴起和旧的城市扩大与发展，不再仅仅是一种政治的需要，而且更多还是经济方面的需求。因此，东周政治与社会的变迁，宗法封建制的瓦解等等，是促进城市发展的有利条件和环境。如果我们借用城邦这个概念，则西周以来的封建城邦是战国城市发达的基础。春秋的城市还具有浓厚的政治城邦性质，多是来自宗法封建所立。而战国的城市则具有更多的经济城市性质，新城大多或因设县郡所立、或因经济发展自然所生。这种变化大致是在春秋末期到战国初期完成的，因此，我们可将整个东周时期统称之为东周城市时代。

西周以来的宗法封建制度最终造就了东周的城市时代，而东周以来铁器的日渐普遍应用，金属货币的流通，商人阶层的出现和扩大等等，所有这些都促进影响着城市的兴旺和发展。东周时代是中国古代早期城市化发展的第一个高峰期，属于真正的城市时代。真正的城市既非西周之前的万邦之国（城），也非秦汉后的郡城县城，而是战

---

① 段宏振：《中国古代早期城市化进程与最初的文明》，《华夏考古》2004 年 1 期。

② 杜正胜：《周代城邦》，联经出版事业公司，1985 年第三次印行。

③ 侯外庐：《中国古代社会史论》，河北教育出版社，2000 年。

④ 何兹全：《中国古代社会形态演变过程中三个关键性时代》，《历史研究》2000 年 2 期。

国时期的国城及附属城邑群。

周代封建制是东周城市时代诞生的基础。西周封建制度的建立播下了城市时代的种子，预备了城市发展的土壤；而东周封建制度的瓦解使得城市数量大增并成长壮大，于是城市时代真正来临了。

二 城市平面宏观格局的类型

城市平面的宏观格局，主要是指一座城市在平面上的大格局，即城市的大区块结构，而不是城区内部的建筑群布局。东周城市时代的一个重要特点就是城市在宏观格局上的多样性，即组成城市的大区块呈多样化的组合形式，呈现出多种类型。有不少的学者注意到这些类型之间的差异，称之为单城制、两城制、双城制、重城制、三城制等，或单体—重式、双体—重式和内外二重式等等①。这些分类对认识城市的宏观格局具有重要的意义，但是也存在一个缺点，就是以"城垣"为基准来划分类型，即一重城垣之圈即是一城的概念。我们认为，城市平面的宏观格局主要取决于城区的大区块，而不应单纯和过度重视城垣之圈。因此，根据考古发现的东周诸多城址的格局情况，我们将带有城垣的城市平面宏观格局划分为三大类，每类之中又可区分为两三个小的类型：

第一类，单城制。可分为单城口字形、单城回字形、单城日字形、单城目字形、单城网格形等多种类型。

第二类，双城制。双城的平面大格局分为两种类型：基本对称形布局、非对称形布局。双城的组合形式存在两种类型：双城相连形、双城相间形。双城之中每一城的内部格局形式同单城制的分类。

第三类，多城制。可分为多城相连形、多城组团形（分离式）。多城之中每一城的内部格局形式同单城制的分类（图五二）。

单城制的城市只有一个整块的大城区，只建有一圈城垣者即为口字形。如果城内另建有小城或小城区，则又可分为回字形、日字形、目字形和网格形等。城内小城呈封闭口字形，与大城呈双重城垣结构的即为回字形格局。回字形格局的城市表面上是互相包含的两个城区，但本质上仍属于一个整块的大城区，并且回字形格局的形成也

---

① 许宏：《先秦城市考古学研究》，北京燕山出版社，2000年；徐苹芳：《中国古代城市考古与古史研究》，《中国考古学与历史学之整合研究》，中央研究院历史语言研究所会议论文集之四，1997年；刘庆柱：《中国古代都城遗址布局形制的考古发现所反映的社会形态变化研究》，《考古学报》2006年3期；钱耀鹏：《中国史前城址与文明起源研究》，西北大学出版社，2001年。

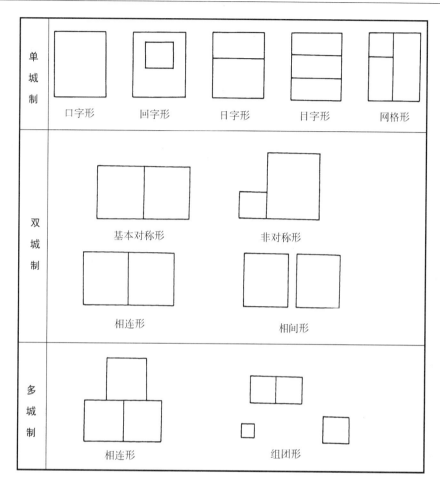

图五二　东周城市宏观格局类型示意图

多为从口字形格局扩建而来。因此，回字形格局属于一种单城制，而非如有的学者所言的那样是一种双城制。这里需要特别指出的是，回字形类型近似同心圆结构，是单城制中最向心形的格局。日字形、目字形和网格形格局，就是在大城之内割取一块、两块或多块区域为相对独立的小城。

双城制城市的本质是可以区分为两个互相独立的城区，而不是互相包含的两个城区（即回字形）。两个城区相连即为双城相连形，如果分离相间即属于双城相间形。

多城制的城市由三个以上的大块城区组合而成，城区之间不存在互相包含现象。城区互相连接的即为多城相连形，分离相间的即属于多城组团形。

如果单从城市宏观格局方面观察，东周城市时代与邯郸城关系最密切的城市主要有二：即晋都新田和齐都临淄，前者属于多城组团形格局，后者属双城相连形格局。与邯郸城存在一定联系的城市有中山灵寿城、燕下都、郑韩之郑城，三城均属于双城相连形格局。而秦都雍城和楚都郢城均属于单城制，与邯郸城格局的共性较少。

邯郸城的平面宏观格局最为复杂，可分为大宏观和次宏观两个层面。从大宏观角度观察，邯郸城分为王城和大北城两个大的城区，属于双城相间形格局。若从次一级的宏观角度看，王城本身还属于一种多城相连形格局，而大北城本身又可能属于一种单城回字形（抑或日字形）。因此，邯郸城的总体宏观格局可概括为：双城相间形大格局下的多城相连形加单城回字形。

三　关于城郭概念问题的讨论

古代文献对城市格局的记载主要体现在"城"与"郭"的区分上，都城结构一般分为城与郭两大部分。此分类既是城市功能结构的分区，又是设计规划的传统延续，是长期以来城市发展演变的结果。

《左传·襄公十八年》："焚雍门，及西郭、南郭。"

《左传·定公十年》："每出一门，邱人闭之。及郭门，止之。"

《左传·庄公二十八年》："子元以车六百乘伐郑，入于桔柣之门。……众车入自纯门，及逵市。县门不发。"

《管子·度地》："内为之城，城外为之郭，郭外为之土阆。"

《初学记》卷24："《吴越春秋》曰：鲧筑城以卫君，造郭以守民，此城郭之始也。"

《释名》："城，盛也，盛受国都也。郭，廓也，廓落在城外也。"

《孟子·公孙丑下》和《墨子·非攻》均说："三里之城，七里之郭。"

《战国策·齐策六》言："三里之城，五里之郭。"

《墨子·非攻》卷5："越王句践视吴上下不相得，收其众以复其仇，入北郭，徙大内，围王宫，而吴国以亡。"

《谷梁传·隐公七年》："城为保民为之也，民众城小则益城。"

综合以上记载，东周时代的多数城市至少具有双重城墙和城门，亦即城区存在城、郭之分。城与郭的概念与区别要点大致有二：

（1）城是核心城区，郭是外围城区，城在郭内；

（2）城小于郭。

郭的产生实际上即是城区的增扩，主要是人口增殖和集聚所导致的结果，其次可能还有军事方面的因素。生产的发展，人口增殖和流动，导致人口集聚城市城郊，于是导致建造外郭围之城内。

现代学者在使用城郭的概念时，存在较多的差异。一般来说，城、宫城、内城、小城等大致为同一概念，而郭、郭城、外城、大城则大体属于同一概念①。几乎是所有的学者在研究中国古代城市时，常常将城郭概念与城市的格局相联系，区分出城区与郭区的范围，并认为东周时代的都城结构属于城郭格局。这里只列举一二。

杜正胜认为，内城和外郭分别代表了两个社会阶段，外郭之兴晚至公元前 7 世纪，是和内城不同时代的，它意味着传统社会的解体。郭的基本性格更近于城，具有浓厚的军事性，故又称之为外城。郭是战争促成的，先城后郭，城之不足，再加外城。古典城邦时代的城邑多只有一重城墙，春秋时代产生内城外郭之分。春秋时郭的出现，是西周以来传统城邦的结束。郑城之西城是内城，东城是外郭城。临淄城的小城是内城，大城是郭城。燕下都的东城为内城，西城为外城②。

杨宽认为，中国古代都城布局有三次重大的变化，第一次变化是西周到东周时期，都城由一个"城"发展为"城"和"郭"连接的结构；第二次变化是西汉到东汉，都城布局由坐西朝东转变为坐北朝南。东周成周城开创了小城连大郭的布局，并且是西面的小城连东面的大郭，这种西城连东郭的布局直接影响到中原诸都城，齐、魏、韩、赵等国的都城，皆为西城连东郭的布局，并大多坐西朝东。甚至推测晋都新田，可能也存在一个东南外郭城③。

许宏认为，战国时期，出现了将宫城迁至郭外或割取郭城的一部分作为宫城的新布局，即从内城外郭变为城郭并列的形式。列国都城可分两类：一是宫城在郭城之外，如临淄城、郑城、邯郸城等；二是割取郭城的一部分为宫城，如曲阜城、燕下都（主要指东城利用河道分隔宫城与郭城）等④。

综合来看，虽然学者们在看待城郭的具体布局方面存在分歧，但在判定城区与郭区的性质方面似较统一，即认为东周时代的都城大多具有城与郭的布局。但我们认为，这种判定与上述文献中关于城郭的概念限定有所偏差。若依照城郭概念两条要点的标准观察，战国时期大多数都城的格局并不适合使用城郭这个概念，因此不宜简单地套用。严格说来，城与郭之分只局限存在于单城制的城市格局中，因为内城外郭之制本质是属于一种回字形、日字形或目字形布局。双城制和多城制的城市已经将内城外郭的格局破坏，所以就谈不上城与郭的布局了。当然，双城制之中的某一单城本身，可能还保存着独自的内城外郭之制，即城内建有小城，这是属于另一个层次的问题了。

① 许宏：《先秦城市考古学研究》，北京燕山出版社，2000 年。

② 杜正胜：《周秦城市的发展与特质》，《中央研究院历史语言研究所集刊》第五十一本第四分。

③ 杨宽：《中国古代都城制度史》，上海人民出版社，2006 年。

④ 许宏：《先秦城市考古学研究》126 页，北京燕山出版社，2000 年。

　　总之，内城外郭单城之制是春秋以前流行的城市格局，反映着一种较为稳定的政治和社会环境，是特定历史条件下的城市模式。春秋中晚期以来，双城制逐渐兴盛，内城移出郭城之外或在郭城一隅改建增建，城郭分离，城移出郭外而独存，原来的内城外郭制被改造或彻底破坏。因此，凡是双城制格局的城市，严格说来便不再存在内城与郭城的概念。外郭必须包含内城，才能称之为内城外郭之制。不宜将已经分离的城郭，再牵强称之为所谓的城郭相连形，或附郭之类的等等。东周时代决不是内城外郭的普及，反而是内城外郭制度的瓦解，战国时期的许多都城已不再有城郭之分了。这种变化正是东周政治与社会环境涣散，城市个性得到自由张扬的结果。

　　内城外郭的城市格局在春秋时期比较流行，大约在春秋晚期以后，逐渐遭到破坏。西汉以后，内城外郭之制又开始恢复和兴盛，并得到新的发展。追溯内城外郭之制可以上溯到西周以前。

　　二里头遗址被认为是属于夏代的一座都城。城址以宫城为中心，周边分布着贵族聚居区、铸铜作坊区、祭祀活动区、一般居住区及墓地等。宫城呈长方形，四周建有城墙，城内发现有大型宫殿建筑基址，总面积 10.8 万平方米。城址周边地区尚未发现外围城墙的线索①。以目前的考古发现观察，二里头城址是以宫城为核心布局的，假如其外围建有城墙，则即属于典型的回字形单城制，亦即内城外郭的格局。即使外围没有城垣建筑，也并不影响城址的基本格局，即宫城位居核心，在其周围布局居住区、手工业区和墓地等。这种布局方式，虽与春秋时期的内城外郭制城市在本质上是一致的，但还远不能说是内城外郭之制的真正开始。

　　偃师商城的大城之内发现有一座小城，面积约 81 万平方米（大城面积近 200 万平方米）②。王学荣认为，偃师商城的建设布局经历了三个阶段：第一是建城阶段，即小城时期。建造小城，并在城内南部建设宫城，面积近 4 万平方米。第二是扩城阶段，即大城时期。增建扩建大城，大城建好之后，小城的北墙和东墙便废弃不用。第三是宫城扩建阶段，建造 5 号和 3 号宫殿③。

　　大城建造之后，小城的北墙和东墙即废弃，也就是说小城的布局即不再存在，则商城的总体格局还是一重城垣的大城。换言之，扩建大城并非是为了建成一个大城套

---

① 中国社会科学院考古研究所二里头工作队：《河南偃师市二里头遗址宫城及宫殿区外围道路的勘察与发掘》，《考古》2004 年 11 期；许宏：《二里头遗址聚落形态的初步考察》，《考古》2004 年 11 期。

② 中国社会科学院考古研究所河南第二工作队：《河南偃师商城小城发掘简报》，《考古》1999 年 2 期。

③ 王学荣：《偃师商城布局的探索和思考》，《考古》1999 年 2 期。

小城的内城外郭之制，而只是对城区进行扩建而已。但如果将宫殿区的小型宫城作为内城看待的话，也可勉强算得上为内城外郭，但未免太过牵强。原因有三：其一，宫城的范围与格局在大城修建以后，被陆续建造的宫殿（如5、6号宫殿）屡次突破和改变，因此将此宫殿群区称之为宫城不够全面和准确①；其二，宫城与大城的面积比差过于悬殊，与内城外郭之制的宗旨不合；其三，宫城西南不远处的2号建筑群基址，周围也围有围墙，亦即类似另一座宫城，其使用性质被推测属于府库。因此，小型宫城虽建有围墙，但本身的性质与格局的稳定状态等，恐怕与小城或内城的概念还存在有较大的差距。总之，从目前的考古发现来看，偃师商城似乎并不存在内城外郭之制。但是，如果我们将小宫城与府库等视作一个宫殿建筑群区的话，则商城中南部地区即是本质意义上的大宫城或者内城所在，只不过是周围没有发现或者没有建造围墙而已。如此，则偃师商城的格局与内城外郭之制在本质上也是一致的，但也还不能说是成熟的内城外郭制。

郑州商城被认为是典型的内城外郭之制，其中外郭城的建造年代略晚于内城②。内城东北部分布着宫殿建筑群区，面积约37.5万平方米，约占城区的六分之一。据此，内城本身即属于一种类似回字形或日字形的城市格局，与内城外郭之制在本质上具有一致性。总之，郑州商城的格局似已具备内城外郭之制的基本要义。这一城市格局的逐渐形成是特定历史条件的产物，反映着以宗法与神权为基础的王权政治的向心性和稳定性，逐层相套的城市格局以宫殿（主要是宗庙）为圆心，类似一种同心圆结构。这种城市格局具有深远的影响，长期成为中国古代城市尤其都城的基本格局，只有在东周时代是个例外。这也恰恰正是东周城市时代的独有特色。

商代后期都城殷墟和西周时期的都城遗址，目前囿于资料的局限和复杂性，其城郭问题的探讨还有待于更多的考古发现。

第三节　东周时代主要城市的宏观格局

东周城市时代的主要城市是诸侯列国的都城，也是考古工作开展较多的领域。邯郸城也属于列国之都，因此将邯郸城与列国都城比较研究存在着相应的基础（图五三）。

---

①　王学荣：《偃师商城"宫城"之新认识》，《中国商文化国际学术讨论会论文集》，中国大百科全书出版社，1998年。

②　河南省文物考古研究所：《郑州商城外郭城的调查与试掘》，《考古》2004年3期；袁广阔、曾晓敏：《论郑州商城内城和外郭城的关系》，《考古》2004年3期。

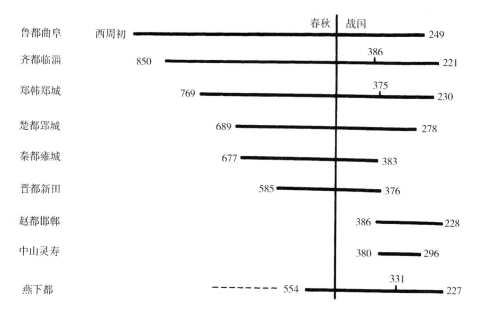

图五三　东周列国都城年代区间示意图

（年代数字为公元前）

一　鲁都曲阜城

西周初年，周王封周公之子伯禽于鲁，建都曲阜。公元前 249 年，楚灭鲁。曲阜为都长达 700 余年，跨西周、春秋和战国三个阶段。

城址位于山东曲阜。平面近似圆角弧边长方形，北城垣长约 3560 米，东城垣长约 2531 米，南城垣长约 3250 米，西城垣长约 2430 米，总面积约 1000 万平方米。城垣夯土筑成，外侧有护城壕沟。城内中部和中南部周公庙村一带，地势较高，文化层堆积最厚，发现许多大型夯土建筑基址，总占地面积约 200 万平方米，时代主要属于东周时期。其中周公庙附近的夯土基址遗迹最为密集，也是全城最高之处，占地范围东西长约 550 米、南北宽约 500 米，在其西、北、东三面的边缘地带发现断断续续的似夯土墙的遗迹，宽约 2.5 米，可能属于宫墙。周公庙建筑群应属于宫城性质的建筑群，是城内建筑群的核心。其他居住遗址主要分布在城内的西部、北部和东部地区，即宫城周围的西、北、东三面，一般都靠近城门和道路，许多居住址与手工业作坊和墓地交错分布在一起。各处居址的年代略有差异，西部和西北部早于东部和东北部，即西周前期，居住区的核心在西部和西北部一带；西周晚期，居住范围向东北部和东部扩展。

手工业作坊遗址分布在城内的西部和西北部，主要有：中西部的北关战国冶铁遗址、中北部盛果寺村东南战国冶铁遗址、盛果寺村西北西周春秋冶铜遗址、西北部药圃西周后期冶铜遗址、西北部林前村西北和村南春秋战国制骨作坊遗址、西部坊上村西和西北部药圃附近的西周春秋制陶作坊遗址。

城内墓地集中分布在西部的三分之一范围内，墓葬的年代从西周延续至战国时期。

鲁都曲阜城发掘报告中作者指出：考古发现证明，曲阜城在西周早期已经存在并初具规模，现存城垣的形制与格局至少形成于西周晚期。而许宏认为，曲阜城内目前所见最早的遗存属西周中期偏早，缺乏西周初期的遗存；鲁建都曲阜之后至两周之交前的较长一段时间内似乎并未修建城垣；至于城市格局，城内的小城不是宫城，宫殿区的范围远大于此，并且在战国时期割取大城的西南部为小城（宫城），因此所谓的曲阜城回字形城郭格局并不存在[①]。

曲阜城内以周公庙夯土建筑基址为核心的建筑基址群，不论其存在环绕的宫墙与否，均属于城内的核心宫殿建筑群当无疑。因此，即可将其视作本质意义上的宫城所在。换言之，宫墙范围的意义是次要的（宫殿区可能不断在扩建），宫墙内外的建筑基址可能均属于宫殿区范围。依此理解，则曲阜城内的格局即包含有核心（宫殿区）和外围（其他居址和手工作坊）两个层次，亦即本质意义上的回字形格局。这种回字形结构，也可以包括如许宏所言的战国时期西南部小城，因为它也被包含在大城之内，只不过是一种偏位而非居中的回字形结构而已。

鲁都曲阜城为典型的单城制，城市格局可能是回字形结构，宫室居中，其他居址及手工业作坊环绕在周围，墓地也分布在城内一侧。曲阜城的格局比较固定，反映着鲁国政治环境的基本稳定。虽然春秋晚期的鲁国也出现了公室卑弱的局面，还发生了"三家分公室"等政治事变，但总的政治格局比晋和齐等国要稳定许多，"周礼尽在鲁矣"（《左传·昭公二年》）。曲阜城延续时间最长，格局比较稳固，是周代城市的典型标本。

曲阜城宏观格局的演进轨迹大致是：

周公庙宫城—单城制回字形。

二 齐都临淄城

公元前9世纪50年代（公元前850年）左右（或公元前859年，齐献公元年），齐献公由薄姑迁都临淄。直至公元前221年，秦灭齐，为都长达630余年。其间，公元前386年，周安王正式册封田和为诸侯，田氏正式代姜，恰与赵在邯郸城建都为同一年（图五四）。

临淄城的初步发展当在姜齐的齐桓公时期（公元前685～前643年在位），而临淄城发展的繁荣顶峰时期当是在田氏统治时期。《战国策·齐策一》描述齐宣王时（公元

① 许宏：《曲阜鲁国故城之再研究》，《先秦城市考古学研究》，北京燕山出版社，2000年。

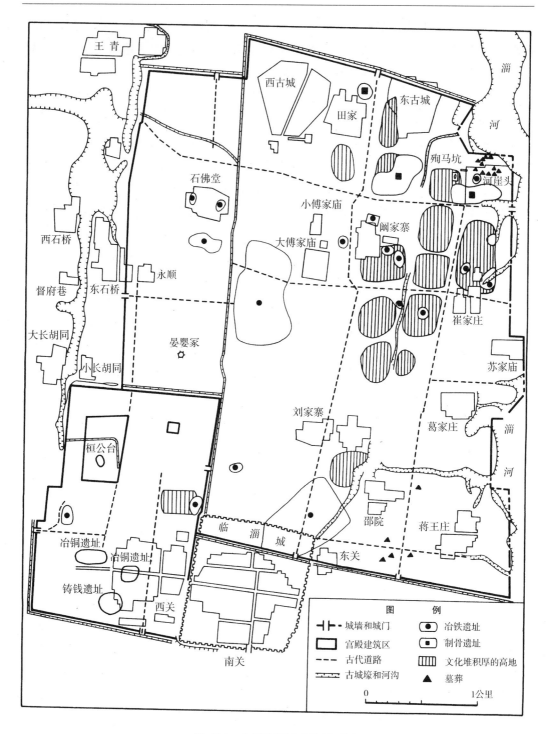

图五四　齐都临淄城遗址平面图

前 319 ~ 前 301 年在位）临淄的情景：

"临淄之中七万户……临淄甚富而实，其民无不吹竽、鼓瑟、击筑、弹琴、斗鸡、走犬、六博、蹴鞠者。临淄之途，车毂击、人肩摩，连衽成帷，举袂成幕，挥汗成雨，家敦而富，志高而扬。"

临淄城位于鲁中山地北麓山前平原地带，正处于古今东西交通大道上，此与邯郸城的地理环境极其相似①。故城东临淄河，西依系水（今称泥河），南靠牛山、稷山，北面面向广阔的华北平原。城址正位于淄河冲积扇的前缘，地势向北微微倾斜，从南垣附近的海拔 50 米左右，到北垣附近的 40 米左右。

鼎盛时期的临淄城由大小两城组成，两城总面积 1600 余万平方米，与邯郸城大致相当。小城呈长方形，周长 7275 米，东垣长 2195、基宽 38 米，南垣长 1402、基宽 28 米，西垣长 2274、基宽 20 ~ 30 米，北垣长 1404、北门以西（即面向城外）基宽 28 米、以东（面向大城内）基宽 55 ~ 67 米。总面积约 308 万平方米。小城南垣和西垣外的城壕较窄，宽 13 米左右。但小城的东垣和北垣在大城内的部分，其城壕宽达 25 米左右。小城西北部为宫殿建筑群区，发现许多夯土建筑基址，其中最大的一处夯土台建筑基址"桓公台"，存高 14 米，南北长 86 米。小城内的西部、东部发现有铸铁作坊遗址，南部有铸铜和铸钱作坊遗址。根据考古调查和试掘的情况，小城城垣夯土打破周代文化层，夯土之中包含有战国时期的陶片，因此小城的年代最早不过战国②。1982 年，对大城西垣与小城北垣衔接处解剖发掘，发现大城西垣包含在小城北垣之中，而且有继续南延的迹象，即大城的建造年代晚于小城③。由此推测，小城很有可能是田氏代齐以后新建的城④。

小城面向大城内的部分墙宽、壕宽，并可能建有东北角角楼，表现出对大城的防御强度高于对城外，即防内严于防外。这种情况从另外一个侧面证明，小城的修建应晚于大城，且与大城的关系比较紧张。这种现象的背后只能是政治方面的原因，即田氏新城严密防范东北方面旧城内的旧势力。

大城呈不太规则的长方形，城垣曲折拐角有 24 处。城垣大城西垣长 2812、基宽 32 ~ 43 米，北垣长 3316、基宽 25 ~ 43 米，东垣长 5209、基宽 20 ~ 26 米，南垣长 2821、基宽 17 ~ 25 米。总面积约 1330 万平方米。大城东西两侧以天然河道为城壕，南

① 群力：《临淄齐国故城勘探纪要》，《文物》1972 年 5 期。

② 山东省文物管理处：《山东临淄齐故城试掘简报》，《考古》1961 年 6 期。

③ 曲英杰：《古代城市》68 页，文物出版社，2003 年。

④ 马良民：《试论战国都城的变化》，《山东大学学报》（哲社版）1988 年 3 期；曲英杰：《先秦都城复原研究》，黑龙江人民出版社，1991 年。

北两侧为人工城壕，城壕宽 25～30 米。大城东北部地势较高，亦为文化层堆积厚的地区，属于居民区。这一带文化遗存的最早年代可早至西周晚期，大概属于大城始建时期的遗存。大城内东北部、西部和中南部均发现有炼铁作坊遗址，东北部有炼铜作坊遗址和制骨作坊遗址。

关于大城内的宫城情况，《左传·襄公二十八年》（齐景公三年，公元前 545 年）所记载的齐相庆封事件可提供一些线索："庆封归，遇告乱者。丁亥，伐西门，弗克。还伐北门，克之。入，伐内宫，弗克。"有学者认为此内宫是小城①，恐不确，应为大城。由此观之，大城之内建有宫城，即大城为回字形格局结构。

大城之内发现有多处墓地。在东北部河崖头村一带，发现有春秋时期的大型墓葬和大型殉马坑，属于齐国王室及高级贵族墓地。1964～1976 年，先后发掘了 5 座大墓，其中 5 号墓为带一条墓道的甲字形大墓。墓道向南，环绕墓室的西、北、东三面建有曲尺形的殉马坑，坑宽 4.8 米，全长 215 米。殉马侧卧呈两列排列，复原总数量可达 600 匹以上。发掘者推测该墓主是春秋晚期的齐景公②。在城内南部刘家寨、邵院村到南垣一带，发现许多中型墓葬。在城内中北部的傅家庙、阚家寨村一带，东南部的葛家庄一带，均发现有春秋墓葬。总之，春秋时期齐都的墓地主要分布在城内。

战国时期齐都的贵族墓地主要分布在城南郊区，占地范围广阔，从南垣外侧向南一直延伸到南山坡上，其中的大中型墓多建有封土。最南面邻近山岭的地带，分布着田齐国君的陵园③。"四王冢"陵园坐南向北，环绕陵园建有壕沟，陵园的核心部分是位居南面规模宏大的长方形陵台，台上建有台阶状方形基座的圆锥形封土丘，陵台北面分布着密集的陪葬墓群。田齐王陵的陵园形制及格局，与赵王陵园有不少相似之处：均位于远离城区的远郊丘陵地带，依山而建；依某种制度，建有独立的陵园；每座陵园以陵台及王陵封土丘为核心，陵台之前及周围分布有陪葬墓群。

临淄城的双城相连形制是后来的改建，而并非城市始建时的本来设计。因此，简单而固定地将小城称之为宫城、大城称之为郭城的说法是不够严密的。齐都临淄城市模式是动态的和历史的，不能简单固定看待城址的现存布局，因为它是一种最后布局。齐都临淄城的格局分前后两个阶段：前期只有大城，为单城制口字形或回字形格局；后期大城相连小城，为双城制相连形格局。后期的格局大城居东北，小城居西南，表面上看有些类似邯郸城，但本质上却有着根本的区别：临淄小城是嵌入大城的西南隅，邯郸赵王城是在大北城西南隅之外。

---

①　刘敦愿：《春秋时期齐国故城的复原与城市布局》，《历史地理》创刊号，1981 年。

②　山东省文物考古研究所：《齐故城五号东周墓及大型殉马坑的发掘》，《文物》1984 年 9 期。

③　山东省文物考古研究所：《临淄齐墓（第一集）》，文物出版社，2007 年。

临淄城宏观格局的演进轨迹大致是：

宫殿群区—单城制回字形（或日字形？）—小城大城双城制（非对称相连形）。

三　郑韩之都郑城

公元前769年，郑国东迁，建都郑（今新郑）。公元前375年，韩灭郑，迁都郑。韩都郑城的起始时间，与邯郸城为都的年代大致相当。公元前230年，秦灭韩。郑城前为郑都394年，后继为韩都145年，前后共计539年。

郑城位于新郑县城附近的双洎河和黄水河交汇处①。城址平面呈不规则的长方形，东西长约5000米、南北宽约4500米，中间有一道南北向的隔墙将全城分为东西二城。全城面积约1600万平方米。城垣夯土筑成，是先后经过春秋和战国两个历史时期建造的。但目前的考古资料尚不能说明，东西二城的具体建造年代，即两者之间是否存在先后的差异？换言之，春秋初期的郑城是否即为双城制格局。

西城内中北部发现一座长方形小城，东西长约500米、南北宽约320米，城垣夯土筑成，基宽10～13米。小城内中北部有一大型夯土台建筑基址，可能属于小城内的主要宫殿建筑。小城以北一带分布着密集的夯土建筑基址群，其西侧还发现有一道南北向的围墙，应是小城之北的另一处大型宫殿建筑群区。城内西北部存有一建造于春秋时期的大型夯土台基址，俗称"梳妆台"，南北长约135米、东西宽约80米、存高8米。台基上发现有战国铸铁遗址，此反映了郑、韩宫殿区格局变化的一个局部侧面。小城及北侧的夯土建筑基址群，构成了西城春秋至战国的宫殿群区。但这些夯土建筑基址的具体年代，尤其是郑、韩两国宫殿建筑格局全面和具体的演进历程，目前还未见详细完整的报道，因此难于进一步分析郑城的宫殿建筑总体格局。大约可以肯定的是，从春秋到战国，郑和韩均在西城的中北部建造宫殿区，并在宫殿建筑群之外侧还建有环绕的宫墙，故也可称之为宫城。

东城内中部一带分布有三处的夯土建筑基址，周围则分布着春秋到战国时期的手工作坊遗址，北部张龙庄村南一带为制骨作坊，东部大吴楼村一带为铸铜作坊和制陶作坊，西南部仓城村南为战国时期的铸铁作坊。东城中部的小高庄村西的新华路与中华路交叉口一带，发现面积4000余平方米的春秋中期郑国祭祀坑群，其中青铜礼器坑

①　河南省博物馆新郑工作站：《河南新郑郑韩故城的钻探和发掘》，《文物资料丛刊》第三辑，1980年；河南省文物研究所：《新郑郑国祭祀遗址》，大象出版社，2006年；河南省文物研究所：《郑韩故城制骨遗址的发掘》，《华夏考古》1990年2期；河南省文物研究所：《郑韩故城内战国时期地下冷藏室遗迹发掘简报》，《华夏考古》1991年2期；河南省文物研究所：《河南新郑郑韩故城制陶作坊遗迹发掘简报》，《华夏考古》1991年3期。

7 座、青铜乐器坑 11 座、马坑 45 座。祭祀坑群的东侧边缘发现有夯土墙基址，可能是环绕祭祀区的围墙。在祭祀遗址外侧的东南方，分布着春秋中晚期的铸铜作坊遗址。战国中晚期，祭祀坑地区成为平民墓地，附近还分布有铸铜和铸铁作坊。

　　春秋郑国墓地主要分布在城内南部：其一在西城东南部的李家楼一带，1923 年该地发现的大墓中出土青铜器和玉器 700 余件，应为国君之墓，该墓地属于包括国君在内的高级贵族墓地；其二在东城西南部的后端湾到仓城一带，其中有中字形大墓和大型车马坑，应亦属于国君及高级贵族墓地。城外的春秋墓地也有二处：其一在东城外 1000 米处，其二在西城城南。

　　战国韩国的王陵和贵族墓地主要分布在城外周边较远的地方，其中王陵建有高大的封土，带南北向墓道，附葬有大型车马坑。

　　研究者一般将西城称之为宫城或内城，而将东城称之为郭城或外城，此说似乎不妥。严格说来，城与郭或内城与外郭，只能见于单城回字形城市格局之中。而郑城的双城相连形的格局，无所谓城与郭之分了。

　　单就春秋郑国郑城的西城来言，应属于一种单城制回字形格局，城内外均有墓地分布。如果春秋时期的郑城已经建造完成了双城制格局，则西城的功能偏于宫殿群区，而东城为祭祀区、墓区、手工业作坊和一般居民区，亦即多功能混合使用区。

　　战国韩国郑城属于双城相连形格局无疑，但城市建筑布局较郑国郑城发生了若干变化：西城内的宫殿区大致还在延续使用，但有调整和变更，"梳妆台"建筑基址上发现的铸铁遗址即是证明。东城内的祭祀区不复使用，并且沦为平民墓地，但王陵及大型贵族墓地则完全移至城外远郊地带。

　　总之，韩都郑城与邯郸城的最大区别在于：韩都郑城大部分继承延续了郑都郑城的城市格局，并作了局部的调整；而赵都邯郸城则是在旧邯郸城的附近另建新城。

　　郑国祭祀坑群所反映的是春秋尚存在和流行的祭祀活动，一如新田城的祭祀坑群一样。至战国时期，大规模的祭祀坑似乎不再流行，目前的考古线索在中山灵寿城南郊发现有春秋晚期至战国早期的祭祀坑群。郑城祭祀遗址的发掘报告将祭祀坑的性质判定为社祭遗迹，其主要论据有三：其一，郑城坐西向东；其二，祭祀坑群正北方（中华路北段以西）有春秋时期的大型夯土建筑基址，面积约 4 万平方米，是为宗庙，而根据《考工记》"左祖右社"之载，宗庙之南的"右方"即为社；其三，瘗埋有大量礼乐祭器的祭祀坑非宗庙祭祀现象，因为雍城马家庄宗庙遗址的祭祀坑中未见礼乐器。我们认为，这个推论结果有某种存在的可能性，但推论的三条论据皆有可商议之处。其一，郑城的朝向还是个复杂的问题，杨宽认为郑城坐西向东也仅仅是个推论，目前的考古发现并无确凿的证据。其二，周代诸多列国城市的考古发现已经证明，《考工记》中所谓"匠人营国"的制度，只不过是一种理想的模式，至少在周代的现实之中似并不存在。其三，祭祀坑中是否瘗埋礼乐祭器并不能成为判断其性质的主要依据。因此，郑城祭祀坑群的性质判定是个复杂的问题，还需要更多的考古发现。以目前的考古资料观察，祭祀坑群的西、北、东三个方向的 500 米左右地带，均分布有大型夯土建筑基址。在祭祀坑群的西南方向 800 米左右，即为仓城和后端湾春秋大型墓地。因此，认识祭祀坑的性质应与周边这些大型夯土建筑基址和墓地联系起来。

郑都郑城的宏观格局演进轨迹大致是：

宫城—西城单城制回字形—西城东城双城制（基本对称相连形）。

韩都郑城的宏观格局为：

西城东城双城制（西城回字形格局）。

四　楚都郢城

公元前 689 年，楚文王迁都郢（今江陵）。公元前 278 年，秦将白起拔郢，楚都迁于陈。郢城为楚都长达 411 年之久，跨春秋早期之末到战国晚期之初。

郢城位于湖北省江陵县城北的纪山之南，故又称纪南城[①]。城址平面呈长方形，东西长约 4450 米，南北宽约 3588 米，总面积约 1600 万平方米。城垣夯土筑成，外侧有护城壕沟。城内东南部分布着密集的宫殿夯土台基址群，其北侧和东侧各发现一道夯土墙，于东北相交成近直角形，其中北墙存长 690 米，东墙存长 750 米，基宽 10 米左右，该夯土墙的性质大约应属于宫殿群的围护宫墙。城内西南部一带发现有冶铸炉遗迹，应为冶炼作坊区。城内中北部的龙桥河两侧，发现有密集的陶窑和水井遗迹，应属制陶作坊和一般居民区。城内西北部分布有春秋中晚期的墓地，年代早于西垣北门，因此报告认为是建造城垣以前的楚墓。城四周约三四十公里的范围内分布着密集的墓群，其中存有封土的大墓有 800 余座，未存或无封土的中小型墓 2000 余座。报告认为，郢都纪南城的城垣是春秋晚期至战国早期建造的，而早期郢都即在今纪南城之内。

楚都郢城的最后格局应是单城回字形，其形成历程大约是先建有宫殿群及围护宫城城垣，以后陆续建造外围的大型城垣。大城西北部的早期墓地，是在大城建造之前的城外墓地。这一点如同战国早期邯郸城的东西两翼，分布有博物馆、铁西大街北端墓地一样。

楚都郢城的单城制反映了一种稳定，与大致同时代的晋都新田格局形成了鲜明的对照，其背景是政治的根源所致。楚国的变革发自于上，公室政权历来基本稳定，没有出现晋国的那种卿族专权、公室卑弱的现象，进入战国后开始实行更强的中央集权之制。而晋国的变革发自于下，缺乏稳固的中央集权政治。

①　湖北省博物馆：《楚都纪南城的勘查与发掘》，《考古学报》1982 年 3、4 期。

郢城的宏观格局演进轨迹大致是：

宫城—单城制回字形。

五 秦都雍城

秦德公元年（公元前 677 年），秦迁都雍。秦献公二年（公元前 383 年），迁都栎阳。雍城为都长达 294 年，即从春秋早期之末到战国中期之初，与晋都新田城有相当长的时间并存各自为都，并且大致同时结束为都的历史。但两城宏观格局却存在很大区别。

雍城位于陕西省渭河北岸的凤翔县城南①。城市平面呈不规则方形，东西长约 3300 米，南北宽约 3200 米，总面积约 1056 万平方米。与邯郸城大北城的面积大致相当。城垣夯土筑成，外侧建有护城壕沟。城内中部一带建有三大宫殿建筑群区，即：姚家岗、马家庄、铁沟和高王寺。姚家岗和马家庄宫殿基址的年代为春秋时期，铁沟和高王寺宫殿基址的年代属战国早中期。其中马家庄遗址发现了规模宏大、保存较好的宗庙和朝寝建筑群基址。另外，城南近郊和远郊地带也发现有宫殿遗址，属于雍城外围的宫殿群。城内未发现墓葬的分布。城西南近郊分布着墓葬群，墓群西南即为秦公陵区。秦公陵区占地面积约 21 平方公里，周边环绕有隍壕。陵园区内分布着 13 座陵园，每座陵园均建有环绕的双重或单重隍壕，其内葬有带东西向墓道的中字形主墓和若干陪葬墓。

将墓地置于城外是雍城格局的重要特点，这种布局在中原列国城市中是自战国才开始流行的。城内是否存在宫城，即宫殿区的外围是否存在环绕围护的围墙城垣，还有待于今后的考古发现说明。但无论存在与否，秦都雍城均属于一种单城制格局。这是一种稳定的格局，与晋都新田形成对照，反映了秦国政治的相对稳固。秦国与楚一样，春秋没有出现卿族专权、公室卑弱的现象，进入战国后始行中央集权之制。

雍城宏观格局的演进轨迹大致是：

宫殿群区—单城制口字形（或回字形、日字形）。

六 中山都灵寿城

公元前 406 年，魏灭中山。公元前 380 年左右，中山复国，迁都灵寿。灵寿为都的年代与邯郸城为都的时间大致相当。公元前 296 年，赵灭中山。灵寿城为中山之都长达 80 余年，主要在战国中期阶段。

---

① 陕西省雍城考古队：《秦都雍城钻探试掘简报》，《考古与文物》1985 年 2 期；韩伟：《秦都雍城考古综述》，《考古与文物》1988 年 5 ~ 6 期；陕西省雍城考古队：《凤翔马家庄一号建筑群遗址发掘简报》，《文物》1985 年 2 期；陕西省雍城考古队 韩伟：《凤翔秦公陵园钻探与试掘简报》，《文物》1983 年 7 期。

城址位于河北平山县北 7 公里三汲村附近，北依东陵山，南临滹沱河①。全城包括主城区和东侧的附属城堡两大部分，两者间距 1600 米。主城依天然地势而建，平面呈不规则形，东西最宽处约 4000 米，南北最长处约 4500 米。城内地势北高南低，落差 40 米左右。分东城和西城两部分，中间有一道南北向隔墙。城垣夯土筑成，城垣外侧多以天然河道构成护城壕沟。

东城主要为宫殿区和手工业作坊区。中部南北一线分布着大型夯筑建筑基址群，为宫殿建筑群区。中西部为制陶、铸铜和铸铁等手工业作坊遗址和普通居址区。城内北部中央有座小山，反映了中山国都"山在邑中"的特点。

西城中部有一道东西向隔墙将城分为南北两个城区：北城区是王陵区之一，分布着 2 座中山王陵园。同时还发现有春秋晚期到战国早期的居址、制陶作坊等文化遗存，说明灵寿城在建都以前已经历了相当长的聚落发展历程。南城区是宫殿群区和普通居住区，也发现有战国早期的文化遗存。西城外西侧 1500 米处，分布着另一处王陵区，为著名的中山王䁔的陵园②。

主城区西南 4000 米郭村一带的滹沱河北岸台地上，分布着密集的祭祀坑群区。已经探明的祭祀坑有 500 多座，其中发掘 142 座。形制均为长方形竖穴，坑口面积在 1 平方米之内，深 5～9 米，底部葬有一只羊或猪等，并随葬有玉环、玉璧、龙形玉佩等玉器。祭祀坑的时代为春秋至战国，使用时间延续较长，可能在灵寿城为都以前即已开始使用，再次说明灵寿城在建都以前已经得到相当的发展。

附属城堡的性质可能与军事有关，平面呈长方形，东西长约 1400 米，南北宽约 1050 米。城垣夯土筑成，城内中西部存一方形夯土台建筑基址，四边存长 61 米，存高 8.2 米，应属于宫殿类建筑基址。

城外近郊分布着多处墓地。城西侧南部的中七汲—下三汲墓地，时代为战国早期至晚期。城西侧北部的北七汲墓地，时代为春秋时期。城北侧西部的访驾庄墓地，时代为春秋时期。城东北侧的蒲北和岗北墓地，时代为战国时期。城东侧的孙家庄墓地，时代为战国。春秋和战国早期的墓地主要分布在西城西侧，与西城内的春秋和战国早期居址遗存恰好相对应。墓葬出土随葬器物中，发现有少量的鸟柱盘、鸭尊等邯郸城一带的常见陶器，反映了与邯郸城的联系。

中山灵寿城表面上看似乎属于双城基本对称性相连形格局，但如果将附属城堡涵盖在内，则实际上是一种多城组团式格局。另外，主城区的内部格局属于一种多城组合式结构，由三小城相连组成，其中一城属于陵区，为单纯的陵园城。这种情况可能

---

①　河北省文物研究所：《战国中山国灵寿城》，文物出版社，2005 年。

②　河北省文物研究所：《䁔墓——战国中山国国王之墓》，文物出版社，1995 年。

与城市的建设历程和规划有关，从目前的资料看，灵寿城至少在春秋晚期已经存在相当规模的聚落，主要地域在后来的西城地区。灵寿城的最初建设很可能是最先建造西城，之后才扩建或增建东城。西城东垣（亦即全城中央隔墙）东侧的天然护城壕沟，或许表明由于西城最先建城，所以首先利用了这条壕沟作为城壕，而假如是东城早于西城先建的话，则壕沟应在城垣的西侧。完成后的全城分为三个功能区域，即现在的三个城区，东城成为主要的宫殿区和手工业作坊区，西城南城区为一般宫殿和主要的普通居民区，而西城北城区则为王陵园区。

中山灵寿城是因地制宜建城的典型。城址坐落在大河北岸的高台地上，北依灵山，东西两翼各有一条由北向南流向的天然河道，成为城东西两侧的护城壕沟。全城建造于北山、东西两条河道、南面滹沱河之间的区域，因此城垣随天然的地貌地势而弯曲弧折，少见长距离的直线形城垣，更不见直角形拐角。与此相似的城市城垣格局，只有郑韩之都郑城。

中山灵寿城宏观格局的演进轨迹目前推测大致是：

西城单城制口字形—西城单城制日字形—西城东城双城制（基本对称相连形）—多城制（组团形）。

七　燕下都

燕下都的始建年代与性质均存在不少的争议，多数学者认为战国晚期的燕昭王时期（公元前 311～前 279 年）始建燕下都，同时也有人将始建年代提前到战国中期，至于都城的性质则比较一致地认为是燕国的陪都或别都[①]。而《燕下都》作者认为，春秋早期的燕桓公（公元前 697～前 691 年）所徙的临易即燕下都，为都约 40 年。至春秋晚期的燕文公时期（公元前 554～前 549 年），再次徙都于易，燕下都主要始建于这一时期，并且性质属于正都而非陪都。之后一直到公元前 227 年，秦败燕军于易水西，燕下都也应于此时终结，燕下都为都时间长达 320 余年[②]。

燕下都城址位于河北易县县城东南 2500 米处的北易水和中易水之间。平面呈不太规则的长方形，东西长约 8000 米，南北宽约 4000～6000 米。城垣夯土筑成，南北垣外分别以中易水和北易水为城壕，东西垣外有人工挖成的城壕。全城分东西二城，中间有城垣隔开。东城内有东西向的一道隔墙和一条河渠（3 号河渠），将城内划分为北、中、南三个城区，其中北城区和中城区总计约占近二分之一的面积，南城区单独占据二分之一多的面积。隔墙的建造年代晚于东城城垣，表明属于后期增建。

---

①　瓯燕：《试论燕下都城址的年代》，《考古》1988 年 7 期。

②　河北省文物研究所：《燕下都》，文物出版社，1996 年。

东城平面近似方形，边长约4~4.5公里，夯土城垣基宽约40米。城内建筑群区的功能区划明确。北城区的东半部为宫殿建筑群区，中部为手工业作坊区，西部为虚粮冢墓区。中城区以内全部是宫殿群区。南城区主要是一般居住区和手工业作坊区，其中西北隅为九女台墓区。从东城的整体格局上看，城内东北部是宫殿群区，所占地域纵跨北城区和中城区，即东西向隔墙将宫殿群区分隔为北、南两个部分。整个宫殿群区以武阳台、望景台、张公台和老姆台四座大型夯土台基为中心，并依次分布在一条南北中轴线上。

西城平面大致呈方形，边长约3.7~4公里。城内有两处居住遗址和辛庄头墓区。

燕下都城内分布有三处大型墓地，即东城西北隅的虚粮冢墓区和九女台墓区、西城中部的辛庄头墓。三处墓区的墓葬多属于大型墓，建有高大的封土丘，有的还附葬有车马坑。墓葬年代从战国早期延续至晚期，反映了燕下都自战国早期以来的聚落发展历程。城外南郊中易水南岸的周任村、解村一带，分布着面积广大的战国早期墓地，还发现有战国中期的大型人头骨丛葬坑。

从考古发现的资料看，燕下都一带在建都以前已经存在相当规模的聚落。东城内东沈村6号居住址的年代从西周初期一直延续至战国晚期，是燕下都范围内最早的一处遗址，代表了燕下都从小型聚落逐步发展到都城的演变进程。西周时期，聚落核心区主要在邻近中易水北岸的东沈村一带。春秋时期，东沈村的聚落范围扩大，向北延伸至高陌村到郎井村一带。战国早期，聚落规模继续增大，但尚未越过3号河渠一线的以北地区；此时聚落结构发生了根本的变化，东沈村一带发现有制骨作坊遗址，郎井村一带铸铜作坊遗址的年代有可能上溯至战国早期；九女台16号大墓和中易水南岸周任村一带数百座墓葬均属于战国早期，反映了聚落发展的程度。战国中晚期，聚落规模大规模扩展，文化遗存遍布整个东城所在的地域。燕下都西城西垣的夯土中，包含有战国早期的陶片，故其建造时间晚于东城，大约是战国中期前后建造的。

燕下都的最后形态属于双城制的基本对称性相连形格局，但双城的地位并不相同，其中东城是核心城区。东城内采用隔墙和河渠分隔划分为三个小城区，作为城内建筑群区的功能分区，属于单城内的近似目字形布局。西城的建造晚于东城，使用功能上也有明显区别。一般将西城视作郭城的看法似不妥，西城只是一个附属城区。燕下都的双城制和东城网格形布局，是后来陆续增建和扩建而逐渐形成的，其目的主要是为了区分和增加城市功能区。这一点与中山灵寿城的情况有些相似，是两座城市的一个共同而独特的特点。此与郑城形成区别。

燕下都宏观格局的演进轨迹大致是：

东城单城制口字形—东城单城制（近似目字形）—东城西城双城制（基本对称相连形）。

第四节 晋都新田城与邯郸城

赵脱胎于晋，赵国文化含有浓厚的晋国文化因素。同样，赵都邯郸城也受到晋都新田的较多影响。因此，本书将晋都新田单独列为一节来作分析。

《左传·成公六年》：

"晋人谋去故绛，诸大夫皆曰：必居郇瑕氏之地，沃饶而近盐，国利君乐，不可失也。……（献子）对曰：不可。郇瑕氏土薄水浅，其恶易觏。易觏则民愁，民愁则垫隘，于是乎有沈溺重腿之疾。不如新田，土厚水深，居之不疾，有汾、浍以流其恶，且民从教，十世之利也。夫山泽林盐，国之宝也。国饶，则民骄佚。近宝，公室乃贫。不可谓乐。公说，从之。夏四月丁丑，晋迁于新田。"

是年为晋景公十五年，即公元前 585 年。很明显，新田城选址思想不同于邯郸：不选资源条件优越利于发展工商业之所，而择利于发展农业之地。这与春秋中期的时代是相应的。迁都新田后，晋国公室逐渐衰落，直至亡国，《史记·晋世家》对此有详细记载，择主要列举如下①：

昭公六年（公元前 526 年），六卿强，公室卑。即建都新田 60 年后，晋国公室开始衰弱，政权下移至六卿。这种情况势必影响到新田的城市格局。

出公十七年（公元前 458 年），知伯与赵、韩、魏共分范、中行地以为邑。出公怒，告齐、鲁，欲以伐四卿。四卿恐，遂反攻出公。出公奔齐。

出公二十二年（公元前 453 年），赵襄子、韩康子、魏桓子共杀知伯，尽并其地。

幽公时（公元前 433～前 416 年），晋畏，反朝韩、赵、魏之君。独有绛、曲沃，余皆入三晋。

烈公十三年（公元前 403 年），周威烈王赐赵、韩、魏皆命为诸侯。

公元前 376 年，魏武侯、韩哀侯、赵敬侯灭晋后而三分其地。晋绝不祀。至此，新田为晋都长达 210 年。

一 晋都新田的城市格局

新田城位于临汾盆地南缘，南依中条山，海拔 420～457 米。在汾河、浍河交汇地带，东西约 8 公里的范围内，发现有集中分布的 7 座东周城址②：即白店、牛村、平

---

① 晋国历史年表存在歧异，本书采用方诗铭、杨宽等人的看法。参见方诗铭：《中国历史纪年表》，上海辞书出版社，1980 年；杨宽：《战国史》，上海人民出版社，2003 年。

② 山西省考古研究所侯马工作站：《晋都新田》，山西人民出版社，1996 年。

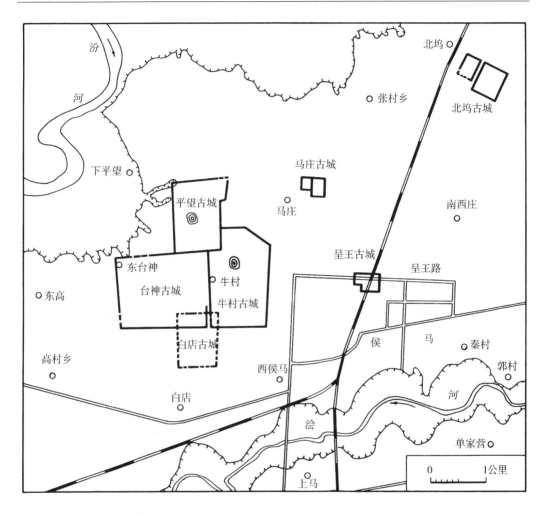

图五五　晋都新田城遗址平面图

望、台神、马庄、呈王、北坞，其中白店古城的存在与认识还有待于进一步的考古工作①。牛村、平望、台神三座城址呈"品"字形相连的布局，颇具特点（图五五）。

1. 白店古城

平面呈长方形，南北长约 1000 米、东西宽约 740 米。城北端被牛村、台神二古城叠压，故其年代早于二城。城址总体保存情况较差。

2. 牛村古城

平面呈竖长方形。东垣全长 1390、宽 7～8 米，墙外 8 米处有口宽 20、深 4 米的城

---

① 田建文：《新田模式——侯马晋国都城遗址研究》，《山西省考古学会论文集（二）》，山西人民出版社，1994 年。

壕。北垣存长 955 米。南垣全长 1070 米。西垣存长 1050 米（复原长约 1740 米）。除去平望城所占的西北角，总面积约 170 余万平方米。此规模与邯郸赵王城之西城大致相当。全城发现夯土遗迹 90 余处，可分为五组，主要在东南部和南部。城内东南部有石圭作坊和陶窑遗迹。

城内中央中部偏北有一内城，或称小城，其西北角与平望古城东南角几乎相对应，距离平望城东垣只有 50 米。内城平面呈竖长方形，东垣全长 665、宽 5 ~ 6 米。北垣全长 530、宽 4 ~ 6 米。西垣几乎不存。南垣保存较差，宽 5 ~ 8 米。发现有城壕迹象。总面积 34.3 万平方米。内城城内西北部有大型夯土台基址，正方形，边长 52.5 米，顶部北高南低，似乎显示是坐北向南，存高 6.5 米，大约有三级之分。规模次于平望城内的夯土建筑基址。城内东部发现有石圭和制陶作坊。

牛村城南是手工业作坊集中分布区，在紧邻南垣约 1 平方公里的范围内，分布有铸铜、制陶、制石与石圭、制骨等诸多种类的作坊遗址，另还有祭祀性建筑遗址、中小型墓葬区等。其中，铸铜遗址的分布范围最大。

铸铜遗址主要分布在牛村城南郊，距城垣不远。其中Ⅱ号和ⅩⅫ号遗址出土铸铜陶范 5 万多块，属于官营手工业作坊。铸铜遗址的年代为春秋中期偏晚到战国早期，前后历经 200 余年，可分为三期六段，早期约当公元前 600 ~ 前 530 年，中期约为公元前 530 ~ 前 450 年，晚期约为公元前 450 ~ 前 380 年。早期一段遗迹少，有灰坑和房址，未发现铸铜遗物；二段遗迹较多且发现铸铜遗物，其间变化可能与迁都有关[①]。这表明迁都新田以前，当地已经存在居址。

制陶作坊遗址之一，位于牛村城南略偏东部的 150 米处，铸铜遗址的附近，文化遗存可分为三期，约相当于公元前 550 ~ 前 420 年之间。其中一期遗存较少，属于一般居址性质；大约从二期开始，为制陶作坊活动时期，一直延续到三期。制陶生产期大致与牛村城的使用年代相始终，陶器产品以豆为主，可能属于制豆专业作坊区[②]。

制陶作坊遗址之二，位于牛村城东南 1000 米处的西侯马村东南，面积约 25 万平方米，是一处大规模的制陶作坊区，陶器产品以豆为主[③]。

石圭作坊遗址位于城南 150 米处，文化遗存分为三期，石圭遗存开始于中期，废

①　山西省考古研究所：《侯马铸铜遗址》，文物出版社，1993 年。

②　山西省考古研究所侯马工作站：《侯马牛村古城南陶窑遗址发掘报告》，《文物季刊》1996 年 3 期。

③　山西省文管会侯马工作站：《侯马东周时代烧陶窑址发掘记要》，《文物》1959 年 6 期。

弃于晚期，即使用年代约自春秋战国之交到战国中期①。

牛村城南祭祀建筑遗址位于城南 250～300 米处，其北面 100 米处为石圭作坊遗址。建筑基址的主体建筑平面呈长方形，东西长 20.8 米、南北宽 10.4 米，外侧的东、西、北三面建有围墙，南面的庭院内发现祭祀坑 59 座。祭祀坑形制以长方形竖穴为主，直壁平底，内葬牺牲的种类有牛、马、羊、猪等。祭祀坑与北面的建筑基址年代相同，即为同期共用，其使用年代约在侯马晋国遗址中期晚段到晚期早段之间，亦即约公元前 450～前 420 年。发掘简报认为，该祭祀建筑的性质属于新田绛都牛村城晚期的宗庙建筑遗址②。而《晋都新田》则称，此乃新田城外的社祀遗址，可能属国社。

牛村城南墓葬群，与铸铜遗址处于同一区域，并且两者的发展、繁荣、衰落基本同步。墓主人可能是铸铜作坊的手工业者。

关于牛村城的年代，发掘报告称兴建于公元前 6 世纪下半叶，即迁都新田后不久即建此城，至公元前 5 世纪下半叶，即到新田为都中期之末废弃③。《晋都新田》称，牛村、台神和平望三城的性质均属于宫城。

根据目前的考古发现观察，牛村城的总体格局属于单城制回字形。牛村城的内城与平望城的平面关系，可能说明平望城晚于牛村，否则牛村城不会将内城西北隅的城垣几乎与平望城的东南隅垣相交错，而且于整体布局也不协调。换言之，平望城似乎是嵌入到牛村城西北隅之中，因此破坏了牛村城的整体布局和形象。牛村城原本面目应是不缺西北角的完整长方形。此中原因待考。

早在 20 世纪 70 年代，北京大学考古专业编写的《商周考古》242 页，作者依据很少的资料曾言："白店古城最早，牛村、台神古城次之，平望古城较晚。"现在，根据新发表的资料，尤其牛村城内内城的情况判断，我们认为此推测可能是准确的。而《晋都新田》所推测平望城最早的说法，有待于进一步的探讨。

因此，即使如《晋都新田》所言的三城存有共同使用的相当长时间，但三城也绝不可能是同时建造，并且也没有协调统一的规划设计布局。如此情况，与赵王城三城的情况大不相同。所以，邯郸城与新田城之间所谓的渊源关系需要认真斟酌。

3. 台神古城

平面呈长方形，东垣和北垣保存较差，南垣全长 1660、宽 8～10 米，有城壕。西

---

① 山西省考古研究所侯马工作站：《晋国石圭作坊遗址发掘简报》，《文物》1987 年 6 期。

② 山西省考古研究所侯马工作站：《山西侯马牛村古城晋国祭祀建筑遗址》，《考古》1988 年 10 期。

③ 山西省考古研究所侯马工作站：《山西侯马晋国遗址牛村古城的试掘》，《考古与文物》1988 年 1 期。

垣全长 1250 米。总面积 200 余万平方米。

东垣大部情况不明，仅东南角一带存长 350 米左右，其东距牛村城西垣约 15～50 米，且不知是否北段与牛村城西垣重合为一。由此观之，台神与牛村二城虽东西并列，但从目前资料看，似并未共用城垣。此与赵王城东西二城共用一垣的情况，很不相同。或许说明，台神与牛村二城建设时，各自为政，或一早一晚。

城内遗迹主要是 7 处夯土建筑基址，城内西部发现有铸造遗迹的炼渣。在城西北角之外，北临汾河，有三座东西一字并列的夯土台建筑基址，间距 40 米，中央的规模较大，两侧规模较小。中央夯土台呈长方形，南北长 90～100 米、东西宽 80 米、存高 7 米，1976 年测绘时尚能分出 6 级。西侧夯土台东西长 30 米、南北宽 20 米、存高 3 米，分 2 级。东侧与西侧大致相当。发掘报告推测此建筑的性质可能与祭祀汾神有关。

4. 平望古城

平面大致呈竖长方形，东北角凸出。东垣曲折状，全长 1340 米。南垣长 860 米。西垣长 1286 米。北垣存长 1086 米。城垣外有城壕。总面积 118 万余平方米。

城内夯土建筑基址遗迹发现 40 余处，中央一处为大型夯土台建筑基址，坐北向南，平面呈方形，分 3 级，其中第一级边长 75 米，南部正中有凸出部分和路土，应为门道。此建筑南面有排水系统的水沟。此建筑的规模为新田城中最大者，可能是"公宫"中心所在。城内西南部一带发现陶范、坩埚残片、炼渣等铸铜遗物，可能为铸铜作坊遗址。东南部有小型墓葬。城内 3 号夯土基址之南 16 米处发现有战国早期墓葬，可能为城废弃之后所葬。城西北 500 米处的汾河东岸为下平望墓地[①]。

关于平望城的年代，《晋都新田》认为：《商周考古》所言白店城最早、牛村台神城次之、平望城最晚的说法值得怀疑，三城有相当长时间共同使用。

5. 马庄古城

平面呈曲尺形，由东大、西小两个竖长方形小城相连，中间城垣共用，并且北垣于一条直线上。总面积 14 万余平方米。东城，南北长 350 米、东西宽 265 米，面积 9 万余平方米。西城，南北长 250 米、东西宽近 200 米，面积 5 万平方米。墙宽 4 米左右。西城内东北隅有夯土台建筑基址，南北存长 26 米、东西宽 20 米、存高 6 米。马庄城的年代，《晋都新田》认为与呈王、北坞城年代相当。性质属于卿城，可能是中行氏之宫。

西城东垣和东城西垣合而为一共用，而且北垣在一条直线上，此乃新田城的唯一实例，也唯此与邯郸王城存相似之处。因为，平望城南垣与台神城北垣是否重合，目

① 山西省考古研究所侯马工作站：《侯马下平望墓地发掘报告》，《三晋考古》第一辑，山西人民出版社，1994 年。

前的资料不详。发掘报告称，台神北垣东段无存或未发现；平望南垣西段破坏严重，不知详情。

6. 呈王古城

由南北二小城组成，中央有一道东西向隔墙。此与马庄城相似之处。北城，平面近长方形，东西长约 400 米、南北宽约 168 米，面积约 6.7 万平方米。南城平面呈长方形，东西长约 214 米、南北宽 105 米，面积约 2.24 万平方米。两城的年代大致同时，城垣以内的全城总面积约近 9 万平方米。城内发现有 2 处夯土建筑遗迹和大量灰坑，城垣外侧的近郊地区分布有东周文化遗存的堆积，其范围包含城址在内总计占地面积约 30 万平方米。发掘报告称，呈王城的年代与牛村城石圭作坊遗址的中期相当，约在公元前 500～前 400 年[1]。《晋都新田》认为，性质属卿城，可能是赵氏之宫。

呈王城以东 1200 米处，为一片现存面积达 12 万平方米的建筑群遗址区，发现夯土基址 78 处。建筑类型可分房屋基址和围墙基址两大类。建筑群又可分若干群组，各组或间隔垣墙。在发掘的 26 号建筑基址地点，发现祭祀坑 130 座，均长方形竖穴，所葬牺牲的种类有羊、牛、马、狗等。祭祀坑的布局左右成排、前后成行，坑与坑之间存在叠压和打破现象，并打破了建筑基址，表明祭祀坑晚于基址并延续使用了相当长的时间。建筑基址的年代约在公元前 550～前 480 年，祭祀坑的年代晚于此。在祭祀坑区以北 100 米处另有一处 5 号大型夯土建筑基址，南北长 70 米、东西宽 55 米，可能属于宗庙性质的建筑，为新田绛都早期的宗庙遗址（晚期宗庙在牛村城南），祭祀坑当与此建筑有关[2]。

江村治树推论认为，牛村城南 250 米处的祭祀建筑是宗庙遗址。新田都是建设在一座老城市基础之上的，呈王路建筑群区即是在这个老城基础上所建的初期新田都宫殿的一部分，即认为这里是早期新田都城的所在，迁都新田之初是以呈王路建筑群为中心来建设的，牛村城等故城群是在以后附加建设的[3]。实际即认为，新田城的中心最先是在东面的呈王路一带发展，后来移至西面的牛村一带。此有待于更多考古发现的证实。

呈王城东南约 800 米处的农贸市场地点（牛村城东南 3000 米），为一处制陶作坊遗址，文化遗存可分为早中晚三期，年代大约与牛村城石圭作坊的年代相当。其中早期属于一般居住遗址，中期时制陶作坊开始活动，到晚期时制陶作坊废弃。即制陶作

① 山西省考古研究所侯马工作站：《山西侯马呈王古城》，《文物》1988 年 3 期。
② 山西省考古研究所侯马工作站：《侯马呈王路建筑群遗址发掘简报》，《考古》1987 年 12 期。
③ 江村治树：《侯马古城群和盟誓遗址的关系》，《汾河湾——丁村文化与晋文化考古学术研讨会文集》，山西高校联合出版社，1996 年。

坊的使用期限约在春秋末期到战国早期，约相当于公元前 5 世纪初至公元前 4 世纪初。该制陶作坊的产品以瓦类为主，可能属于建筑材料专业作坊区①。

呈王路建筑群区以南 1000 米处为盟誓遗址，西南 800 米处为煤灰厂祭祀遗址，东南 1000 米处为排葬墓地和祭祀遗址，即以呈王路建筑群区为中心、向南半径 1000 米的半圆形范围内，是一处年代大致相近的大规模建筑与祭祀相结合的遗址区。

（1）盟誓遗址

秦村西北 500 米浍河北岸台地上，西距牛村城 3300 米，在约 3850 平方米范围内发现祭祀坑 401 个，发掘 326 个，出土有盟书的坑 40 个，埋牲以羊为主，次为牛、马等②。

以下祭祀坑的平面顺序由西南向东北叙述。

（2）煤灰制品厂祭祀遗址

位于牛村城东南 2800 米浍河北岸台地上，东距盟誓遗址 600 米，北距呈王路宗庙遗址 1000 米。1971 年在 380 平方米的范围内发现祭祀坑 156 个，墓葬 5 座。祭祀坑大多南北向，多两三个成组，也有单个存在。形制皆长方形竖穴土坑，方向多正北。部分有壁龛，内置玉石器一两件。在 57 座祭祀坑中，埋牲有羊 22 座、牛 18 座、马 9 座、狗 1 座，空坑 6 座，不明 1 座。

（3）省建一公司机运站祭祀遗址

牛村城东 4200 米浍河北岸台地上，西南距盟誓遗址 800 米，西北距呈王路宗庙遗址 1000 米。面积 156 平方米，发现祭祀坑 140 座。形制及内涵基本同煤灰制品厂祭祀遗址。

（4）省地质水文二队祭祀遗址

牛村城东 4100 米浍河北岸台地上，西距呈王路宗庙遗址 1100 米，西南距盟誓遗址 1200 米。面积 7000 平方米范围内发现祭祀坑 400 座，其中羊坑达 362 座。

（5）北西庄祭祀遗址

呈王城东北约 2000 米，位于北西庄村东南，发现 40 余座祭祀坑及房址和灰坑等③。

以上 4 处祭祀坑遗址，与盟誓遗址、牛村城南祭祀遗址的祭祀坑情况近同。

所有祭祀坑的年代大致相当，约为春秋晚期。以上祭祀坑均在牛村城东，呈王城

---

① 山西省考古研究所侯马工作站：《侯马晋国陶窑遗址勘探与发掘》，《考古与文物》1989 年 3 期。

② 山西省文物工作委员会：《侯马盟书》，文物出版社，1976 年。

③ 山西省文管会侯马工作站：《侯马北西庄东周遗址的清理》，《文物》1959 年 6 期。

东南呈半环形分布围绕呈王城，距呈王城约 1500～2000 米的范围内。关于呈王路建筑遗址的性质，发掘简报中推测可能为晋国宗庙，《晋都新田》赞同这一看法，并进一步认为：围绕在此宗庙东南的祭祀坑形成一个祭祀带，它与宗庙合为一体系晋国宗庙祭祀遗址。

另外还发现一处排葬墓群。位于牛村城东 5000 米，在秦村村北，南距省建一公司机运站祭祀遗址 200 米，西北距水文二队祭祀遗址 500 米，西南距盟誓遗址 600 米，东南 2000 米为乔村墓地。在近万平方米范围内发现墓葬 31 排，467 座。墓葬南北向，东西向排列，长方形土坑竖穴单人葬，已发掘的 85 座墓葬中均无葬具和随葬品，其中男性 67 座、女性 5 座，多为中壮年。推测为战争牺牲者。

7. 北坞古城

位于牛村城东北约 4000 米处，是距离新田核心城区位置最远的一座城。由东西并列的两座小城组成，西城小于东城，两城间隔 8 米，为南北向通道。总面积约 42 万平方米。文化遗存分为三期 5 段，与铸铜遗址的 2～6 段的年代大致相当，年代约公元前550～前 380 年，即较铸铜遗址晚一个阶段①。

西城平面近方形，南北长约 382 米、东西宽约 372 米，墙基宽 4～7 米。面积约 14 万平方米。城内发现 12 座大型建筑基址，多分布于中部和东南部，其中位居中部的 2 号建筑基址可能是城内的主体建筑。西城约在早期 1 段建造，使用延续至晚期 5 段。

东城平面呈长方形，南北长约 570 米、东西宽约 493 米，墙基宽 5.5～12 米。面积约 28 万平方米。城内发现建筑基址 23 座，布局有序，大部分分布于中部和东南部一带。其中位于中部的 25 号建筑可能为主体建筑，坐北向南，四周建有围墙，呈长方形，东西长 56 米、南北宽 52 米，墙宽约 1.5 米，南墙中央设门。主体建筑呈凹字形，两翼建有东西厢房，东西通长 49.6 米、南北通宽 38 米。东城的年代晚于西城，约在中期 3 段修建，使用延续至晚期 5 段。

发掘报告认为，北坞城内的建筑布局有序，功能多样，可能属于卿大夫所占据的城邑。

8. 墓地

新田城近郊到远郊地区，分布着多处墓地。

（1）牛村城南墓地

墓地与手工业作坊遗址处于同一区域，以陶器墓为主。《晋都新田》推测墓主身份可能是铸铜作坊的手工业者。

---

① 山西省考古研究所：《侯马北坞古城勘探发掘简报》，《三晋考古》第一辑，山西人民出版社，1994 年。

（2）平望城西墓地

城西北 500 米处的汾河东岸为下平望墓地，面积约 40 万平方米。墓葬以中小型为主，出土随葬器物为铜器和陶器组合。墓葬的年代自春秋中期延续到战国中期，墓主身份约为士一级的中等贵族①。

（3）东高墓地

位于台神城以西 1500 米处，面积约 50 万平方米。出土随葬器物有铜礼器和陶器，时代为春秋晚期至战国早期。

（4）上马墓地

位于牛村城东南 3 公里处的浍河南岸，面积 10 万余平方米，发掘墓葬及车马坑等 1380 余座。墓地附近还分布有西周至春秋晚期的居住遗址区。墓葬共分为 5 期，年代上起西周晚期甚至更早，下至春秋战国之际，其间发展连续，线索清晰。上马墓地起始年代较早，在迁都新田以前已经使用了 200 余年，而从二期即春秋早期开始出现的铜礼器墓，说明当地存在较高等级的聚落。换言之，迁都新田之前，新田一带已经存在相当规模的聚落②。

（5）乔村墓地

新田城以东 12 公里处，东距凤城古城 2500 米。位居浍河北岸，面积 220 万平方米。多年来发掘墓葬达千余座，可分为三期。第一期，战国早期，墓地范围小，属于初期使用阶段，随葬陶器组合主要是鬲、鼎、豆、壶、盘、匜等。第二期，战国中期，墓地范围扩大，随葬陶器组合主要是鼎、豆、壶、盘、匜等。新出现围沟墓和屈肢葬，秦文化因素开始植入墓地。第三期，战国晚期，中小型墓随葬陶器多为釜、盆、罐、钵等。秦文化因素占主要地位。此应与公元前 286 年，秦正式占据今晋南地区有很大关系③。

（6）柳泉墓地

位于新田城西南 15 公里处，南依山岭，北临浍河，占地范围东西长约 5000 米、南北宽约 3000 米。分布着建有封土的大墓、车马坑及陪葬墓群，出土随葬品有青铜礼乐器、车马器等。墓地时代为春秋晚期到战国早期，性质属于晋公陵园。

9. 新田城市模式

关于新田城的城市格局，杨宽认为，牛村城和平望城均属于宫城性质，其东南 2 ～

---

① 山西省考古研究所侯马工作站：《侯马下平望墓地发掘报告》，《三晋考古》第一辑，山西人民出版社，1994 年。

② 山西省考古研究所：《上马墓地》，文物出版社，1994 年。

③ 山西省考古研究所：《侯马乔村墓地》，科学出版社，2004 年。

3 公里的范围以内，为新田城的郭城区域①。曲英杰认为，平望城为内城即宫城，亦即《左传·定公十三年》的"盟于公宫"的公宫所在。牛村城在宫城之左，故为宗庙所在之城。牛村、台神二城为外郭城②。新田城考古的主要负责人田建文将新田城的格局，总结为"新田模式"，在《新田模式——侯马晋国都城遗址研究》一文中认为：

白店古城目前无法肯定它的存在。"根据我们的判断，牛村、平望、台神三座古城以平望者最早，余二者为扩建晋都时增拓的城墙圈，就性质而言，前者为宫城，后二者则相应为增扩的宫城。"呈王、北坞、马庄三座小城，分属于赵氏、范氏、中行氏所有，呈王城为赵氏之宫。新田模式的特点是：

无郭城，品字形宫城内宫殿居制高点；

北、西、南有汾、浍流经，东有三小城，足起郭的作用；

宫城之东为卿筑的小城，均由两个更小的城组合而成；

宫城之南之东乃手工业作坊区；

有多处祭祀场所；

宫城东南为邦墓分布，晋公陵园位于更远的西南地带。

新田模式的影响：

影响到战国列国都城，如郑韩故城、赵王城、中山国灵寿城、燕下都、临淄齐故城等，其中尤其赵王城最与新田相近，其宫城均品字形结构，而其余都城至少由二城构成。这些城市，宫城对国君的保护，郭城对手工业作坊及王陵的保护，都是受新田模式的影响所致。因此，新田模式为中国城市发展史中的里程碑，开创战国一代城市形制的先河③。

在《晋都新田》的总结中，田建文又重申了他的论点：

牛村、台神、平望三城的始建年代可能早于马庄、呈土、北坞三城，废弃年代一致，后三城约同时兴建。在前三城中，未有平望城晚于牛村、台神的依据，它们同时建筑或平望城稍早的可能性都是存在的。前三城均属宫城性质，现有平望略早，后二者乃稍晚增扩宫城的意见可供参考。后三城皆由二小城组成，时代规模一致，大家趋向一致认为其属于卿城性质，再进一步推测呈王城为赵氏之宫，余为范、中行氏之宫的意见可供参考。新田建设并未依照城郭制度，目前无法分析出郭城何在。牛村城之南是规模宏大的分类手工业中心，属于晋国公室所有。

---

① 杨宽：《中国古代都城制度史》，上海人民出版社，2006 年。

② 曲英杰：《先秦都城复原研究》，黑龙江人民出版社，1991 年。

③ 田建文：《新田模式——侯马晋国都城遗址研究》，《山西省考古学会论文集（二）》，山西人民出版社，1994 年。

田建文对新田城作了很好的总结，但认为平望城年代为最早的看法还有待于考古发现的证实。从城市平面布局上观察，如果平望城年代最早的话，则后建的牛村城将其内城西北隅紧邻平望城的东南城角，于城市规划设计上似乎有些不合情理。当然，三城的具体准确年代，还是要通过考古发掘来最终获得解决。

二　新田城与邯郸城

与东周时代的涣散特征相应，新田城的特点可以用散漫一词来概括，即城市格局整体缺乏向心性，而是近似于一种离心散漫的无序状态。此正与晋国六卿强、公室卑的政治局面相照应。根据目前的考古发现，我们尝试推测新田城宏观格局的演进轨迹大致是：

牛村城单城制回字形—牛村、台神双城制相连形—牛村、台神、平望三城多城制相连形—六城多城制组团状（暂时不考虑白店城）。

牛村城本身为单城制回字形结构，这一点可能与邯郸大北城的情况相似。后来增建的平望城侵占了牛村城西北角，并叠压了台神城的北垣东段和东北角。根据马庄、呈王等双连小城的形制推测，新田城可能因某种原因比较流行双连城格局。因此晋公所居的宫城可能也是双连城，即西台神、东牛村二城，而且以目前平面图观察，此二城南垣基本在一条直线上，东西垣基本平行，特别是中央南北向城垣还存在共用的可能性。目前还不清楚增建的平望城，是出于何种背景缘由和动机。

新田6城（不含白店城）的总面积约553万平方米，与邯郸赵王城三城的面积大致相当。如果仅从表面形式上看，新田"品"字形三城，与邯郸赵王城的"品"字形三城，简直如出一辙。故此，很多学者将邯郸城设计理念的渊源追溯至新田三城，认为邯郸模式来源于新田模式。然若细细探究邯郸与新田的城市细部结构，两者之间存在着较大的差异。

事实上，新田三城与赵王城三城存在诸多差异，并非有机联系一整体。新田城的"品"字形结构与布局，可能只是最后才形成的一种表面形式，三城的始建年代相差较大。而邯郸王城大概是从一开始就是"品"字形布局的预先规划，三城始建年代虽略有早晚，但仍属于同一建筑期之内。所以笼统说邯郸继承新田是不严密的。如果要说邯郸继承的话，只是承袭了新田的一个表面形式。

新田城的最大特点是城堡组团群式的城市结构，其中原因恰恰反映了晋国公室卑、六卿强的政治背景。东周一代，只有晋国出现了众卿乱政最终三家分之的局面，因此也只有在晋都才会出现城堡组团群式的城市布局。这种情况不是一种偶然现象。

新田宫城内基本无墓葬分布，只有平望城内有零星小墓，近邻城区的墓葬只有牛村城南和平望城西的墓地。近郊地区的墓地有上马墓地、东高墓地等，而晋公陵墓则在更远的西南远郊柳泉墓地。这是个很重要的特点。东周许多城市的城区内部，不仅郭城区，甚至有的宫城内或紧邻宫城的地带也分布有墓葬群。新田城将墓地移至城外的这个特点被邯郸城吸取了，战国中晚期的邯郸城区基本无墓葬（汉代城区缩小才有大墓），此比新田城还要前进一大步，因为新田城的南郊或言"郭城"内分布有墓葬群。这才是邯郸城真正继承新田的内容。

多小城，多双连城，是新田城的特点。小城的意义代表一种独立、隔离、区别、凸现等等，尤其马庄、呈王、北坞三城孤立于外，此特点亦被邯郸学习继承了，邯郸王城决不与大城相连，而临淄城的小城与大城则嵌入相连。邯郸品字形三城可能更多的是模仿新田双连小城的模式。

第五节　邯郸城在东周城市时代中的位置

一　东周城市模式的主要特点

东周时代的城市规划设计多因地制宜、不拘形式，随地势河流而变化，如临淄城有 24 个城角，中山城、郑韩之郑城更是依山水而形。这表明《考工记》所言匠人营国之说，在大多数情况下只不过是一种理想模式，不能以此为准来衡量和研究东周城市布局结构。

赵冈将古代中国的城市分为两大类：其一为行政区划的治所，可称之为城郡；其二是经济因素发展而自然形成的市镇，一般规模小于城郡，且通常没有城墙①。

徐苹芳认为，东周列国都城的普遍形制是"两城制"，即以宫庙为主的宫城和以平民居住区工商业为主的郭城。两城有的并列，如郑韩故城和燕下都，有的是宫城处于郭城之一隅，如齐临淄和赵邯郸②。

事实上东周列国都城并非都是普遍的两城制，如秦、楚之都就不是。另外，两城制之中还需要具体分析，平面上存在有相间的两城、相连的两城、嵌入一隅的两城等类型，时间上则有规划的两城、增扩建和改建的两城等等，反映出两城制的复杂性。正如本章第二节所言，我们倾向于以城市城区的大区块，来判定城市平面的宏观格局，而非单纯和过度重视城垣之圈数。故此以新的"双城制"概念，代替原来的"两城制"之说。

双城制都城的一个共性特点是：双城之中必有一座属于宫城，但另一座城的性质

① 赵冈：《从宏观角度看中国的城市史》，《历史研究》1993 年 1 期。
② 徐苹芳：《中国古代城市考古与古史研究》，《中国考古学与历史学之整合研究》，中央研究院历史语言研究所会议论文集之四，1997 年。

未必即是郭城。这一点在上文中已有讨论。但多数学者将双城的性质分别归纳为宫城与郭城，例如，马良民认为，战国都城出现两种布局：一是宫城建在郭城之外，如临淄、邯郸等；二是割取郭城的北半部为宫城，如燕下都①。李自智认为东周都城的城郭形态有五种类型，即宫城在郭城之中，如鲁都曲阜；宫城郭城毗连，如齐都临淄、郑韩都郑、燕下都、中山灵寿等；宫城郭城相依，只有邯郸城如此；有宫城而无郭城，即新田城；无宫城，即秦都雍城②。这些认识的共通之处就是将春秋时期流行的内城外郭之制，机械地套用在城郭分离之后的城市格局上。事实上，一旦内城从外郭之中移出分离，则所谓郭城的意义便不复存在。外郭是相对于内城而言的，本质属性具有内外之别。而位于宫城之侧的城，不能算作真正意义的郭城。如果以宫城为核心的话，不妨将宫城之侧所谓的郭城称之为外城、另一城、附属城。这里的"外城"概念，不包含郭城。

以目前的考古资料观察，东周城市的宏观格局主要有四种模式：

（1）单城制，独立一座大城，其内部建有内城（宫城）或宫殿群区，如曲阜鲁城、楚纪南城、秦雍城等。

此种格局形制反映了城市没有经历过大的增建和改建，其背后的社会背景即没有发生迁都、政变等能够导致城市发生格局改变的重大政治事件，政治环境比较稳定。

（2）双城制，两座城并立相连存在，又分两种类型。

其一，大小规模基本相当的双城相连式，即基本对称性双城。如燕下都、中山灵寿城、郑韩之郑城等；

其二，小城与大城的规模差距较大，即非对称性双城。如齐临淄城。

双城制格局反映了政治不够稳定，出现过迁都移国、政变等重大的可以导致城市格局发生变化的政治事件。如齐都临淄的格局与田氏代齐有关，郑城的格局与郑韩迁都、韩灭郑有关。但远离中原的中山灵寿城和燕下都的双城格局，则是另外一种类型，与上述宫城从郭城之中移出分离的情形不同，属于具有独树一帜的城市格局。

（3）多城制，数座城呈组团式格局。如新田城。

新田城的多城制格局，反映的是一种多元化政治的背景，是晋国"六卿强、公室卑"在物质层面的具体写照。

（4）多层次的多城制，实例只有战国晚期的邯郸城，是最独特唯一的格局。可分为两个层次：之一，大北城与赵王城双城制格局；之二，赵王城三城和大北城单城回字形（或日字形）组成的多城制格局。第一个层次是大宏观角度，邯郸城由双城区相间组成。第二个层次是次宏观角度，邯郸城由 4 座城区组成，其中大北城之内还有内城或内城区。

单城制格局基本上是一种向心的同心圆式结构，多代表着政治的凝聚性和统一性；而多城制则属于离心的散漫式的多圆心结构，多反映着政治的分散性和多元性。

单城制是传统城市格局模式的继续。双城制和多城制是东周时代特殊的时代产物，是政治事件的副产品，其双城的格局多为后来城市增建或改建的产物，原本初建时大多只是一座大城。增建或改建的原因主要有三：

（1）迁都某地另建新都，因此在旧城之外或紧连新建新城，主要是宫城。如邯郸、郑韩之郑城、中山灵寿等。

（2）内部政治变化需要在旧城之外另建新城。如新田城、临淄城。

（3）其他原因需要增建附属城。如燕下都。

综上，东周城市的所谓双连城、小城连大城等格局模式，大多是城市发展到最后才形成的布局，而并非城市固定或流行模式的传播，更非西城东郭模式，而是政治发展的需要，是特定时代的特殊产物，是东周社会秩序混乱诸侯诸卿称雄，个性任意张扬的反映。东周之前和之后，城市又恢复到独立城池即单城制的模式，变化的只是内部宫城与郭城的格局，即宫城与郭城均在一个大城内演化，而不像东周时代，宫城与郭城或互相游离、或互相对峙相连。其中缘由，东周以前有神权和宗法礼制的约束，东周以后有中央集权的皇权专制。而处于其间的东周正处于涣散的时代，因而也是城市设计大解放、大发展、无拘无束的时代。正如东周时代产生了伟大丰富的多元化思想一样，东周时代也出现了城市繁荣的多元模式。从这个意义上讲，东周是中国历史的黄金时代。

二　邯郸城的历史位置

邯郸城独特的格局和城市模式，使之成为中国古典城市进程中的一个典型个案，是中国古代城市化进程中的典型标本。

对于邯郸城格局的特殊性，不仅传统的城郭概念无法解释，即使所谓的双城相连格局等新理论对此也显得有些苍白无力。战国后期邯郸城的城郭判定还是个复杂的问题。赵王城属于"城"，即宫城，当没有多少问题。但是如果将大北城视作"郭"（赵王城的郭），似有不妥。这是将城郭之分机械地套用在邯郸城的特殊格局上，大北城并非赵王城发展后的产物，而是恰恰相反，赵王城是大北城之后的新城，大北城相对于王城来说即是旧城。这种打破传统城郭布局的新式城市格局，正是战国时期城市发展的新特点。基于此，我们依照现代城市的理论，将战国后期邯郸城的格局称之为双城格局，由赵王城和大北城两座城组成，大北城不能简单地称作赵王城的郭城，两城的关系与性质是传统城郭划分的简单理论所不能涵盖的。依此类推，赵王城兴建以前和废弃之后的邯郸城大北城，我们称之为单城格局。这个单城是相对于双城格局的宏观视角，换言之，单城之内或许某一时期还存在另一座小城，亦即所谓的传统城郭格局，但在鸟瞰的宏观视野中，内城外郭本质上也是一座城池的格局。

作为赵都的邯郸城在东周城市时代中的位置，首先与其所处的年代区间时段有很大的关系，即公元前 380 年左右的时段。

公元前 386 年，赵敬侯迁都邯郸。

公元前 386 年，田氏正式代齐。

公元前 383 年，秦迁都栎阳，雍城为正都结束。

公元前 380 年左右，中山迁都灵寿。

公元前 376 年，三家灭晋，新田城为都结束。

公元前 375 年，韩灭郑，迁都郑。

上述历史事件集中于公元前 380 年左右绝非历史的偶然，而是战国中期之初东周历史进程的重要转折点。如果说此前阶段的社会环境属于一种无序涣散时代的话，则自此以后开始进入一种有序涣散的时代，旧的秩序已经破坏殆尽，新的秩序将要重新建立。邯郸城为都正处于这个关键时段，并且是这一时代城市建筑格局的独特典型代表。

邯郸城为都之前的城市代表有曲阜、新田、临淄、郢城、雍城、郑都郑城等，同时也包括邯郸城本身（即大北城前身），这些城市的绝大多数属于传统的单城制回字形格局，代表一种相对稳固的向心的政治环境。其中特殊的只有郑都郑城和新田，郑城的详细准确格局目前因资料限制不宜深探，而新田属于典型的多城制格局。但最早的牛村城也是属于一种单城制回字形格局，代表着新田初建时的晋国比较稳定的政治环境。只不过是新田很快就进入了多城制格局，反映了公室弱六卿强的政治局面快速形成。所有这些都是邯郸城建都之前的榜样城市格局。邯郸城继承和学习了新田城的某些因素，如双连小城格局、墓地置于近郊和远郊等。

大致与邯郸城同期建都的城市主要有临淄（田齐之都）、灵寿、韩都郑城等。邯郸城与这些城市之间的互相借鉴与影响似乎并不太明显，与邯郸城在表面形态上相似接近的是临淄城。从宏观上看，两城均为西南宫城连接东北大城，但这些不过是表面的形式之似。其间的细致差别仍很明显：临淄宫城实为嵌入大城西南隅，而邯郸赵王城与大北城相间分离；临淄宫城本身为单城制，而赵王城属于多城制结构；临淄宫城属于旧城增建和改建，即田氏代齐之后对姜氏都城的改造，而赵王城则属于迁都新建之城。因此，临淄城的双城格局是政治改造旧城的结果，而邯郸城的双城是建新都城的结果。

邯郸城建筑格局的独特个性，在东周城市时代中占据着突出的位置。这些特点无疑是东周城市时代发展水平的综合体现，但更是邯郸城的独特创造与发展。

邯郸城为都建城的最大特点是将新建的王城（宫城）悬于旧城之外，而没有在旧城的基础上进行改建、增建和扩建。在新城修建的同时，对旧城也进行了改扩建，新旧两城距离相间而同时并用。这一点在东周城市中可能是唯一的，有些类似的新田城目前还不清楚建都时对原来旧城的利用和改造情况（如果存在旧城的话）。

赵王城几乎是单纯的政治性宫城，并且三城同时并立，类似多种类型与性质的宫城组合。这一点应是来自新田城的影响，但新田主要三城（牛村、台神、平望）之间的关系，远不如赵王城三城关系的清晰、规范、平等和并立。因此，赵王城宫城的格局与模式，在东周城市时代中占据着独特而特殊的地位。赵王城还影响到后来西汉长安城的建设布局：长安陆续建城，以宫城为主，类似赵王城之建筑格局。

大北城是邯郸城的真正根脉，赵国建都邯郸之前、之后乃至弃都之后，大北城一如既往地保持着繁荣。大北城可以说即为邯郸旧城，是沁河流域长期聚落发展的产物，春秋晋国赵氏集团的经营使之成为地方的重要城邑。邯郸旧城大北城的本质性质，除了属于赵氏集团的地方性政治据点之城外，更主要的是属于铁矿资源之城、冶铁工业之城、商业贸易之城、南北交通要道之城、歌舞娱乐之城等等。因此，宏观而历史地看，邯郸城为都159年似乎是其漫长都市发展史上的一段短暂的荣光，而悬居城外的赵王城更像是一个外来客居者宏伟而使用短暂的豪宅。但不可否认和忽略的是，邯郸建为赵都之后，城市的性质发生了根本的变化，在原来诸多的繁荣基础之上，又增加成为王权之都、赵城之首、国家政治之城等。赵都和赵王城无疑都给大北城留下了重要的痕迹：国家政治与军事的切身感受、城市的改扩建与格局的改变、人口的增殖与集聚、经济的繁荣等等。大北城在建都之前完全代表着邯郸城，建都之后以王城所不可替代的重要方面继续代表着邯郸城，废都之后大北城又继续全面代表邯郸城。大北城的城市个性与特点，在东周城市时代可能也是唯一的例子。

邯郸城的鲜明个性与繁荣还与其所处的地理位置有着很大的关系。从目前东周考古发现的情况来看，中原三晋地区的城市数量多而发达，而远离中原的秦、楚等地与此却相反。另外，三晋地区的城市多双城制或组团式格局，而秦、楚等地主要是单城制。探究其中的原因，应该包括很多方面，但政治方面的因素可能占据着很重要的地位。中原地区政治的多元化给经济发展带来了相对宽松自由的空间，而城市正是经济方面的重要物质载体。邯郸城不仅记载了邯郸及赵国的物质繁荣与兴盛，同时还担当着文化方面的物质载体。作为晋文化的衍生物变体——赵文化，是在邯郸城最终演化融合而形成的，是晋文化的重要继承者。因此，邯郸城是赵文化形成的重要界标，邯郸为都标志着新的赵国与赵文化的正式形成。从某种意义上讲，邯郸即为赵国和赵文化的集中物质表现形式，或言，赵文化即是赵都邯郸城各种元素的总汇。

邯郸是中国古代第一批真正城市时代的典型城市。邯郸城的诞生与发展之路，邯郸作为赵都之城的繁荣与兴盛，邯郸城的独特城市格局与城市性格等等，都是东周城市时代的辉煌典型。

附录　俯视邯郸城

赵惠文王十三年，公元前 286 年。

本年，邯郸城建都 100 周年。此时，赵国国力鼎盛，邯郸城的城市发展亦至兴旺顶峰时期。

秋日的上午，晴空万里。赵王登临西城内最高大之宫殿的顶层回廊（即 1 号宫殿），这里是邯郸城核心城区的最高点。赵王绕廊一周，凭栏四望，居高俯视全城，遥望远景，眺望中景，俯察近景，城区远近之风貌历历可数。

凭栏西望。

远景：太行山脉绵延占据了天边，正面相对乃耸立之鼓山。鼓山脚下，洺河之畔，汇集着稠密的铁矿与城镇，供给支持着邯郸这座资源与铁业之城。赵氏先祖们来自于太行山之西，当年他们在途径鼓山的时候，一定在山巅远眺过邯郸城一带的广阔原野吧。

中景：丘陵岗坡起伏低缓，坡底处由南向北流淌的渚河，构成城西天然的护城壕沟。

近景：西城西墙横亘如黄褐色巨带，墙顶点缀着飘扬的旗帜和游动的哨兵。墙内侧呈梯级状的铺瓦顶面，以及间隔一段距离铺设的排水槽道，使得城墙内侧看起来倒像是一道堤坝。一条大道从高耸的西城门，一直延伸至脚下的宫殿。

凭栏北望。

远景：山岗之巅兀立着王陵，其地远高于核心城区。若站在陵台向东南俯视，邯郸城区在下方历历在目。

中景：低缓的岗坡由西向东延伸，直至旧城（即大北城）西北墙外侧。坡脚下的沁河，蜿蜒如银带。沁河两岸，坡顶坡下，分布着规模宏大的墓园，墓丘林立。旧城西北隅一带，楼台巍峨林立，犹如一道高耸的岭脉。

近景：呈南北向轴线连绵林立的宫殿群，向北一直延伸至北墙之外。犹如一条龙脊，脚下的宫殿一如膨大凸起的龙首。

凭栏东北望。

远景：广袤辽阔的大平原，河流平缓，曲折蜿蜒。一条南北向大道，由北方而来直插向旧城北墙。若站在大道旁向西南仰视，邯郸城区逐级增高，由近及远由低到高数丈之大落差，建筑景观如坡地之城。

中景：越过北城（王城之北）内宫殿的瓦顶，广阔的旧城内，丛台连绵突兀，楼阁房舍鳞次栉比，街道纵横，人头攒动。政治之都、工商娱乐之城的芸芸众生们，王公大人、士农工商之外，还活跃着赵女与邯郸倡。

近景：由近及远，新城之西城、东城、北城与旧城的城墙交织在一起，犹如墙体围成的迷宫。

凭栏东望。

远景：广袤辽阔的大平原，河流平缓，曲折蜿蜒。

中景：道边与水边之城。旧城南墙像一道坐北向南的屏风，从南城门延伸出来的南北向大道，穿越城壕与河流，直达南方。大道上，车马人影涌动。他们转首西望，但见地势逐级抬高，最高大的宫殿正位居城内之巅。

近景：横亘的西城东墙后面，一南一北矗立着两座高高的宫殿。从脚下的宫殿至东城东墙，地势逐级降低，犹如人工建造的超大型台阶。

凭栏南望。

远景：低缓的岗坡由西向东，逐渐融化于平坦的大平原之中。

中景：人工开凿的东西向壕沟，东西分别与天然河流联通。人造壕沟与天然屏障相结合，共同围护构成了城南的防御工事系统。

近景：西城南墙横亘，城楼高耸。

赵王在回廊上俯视邯郸城一周，离开此殿，回到寝宫。在宫门口外，他回转身仰望刚才登临的大宫，犹如一座巍峨矗立的大山。邯郸城的全城居民都能远远地望得见它！赵王骄傲地想到。

后　记

　　本书写作的最初缘起，来自于为了开展赵王城遗址的考古工作，而广泛搜集和积累的大量资料，这些资料包括与赵邯郸城相关的所有历史文献和考古文献。在收集整理资料与田野考古的进程中，逐渐萌生了把这些资料按照一定的理论框架，整合形成一本书稿的想法。因此，本书对赵都邯郸城的专门研究是初步的和探索性的，甚至可以说仅仅是对邯郸城的一种预研究。虽然如此，迄今为止尚缺乏这方面的研究著作，因此本书仍将具有一定的参考意义。

　　2001 年春天，我开始担任邯郸赵王陵考古队领队，目标主要是 2 号陵园的考古工作。此项工作的缘起是 1997 年该陵的被盗，追缴回来的青铜马等出土遗物唤起人们对该陵的无限遐想与期望，以至于许多人主张将工作的焦点完全汇聚于那座已被盗掘得千疮百孔的墓室。然而当时我对 2 号陵园的考古思路却有着另外的几点思考：其一，全面清理发掘墓室必须经国家文物局的批准以及大量资金的支持；其二，墓室毁坏严重，考古发掘的当前意义似乎并不迫切与重要；其三，2 号陵园的布局与内涵结构并未全面搞清，而赵王陵 5 座陵园的总体格局更是有待全面勘察；其四，从城市的总体格局上看，赵王陵园是邯郸城的一个有机组成部分，因此，有必要将王陵与城区作为一个整体来考虑和布置考古工作。基于此认识，2 号陵园的考古工作思路于是变得清晰起来，我制订了下一步的工作计划，其要点如下：一是对整个王陵区的 5 座陵园，并包括赵王城区域，进行飞机航空拍摄，以便全面了解其宏观布局；二是对有关赵邯郸故城的所有文献及考古资料，进行全面的搜集、梳理与研读，这应该是邯郸考古的基础；三是对 2 号陵园进行全面勘察，并对陪葬坑、陵台建筑基址等进行发掘。

　　2001 年 8 月 21 日，晴空万里，前夜的一场大雨冲刷了邯郸上空的烟雾，非常适宜于航空拍摄作业。我们搭乘一架军用直升机，从邯郸城南的马头镇起飞向北直抵赵王陵园。这是河北考古界首次利用载人直升机进行航空摄影作业。我手持照相机倚在舱门旁（为了拍摄方便，舱门打开，并加装护栏），俯瞰赵王陵园，第一次发现了它的宏伟与壮观，这种视觉感受远不是在地面所能发现与感觉到的，真是令人心潮澎湃。5 座赵王陵园拍摄完毕之后，我们向南返回飞抵赵王城上空，巍峨的龙台与城墙再次令机上的人们赞叹不已。对于我来说，此次高空拍摄的意义不仅仅是完成了航拍作业，更重要的是俯瞰王城与王陵区所带来的视觉震撼，对我研究邯郸故城的思路带来了新的思考和视角，即：在微观考古探索邯郸城的构成要素基础上，还要尽可能地全面和宏观地观察把握邯郸城。

2003 年春天，赵王陵 2 号陵园的考古工作暂告一段落。2004 年冬天，北福地史前遗址考古工作刚刚结束，我即带领赵王城考古队开始进驻到赵王城区域开展工作。我们对赵王城区域进行了全面的考古测绘与勘察，并对东城东垣和西城南垣进行了解剖发掘。两个地点的发掘对象虽然都是城垣部分，但揭示出来的遗迹与遗物均充分显示着一座城市的有机元素组成结构。在田野考古工作进行的同时，搜集、阅读与邯郸城相关文献资料的工作也进入到一个新的阶段，并且萌生出一个新的研究想法。邯郸故城考古是一个长期而艰巨的大型研究课题，需要众多学者的参与和几代人的努力。对于我来说，能够为邯郸故城考古研究做点工作的途径主要有二：一是积极开展田野考古工作，为研究邯郸故城提供更多的新资料；二是积极搜集整理有关邯郸故城的全面历史文献资料和考古资料，并进行进一步的梳理和初步综合研究，为研究邯郸故城提供比较方便的资料基础。第一种途径的实施需要多方面的因素和条件，而第二种途径的实现则主要取决于我自身的主观努力。在这种思想的驱动下，我开始计划将邯郸故城的全面资料进行统一的整合梳理，最终形成一本关于邯郸故城初步研究的小书。这就是本书写作的缘起与思路。

2007 年春天，开始本书初稿的写作。起笔之后，方知诸多困难，其中最突出的是邯郸故城东周考古学文化编年框架的建立。本书研究探索的一个重要理念基础即是：城市格局的演进是动态的。因此考古编年系统的建立，是研究一座城市历史的必须基础。但是邯郸故城考古至今没有进行过大面积的正式发掘，多年来当地文物部门在局部地区所开展的小规模考古工作，资料零碎并且大多没有正式公布。因此，本书所建立的东周考古学文化编年框架，无疑只是初步的，但聊胜于无。这个编年体系虽显粗糙，但也已经反映出邯郸城格局的大致演进轨迹。编写所遇到的另一个困难是，对东周城市总体状况与东周历史的全面和准确把握。邯郸城是东周城市时代的一个典型个案，而东周城市时代又是东周历史的一个侧面。因此，研究邯郸城不仅要全面把握东周城市时代的城市特征，而且还要深入了解造就东周城市繁盛的东周历史的背景本质。本书对东周城市及东周历史均作了一些尝试性的探索，虽然不免谬误和浅陋，但相信对进一步研究这些问题会有一定的参考意义。

2007 年夏天，初稿撰写刚至一半之际，南水北调中线工程邯郸段的文物保护工作开始进行。邯郸市西南郊区的水渠线路恰好从赵王城西南约 1000～1500 米处一带穿过，我认为这一带东北距赵王城很近，属于王城近郊，应是个重要的考古地域。但是前期在这一地域所做的调查工作，并没有什么值得注意的线索发现，只是将其定为一处普通的战国至汉代遗址，即郑家岗遗址。但我坚持认为，郑家岗一带绝不能忽视，需要认真深入做进一步的考古工作，即使结果没有什么重要发现，本身也就是一个重大收获：即可证明赵王城南郊一带属于文化遗存的非丰富区或空白区，此对于探讨赵王城的整体布局结构具有空间方面的资料意义。基于此认识，我决定在郑家岗一带开展考古勘察和发掘工作。2007 年秋天，我们考古队在赵王城南郊的郑家岗一带，发现战国时期人工开凿的三条壕沟，这无疑是一个重要的发现，对全面认识邯郸城具有重要的意义和启示。田野考古的探索和书稿的写作相互影响与作用，促使我对邯郸城的认识不断深化，并随即将这些收获及时写进了书里。

如果简洁地总结一下本书的研究思想基础，那大致是：在古代城市研究的理论基础之上，动态演进轨迹与静态平面格局相结合，微观构成元素与宏观格局系统相结合。另需要特别指出的是，尽管已经竭尽全力，但本书的局限与缺憾仍是不可避免的。其原因既有作者知识与研究能力的局限，也有资料方面的局限：许多重要的遗迹尚未发掘，许多重要的资料尚未发表等等。这些方面的遗憾与不足，将是我们今后田野考古的重要方向，也是我们以后在编写赵王城考古报告中应多加注意的。

多年来赵王陵与赵王城的考古工作，得到国家文物局、河北省文物局和河北省文物研究所的大力支持和指导，还得到邯郸市赵王城管理处、邯郸市文物研究所等部门的积极协助。恩师严文明先生为本书作了序言，本书实际上即是多年来向先生学习考古研究理论与方法的一个研究习作。英文目录由中国社会科学院考古研究所李新伟翻译。谨此致谢。书中的插图由段宏振设计，任涛描绘。照片部分除赵王城南郊壕沟一张由郝建文拍摄外，其余均由段宏振拍摄完成。

段宏振
2008 年 6 月于邯郸赵王城南郊

赵王城全景（由南向北）

1. 赵王城西城 1 号夯土台建筑基址全景（由南向北）

2. 赵王城西城南垣解剖断面（由东南向西北）

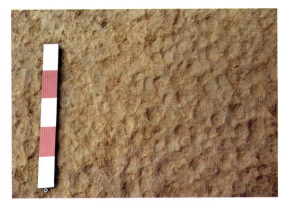

1. 赵王城西城南垣夯窝

2. 赵王城西城南垣墙体内侧的布纹印痕

3. 赵王城东城东垣排水槽（由西向东）

4. 赵王城东城东垣排水槽（由西向东）

1. 赵王城东城7号夯土台建筑基址"南将台"（由西向东）

2. 赵王城南郊三条壕沟G3、G2、G1（左→右，由东向西）

1. 赵王陵 1 号陵园（由东向西）

2. 赵王陵 3 号陵园（由南向北）

1. 赵王陵 2 号陵园（由北向南）

2. 赵王陵 2 号陵园 5 号车马坑（由北向南）

1. 赵王陵 4 号陵园（由东向西）

2. 赵王陵 5 号陵园（由东南向西北）

1. 赵王陵 2 号陵园 5 号车马坑出土铜軎饰（ZWLK5：1）

2. 柏人城南城垣（由西向东）

土木工程实验系列教材

- 土木工程结构试验基础教程
- 土木工程结构试验高级教程
- **力学基础实验教程**
- 测量学实验·实习教程
- 市政与环境工程创新实验教程
- 建筑材料实验教程
- 土力学与岩土工程实验教程
- 振动测试技术

教程

王正道
康爱健
薛琳
编著

中国科学技术出版社

ISBN 978-7-5046-5192-1

9 787504 651921 >

定价：12.00元